RPA 财务机器人开发教程
——基于 UiPath（第 2 版）

程 平 编著

电子工业出版社
Publishing House of Electronics Industry
北京·BEIJING

内 容 简 介

本书分为四部分，共 15 章。第一部分介绍了机器人流程自动化（RPA）基础，其内容涵盖 RPA 的概念、功能、特点和优势、典型财务应用、发展趋势，以及常用的 RPA 软件；第二部分介绍了 UiPath 软件技术，其内容涵盖了 UiPath 软件的安装与使用、基本语法，以及 E-mail 人机交互自动化、Excel 数据处理自动化、PDF 文本读取自动化、图像识别自动化、Web 应用自动化、应用程序交互自动化的功能、技术实现与 7 个财务机器人专题案例的模拟实训；第三部分介绍了 UiPath 财务机器人开发，内容涵盖了会计记账处理机器人、杜邦财务分析机器人、股票投资分析机器人三个综合案例的场景分析、流程自动化设计与开发步骤详解；第四部分介绍了财务机器人的部署与运行、价值与风险。

本书提供了基于 UiPath 软件进行 RPA 开发的部分 PPT、源程序等学习资源，以及进行课程讲授的教学大纲、教学日历、教学课件等教学资源。基于本书案例及配套的教学产品——财务机器人开发模拟物理沙盘，可以开展基于财务场景驱动的财务机器人分析、设计、开发和运用一体化教学，教学和学习效果会更好。

本书可作为高等院校会计学、财务管理、审计学等专业会计信息化相关课程的教材，也可以作为计算机、软件、人工智能等专业学生进行 RPA 开发学习的参考教材，还可以作为会计从业人员、IT 从业人员和爱好者进行"互联网+会计"跨学科学习和培训的指导用书。

未经许可，不得以任何方式复制或抄袭本书之部分或全部内容。
版权所有，侵权必究。

图书在版编目（CIP）数据

RPA 财务机器人开发教程：基于 UiPath / 程平编著. —2 版. —北京：电子工业出版社，2021.4
ISBN 978-7-121-40934-9

Ⅰ.①R… Ⅱ.①程… Ⅲ.①财务管理－专用机器人－教材 Ⅳ.①F275②TP242.3

中国版本图书馆 CIP 数据核字（2021）第 059724 号

责任编辑：石会敏
印　　刷：三河市鑫金马印装有限公司
装　　订：三河市鑫金马印装有限公司
出版发行：电子工业出版社
　　　　　北京市海淀区万寿路 173 信箱　邮编：100036
开　　本：787×1 092　1/16　印张：22.5　字数：572.8 千字
版　　次：2019 年 11 月第 1 版
　　　　　2021 年 4 月第 2 版
印　　次：2025 年 3 月第 13 次印刷
定　　价：73.00 元

凡所购买电子工业出版社图书有缺损问题，请向购买书店调换。若书店售缺，请与本社发行部联系，联系及邮购电话：（010）88254888，88258888。
质量投诉请发邮件至 zlts@phei.com.cn，盗版侵权举报请发邮件至 dbqq@phei.com.cn。
本书咨询联系方式：738848961@qq.com。

会计永远不会消亡,
RPA 作为智能财务中最有成效的应用技术之一
能够卓有成效地助力财务数字化转型!

会计数字化的创新之作

随着"大智移云物区"新技术的出现，当今社会已经进入了数字经济时代，也有专家称之为数智经济时代。数智经济的重要特征，就是数据化和智能化。以大数据、云计算、RPA、人工智能和区块链为代表的新兴技术正在改变人们的工作方式和生活方式，会计也不例外。会计环境生态正在发生巨变，大型企业财务共享服务已成常态，小企业会计外包已成必然。

会计行业未来将会大范围引入人工智能技术，传统的普通核算岗位将随之减少，部分财务人员的职能将被人工智能取代。许多用人单位到大数据专业招聘会计人员，如中国联通2019年新入职的财务人员中80%是IT专业的学生，因此，甚至有人担心会计会不会消亡。当然，会计不会消亡，因为会计是为管理提供信息的，这是永恒的。管理决策永远离不开信息，因此会计永远不会消失，但是提供信息的方式和信息的内容变了。会计专业必须重构，否则就会被替代，会计不会消亡，但会计专业有可能消亡。能否顺利实现数字化转型，关乎会计学科的生死存亡。

会计专业如何重构，概括起来就是跨界与融合，会计必须与现代科技深度融合，会计专业学生要成为复合型人才，除了学习会计知识，还要学习大数据、人工智能、RPA、区块链等现代信息技术，要学会使用各种工具，要熟悉各种商业模式，要熟悉企业的生产流程等。

中国会计学会会计教育专业委员会会同中国会计教育专家委员会，组织我国教育界和实务界的知名会计专家，经过几年的努力，对会计专业的重构方案进行了深入研究，并达成了共识。大家一致认为，新的会计专业的培养方案要融入大数据、RPA和人工智能方面的课程，其中的一门课程就是"RPA财务机器人"。将财务机器人作为会计专业学生的必修课，是因为RPA技术被引入财务领域后，会计相关领域的应用已快速扩展，已部分实现对会计人员基础工作的替代。当前会计教学已远远落后会计实践，全国各高校都想开财务机器人这门课程，但缺少师资，更缺少教材。

程平教授作为"互联网+会计"教育综合改革的探索者和实践者，有着多年的企业IT工作经历，以及丰富的会计信息化教学研究和教学实践。他于2019年11月出版了本书的第一版，取得了显著的社会影响，获得了高校教师、学生、会计从业人员、软件工程师等群体的广泛赞誉，也受到了一些会计行业学者的推崇，填补了RPA财务机器人教材的空白。

随着RPA技术在财务领域应用范围的扩大，以及在大学课堂教学实践的总结，程平教授对教材内容进行了更新和完善，编著了《RPA财务机器人开发教程——基于UiPath》（第2版），该版本基于企业的财务应用场景设计，兼顾理论讲授、案例研讨、沙盘推演与软件模拟训练，信息量大、知识点紧凑、案例丰富、实用性强，可以作为高等院校会计学、财务管理、审计学等会计类专业信息化相关课程的教材，也可以作为计算机、软件、人工智能等专业的学生进行RPA开发学习的参考教材，同时也可以作为会计从业人员、IT从业人员进行"互联网+会计"跨学科研究的学习用书。

刘永泽

中国会计学会会计教育专业委员会主任

东北财经大学教授、博士生导师

财务自动化教材的引领之作

几年前,厦门大学杰出校友、容诚会计师事务所治理委员会主席、著名审计专家陈箭深博士回校参加一项重要活动,期间十分激动地谈起会计教育必须改革,必须主动拥抱互联网和大数据。他还谈道,他刚刚走访了重庆理工大学,了解到程平教授及其团队在"互联网+会计"方面的教育改革,感觉很受启发,认为值得学习。由于当时我在主导国际标准全英硕士项目建设,不涉足本科教学管理,因此也没有及时跟进。

2018 年 5 月,我有幸应邀参加首届世界会计论坛,主持题为"基于财务云的企业战略转型"圆桌论坛,对话嘉宾有中国兵器工业集团有限公司党组成员、总会计师张华,中国航天建设集团 CFO、资深专家马燕明,浪潮集团执行总裁王兴山,中国国旅股份有限公司 CFO 陈文龙,中兴新云公司总裁陈虎和中国神华能源股份有限公司 CFO 张克慧。很显然,除了浪潮集团和中兴新云,其他嘉宾并非互联网相关企业的高管,但是他们却都有相关访谈或公开发表文章,在大数据赋能会计和财务云的应用方面已经积累了相当多的实践和管理经验,这使我十分震惊和由衷敬佩。为了做好这场主持,我用了半个多月的时间,恶补了大数据、"互联网+会计"和财务云的知识、现状和趋势,发现在大数据赋能、"互联网+会计"和财务云方面,教育界远远落后于实务界。之后,我应邀为哈尔滨工业大学(深圳)组建会计学科,我们把本科生会计学专业培养方向确定为大数据会计。但是,如何设置课程和怎样开展教学,对于我们而言都是全新的,充满了挑战。于是,我和我的同事前往重庆理工大学,求教于程平教授和他的团队,收获甚丰。然而,深受启发之余,我脑海中浮现的却是"心向往之,难以复制"。教师的知识结构和学校的硬件条件限制了很多学校开展相关工作,而教材则是不可否认的瓶颈。

教材,是编者的一面镜子。一本好的教材,不仅要立意清新、架构合理、逻辑严谨、知识点突出、对要点难点有很好的解析、深入浅出,而且一定要体现教学规律,助力学以致用,会计学教材尤其如此。因此,特别提倡在教学积累和实践、实训及带队实习的基础上编写教材。

程平教授编著的《RPA 财务机器人开发教程——基于 UiPath》(第 2 版),可以说是其长期在 IT 工作实践、教学研究与教学实践经验方面的积累,虽然对于大多数会计和财务教师来说难免有陌生感,但读来引人入胜,堪称用心用情之作。该书清晰、简约地介绍了机器人流程自动化技术(RPA)的功能、特点、优势和发展趋势及其在财务领域的应用,并列举了目前最受瞩目的七种财务机器人。教材还深入浅出地讲解了 UiPath 软件技术,包括软件的安装、功能讲解和财务典型应用案例,尤其是 E-mail 人机交互、Excel 数据处理、PDF 文本读取、图像识别、Web 应用、应用程序交互这些方面的自动化技术和基于财务场景驱动的机器人开发模拟训练,既可以极大地提升学生的学习兴趣,也拉近了学生与 RPA 的距离。UiPath 财务机器人综合应用开发部分,重点聚焦和深度解析了会计记账处理、杜邦财务分析和股票投资分析三种和实务结合比较紧密的财务机器人的分析、设计、开发和运用。最后,教材还讲解了财务机器人的运用,包括 RPA 机器人的部署与运行及其价值与风险。

重庆理工大学作为中国"互联网+会计"教育综合改革的前沿阵地,开展会计信息化教育有着长期的经验积累。基于"会计信息化"的国家级精品课程(国家级一流本科建设课程)春秋战国翻转课堂教学改革实践，程平教授的 IT 教育和工作背景、教学经验和本书第 1 版的广泛使用，都有助于本书第 2 版的精炼和提升，也使得本版得以更好地体现教学规律，适宜学生学习和实操。同时，会计教育专家委员会将本书作为智能会计专业 RPA 财务机器人方向课程的推荐教材，多次开会对选题、大纲和内容进行讨论和评审，对本书的提升也颇有裨益。我相信，本书作为财务自动化教材，广大教师、学生和实务工作者看后都将受益匪浅。

曲晓辉

哈尔滨工业大学（深圳）/厦门大学教授、博士生导师

引领会计数字化转型的力作

2020年10月，我和容诚会计师事务所治理委员会主席陈箭深博士以及几位同事慕名赴重庆理工大学，学习该校在会计数字化转型方面的教学科研经验，参观了程平教授主导的"会计大数据基础"课程教学平台和"RPA+AI"财务与审计机器人实验教学示范中心，亲身感受了重庆理工大学之所以引领我国会计数字化教育的创新氛围和雄厚实力。后来又拜读了程平教授赠送的《RPA财务机器人开发教程——基于UiPath》，从中看到了我国会计数字化转型的路径和方向，备受鼓舞，让人振奋。

程平教授在第1版的基础上，应RPA机器人流程自动技术的发展趋势，结合多轮教学科研的深切感悟，对该书做了大幅修改、更新和提升，还特地增加了漫画创作和情境表达，大幅提高了可读性。欣闻该书第2版即将付梓，特隆重推荐。

数字化转型是会计界当下最热门的话题，已经从理论探讨进入推广实施阶段。能否顺利实现数字化转型，关乎会计学科的生死存亡。唯有实现数字化转型，借助最新的信息技术进步赋能会计和审计，会计学科才能永葆青春活力，才能在数字经济时代与时俱进，继续保持财务信息和审计鉴证的价值相关性。会计数字化转型的关键是培养复合型人才，必须改变财会部门和审计部门人员知识结构不合理、不平衡的局面，财会部门和审计部门应当配备更多精通IT知识的专业人才，而不应是清一色的会计审计人员。

为此，会计和审计教育必须大刀阔斧地进行结构性改革，融入更多的IT知识，以应用场景为牵引，将云计算、物联网、大数据、人工智能、区块链和RPA财务机器人等现代IT技术有机地融合到会计和审计课程体系，为会计界培养既谙熟专业知识，又通晓IT技术的复合型人才。从这个意义上说，程平教授及其团队撰写的《RPA财务机器人开发教程——基于UiPath》（第2版）堪称及时雨和催化剂，无疑是引领会计数字化转型的力作，值得会计界同仁细读、深思和领悟。

黄世忠

厦门国家会计学院院长

RPA 财务机器人：智能财务中最有成效的应用技术之一

在 2020 年由上海国家会计学院、浪潮、用友、元年、中兴新云和金蝶等机构组织的影响中国会计人员的十大技术评选中，RPA（机器人流程自动化）技术名列十大技术的第 5 位，而该项技术在 2018 年和 2019 年的同类评选中只名列第 11 位。

在资本市场上，尽管 RPA 行业的投资热度不算很高，市场规模总量也不算很大，但增长率却非常之高。有关资料显示，我国 2020 年的 RPA 行业市场规模大约为 20 亿元左右，相比 2019 年的 10.2 亿元，大幅增长了 96%！

相比其他智能技术，RPA 具有开发时间短、编码量小、实施成本低，无侵入性，合规性、安全性、扩展性高，可 24 小时自动运行等诸多的特点。在应用方面，自 RPA 技术被引入财务领域后，在短短几年内，其应用已快速扩展到账务处理、发票处理、银行对账、费用审核、报表处理、资产管理、纳税申报等几十个场景之中，已部分实现了对会计人员基础工作的替代。

快速的发展和显著的成效，使 RPA 成为广大会计人员关注的热门话题，也成为很多企业纷纷试水和深化应用的技术之一。尽管如此，其核心技术基本上都掌握在相关 IT 公司、咨询公司和企业少数技术人员手中，大多数会计人员并不清楚其核心属性、流行产品和运营规律，更无法自己动手进行应用尝试。

为了使广大的学生和会计工作者了解 RPA 的应用和开发知识，2019 年 11 月作者出版了本书的第一版，并取得了显著的社会影响，获得了高校教师、学生、会计从业人员、软件工程师等群体的广泛赞誉，也受到了一些会计行业学者的推崇。

作为中国新生代会计信息化研究和教学的代表、会计和计算机的复合型人才，程平教授近年来在大数据、互联网、人工智能等领域的研究和教学成果颇丰。他这次修订的新版教材，结合了他近两年丰富的教学实践和实施经验，大幅修订了第一版的内容，并新增了财务机器人运用的内容，使教材的实时性、趣味性、可读性和可操作性得到了进一步加强。

本书具有以下一些显著的特点：基于财务应用场景设计，兼顾理论学习与实践操作，信息量大、知识点紧凑、案例丰富、实用性强，在目标定位、内容设计、案例设计、情景设计、模拟实训方面都可圈可点，是一本值得一读的优秀教材。

最后，我诚挚地向大家推荐本书，本书可以作为高等院校会计学、财务管理、审计学等专业会计信息化相关课程的教材，也可以作为计算机、软件、人工智能等专业的学生进行 RPA 开发学习的参考教材，同时也可以作为会计从业人员、IT 从业人员进行"互联网+会计"跨学科研究的学习用书。相信大家能从中有所借鉴，有所感悟。

逆水行舟，不进则退，当今社会只有持续学习和思考的人，才能引领社会，才会获得圆满的人生。

刘勤
中国会计学会会计信息化专业委员会主任委员
上海国家会计学院副书记、副院长、教授、博士生导师

聚焦智能信息时代，聚力财务智能新发展

当前，人工智能、大数据、云计算等新技术新应用在全球范围蓬勃发展，各种智能终端、丰富应用层出不穷，智能信息时代正在呼啸而来。在习近平总书记关于网络强国重要思想的指引下，数字中国建设不断加快推进并呈现勃勃生机，以数字经济为代表的新经济，已经成为中国高质量发展的新动能。

伴随着"大智移云物区"等新技术与经济社会的深度融合，RPA 技术在多个行业领域广泛应用，并催生了一系列新业态新模式。数字经济如何重塑会计生态、推动会计变革成为多方共同关注的现实问题。普华永道、德勤、安永等机构近几年相继推出的财务智能机器人，对传统财务流程、组织乃至整个财务运作模式产生了极大冲击。当前财务智能机器人已经基本能够以零错误率执行财务领域中的重复性高、技能要求低的核对类、收集类工作，但这只是 RPA 流程自动化在财务领域中的基本应用，在人工智能、大数据等技术的不断加持下，"互联网+"模式下的财务创新会持续深化，RPA 机器人发挥能量的场景会进一步拓宽，智能财务将覆盖财务运作的整个范围，财务管理模式也将实现人机一体化协同管理。

程平教授是我院会计信息化博士后，是中国"云会计"概念的提出者，拥有计算机、管理学、应用经济学等多学科教育背景、丰富的企业运营管理经验及高校财会审信息化教学研究经历，对财务信息化、大数据智能化审计和税务、RPA 财务与审计机器人等领域有着深刻的理解和实践能力。

程平教授编著的《RPA 财务智能机器人开发教程——基于 UiPath》（第 2 版），是在第一版的基础上，结合高校教师、学生、会计从业人员、软件工程师等读者群体的反馈，融合作者多年的企业 IT 工作、教学研究和教学实践修订而成。全书分为四个部分、15 章，信息量大，知识点紧凑，案例丰富，在目标定位、内容设计、案例设计、情景设计、模拟实训方面具有显著特色，体现了理论与实践的有效贯通衔接，使读者能够看得懂、学得会、用得上。书中介绍的 RPA 机器人流程自动化技术在企业财务领域的典型开发案例，鲜活丰富、梯度清晰，具有很强的针对性和实用性。

本书条理清晰、内容扎实、可操作性强，读者通过本书的学习能够为规划、设计、开发、部署和运维财务机器人提供良好的支持，是深度学习和掌握 RPA 财务机器人的精品力作。

徐玉德
中国财政科学研究院副院长
教授、博士生导师

财务数字化转型时代，RPA成为会计毕业生的得力助手

我认识程平副院长已经有三个年头了。最早是通过重庆理工大学石晓辉校长介绍认识的，发现当时程院长已经研究RPA有一年多的时间了。程院长对新技术敏锐的嗅觉和深入钻研的精神让我印象深刻。程平院长作为中国"云会计"概念的提出者，其团队早在2017年年初就开始了对财务自动化的研究，并于2018年率先将其引入大学会计专业本科生的课程教学和研究生的学术研究。重庆理工大学独具特色的基于会计信息化国家级精品课程（国家级一流本科课程）的春秋战国翻转课堂教学改革，为RPA财务机器人的人才培养提供了有力的保障。

新技术的发展与快速应用，使得社会对RPA财务人才需求越来越多，重庆理工大学培养出来的很多"互联网+会计"毕业生，无论是本科生还是研究生都供不应求。许多具备RPA能力的会计毕业生，已经在国内外咨询公司或者企业客户的RPA财税咨询、实施、开发和运用等方面发挥了重要作用。鉴于此，国内有特别多的高校会计学生期望在学校的课程中能够学习到RPA财务机器人知识与技术，以便形成核心竞争力，在毕业后能够进入这个前沿领域，以谋求更好的职业发展。

目前国内已经有近百所大学采用本书作为教材讲授RPA财务机器人课程，这对本书的理论性和实践性也提出了更高的要求，基于此，程院长结合自己一年多的教学实践以及高校教师和企业读者的使用反馈，在第一版的基础上修改、完善和补充了很多内容，尤其是在财务机器人案例和运用方面。这让学生除了学习理论知识，还能够掌握更多的实操技巧，以便在未来的实际工作当中能够快速地发挥作用。我想这也正是这本教材以及培养出来的复合型会计人才，受到社会和用人单位欢迎的主要原因之一吧！

三年过去了，RPA已经不是一个新概念，在财务领域尤其如此。很多公司已经找到了财务的应用场景，并且还在不断地挖掘新的使用场景。RPA已经在一些企业财务共享中心的使用场景中发挥了重要作用，当然也遇到了各种各样的问题。公司的财务流程通常也不是一成不变的。RPA作为一种敏捷技术，对灵活部署和快速实施提出了更高的要求。在第2版书中，程院长还特意增加了Studio的相关内容，作为一种流程开发工具在如何敏捷调整流程上重新落下笔墨。

UiPath在过去三年的时间里发展迅猛，得到众多企业的认可和赞扬。需要强调的是，UiPath在RPA的发展上特别注重研发投入。除了在界面上关注人机交互的友好性，还增加了很多易学易用的功能。在企业的应用上已经把RPA从一个简单工具发展成为一个平台，在方便人机交互以外，还注重跨应用跨部门的业务融合的要求，比如说业财融合。

在社会上，特别是在学校里面注重人才的赋能要求。这本《RPA财务机器人开发教程——基于UiPath》（第2版）的出版，还为有志于在企业中发挥一个财务人员的专业知识，为企业提供更高的价值提供了便利，非常符合UiPath以人为本的原则。

我们期待看到更多的会计专业学生能够通过本书熟练掌握RPA技术，在毕业后成为专业财务人士的同时，也能够熟练运用这门机器人技术。让财务机器人协助专业人士完成烦琐的重复工作，能够更好地发挥自己的专业才能，为个人增值，为企业增值。

吴威

原UiPath公司大中华区总裁

前　　言

这本书的第 1 版是 2019 年 11 月出版的。

作为我在大学从教 10 年主编的第一本书，得到了 UiPath 公司和苏州数字力量教育公司的大力支持。第 1 版出版之后，因为系统化、场景化、模拟化、趣味化的内容体系设计，受到了教育界和企业界的高度关注，社会反响强烈。特别感谢会计教育专家委员会将本书作为智能会计专业"RPA 财务机器人"方向课程的推荐教材。

第 1 版总体使用情况

目前，全国有近百所高等院校选用本书作为教材，为研究生和本专科学生开设与讲授"财务机器人"课程，以助力新时代新技术背景下亟须的会计数字化教育改革转型；众多开发 RPA 流程机器人业务的软件企业，借助本书的财务机器人案例与企业客户沟通财务机器人的应用实施需求，以解决"痛点"分析和需求匹配，为客户真正提供有价值的财务机器人；众多大中型企业的财务总监、财务部长、财务经理等会计从业人员通过本书的学习，开始主动思考、规划和实施企业的财务流程自动化应用。在本书的使用过程中，来自全国的高校教师、高校学生、会计从业人员、软件工程师等读者对本书提出了许多宝贵的意见和建议，在此深表感谢！

课程教学是本书最重要的应用需求。2020 年上半年，受新冠疫情影响，通过互联网以本书为教材，在重庆理工大学会计学专业会计信息化方向（全国首批国家级一流专业建设点）实施了 48 课时的理论讲解、案例研讨和软件开发模拟训练网络教学，下半年在重庆理工大学新建的"RPA+AI"财务与审计机器人实验室，现场完成了财务机器人开发模拟物理沙盘推演实验。通过这次系统化的教学实施，不但测试了本书的内容设计，衔接了适宜的教学方式，还总结形成了"理论讲解+案例分析+沙盘推演+RPA 开发软件操作实训"的财务机器人教学模式，真正践行了面向 RPA 核心能力培养的业务、财务、技术一体化的"互联网+会计"教学改革实施。

学习财务机器人的重要性

在新时代背景下，我国经济社会发展正面临着前所未有的挑战与机遇。为响应党的二十大报告精神，适应推动数字经济高质量发展，加快数字中国建设，以创新为核心驱动力，实现经济社会高质量发展形势要求，本书详细介绍了机器人流程自动化技术在财务工作中的应用。

学习 RPA 财务机器人对于数字经济背景下提高我国财务工作效率、降低成本、强化风险控制、促进财务数字化转型、培养高素质财务人才以及助力绿色发展具有重要意义。顺应党的二十大报告精神，大力发展与运用 RPA 财务机器人技术，将有助于推动我国财务事业迈向更高水平。学习财务机器人的重要性主要体现在：

（1）提升财务工作效率：要提高全要素生产率，推动经济高质量发展。RPA 财务机器人能够自动执行重复性、规范化且标准化的财务任务，显著提高财务工作效率，减少人工操作失误，有助于实现财务业务的高质量发展。

（2）降低成本：要降低企业成本，提高企业竞争力。RPA 财务机器人可以替代人工完成大量烦琐、耗时的财务工作，降低人力成本支出，从而提高企业的竞争力。

（3）强化风险控制：RPA 财务机器人具有较高的精确性和一致性，能够在处理财务数据时确保准确性，降低错误率。此外，RPA 财务机器人可以实时监控财务流程，及时发现潜在风险，有助于提高企业风险防控能力。

（4）促进财务数字化转型：要加快数字化发展，建设数字中国。RPA 财务机器人是财务数字化的重要工具，可以帮助企业实现财务业务的自动化、智能化，提升财务部门在企业整体数字化转型中的作用。

（5）培养高素质财务人才：随着 RPA 财务机器人的应用，财务人员可以从烦琐的工作中解脱出来，将更多精力投入到战略决策、分析预警等具有更高价值的工作上。这有助于提高财务人员的素质，培养具备创新精神和专业素养的财务人才。

（6）助力绿色发展：要加快绿色经济发展，加强生态文明建设。RPA 财务机器人可以减少人工操作失误，提高数据准确性，有助于企业更好地贯彻绿色发展理念，实现绿色财务管理。

财务机器人学习什么

成本和效率是企业使用财务机器人的两大主要驱动因素。财务机器人的应用是企业财务数字化转型的必由之路，它使财务人员从繁杂、重复的会计记账工作中摆脱出来，有更多的时间和精力参与到企业的业务财务工作中，完成由会计核算型人才向会计管理型人才的转变。

财务机器人既然是对许多会计核算工作的模拟与代替，那作为会计人学习什么呢？难道像学习 ERP 软件那样主要是完成功能操作吗？答案显然是否定的。遗憾的是，许多会计人对财务机器人的学习目标还错误地停留在只是跟着案例操作步骤完成程序开发，而对会计人最重要的财务机器人分析、设计和运维能力并未特别关注和深入学习。

财务机器人的学习，不仅仅是了解机器人流程自动化技术的概念、特征和功能，熟悉常见的 RPA 软件开发技术，理解机器人流程自动化技术在财务工作中的应用，还要熟练掌握典型应用场景财务机器人的流程梳理与痛点分析、自动化流程设计、数据标准与规范化设计、技术路线规划、部署与运行设计、价值与风险分析，并在此基础上进行创新设计与开发，更重要的是培养业务、财务和技术一体化与流程优化思维，帮助企业能够基于人、业务和系统的有机融合，从系统工程的角度构建基于内部价值链和外部价值链的全流程优化，规划、指导和协助企业财务机器人的应用实施，以此建立在财务领域的 RPA 技术咨询和实施核心竞争力。

如何讲授财务机器人课程

根据我们的教学实践，"RPA 财务机器人"课程的教学实施建议学时为 32 或者 48 个课时，包括课堂的理论教学与案例分析、实验室的沙盘推演与软件开发模拟训练两部分。教具主要包括 UiPath Studio 软件和 RPA 财务机器人开发模拟物理沙盘。教学方式包括课堂讲授、翻转课堂、情境教学、项目教学、沙盘推演、模拟训练等多种方式的融合应用。

基于本书开展教学，通过 RPG 角色扮演模拟和重现企业财务工作中的一些典型应用场景，让学生身临其境，通过理论讲解、案例研讨、沙盘推演和软件模拟来进行财务机器人的应用分析和开发学习，由浅入深，层层递进，逐步引导学生建立起这门课程的思维模式，培养学生的创新思维和团队协作能力。

课程设置了 6 个沙盘推演实验。实验案例素材均来自本书，与软件开发模拟训练实验协同，通过对经典案例场景财务机器人的全过程推演，从流程梳理与痛点分析、机器人自动化流程设计、数据规范与标准化设计、机器人开发技术路线设计、机器人运用等多个方面培养学生财务机器人分析、设计、开发、运用和运维能力。

模拟沙盘像一个思维导图，能够帮助学生把每个案例提炼为应用场景、业务流程、痛点分析；机器人设计与开发；机器人数据标准与规范化；机器人运用的价值与风险、部署与运行等七大核心内容，每部分内容环环相扣、重点突出，让我们更直观、更快速、更具有结构感地把所有核心内容整合在一起，清晰地呈现每个实验的整体框架及内容重点，学会如何深度地分析问题和解决问题，并有针对性地编制出可以落地实施的机器人，明白机器人的价值所在和如何规避在运用过程中的风险点，最终实现人机协作共生。

课程设置了 10 个财务机器人软件开发模拟实验。通过模拟训练，侧重于机器人开发、运维操作技能和反应敏捷的能力培养，把学生置于模拟的财务机器人应用与开发环境中，让学生反复操作、反思与创新，强化学生的逻辑思维能力与编程能力，解决财务机器人实际应用与开发过程中可能出现的各种问题，为学生进入企业财务机器人应用和运维工作岗位打下基础。

第 2 版内容修订说明

尽管第 1 版书得到了读者的普遍欢迎，但是不可避免，由于时间的仓促、RPA 技术的发展和应用的深化，难免存在不当之处，尤其是对于会计专业学生的课程教学，如何有效地培养业务、财务和技术一体化的能力更是要求甚高。于是，从 2020 年 12 月开始，从基础知识体系、案例内容设计和教学配套设计三方面对本书做了较大程度的内容升级，形成了本书第 2 版。具体修订内容如下：

第 1 章，更新了财务机器人的应用案例和 RPA 发展趋势，增加了 RPA 人才需求方面的内容。

第 2 章，更新了常见 RPA 软件介绍，新增了微软公司的 Power Automate RPA 软件介绍。

第 3 章，新增了两节内容，3.4 节的 UiPath Studio 的使用与 3.5 节的模拟实训案例，完善了 UiPath Studio 界面简介的使用，新增了入门模拟实训情境案例"股票入手知多少"。

第 4 章，完善了 UiPath 语法基础知识介绍，新增了"字符串处理常用方法"内容，升级了模拟实训内容，案例修改为"净资产增长率考核机器人"。

第 5 章，引入全新应收账款案例设计，利用 E-mail 人机交互自动化的自动发送邮件和接收邮件实现对应收账款的业务管理；基于高科技公司的业务特征，重新设计了资金收支计划表，并升级了模拟实训案例内容。

第 6 章，新增了 6.3 节数据表内容，介绍了数据表的活动和读取操作，并以管理费用筛选和应收账款分析为例讲解了数据表的应用。

第 8 章，升级了模拟实训案例的开发设计，去掉人工干预，实现从下载发票、打开发票到自动识别发票信息的全流程自动化。

第 10 章，修改模拟实训案例要求的 ERP 软件，将第 1 版的金蝶 K/3 Cloud 软件修改为金蝶精斗云网页版软件，读者无须安装新软件只需要注册就可以配合完成实验。

第 11 章，修改了模拟实训案例内容，考虑到在税务局网站进行发票真伪查验时验证码识别的准确性不高，将案例内容由原来的查验发票真伪改为检查发票是否重复报销，从新的视角展示机器人流程自动化技术在会计记账机器人案例发票处理中的新应用。

新增了第四部分财务机器人的运用内容，包括第 14 章 RPA 机器人的部署与运行和第 15 章 RPA 机器人的价值与风险，让读者了解财务机器人开发完成后如何上线工作和如何进行运维管理。

在第 3 章至第 10 章模拟实训的案例场景的业务描述和机器人流程设计部分，增加了业务呈现和流程设计的漫画形象表达，使得趣味性、可读性、代入感增强；同时，在场景剧本描述中，加入了机器人上线前后在效率和价值方面的对比描述。

在第 5、6、7、8、9 和 11 章，增加了 RPA 财务机器人开发模拟物理沙盘在机器人分析、机器人设计、机器人开发、机器人运用方面的推演实验内容。

这本书的出版是我们对中国财务 RPA 教育的实践探索和理论升华，期望这本书的面世能够帮助会计人员建立 RPA 财务机器人应用与开发的核心能力，帮助企业更好地规划和实施财务机器人应用。作为教材，能帮助大中专高校老师更好地去讲授"RPA 财务机器人"课程，加快中国高校会计数字化教育改革和人才培养改革的步伐。

内容组织

本书内容从逻辑上分为四大部分：第一部分是机器人流程自动化（RPA）基础，第二部分是 UiPath 软件技术，第三部分是 UiPath 财务机器人开发，第四部分是财务机器人的运用。读者可以根据自己的前期基础、专业领域或兴趣爱好，有选择地进行阅读。

第一部分的内容包括第 1～2 章，主要介绍机器人流程自动化（RPA）的基础，其内容涵盖了 RPA 的概念、功能、特点和优势、典型财务应用、发展趋势，以及常用的 RPA 软件。其中：

- 第 1 章在当前实务界对 RPA 的认识和理解众说纷纭、各有侧重的现状的基础上，定义了 RPA 的概念，以便建立读者对 RPA 概念的统一认识，也为读者学习本书后面的财务机器人开发内容奠定基础。
- 第 2 章介绍了 RPA 软件的组成和选择，然后分别介绍了当前国内外比较流行的 UiPath、Blue Prism、来也科技、达观数据等公司 RPA 软件的功能、特点和应用领域。

第二部分的内容包括第 3～10 章，主要介绍了 UiPath 软件的基础技术单元、财务机器人的典型应用场景与模拟实训，这部分内容是学习财务机器人开发的基础技术，读者应该将其作为学习的重点。其中：

- 第 3 章介绍了 UiPath 软件的安装和使用，以及股票入手知多少机器人模拟实训。
- 第 4 章介绍了 UiPath 软件涉及的数据类型、变量、运算符、条件语句、循环语句等内容，以及净资产增长率考核机器人模拟实训。
- 第 5～10 章分别介绍了 E-mail 人机交互自动化、Excel 数据处理自动化、PDF 文本读取自动化、图像识别自动化、Web 应用自动化、应用程序交互自动化的功能、技术实现，以及财务计划编制机器人、财务指标计算机器人、经营状况分析机器人、财务报销编制机器人、财务预算审核机器人、资产卡片录入机器人模拟实训。

第三部分的内容包括第 11～13 章，主要介绍了财务会计和管理会计方面的三个典型财务应用场景的机器人开发。具体包括：会计记账处理机器人、杜邦财务分析机器人、股票投资分析机器人的场景分析、流程自动化设计与开发步骤详解。这部分内容是以财务应用为核心的综合开发案例，是基于 UiPath 技术单元的综合应用，是读者进行财务机器人学习和开发实战的重点。

第四部分的内容包括第 14～15 章，主要介绍了财务机器人的运用。具体包括：财务机器人规划部署的考虑因素、RPA 机会评估、机器人的部署形式、机器人的运行模式、运行维护以及机器人的实施管理和安全管理；机器人的应用价值和价值分析，机器人的流程风险和使用风险。通过这部分内容的学习，读者可以掌握财务机器人的部署与运行机理，分析财务机器人的价值，防范财务机器人运用过程中的风险。

本书特色

我拥有 10 多年的 IT 从业经历和 10 多年的大学会计教育经历，具有丰富的软件分析设计与程序开发，以及会计信息化课程教学与人才培养经验，本科课程中基于春秋战国翻转课堂的财务机器人开发已经实践 3 年有余，且效果良好，为本书用于大学课程教学和社会培训提供了较好的可行性。

本书的最大特点是理论与实践兼顾，信息量大、知识点紧凑、案例丰富、实用性强，在目标定位、内容设计、案例设计、情景设计、模拟实训方面具有显著特色。

目标定位：本书的目标是帮助读者在"互联网+会计"这个会计和 IT 技术交叉领域的机器人流程自动化技术咨询和运用方面具有核心竞争力。它主要适用于会计学、财务管理、审计学等专业的本科生和研究生，以及企业财务共享中心的从业人员，使他们通过学习 RPA 技术，能够规划、设计、开发、部署和运维财务机器人，帮助企业提高会计核算能力，提高财务管理水平。

内容设计：本书的内容设计主要基于财务场景驱动，由浅入深、由易到难、层层递进，从 RPA 的基础技术到财务场景中的典型应用，既有理论的讲解和案例的探讨，又有分析的沙盘推演和开发的软件实操，通过良好的内容框架和体系架构设计，只要跟着章节进行理论学习、案例研讨、沙盘推演和软件模拟实训，就可以在不知不觉中掌握财务机器人的分析、设计、开发和运用。

案例设计：全书以 HD 上市公司作为案例对象，全部案例聚焦 HD 公司的具体财务工作"痛点"进行流程自动化设计，将 E-mail 人机交互自动化、Excel 数据处理自动化、PDF 文本读取自动化、图像识别自动化、Web 应用自动化、应用程序交互自动化等 RPA 技术地图无缝嵌入案例的财务场景中，这种一体化的代入感，能够让读者深度理解和有效掌握 RPA 技术在财务工作中的运用。

情景设计：全书的实训案例场景描述和流程自动化设计全部基于 HD 公司的财务工作场景，寓学于乐，激发读者的阅读欲望。结合 RPA 知识点，通过有目的地引入或创设具有一定情绪色彩的、以形象为主体的、生动具体的 HD 公司财务工作"痛点"对话场景和 Q 版漫画，引起读者的共鸣，从而帮助读者很好地理解机器人流程自动化设计的动因，并使学习的知识能够得到很好的能力转化。

漫画演绎：全书针对企业财务工作中的实际应用场景，基于 RPG 角色扮演，通过生动、形象的 Q 版漫画，采用幽默诙谐、简明扼要、略带调侃的对话动态地呈现了财务工作中的"痛点"，图文并茂地演绎了 RPA 技术在财务场景中的工作流程和应用价值。旨在用风趣、机智、充满知识性的漫画设计，将原本枯燥、生涩的 RPA 技术运用变得生动，勾勒出财务机器人学习的全生命周期知识地图。

模拟实训：全书共设计了 11 个财务机器人模拟实训项目，包括第 3～10 章的 8 个结合财务应用场景的面向 UiPath 技术单元的模拟实训项目和第 11~13 章的会计记账处理、杜邦财务分析和股票投资分析 3 个综合性的多技术融合的模拟实训项目，覆盖财务会计与管理会计核心应用场景，具有较强的体验性、实战性、综合性和有效性，读者学习之后直接或者稍微加以改进就可以用于具体的财务工作场景。

沙盘推演：基于本书典型案例，配套研发了财务机器人开发模拟物理教学沙盘，用于可视化地指导并帮助学生完成财务场景分析，业务流程提炼，痛点分析，机器人数据标准与自动化流程设计，机器人开发技术思路梳理，机器人运用的价值与风险、部署与运行分析等实验任务。物理沙盘以流程为导向，环环相扣，重点突出，使学生能够更直观、更快速、更系统地把财务机器人的内容形成思维导图，深刻地理解财务机器人的开发与应用，旨在培养学生创新思维和分析问题、解决问题的能力。

配套资源

本书提供：

- 财务机器人小蛮开发的案例源程序和基础部分内容 PPT 等学习资源；
- 课程开设的教学大纲、教学日历、教学课件，以及与本书配套的 RPA 财务机器人开发模拟物理沙盘教学方案建议等教学资源；
- 课程开设的师资培训。

读者可以通过在华信教育资源网 www.hxedu.com.cn 注册后下载本书相关配套资源。

适用读者和课程

本书可以作为（但不限于）：

- 普通高校本科和高职高专的会计学、财务管理、审计学等专业的会计信息化、会计信息系统、会计信息系统分析与设计、RPA 财务机器人等相关课程的教材。
- 普通高校的会计学硕士、会计专硕、审计专硕等研究生的会计信息系统、审计信息系统、RPA 机器人等相关课程的教材。
- 普通高校本科和研究生的计算机专业、软件专业、人工智能专业等学生进行机器人流程自动化（RPA）开发学习的参考教材。
- 集团企业财务共享中心人员工作能力提升的培训用书。
- 初级会计师、中级会计师、高级会计师及注册会计师提升工作能力的学习用书。
- 企业信息中心 IT 人员，尤其是运营管理人员提升工作能力的学习用书。
- UiPath 机器人开发的培训用书。
- 欲通过 RPA 提高自己的核心竞争力，考取 UiPath 初级、中级和高级证书人员的学习用书。
- 会计信息化爱好者进行"互联网+会计"跨学科学习的指导用书。

勘误和支持

由于编者水平有限，书中难免会出现一些错误或者不准确的地方，恳请读者批评指正。读者可以通过以下途径反馈建议或意见。

- 即时通信：添加个人 QQ（4961140）或微信（chgpg2018）反馈问题。
- 直接扫描二维码添加个人微信或者添加【云会计数智化前沿】微信公众号。

- 本书配套资源可到华信教育资源网（https://www.hxedu.com.cn）注册后免费下载。
- 电子邮件：发送 E-mail 到 4961140@qq.com。

致 谢

在本书的撰写过程中，得到了多方的指导、帮助和支持。

首先，感谢中国会计学会会计教育专业委员会和会计教育专家委员会主任委员刘永泽教授，全国会计专业学位研究生教育指导委员会副主任委员兼秘书长、教育部会计类专业教学指导委员会副主任委员、中国人民大学商学院王化成教授，会计教育专家委员会秘书长杨政教授对重庆理工大学"互联网+会计"教育改革的认可及其对本书的指导、支持、帮助和推荐。

其次，感谢厦门国家会计学院院长黄世忠教授，中国会计学会会计信息化专业委员会主任委员、上海国家会计学院副院长刘勤教授，中国财政科学研究院副院长徐玉德教授，厦门大学和哈尔滨工业大学曲晓辉教授，UiPath 大中华区总裁吴威先生为本书撰写推荐序。感谢广东外语外贸大学南国商学院执行校长王华教授，华东理工大学胡仁昱教授，中兴新云公司总裁陈虎先生，对本书撰写的指导、建议和审定。

再次，感谢上海茵罗智能科技有限公司和苏州数字力量教育科技有限公司的龚燕玲女士对本书第一版的技术支持并为第二版的内容修订提出的宝贵建议。感谢重庆迪数享腾科技有限公司参与本书配套模拟物理沙盘教学内容的策划和产教融合研发。感谢电子工业出版社高等经管事业部主任石会敏老师及其团队为本书的撰写提供的方向和思路指导、审核、校验等工作，以及其他背后默默支持的出版工作者。

然后，感谢我的 2019 级研究生团队成员，重庆理工大学会计学院硕士研究生胡赛楠、聂琦、黄鑫、钱涂、詹凯棋、徐涵璐、陈奕竹、罗梦晴、赵新星、郑毅、袁瑞繁、毛俊力等参与本书第 2 版的内容修订工作，2019 级本科学生卢鹰、蒋佳、曹宇瑶、赵欣、廖雪邑和范子钰参与了案例场景剧本的改编和漫画创作，胡赛楠在组织管理和任务分解协同方面做出了重要贡献。

最后，感谢我的父母、家人和朋友，尤其是夫人陈艳女士对我工作的大力支持，在写书期间她把家里料理得井井有条，阳光可爱的桐少小朋友经常微笑旁观，使得我有充足的时间和精力、大好的心情完成本书的撰写工作。

谨以此书献给致力于中国会计数字化教育转型和"互联网+会计"教育综合改革、致力于企业财务转型与变革、致力于未来成为卓越会计师的朋友们，愿大家身体健康、生活美满、事业有成！

程 平

2021 年 3 月

注：由于软件原因，软件上固有的一些字词保持原样，不做改变，如"帐户"等。

财务场景设计业务演员对照表

章节序号	章节名称	会计业务	演员	岗位
第3章	UiPath的安装与使用	股票购买知多少	程平	财务总监
			嘉桐	销售经理
第4章	UiPath软件基本语法	净资产额达标判断	程平	财务总监
			杨霁莞	财务部会计核算岗
			张洪霜	财务部会计核算岗
第5章	E-mail人机交互自动化	知识管理	魏友婕	财务部知识管理岗
		下载费用报销明细数据	郭奕君	财务部报销稽核岗
		下载求职人员的简历和附件	代佳	人力资源部招聘岗
		发送资金预算表	谭韵	财务部资金管理岗
		编制月度财务计划	程平	财务总监
			郑毅	财务部计划岗
			杨杰	财务部信息化岗
第6章	Excel数据处理自动化	编制财务指标分析报告	程平	财务总监
			龚燕玲	业务副总经理
			毛俊力	财务部财务分析岗
			文少波	财务部信息化岗
第7章	PDF文本读取自动化	分析同行竞争对手公司经营情况	程平	财务总监
			胡赛楠	财务部财务分析岗
			余睿	财务部信息化岗
第8章	图像识别自动化	编制费用报销明细表	彭兰雅	财务部报销稽核岗
			范洵	财务部报销稽核岗
第9章	Web应用自动化	采购预算审核	程平	财务总监
			袁瑞繁	财务部内控主管
			陶思颖	财务部信息化岗
第10章	应用程序交互自动化	资产卡片信息录入	程平	财务总监
			何昱衡	财务部资产管理岗
			杜姗	财务部信息化岗
			詹凯棋	财务部信息化岗
第11章	会计记账处理机器人	会计记账业务	程平	财务总监
			姚斌星	业务副总经理

续表

章节序号	章节名称	会计业务	演员	岗 位
第 11 章	会计记账处理机器人	会计记账业务	章聂琳	重庆迪数享腾公司业务副总
			徐明泉	技术副总经理
			罗梦晴	财务部报销稽核岗
			陈奕竹	财务部报销稽核岗
			聂琦	财务部报销稽核岗
			徐涵璐	财务部信息化岗
第 12 章	杜邦财务分析机器人	杜邦财务分析	王宏波	董事长兼总经理
			程平	财务总监
			王文怡	财务部经理
			钱涂	财务部财务分析岗
			徐涵璐	财务部信息化岗
第 13 章	股票投资分析机器人	股票投资分析	黄鑫	销售部高级客户经理
			赵新星	销售部销售代表
			黎明	资深股民、职业不详

财务场景设计业务演员漫画人物

程平	杨霁菀	张洪霜	郑毅	杨杰	毛俊力
财务总监	财务部会计核算岗	财务部会计核算岗	财务部计划岗	财务部信息化岗	财务部财务分析岗

文少波	胡赛楠	余睿	彭兰雅	范洵	袁瑞繁
财务部信息化岗	财务部财务分析岗	财务部信息化岗	财务部报销稽核岗	财务部报销稽核岗	财务部内控主管

陶思颖	杜姗	詹凯棋	何昱衡	罗梦晴	徐涵璐
财务部信息化岗	财务部信息化岗	财务部信息化岗	财务部资产管理岗	财务部报销稽核岗	财务部信息化岗

钱涂	王宏波	黄鑫	黎明	嘉桐	聂琦
财务部财务分析岗	董事长兼总经理	销售部高级客户经理	资深股民	销售经理	财务部报销稽核岗

目 录

第一部分 机器人流程自动化（RPA）基础

第1章 机器人流程自动化概述 ………………… 1
- 1.1 什么是 RPA ………………………………… 1
- 1.2 RPA 的功能 ………………………………… 3
- 1.3 RPA 的特点和优势 ………………………… 4
  - 1.3.1 RPA 的特点 ………………………… 4
  - 1.3.2 RPA 的优势 ………………………… 5
- 1.4 RPA 在财务领域的应用 …………………… 5
  - 1.4.1 德勤智能财务机器人 ……………… 5
  - 1.4.2 普华永道财务机器人 ……………… 6
  - 1.4.3 安永智能财务机器人 ……………… 8
  - 1.4.4 毕马威智能财务机器人 …………… 10
  - 1.4.5 浪潮 EAbot 智能机器人 …………… 10
  - 1.4.6 数字力量智能财务机器人 ………… 12
  - 1.4.7 上海茵罗财务与金融机器人 ……… 13
- 1.5 RPA 的发展趋势 …………………………… 13
  - 1.5.1 麦肯锡发展观点 …………………… 14
  - 1.5.2 Everest 发展观点 …………………… 15

第2章 常用机器人流程自动化软件介绍 …… 18
- 2.1 RPA 软件组成与产品选择 ………………… 18
  - 2.1.1 RPA 软件组成 ……………………… 18
  - 2.1.2 RPA 软件选择 ……………………… 18
- 2.2 UiPath …………………………………… 19
  - 2.2.1 基本情况 …………………………… 19
  - 2.2.2 UiPath 软件介绍 …………………… 20
  - 2.2.3 机器人应用 ………………………… 23
- 2.3 Blue Prism ……………………………… 26
  - 2.3.1 基本情况 …………………………… 26
  - 2.3.2 Blue Prism 软件介绍 ……………… 27
  - 2.3.3 机器人应用 ………………………… 28
- 2.4 Automation Anywhere ………………… 28
  - 2.4.1 基本情况 …………………………… 28
  - 2.4.2 Automation Anywhere 软件介绍 … 29
  - 2.4.3 机器人应用 ………………………… 30
- 2.5 WorkFusion ……………………………… 30
  - 2.5.1 基本情况 …………………………… 30
  - 2.5.2 WorkFusion 软件介绍 ……………… 30
  - 2.5.3 机器人应用 ………………………… 31
- 2.6 WinAutomation ………………………… 32
  - 2.6.1 基本情况 …………………………… 32
  - 2.6.2 WinAutomation 软件介绍 ………… 33
  - 2.6.3 机器人应用 ………………………… 35
- 2.7 Power Automate ………………………… 35
  - 2.7.1 基本情况 …………………………… 35
  - 2.7.2 Power Automate 软件介绍 ………… 36
  - 2.7.3 机器人应用 ………………………… 37
- 2.8 来也科技 UiBot …………………………… 37
  - 2.8.1 基本情况 …………………………… 37
  - 2.8.2 UiBot 软件介绍 …………………… 37
  - 2.8.3 机器人应用 ………………………… 38
- 2.9 达观 RPA ………………………………… 39
  - 2.9.1 基本情况 …………………………… 39
  - 2.9.2 达观 RPA 软件介绍 ………………… 39
  - 2.9.3 机器人应用 ………………………… 40

第二部分 UiPath 软件技术

第3章 UiPath 的安装与使用 ………………… 41
- 3.1 UiPath 的组成 …………………………… 41
  - 3.1.1 Studio ……………………………… 41
  - 3.1.2 Orchestrator ……………………… 42
  - 3.1.3 Robot ……………………………… 42
- 3.2 安装 UiPath Studio 软件 ………………… 42
  - 3.2.1 下载 UiPath Studio 安装包 ………… 42
  - 3.2.2 安装 UiPath Studio ………………… 44
- 3.3 UiPath Studio 界面介绍 ………………… 47
  - 3.3.1 主界面 ……………………………… 47
  - 3.3.2 设计界面 …………………………… 48
  - 3.3.3 调试界面 …………………………… 49
- 3.4 UiPath Studio 的使用 …………………… 50
  - 3.4.1 创建一个新的项目 ………………… 50
  - 3.4.2 流程图类型选择 …………………… 50

3.4.3　财务机器人开发……………………51
3.5　股票入手知多少机器人模拟实训…………52
　　3.5.1　场景描述与业务流程………………52
　　3.5.2　开发步骤……………………………54

第4章　UiPath软件基本语法……………………58
4.1　UiPath数据类型……………………………58
4.2　UiPath变量…………………………………59
4.3　UiPath运算符………………………………61
4.4　UiPath选择语句……………………………61
4.5　UiPath循环语句……………………………68
4.6　字符串处理常用方法………………………71
4.7　净资产增长率考核机器人模拟实训………73
　　4.7.1　场景描述与业务流程………………73
　　4.7.2　自动化流程设计……………………75
　　4.7.3　技术路线与开发步骤………………77

第5章　E-mail人机交互自动化…………………83
5.1　功能简介……………………………………83
　　5.1.1　E-mail简介…………………………83
　　5.1.2　E-mail自动化活动…………………84
5.2　自动读取E-mail……………………………88
　　5.2.1　使用IMAP协议读取邮箱中的未读
　　　　　邮件主题………………………………89
　　5.2.2　使用IMAP协议保存邮件信息和下载
　　　　　附件……………………………………93
　　5.2.3　读取Outlook邮箱中的未读邮件……95
5.3　自动发送E-mail……………………………97
　　5.3.1　使用SMTP协议发送邮件……………97
　　5.3.2　使用Outlook发送E-mail……………101
5.4　自动移动E-mail……………………………102
　　5.4.1　E-mail移动前的准备………………102
　　5.4.2　移动E-mail…………………………102
5.5　财务计划编制机器人模拟实训……………105
　　5.5.1　场景描述与业务流程………………105
　　5.5.2　自动化流程设计……………………107
　　5.5.3　技术路线与开发步骤………………109

第6章　Excel数据处理自动化…………………129
6.1　功能简介……………………………………129
　　6.1.1　关于Excel……………………………129
　　6.1.2　Excel操作自动化基本介绍…………129

6.2　Excel自动化主要活动………………………129
　　6.2.1　基本类活动……………………………129
　　6.2.2　单元格类活动…………………………132
　　6.2.3　图表类活动……………………………134
　　6.2.4　工作簿类活动…………………………135
　　6.2.5　范围类活动……………………………138
　　6.2.6　透视表类活动…………………………145
6.3　数据表………………………………………146
　　6.3.1　关于数据表……………………………146
　　6.3.2　数据表活动……………………………147
　　6.3.3　数据表的读取…………………………148
　　6.3.4　数据表的应用…………………………148
6.4　Excel数据处理应用…………………………154
　　6.4.1　Excel数据复制………………………154
　　6.4.2　Excel数据添加………………………157
　　6.4.3　Excel数据排序………………………158
　　6.4.4　Excel数据读取………………………162
　　6.4.5　Excel数据筛选………………………164
6.5　财务指标计算机器人模拟实训……………169
　　6.5.1　场景描述与业务流程………………169
　　6.5.2　自动化流程设计……………………171
　　6.5.3　技术路线与开发步骤………………173

第7章　PDF文本读取自动化……………………184
7.1　功能简介……………………………………184
　　7.1.1　关于PDF………………………………184
　　7.1.2　PDF读取自动化基本介绍……………184
7.2　主要功能……………………………………185
　　7.2.1　第一类：大范围文本识别……………185
　　7.2.2　第二类：特定对象文本抓取识别……189
7.3　经营状况分析机器人模拟实训……………196
　　7.3.1　场景描述与业务流程………………196
　　7.3.2　自动化流程设计……………………198
　　7.3.3　技术路线与开发步骤………………199

第8章　图像识别自动化…………………………209
8.1　功能简介……………………………………209
　　8.1.1　关于图像识别…………………………209
　　8.1.2　图像识别自动化基本介绍……………209
8.2　主要功能……………………………………210
　　8.2.1　基于图像记录…………………………210

・XXIII・

8.2.2 键盘自动化 ································ 212
8.2.3 检索信息 ································ 215
8.3 财务报销编制机器人模拟实训 ················ 217
8.3.1 场景描述与业务流程 ···················· 217
8.3.2 自动化流程设计 ························ 218
8.3.3 技术路线与开发步骤 ···················· 220

第9章 Web 应用自动化 ···················· 231
9.1 功能简介 ································ 231
9.1.1 关于 Web ································ 231
9.1.2 Web 应用自动化基本介绍 ·············· 231
9.2 主要功能 ································ 232
9.2.1 查找信息 ································ 232
9.2.2 获取并导出信息 ························ 233
9.2.3 运行程序 ································ 234
9.3 财务预算审核机器人模拟实训 ················ 235
9.3.1 场景描述与业务流程 ···················· 235
9.3.2 自动化流程设计 ························ 237
9.3.3 技术路线与开发步骤 ···················· 239

第10章 应用程序交互自动化 ················ 249
10.1 功能简介 ································ 249
10.1.1 关于应用程序交互 ···················· 249
10.1.2 应用程序交互自动化基本介绍 ·········· 249
10.2 主要功能 ································ 249
10.2.1 录入与处理数据 ······················ 249
10.2.2 导出数据 ······························ 252
10.3 资产卡片录入机器人模拟实训 ·············· 254
10.3.1 场景描述与业务流程 ·················· 254
10.3.2 自动化流程设计 ······················ 255
10.3.3 技术路线与开发步骤 ·················· 257

第三部分 UiPath 财务机器人开发

第11章 会计记账处理机器人 ················ 266
11.1 场景描述与业务流程 ······················ 266
11.2 自动化流程设计 ·························· 268
11.3 机器人开发 ······························ 271

11.3.1 技术路线 ······························ 271
11.3.2 开发步骤 ······························ 271

第12章 杜邦财务分析机器人 ················ 287
12.1 场景描述与业务流程 ······················ 287
12.2 自动化流程设计 ·························· 291
12.3 机器人开发 ······························ 293
12.3.1 技术路线 ······························ 293
12.3.2 开发步骤 ······························ 294

第13章 股票投资分析机器人 ················ 308
13.1 场景描述与业务流程 ······················ 308
13.2 自动化流程设计 ·························· 311
13.3 机器人开发 ······························ 313
13.3.1 技术路线 ······························ 313
13.3.2 开发步骤 ······························ 313

第四部分 财务机器人的运用

第14章 RPA 机器人的部署与运行 ··········· 326
14.1 机器人的部署 ···························· 326
14.1.1 部署考虑因素 ························ 326
14.1.2 RPA 机会评估 ························ 327
14.1.3 机器人的部署形式 ···················· 328
14.2 机器人的运行 ···························· 329
14.2.1 机器人的运行模式 ···················· 329
14.2.2 机器人的运行维护 ···················· 330
14.3 机器人的管理 ···························· 330
14.3.1 实施管理 ······························ 330
14.3.2 安全管理 ······························ 332

第15章 RPA 机器人的价值与风险 ··········· 333
15.1 机器人的价值 ···························· 333
15.1.1 RPA 机器人的应用价值 ··············· 333
15.1.2 RPA 机器人的价值分析 ··············· 333
15.2 机器人的风险 ···························· 334
15.2.1 流程风险 ······························ 334
15.2.2 使用风险 ······························ 335

第一部分

机器人流程自动化（RPA）基础

第 1 章　机器人流程自动化概述

新时代背景下，为响应党的二十大报告精神，我们要推动数字经济高质量发展，加快数字中国建设，以创新为核心驱动力，实现经济社会高质量发展。在这一战略指导下，机器人流程自动化（RPA）技术与财务数字化转型的结合在财务领域展现出巨大的潜力和价值。

1.1　什么是 RPA

RPA 是 Robotic Process Automation 的缩写，翻译为机器人流程自动化。我们可以直观地认为，RPA 是针对各行业存在大批量、重复性、机械化人工操作的情况，允许任何人配置计算机软件，以机器人作为虚拟劳动力，模拟人类与计算机的交互过程并完成预期任务的一种工作流程自动化软件。

目前消费者对 RPA 的认识和理解可谓是众说纷纭、各有侧重。下面，我们介绍德勤、普华永道、安永、IBM 等一些国内外公司对 RPA 的定义和论述。

1. 德勤（DTT）

德勤对 RPA 的理解和应用主要在财务领域，认为财务机器人是一款能够将手工工作自动化的机器人软件，机器人的作用是代替人工在用户界面完成高重复、标准化、规则明确、大批量的日常事务操作。

与一般软件或程序的区别在于：普通程序被动地由业务人员操作，机器人则替代人工主动操作其他软件。

2. 普华永道（PWC）

普华永道对 RPA 的理解：RPA 是智能流程自动化（Intelligent Process Automation，IPA）的一个特征，IPA 描述了受逻辑驱动的机器人对大多数结构化数据执行预先编程的规则。

RPA 通过重新定义工作内容并重新分配员工来执行高价值的活动，将生产力优化提升到了另一个层级。流程自动化机器人能够独立执行简单的人类任务，如解释、决定、行动和学习。

3. 安永（EY）

安永对 RPA 的理解：RPA 是一项允许公司员工通过配置计算机软件或机器人抓取并解析现有应用程序来处理事务、操纵数据、触发响应并与其他数字系统通信的技术应用。企业正在不断寻求可以实现自动化的流程，可实现 RPA 的基本流程应具备三个关键特征：操作一致，重复执行相同的步骤；模板化驱动，数据以重复的方式输入到特定字段中；基于标准规则操作，允许决策动态大幅改变。到 2025 年，我们将有能力实现机器人自行达成流程自动化。当这一功能真正实现的时候，企业规则将再一次被改写。终端用户和 RPA 供应商共同推动增强 RPA 软件的基本功能，使得 RPA 从业务层面以及自动化层面都将与其他技术更加集成。这将是实现智能流程自动化的关键。这包括了流程和系统间的集成，同时也是 RPA、AI（如计算机视觉和机器学习）以及其他核心技术（如流程挖掘）之间更为广泛的集成。

4．毕马威（KPMG）

毕马威对 RPA 的理解：RPA 可以定义为人工智能、机器学习等认知技术在业务自动化中的灵活使用，可以是针对重复性工作的自动化及高度智能处理的自动化。RPA 是数字化的支持性工具，可以替代在此之前认为只有人类才可以完成的工作，或者在高强度的工作中作为人工的补充，是企业组织中出现的新概念劳动力，亦称为数字劳动力或虚拟脑力劳动力。流程智能自动化 RPA 机器人项目能够帮助客户实现业务管理创新、降本增效，同时提升业务操作的连续性、规范性、准确性和安全性等数字化能力体系建设的核心目标。

5．麦肯锡（McKinsey）

麦肯锡对 RPA 的理解：RPA 是一种软件自动化工具，它能自动执行常规任务，如通过现存用户界面进行数据提取与清理。机器人有一个与人类相同的用户 ID，并能执行基于规则的任务，如访问电子邮件和系统、执行计算、添加文档和报告，以及检查文件等。麦肯锡特别指出，被机器人取代并不意味着大量失业，因为新的就业岗位将被创造出来，人们应该提升工作技能来应对即将到来的就业大变迁时代。麦肯锡预计，在自动化发展迅速的情况下，3.75 亿人口需要转换职业并学习新的技能；而在自动化发展相对缓和的情景下，约 7500 万人口需要改变职业。在自动化发展迅速的情况下，到 2030 年，全球 8 亿人口的工作岗位将被机器取代。

6．埃森哲（Accenture）

埃森哲一直致力于机器人流程自动化（RPA）技术的研究和投入，改变了企业提供业务流程和信息技术架构服务的方式，从而提高了生产、合规、质量和用户体验等方面的水平，员工能力也得以释放，得以更加专注具有更高价值的分析、决策和创新工作。通过有效整合各项技术，埃森哲能够帮助企业变革整体流程，创造新的商业机遇，并且快速、大规模地为客户交付业务。

7．IBM（国际商业机器）

IBM 对 RPA 的理解：在企业以实现人工智能（Artificial Intelligent, AI）转型为目标的同时，企业内部单一、重复且烦琐的事务性工作却又在禁锢着员工的发展。RPA 把员工从这些工作中解放出来，优化整个企业的基础流程作业、降低成本、提高效率和确保零失误，是企业迈向人工智能的第一步。

8．来也科技（UiBot）

北京来也网络科技有限公司（简称"来也科技"）认为 RPA 是一类自动化软件工具，它可以通过用户界面使用和理解企业已有的应用，将基于规则的常规操作自动化。RPA 适用的领域是企业具有明确业务规则、结构化输入和输出的操作流程领域，如财务、审计、人力资源、供应链、信息技术等。

来也科技认为 RPA 的技术本身适用于业务高频、大量、规则清晰、人工操作重复、量大、时间长的任务。规则清晰的定义则是可以把详细的、人工操作的每一步动作都能写下来的操作手册,也就是流程标准化程度要足够高。

9. 达观数据(DATA GRAND)

RPA 就像一个数字化员工,去协助员工完成工作。达观数据公司(简称"达观数据")将 RPA 和 AI(NLP/OCR)相结合应用到文本智能处理领域,通过 AI 读懂提供的信息,再用 RPA 去抓取所需要的信息并将其填在所需要的地方。

在有大量行业知识库和 AI 模型的基础上,部署机器人只需要根据每个客户的数据源,去做简单的算法调整和参数调优,就可以很快速地实现关键信息的提取,突破传统 RPA 无法处理的非结构化数据源问题。例如图片验证码识别、证件识别、纸质文档识别、合同抽取、财务报表抽取、报告生成等业务需求。

10. 本书观点

在上述对 RPA 定义的各种版本中,尽管各有其侧重点,但还是呈现出一些基本的要素,反映了普遍认同的特点。基于此,结合现有定义和论述,为了建立对 RPA 统一的认识和理解,本书将 RPA 定义为一种依据预先设定的业务处理规则和操作行为,能够模拟并增强用户与计算机系统的交互过程,自动完成一系列特定的工作流程和预期任务,有效实现人、业务和信息系统一体化和信息系统集成的智能化软件。也就是说,RPA 是在计算机上运行的软件机器人,它替代人去工作,只不过这个"机器人"是虚拟的。

1.2 RPA 的功能

RPA 是一种软件机器人,既然是"人",那么就应该有眼睛、耳朵、嘴巴、手脚和大脑,利用一些如 OCR(光学字符识别)和 NLP(自然语言处理)等相对成熟的技术,RPA 就具有了类似于人的以下功能:

(1)眼睛,利用 OCR、图像识别、语义识别等技术,RPA 可以"阅读",实现如发票识别、证件识别、图片验证码识别、银行卡识别等功能;

(2)耳朵,利用语音识别技术,RPA 可以"听懂"人类对话,结合语义识别技术就可以实现如会议记录、实时翻译等功能;

(3)嘴巴,利用语音合成技术,RPA 可以"说话",结合语音和语义识别技术就可以实现如智能导游、智能导购、智能 Help Desk 服务等功能;

(4)手脚,利用机器手臂、自动驾驶等技术,RPA 可以"行动",结合机器学习等技术就可以实现无人驾驶、无人物流、无人工厂等;

(5)大脑,利用统计分析、机器学习、NLP 等 AI 技术,RPA 就真正具有了智能,可以像人一样拥有"思考、学习和决策"的能力。

RPA 可以记录用户在计算机上的任何操作行为,包括键盘录入、鼠标移动和单击、触发调用 Windows 桌面操作系统,如文件夹和文件操作等,以及触发调用各类应用程序,如收发 Outlook 邮件、Word/Excel 操作、网页操作、打印文档、录音/录屏、打开摄像头、远程登录服务器、SQL Server 客户端操作、Lync 客户端发送信息、SAP 客户端操作、业务应用客户端操作、ERP 系统操作等,并将这些操作行为抽象成计算机能够理解和处理的对象,然后按照约定的规则在计算机上自动完成这些工作。

RPA 解决方案是将这些相对成熟的新兴技术连接起来,为客户提供一个"实施成本"

可承受、人力成本投入低、办公效率高、准确稳定地替人完成工作的行业解决方案，让客户利用这些新兴技术降低成本、提高效率、创造更多的价值，从而在市场竞争中占据先机，获得行业优势。

从上面的论述可以推导出 RPA 具有的一些主要功能如下：

（1）键盘、鼠标操作自动化；
（2）识别并读取用户界面（UI）的文字内容；
（3）识别 UI 的图形、颜色等属性；
（4）各类应用程序的自动启动和自动关闭，用户名密码的自动输入等；
（5）业务流程的无缝衔接；
（6）不同应用程序和业务系统间的数据共享；
（7）定时执行；
（8）支持错误处理和分支处理；
（9）支持远程操作；
（10）支持历史数据分析；
（11）支持多台计算机和服务器的控制。

1.3 RPA 的特点和优势

1.3.1 RPA 的特点

RPA 作为一款能够将人的工作自动化的机器人软件，其作用是代替人工在用户界面下完成重复性强、标准化程度高、规则明确、大批量的日常事务操作。它具有以下几项显著特点：

1. 程序处理

通过用户界面（UI）或者脚本语言（Script）实现机器人对重复人工任务的自动化处理。RPA 在电脑端可以部署，在何时何地都可以使用，不受区域影响，并且位置不会影响成本效益分析。RPA 强大的可伸缩性易于扩展，可以即时进行培训和部署。

2. 基于明确的规则操作

流程必须有明确的、可被数字化的触发指令和输入，不得出现无法提前定义的例外情况。提高工作准确率，监视、跟踪和控制业务流程的执行，因其可记录的特性，让工作日志可审计、可追朔。

3. 模拟用户手工操作及交互

机器人可以执行用户的日常基本操作，例如：选择、输入、复制、粘贴等一系列日常计算机操作。RPA 拥有灵活的部署方式，方便部署"虚拟"员工，快速响应业务需求。在增强协作性的同时，还能让 IT 支持人员和业务人员协作完成工作流程。

4. 非侵入性

RPA 软件通过遵循现有的安全和数据完整性标准，以与人完全相同的方式访问当前系统，以防止出现任何性质的破坏。RPA 配置在当前系统和应用程序之外，因此无须更改任何当前应用程序和技术，可以做到非入侵式的部署。

5. 较少编程

编写 RPA 脚本，基本上较少需要编码。只要熟练掌握业务流程和专业知识，没有编程经验的操作人员，都可以在短时间内学会使用 RPA 软件，通过拖拽控件的方式实现自动化业务流程。很多 RPA 平台都提供了类似于流程图设计的图形界面，在这个界面中，使用代表流程中的步骤的图标来创建业务流程定义。

6．其他

除了上述这些众所周知的功能特点，还有：对于规则的高度严肃性（良好的操作品质）、安全可靠性（RPA 不会泄密，避免人为操作风险）、全天候待命（能够 7×24 小时全天候执行此前人力从事的工作，节假日无休）、技能可拓展（可轻松拓展，立即培训和部署）。

1.3.2　RPA 的优势

RPA 相对于人工进行大量重复性操作有着非常明显的优势，主要体现在以下方面。

（1）效率高：和人工相比，RPA 可以不间断地处理大量重复且有明确规则性的工作，尽可能消除人为因素，使工作完成得更加高效。

（2）成本低：和人工成本相比，RPA 实施成本低，维护成本依赖于运行环境，整体成本比人工成本要低得多，有助于企业释放人力，将其运用到更高价值的工作上去。

（3）速度快：和人相比，RPA 不间断地处理大量重复性工作时速度快，而且 RPA 实施的速度也比其他软件要快，见效也快。

（4）质量高：和人工相比，RPA 处理大量重复性工作的精准度更高，整个过程有完整、全面的审核记录。

（5）态度好：和人工相比，RPA 可以 7×24 小时不间断工作且无工作情绪，工作态度始终处于良好状态。

（6）出错率低：人长时间操作计算机，容易出现疲劳，从而导致出错，RPA 可以有效降低出错率且错误率几乎为 0。

（7）合规度高：机器人出错少，能提供审计跟踪数据，更好地满足合规控制要求，并降低业务风险。而且部分合规操作将使审计工作有可能实现"全查"而非"抽查"。

1.4　RPA 在财务领域的应用

RPA 的应用一般来说需要符合两大前提条件：大量重复（让 RPA 有必要）、规则明确（让 RPA 有可能），而以会计核算为核心的会计工作刚好满足这两个条件。企业不应当盲目地进行流程开发，反复、持续地实施孤立的 RPA 流程。企业在财务领域的 RPA 流程应该是一段循序渐进、技术应用与管理水平协同的过程。

从 2017 年开始，以德勤、普华永道、安永、毕马威为代表的国际四大会计师事务所相继上市财务机器人及财务机器人解决方案，一场对于传统财务行业的变革正式到来，同时财务领域的"机器人流程自动化"时代也正式开启。随着 RPA 的发展，国内的浪潮集团、苏州数字力量公司、上海茵罗公司等也在财务领域做了许多创新的应用。

1.4.1　德勤智能财务机器人

2017 年 5 月中旬，微信朋友圈被一款名为"德勤财务机器人"的 H5 动画刷屏，这是财务机器人第一次正式出现在公众的视野中。德勤研发的财务机器人是部署在服务器或计算机上，实现会计核算流程自动化的应用程序，它是 AI 技术在财务数字化领域的初级应用，是基于机器人流程自动化的技术实现。

1. 德勤财务机器人的主要功能

（1）替代财务流程中的手工操作；

（2）管理和监控自动化财务流程；

（3）录入信息，合并数据，汇总统计；

（4）根据既定的业务逻辑进行判断；

（5）识别财务流程中的优化点。

德勤财务机器人解决的问题主要包括：

（1）财务流程中高度重复的手工操作，耗费大量的人力和时间；

（2）跨岗位的实务操作需要协同处理，沟通成本高且效率低下；

（3）手工处理存在较高错误率，且获取的数据准确性低；

（4）人工处理财务相关的事务，无法快速响应业务变化和拓展；

（5）受制于时间和人力，某些审计工作通过抽样的方式进行，无法实现全覆盖。

2. 德勤财务机器人的应用案例

（1）增值税发票管理。很多大企业在财务共享服务中心模式下，由于纳税主体多，收票量大，导致发票管理和进项税确认申报工作很繁重。"小勤人"只需要财务人员把增值税发票放入扫描仪中进行扫描，剩下的工作全部都可以由"小勤人"自动完成。配合 OCR 技术和 Insight Tax Cloud 发票查验云助手，可以在不到一分钟时间内，查验一张发票并在 Excel 表中登记结果，然后财务人员将增值税发票移送到税务部门，税务人员会启动"小勤人"，让它自动去发票选择确认平台下载增值税发票批量勾选文件，再根据刚刚登记的发票清单去匹配，自动判断是否可以认证抵扣。"小勤人"会把需要勾选的发票整理成批量勾选上传文件，再导入发票选择确认平台中，以此实现进项税的抵扣。

（2）开票新玩法。对于一些大型企业，随着企业规模不断扩大、销售业务不断拓展，财务部门每月需要收集全国数百家销售客户的数万份销售记录，按照客户的需求开具几千张增值税发票。财务部门引入"小勤人"之后，通过机器人流程自动化技术的运用，原有的大多数开票操作都可以交给机器人自主完成，财务人员只需要负责发票打印完成、审核盖章即可。预计每个开票流程可由 20 分钟缩减到 5 分钟，每天缩短 6 小时的工作时间（效率提升75%）。此外，月末关账高峰时段，机器人的 7×24 小时不间断工作，能够很好地缓解财务人员的工作压力，达到人力资源和工作强度的"削峰填谷"。

（3）应收清账流程自动化。移动第三方支付渠道给零售行业的财务造成了不小压力，非工作时间的客户付款未及时入账造成订单被锁定是最常见的问题。引入"小勤人"后，可以完成系统内订单解锁的高频重复工作，提高入账频率、加快应收账款的流程，降低锁单率。小勤人为客户完成端到端的数据下载、订单匹配、应收核销、凭证入账、月末对账的全流程操作，实现多渠道数据整理与汇总、逻辑判断检查、对账核销、凭证录入、汇报与报告和任务调度与执行功能。加快了 80% 的业务处理速度，减少了 30% 的锁单率，并且做到了 100%的过程与结果记录可追溯。

1.4.2 普华永道财务机器人

2017 年 5 月下旬，普华永道也推出属于自己的财务机器人解决方案。与德勤的财务机器人相比，普华永道的财务机器人不仅针对财务领域，而且将自己的机器人解决方案扩展到其他领域，包含人力资源、供应链及信息技术领域。

普华永道财务机器人可以实现商业活动和流程的自动化，能有效提升业务运营效率与服务质量。RPA 包含可通过配置或与计算机软件交互的方式来获得并分析信息的应用程序或软件，从而可实现交易处理、数据传输、数据比较等功能，并广泛应用于财务、税务、人力资源及审计等众多领域。

1．普华永道机器人的主要功能

普华永道财务机器人在财务领域主要应用于订单到收款、采购到付款、记录到报告、税务处理、固定资产、费用报销、费用/收入分配及主数据管理等，在人力资源领域主要应用于选（员工选择）、用（员工绩效管理）、育（员工培训）及留（员工薪酬管理）等，在供应链领域和信息技术领域也实现了多项功能，如图 1-1 所示。

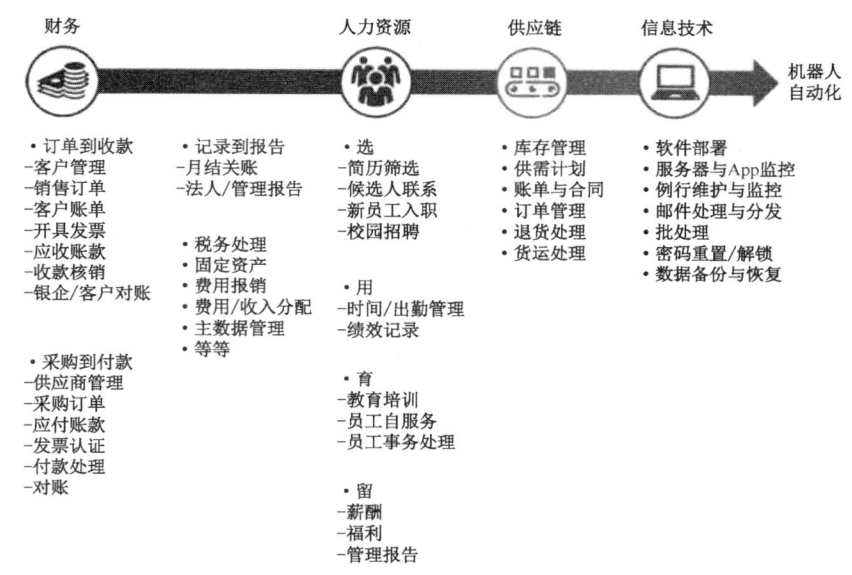

图 1-1　普华永道机器人的功能

2．普华永道财务机器人的应用案例

（1）某国际（控股）股份有限公司作为首家试水机器人流程自动化的央企，在引入 RPA 之前，财务共享中心需花费大量人力处理银行对账、往来确认、增值税记账核对、发票查验等财税基础工作，引入普华永道财务机器人之后，财务共享中心的财税工作效率及质量等方面获得显著提升，人力时间成本显著降低。具体表现如下。

① 银行对账：财务机器人每日自动完成 15 家银行、80 个银行账号的对账和调节表打印工作，全部过程无须人工干预。

② 月末入款提醒：财务机器人自动记录银行借贷款记录，并自动发送邮件给业务人员确认款项事由。

③ 进销项差额提醒：财务机器人定期从 SAP 系统、开票系统、进项税票管理系统及 PDF 文件 4 个数据源生成提醒表格，并发送给业务人员。

④ 增值税验证：财务机器人将需要验证真伪的增值税发票提交到国家税务总局查验平

台上验证真伪,并反馈记录结果。

(2)某领先互联网企业的应付账款流程自动化。

该企业每月需要手工处理数万条结算明细,然后与发票匹配并进行核销,最后进入对供应商付款环节,这需要耗费数以千计的人工工时。机器人上线后基本取代了人工操作,而且在非工作时间进行处理,工时降至不足原先的 5%,处理错误率降为接近于 0,同时提高了应付账款核销人员和供应商的满意度。

(3)某国际金融机构的应收账款理流程自动化。

该机构每天需要从近 10 家不同银行分别取得对账单进行数据分类、识别与校验,之后执行手工应收账款的账务处理。整个过程每天需要耗费大量时间,且操作错误导致的返工频繁。机器人上线后基本完全取代了人工操作,每天全部银行完成处理工时仅需原先的 4%,操作错误率降为接近于 0,并且是在非工作时间完成的。

通过重新定义、分配工作,普华永道机器人使共享中心的人员能够从繁重、枯燥且低价值的事务中解放出来,转而专注于高价值的工作。普华永道机器人实现了商业活动和流程的自动化,能有效提升业务运营效率与服务质量。

1.4.3 安永智能财务机器人

2017 年 6 月初,安永也马不停蹄地推出了智能财务机器人。安永称,"机器人流程自动化(RPA)是向业务流程捆绑和外包变革迈进的又一步。在过去几十年中,我们已经看到各种技术进步对业务产生的巨大影响,而业务流程自动化将成为下一步,它的应用将极大地减少人员从事某些标准的、大批量活动的需求。"安永智能财务机器人在落实传统的 RPA 后再继续向后代系推进,这样能帮助企业避免"空壳效应",并全面进入智能自动化流程时代。

1. 安永智能财务机器人的主要功能

安永智能财务机器人主要应用于关账与开立账项、账项审核请求、外汇支付、理赔流程、订单管理、能源消耗和采购、付款的保护措施、舞弊调查、职能变化、入/离职手续、密码重置、系统维护、数据清洗、数据分析等。

安永智能财务机器人将传统的 RPA 向 AI 进行了升级,特点如下:

(1)机器人的机能越来越精细且智能;

(2)落实成本更高,耗时更长;

(3)能够应用的理论流程量递减;

(4)未来可供科技发展的空间更大;

(5)机器人的应用越来越专业;

(6)机器人能够实现更大的定性效益而非财务效益。

RPA 的实现分为流程分析及机器人匹配、供应商选择及签约、实施支持等内容。安永通过四个主要代系机器人——RPA 传统(重复性、基于规则的大量活动)、RPA 认知(通过机器学习和自然语言处理,管理非结构化数据)、智能聊天机器人(与使用者互动)、AI(数据分析、洞察和决策)的强强联合,来实现最大最好的效益。

2. 安永智能财务机器人的应用案例

(1)作为国内首家引入机器人流程自动化(RPA)的某保险公司,客户的主要业务涵盖财产保险、健康及意外保险和相关的再保险业务。随着公司业务的持续扩张,公司再保的业务工作量也随之不断增加。

通过分析，由于再保工作的特殊性，必须在当月将本月保单进行业务处理，导致数据录入工作强度逐渐变大，客户现有的再保业务流程存在录入低效、出错率高的问题。再保操作人员根据线下 Excel 表格登录到再保系统中进行数据人工校验，平均每月需要录入几千条数据。由于数据需要逐个复制、粘贴，数据录入效率低，且容易出现数据录入错误。

安永智能机器人"安哥"上线后的再保业务流程实现了以下功能和价值。

① 自动化+标准化：在统一再保保单列表文件的命名格式和存放路径后，机器人将根据指令要求，自动读取公共文件夹中已填写的保单数据，录入再保系统，记录处理结果并生成列表。后期，可根据处理结果的反馈进行审计和业务追踪。

② 高智能性：机器人在录入之前会优先根据设定的规则校验数据，自动标识不合格的数据。

③ 可控制性：对于系统录入过程中产生的系统异常及错误，机器人会做出相应的标识，反映在处理结果中。

④ 价值：最终实现数据录入的零错误，彻底解决再保部门的加班问题。单条数据录入控制在 1 分钟内，较之前 5 分钟处理一条数据效率提升近 80%。这其中，人工参与时间控制在 30 秒左右，减少 90%的人工投入，使得员工可以侧重于更有价值的决策工作上。

（2）作为全球最大的一站式多元化出行交易平台，某企业在中国 400 多座城市为近 3 亿用户提供全方位的出行服务。2015 年该平台共完成 10 亿多个订单，跃升为仅次于某宝的全球第二大在线交易平台。随着业务线和业务规模的不断扩张和增长，公司的财务部门面临巨大的挑战，每月大量的应收应付处理、总账处理、对账、报销、月末盘点等工作，使得公司的人力投入逐年增加，却未能看到相关财务流程在效率上有显著的提升。面对当前严峻的形势，公司亟须通过建立标准化、集约化的财务运营模型，降低运营成本，优化流程效率，提升后端财务对前端业务的响应速度。安永受邀成为用户 RPA 解决方案的服务提供商。

通过分析，目前企业的财务流程存在大量的人工操作，严重影响账务处理的及时性和准确性。首先，日记账由财务人员进行人工检查后上传，错误频出，通过率低；频繁出现多次上传同一个文件的情况，效率低下。其次，财务人员需在每月月末将检验后的手工账手动上传至 SAP 系统中。据统计，每月月末的三天，财务人员共需处理超过 1000 多条账务。总体而言，每月各类日记账和月末账务的处理共需耗费 200 个小时的工时，甚至可能造成无法及时关账。

安永智能机器人"安哥"上线后的财务流程实现了以下功能和价值。

① 自动化+标准化：在统一会计凭证及其他相关附件的命名格式和存放路径后，机器人将根据指令要求，自动获取公共文件夹中已填写的会计凭证文件与附件文档，上传至 SAP 系统，记录处理结果并生成列表。

② 高智能性：机器人在上传 SAP 系统之前会根据预设的规则，对会计分录进行校验和审核，自动标识错误并生成日志，反馈给提交者。通过校验的数据，机器人会自动上传至 SAP，并添加附件文档。

③ 可控制性：机器人会实时生成账务处理的记录报表，标识每个凭证的状态（检验、生成、支持文件上传），便于业务人员对账务进行跟踪和追溯。

④ 收益：最终实现全流程效率提升近 70%，每月节省一个人工，确保每月月底能及时关账，并使得该员工的工作重点转移到更有价值的决策工作内容上。

1.4.4 毕马威智能财务机器人

2017年6月下旬,毕马威作为国际四大会计师事务所之一,是最后一家明确提供机器人流程自动化服务的。与之前的几款智能机器人相比,它更多地关注数字化劳动力。

1. 毕马威智能财务机器人的主要功能

毕马威智能财务机器人运用了自动化技术后,数字化劳动力能够使企业减少40%~75%的成本,是不依赖于工作量大小的可扩展模型,变革后业务处理方式变得更加简便,认知技术也能够减少人工流程,收益与人的素质无关,如图1-2所示。

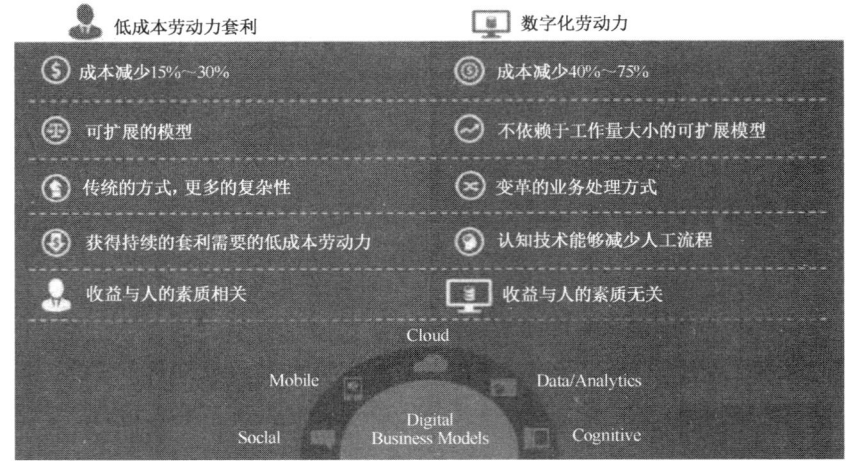

图1-2 毕马威智能机器人的作用

2. 毕马威智能财务机器人的应用案例

毕马威运用智能财务机器人协助一家国际领先的商业银行在中国的分支机构实现了贸易融资和大宗商品交易部门试点业务流程的数字化转化工作。除此之外,还协助该银行采用毕马威的业务案例分析框架制定了未来的整体RPA运用策略,并进行了详尽的成本收益分析,设计了未来的业务流程框架,获得银行高级领导层的认可。该银行通过试点运行RPA获得的具体收益包括以下5个方面:

(1) 现有流程中手工处理步骤的数量得以减少,贸易融资部门的单位流程的处理时间(UPT)平均减少了42.6%,大宗商品交易部门的单位流程处理时间(UPT)平均减少了33.6%;

(2) 业务处理能力获得提升,贸易融资部门的单位时间交易处理数量上升了大约9.9%,大宗商品交易部门的单位时间交易处理数量上升了大约50.3%;

(3) 采用了RPA工具后,该银行贸易融资部门的FTE(全职人力工时)数量释放了21.6%,而大宗商品交易部门的FTE(全职人力工时)数量释放了17.6%;

(4) 提升了业务处理的准确性,大宗商品交易部门日均约17次日交易错误数量和贸易融资部门日均约21次交易错误数量分别下降到了几乎忽略不计的次数。

1.4.5 浪潮EAbot智能机器人

"易宝特"(EAbot)是浪潮推出的企业智能机器人。EA是Enterprise Agent的缩写,是浪潮企业大脑的简称，即"企业智能体"。EAbot 基于浪潮 30 多年服务企业信息化的经验和超强的大数据能力+AI 能力，在浪潮 GS 产品的基础上，运用智能预测、语音交互、人脸识别、OCR、RPA、批处理等技术，深度融合业务处理与人工智能，如图 1-3 所示。

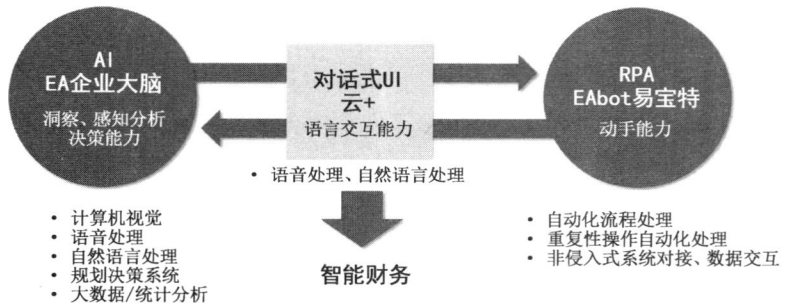

图 1-3 浪潮"企业智能体"的作用

1. 浪潮 EAbot 智能机器人的主要功能

面向财务管理、供应链管理、人力资源管理等领域，EAbot 为企业提供智能对账、智能制证、智能对账、智能报告、智能补库、智能考勤等智能服务，助力打造 EA 企业大脑，全面提升业务处理效率，加速企业数字化转型。EAbot 不仅应用于财务流程，还深入业务流程、管理流程，实现企业管理多场景应用、全价值链智能覆盖，为企业提供多场景全方位的智能服务。未来，EAbot 会进入企业更多的业务中，为更多的业务提供服务，如图 1-4 所示。

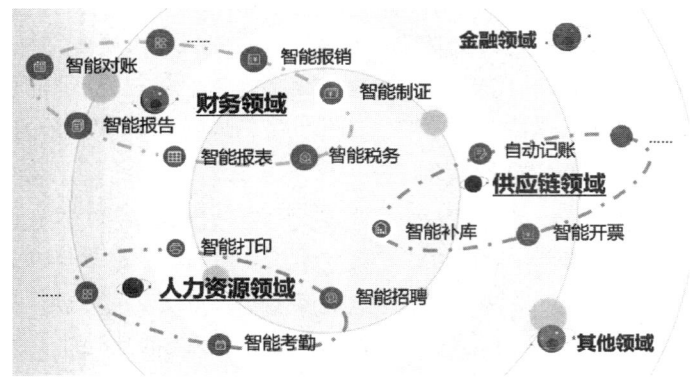

图 1-4 浪潮 EAbot 机器人的主要功能

2. 浪潮 EAbot 智能机器人的应用案例

随着信息技术的高速发展，现代集团企业的业务不断升级，在方便企业精细化管理的同时，也使得财务流程中出现越来越多的高度重复的手工操作。这些重复操作占据大量的人工时间，浪潮利用 EAbot 机器人 7×24 小时无差错工作特质，充分利用系统并解放人力，从而提升大型集团及分支单位财务管理水平和效率。

（1）利用 EAbot 智能机器人，浪潮帮助某世界五百强建筑龙头企业进行企业内部的精细化管理，在其总部财务共享中心，每个单位每月需要从浪潮 GS 系统向监管系统提交报表 100 余张，EAbot 采用非侵入式技术特点，7×24 小时不间断录入，在半小时内就可以完成以往 2～3 人/天的工作。

（2）在某大型能源企业与浪潮共建的大数据—财务共享中心中，以前完成全部 38 个账户对账需要 2 个人 4 天的工作量，现在交给 EAbot 后，机器人自动获取银行交易流水与企业内部账进行核对，核对完成后出具余额调节表并发送至指定邮箱账户，全过程不到 1 小时即可完成。

1.4.6 数字力量智能财务机器人

随着近年来科技的迅猛发展，人口红利逐渐消退，人力成本居高不下，于是"RPA 流程自动化数字员工"成了炙手可热的人物，随着 OCR、NLP 技术与 RPA 技术的结合，未来企业会朝着"IPA（IPA= RPA+AI）数字员工"方向发展。苏州数字力量教育科技有限公司（以下简称"数字力量"）认为企业机器人流程自动化技术的运用就是企业"数字员工"团队的建设，未来"数字员工"将在企业工作效率提升、总体成本降低和风险防控方面发挥重要作用。目前，数字力量提供的机器人流程自动化解决方案主要涉及财务、金融和教育领域的"数字员工"建设，其中财务是重点应用领域。此外，数字力量还提供相关领域的 RPA 咨询、设计和开发培训服务。

1．数字力量财务机器人的主要功能

数字力量财务机器人的功能众多，适用于企业日常工作中的账务处理、报表处理、固定资产核算、工资核算、存货核算、成本核算、应收应付款核算、销售核算和财务分析及资金管理、预算管理、成本管理、纳税申报等场景，能够通过非入侵的方式，与金蝶、用友、浪潮、SAP 等 ERP 系统实现跨系统协同，针对这些工作中高重复性、标准化、规则明确、大批量的相关环节进行基于流程自动化技术的定制优化设计，以减少人工干预，提高工作效率，助力企业实现数字化、自动化转型。此外，数字力量财务机器人在任务完成过程中充分考虑"可追溯"，在关键节点保留"记录"，为用户提供风险管理和有效性保障措施。

2．数字力量财务机器人的应用案例

（1）财务报税。数字力量财务机器人能够实现人机有效协同，首先通过邮箱接收客户报税资料并进行初步检查，待人工审查结束后将资料录入系统。然后客户确认并在系统提交报税表，机器人随后检查客户账户余额是否足够，如果余额足够则在该系统交付税款，并下载交税回执进行归档。以往需要一个人每天工作 8 小时的工作量，现在只需要机器人运行 1.5 小时左右。

（2）银行对账。在一家生产贸易型大型企业中，以前需要财务人员对 SAP 系统和网银系统进行频繁切换来对比金额等流水信息。数字力量财务机器人会根据指定银行账号登录不同网银，下载流水后同 SAP 数据进行校验，并制作未达账项余额调节表。以往需要一个人工半天的工作量，现在只需要机器人运行半小时即可，出错率也大幅度降低。

（3）企业付款。采购到应付的流程涉及签订合同、物资入库、财务审核、付款结算等环节，该过程中存在工作效率和准确率低等问题。供应商提供的发票数据不正确，付款变得困难，错误对账也会导致效率降低。引入财务机器人后，可以减少员工的监督和异常处理的时间，利用光学字符识别技术提取发票信息，然后提取关键信息，录入 ERP 系统中，并与 ERP 系统中的入库信息进行核对。验证后，财务通过审核即可付款，并生成应付账款凭证。

1.4.7　上海茵罗财务与金融机器人

上海茵罗智能科技有限公司（以下简称"上海茵罗"）针对泛金融领域找数据、抠数据、填数据、画图表等工作重复、人工处理非常费时耗力且出错率高的"痛点"，致力于"流程机器人+智能科技+数字金融"，是世界 500 强及知名金融机构等的优秀供应商。公司推出的机器人系列产品依托自然语言处理、机器视觉和机器学习等人工智能技术，自动解析并获取数据、绘制图表，旨在为金融机构业务流程数字化提供解决方案，促进前、中、后台流程效率最大化，把分析师从繁杂重复的工作中解放，使其投入到更有价值的决策工作中，以有效提升工作效率。

1．上海茵罗财务与金融机器人的主要功能

上海茵罗财务与金融机器人能够提供基金估值、报表审核、投资管理、信贷管理、客户服务、运营管理、信用卡管理、数据分析等功能，为金融业用户数字化转型、用户体验提升提供有效解决方案。机器人出错率低，能够帮助客户降低成本，提高信息获取质量，减少金融企业对人员的依赖，解决金融机构人员流动性大的问题。

2．上海茵罗财务与金融机器人应用案例

（1）自动估值业务。证券基金公司中的基金估值业务是比较复杂的，它是指按照公允价格对基金资产和负债的价值进行计算、评估，以确定基金资产净值和基金份额净值的过程。上海茵罗财务与金融机器人能够基于赢时胜系统，自动处理估值，并将估值结果的净值等信息通过邮件发送给相关人员。在半小时内就可以完成曾经 1~2 天才能完成的工作量。

（2）财务报表审核。银行做贷前审核需要对企业财务状况建立档案，传统的方法是将企业提供的资产负债表、损益表、现金流量表三张报表的每一条数据通过人工录入系统，三张报表的数据录入用时至少 30 分钟，且容易出错。上海茵罗财务与金融机器人把人工录入改为机器人自动扫描、识别，准确率可达 99%，用时仅需 5 分钟左右。

（3）投资管理。投资顾问市场上的机器人顾问是普通大众投资时的最佳选择。专门的投资经理人也许是很多人的选择，但是高额的费用并不能满足各阶层需要投资的人群，而上海茵罗财务与金融机器人则可以通过基于 Excel 自动化的数据分析，为那些投资经理人忽视的人群提供可靠的、安全的投资建议，以满足各阶级人群的投资需求。

1.5　RPA 的发展趋势

2016 年 11 月，美国 Gartner 在发布的《机器人流程自动化软件市场指南》中指出，"在过去的 12 个月中，机器人流程自动化（RPA）供应商的全球收益激增。投资者对 RPA 所带来的快速投资回报持乐观态度，财务、税务、银行、保险、招聘传统人力资源应用套件等业务量常常起伏不定的企业都相当看好 RPA 的发展前景。"

2017 年 7 月 20 日，国务院印发了《新一代人工智能发展规划》，这是我国首个面向 2030 年的人工智能发展规划。该发展规划明确指出，借助机器人流程自动化（RPA）解决方案能够全天候、不间断地确保大量耗时业务流程的自动化、管理及执行。这为 RPA 在中国的应用与发展指明了方向。

从 2018 年起，企业的 RPA 需求飞速发展，起步较早的企业开始进一步拓展应用范围。

市场上也逐渐听到了国内软件厂商的声音，有的脱胎于自动化运维工具，有的基于 Python 封装 RPA 产品，也有借鉴国外经验的自研 RPA 平台公司。因为著名大型商业银行进行的 RPA 产品选型，2018 年被称为"RPA 元年"。对 RPA 产品进行选型的意义不仅仅是将诸多国内外产品进行横向比较，更重要的是，企业开始将 RPA 作为企业级的技术平台纳入 IT 战略的布局，RPA 项目的建设思路开始发生变化。

2019 年 4 月，关注 RPA 赛道的一位投资人发现春节前估值不超过 1.5 亿元的 RPA 项目，现在估值都已经到了 7000 万美元左右。面对不到三个月翻了三四倍的估值，有基金高价加码入场，有基金持币观望，有基金寻找第三家标的……种种复杂心态与行动的背后，正是当下中国 RPA 市场的写照：当很多人还没有听过 RPA 这个概念时，这条赛道已经成为隐藏在创投圈水下的小风口。

在全球新一轮科技革命和产业变革中，新技术与企业各种业务的融合发展具有广阔前景和无限潜力。在这样的革新浪潮下，德勤《2020 年技术趋势报告》和 Gartner《2020 年十大战略性技术趋势》不约而同地聚焦了超级自动化（Hyperautomation）在内的一系列新兴技术。其中，实现超级自动化的多种技术手段如机器人流程自动化（RPA）和 AI 等风头强劲，连续两年成为全球软件市场增长最快的部分。机器人流程自动化（RPA）的发展在麦肯锡发布的《智能流程自动化（IPA）将成为数字时代的核心运营管理模式》报告和 Everest 发布的一份关于 RPA 变革的报告中有着明确清晰的阐述。

1.5.1 麦肯锡发展观点

2017 年，麦肯锡发布了一份报告《智能流程自动化（IPA）将成为数字时代的核心运营管理模式》，将管理智能化从 RPA 提升到了 IPA（Intelligent Process Automation）。

传统的 RPA 流程机器人通过模仿员工在不同系统之间的操作行为，自动地执行规律性工作，其本质是即插即用的外挂式自动化软件工具，只能执行一些重复性的、有规则的工作，不具备超出规则外的分析决策能力。而按照麦卡锡的定义，IPA 则是下一代流程增强的工具（或者称之为下一代 RPA），在目前的 RPA 基础上结合机器学习等 AI 技术，随着深度学习和认知技术的快速发展，IPA 将逐步具备制定决策的能力，从而远远超出现有的基于规则的自动化，从根本上提高效率，提高员工绩效，减少操作风险，以及改善响应时间和客户体验。

在该报告中，麦卡锡提出 IPA（下一代 RPA）应至少具备以下 5 种核心技术：

第一，机器人流程自动化 RPA，是 IPA 的基础。

第二，智能工作流（Smart Workflow），一种流程管理的软件工具，集成了由人和机器团队执行的工作，它允许用户实时启动和跟踪端到端流程的状态，用来管理不同组之间的切换，包括机器人和人类用户之间的切换，并提供瓶颈阶段的统计数据。

第三，机器学习/高级分析，一种通过"监督"或者"无监督"学习来识别结构化数据中模式的算法。监督算法在根据新输入做出预测之前，通过已有的结构化数据集的输入和输出进行学习；无监督算法可以观察结构化数据，直接识别出模式。

第四，自然语言生成（Natural-Language Generation）：一种在人类和系统之间添加无缝交互的引擎，遵循规则是将从数据中观察到的信息转换成文字，结构化的性能数据可以通过管道传输到自然语言引擎中，并自动编写成内部和外部的管理报告。

第五，认知智能体（Cognitive Agents），一种结合了机器学习和自然语言生成的技术，它可以作为一个完全虚拟的劳动力,并有能力完成工作、交流,从数据集中学习,甚至基于"情感检测"做出判断等任务,认知智能体可以通过电话或者交谈来帮助员工和客户。

在未来,如果 IPA 接管了企业日常经营管理工作,员工就可以被完全解放出来,从而专注于让用户满意,并从其他的新数据中思考如何实现业务目标,这将是一幅全新的图景。以上是麦肯锡对 RPA 技术未来发展方向的观点,并不是一个标准答案。

1.5.2　Everest 发展观点

Everest 发布了一份关于 RPA 变革的报告,该报告中对 RPA 框架定义和未来发展方向的阶段性进行了划分,如图 1-5 所示。

第一,图 1-5 中将 RPA 划分为 1.0~4.0 共 4 个阶段,其中 RPA 1.0 被称为虚拟化助手,而后续三个阶段 2.0~4.0 被称为虚拟劳动力,显然,从 1.0 到 2.0 是一个非常大的飞跃,从 2.0 开始,RPA 才可以被称作软件机器人,具有了代替人的可能。

第二,图 1-5 中对于 RPA 的框架化的定义非常有价值,体现了 RPA 的技术发展路线。

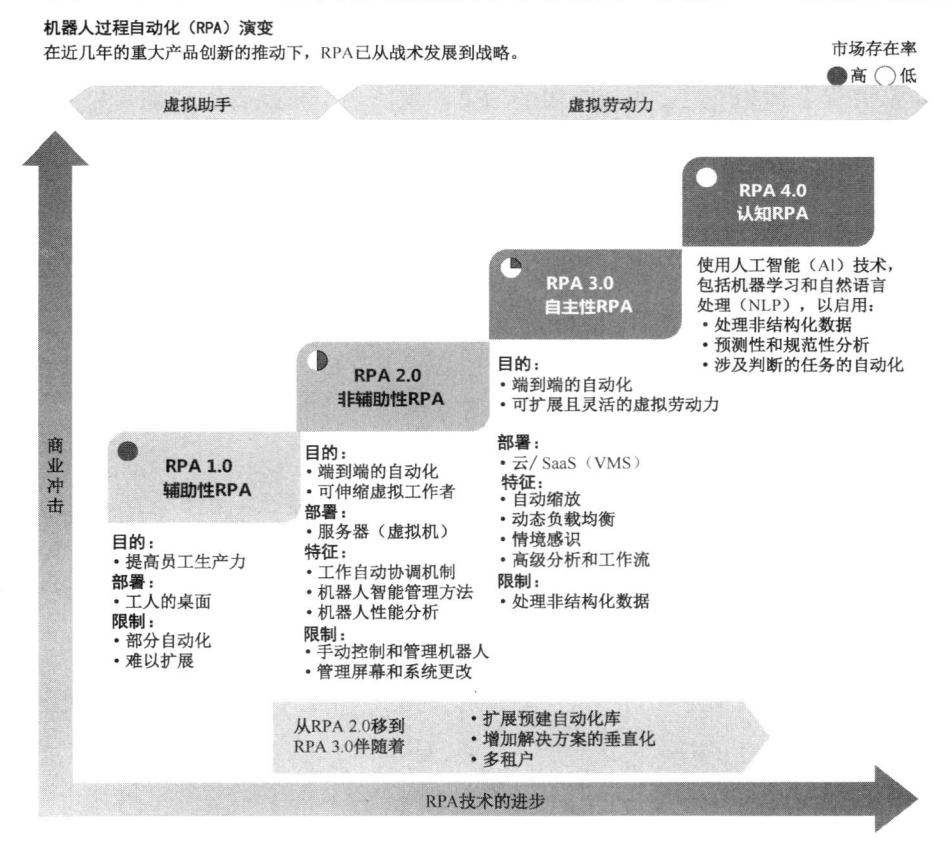

图 1-5　RPA 的发展趋势

RPA 1.0(Assisted RPA,辅助性 RPA),涵盖了现有的全部的桌面自动化软件操作,用以提高工作效率,部署在员工 PC 上,缺点是不支持端到端的自动化和难以成规模的应用。

RPA 2.0(Unassisted RPA,非辅助性 RPA),涵盖了目前机器人流程自动化的主要功能要求,是实现端到端的自动化和可伸缩的虚拟劳动力,具有工作自动协调机制、机器人智能管理方法、机器人性能分析等功能，部署在虚拟机上；缺点是需要手动控制和管理机器人。

RPA 3.0（Autonomous RPA，自主性 RPA），涵盖了目前机器人流程自动化最期望的主要功能要求，是实现端到端的自动化和可扩展且灵活的虚拟化劳动力，具有自动缩放、动态负载均衡、情景感知、高级分析和工作流等功能，部署在云服务器（虚拟机）上；缺点是无法处理非结构化数据。

RPA 4.0（Cognitive RPA，认知 RPA），涵盖了未来机器人流程自动化（下一代 RPA 软件机器人）的功能要求，使用人工智能 AI 和机器学习等技术，实现处理非结构化数据、预测性和规范性分析、涉及判断的任务的自动化等功能。

第三，从 RPA 产品提供商（例如 Automation Anywhere, BluePrism 等）的角度而言，目前大多数 RPA 软件产品都集中在 RPA 2.0 和 RPA 3.0 之间，需要提高 RPA 流程自动化程度来完善 RPA 软件产品，解决 RPA 2.0 和 RPA 3.0 的所有问题，同时要积极探索 RPA 4.0（AI）技术的引入，例如 Automation Anywhere 已经开始在其产品中引入机器学习的概念。

第四，从企业（RPA 应用方，客户）的角度，可以通过这个 RPA 技术发展框架来判断自身对 RPA 的引入程度，当前是在观望阶段，还是在试点应用，或者已经在规划 RPA 卓越中心，从而更好地规划 RPA 应用以提高企业在市场上的竞争力。

第五，从咨询公司和 RPA 实施公司的角度，则需要不断反省能够为客户提供的咨询建议及技术解决方案能够涵盖 RPA 的哪些阶段，各自的优势聚焦在哪个部分的功能需求上，如何为客户提供更好的 RPA 解决方案。

目前的 RPA 软件机器人（主要是 RPA 1.0/2.0）主要是按照事先约定好的规则，对计算机进行鼠标单击、敲击键盘、数据处理等操作，而下一个阶段的 RPA 软件机器人（RPA 4.0）将会插上 AI 的翅膀，通过机器学习，变得更加聪明。在当前这个阶段，RPA 软件机器人主要应用于大量重复和规则明确的一般性事务、财务、税务、人事管理、IT 服务等领域。

综合麦肯锡和 Everest 的观点，再结合当下发展背景得知，RPA 起源于国外，但是 RPA 在中国规模化发展更需要做有中国特色的 RPA 产品。一方面，和英文相比，中文更灵活，语法结构更复杂，这使得融合的 NLP 技术在实现路径和方法上存在一定的差异化，在语义理解上也面临更大的难度与挑战；另一方面，中国大型企业复杂的组织架构与权限划分需要从产品设计上做好不同部门、职级、角色的机器人隔离设计。从已有的 RPA 产品看，UiPath 是拥有开发能力的平台，提供的是底层能力，而达观智能 RPA 则是一个拥有行业知识库和智能决策能力的 RPA 开发平台。

当前，RPA 产品还是用机器来模拟人的操作行为，只是将这一流程通过"脚本"的方式自动化，但这其中仍有不少环节需要人来操作。再加上，当前 RPA 服务的客户一般是大客户，基本都需要进行一定的本地实施部署。以 UiPath 为代表的公司，之所以能够快速扩张，在产品上首先是因为通过无代码部署，降低了对软件工程师的依赖，降低了部署人才招聘的门槛，突破了产能的限制；同时，其产品已经从单纯的 RPA 向整合 AI 功能的 RPA 方向发展，除了专门做 RPA 技术及产品的公司，越来越多的公司开始进入这个赛道。近期，达观数据公司推出了 RPA 产品，包括银行等在内的公司也开始基于市面上的 RPA 技术研发自己的 RPA 产品。

在新冠疫情的冲击下，全球经济衰退，迫使企业纷纷使用自动化技术来减少业务损失。据 Gartner 研究副总裁 Fabrizio Biscotti 表示，COVID-19（新冠病毒）的出现加速了组织对 RPA 的应用，可以说疫情加大了各企业对 RPA 的需求，在 RPA 上的投入将超过 15 亿美元。Gartner 公司预测，预计 2021 年，全球 RPA 软件收入将达到 18.9 亿美元，到 2024 年，全球 RPA 市场份额预计仍将保持两位数的高速增长。而 Forrester 的预测表明，到 2021 年，RPA 全球市场规模将达到 29 亿美元。

其实，在替代人工劳动这一问题上，RPA 和 AI 都可以提供完善的解决方案。RPA 擅长进行大量、重复、机械式的任务，通过固定的脚本来执行命令。而 AI 则结合了机器学习和深度学习，具有自主学习能力，通过计算机视觉、语音识别、自然语言处理等技术拥有认知能力，故其更倾向于发出命令。RPA 和 AI 的运用密不可分，两者的关系更像是人手和大脑的关系。随着 RPA 技术的不断发展，其与 AI 的融合将会是行业的一大趋势。而 RPA+AI 的完美组合势必会引发更多领域的大变。

但是目前的 RPA 需要依赖固定的规则完成自动化任务，行业发展的下一步目标是，结合 OCR、NLP、AI、知识图谱等技术，成为能够自主识别、分析、判断、执行的智能 RPA，而基于 RPA 对于客户场景广泛覆盖的特点，能够成为整合各类垂直 AI 技术落地的入口，从而突破到更大的想象空间。据 Gartner 预测，到 2022 年，部署了 RPA 的组织中有 80%将引入包括机器学习和自然语言处理等 AI 技术，以改进公司的业务流程。毕马威的调查数据则显示，预计到 2025 年，企业对 IPA 和其他类似技术上的投资将达到 2320 亿美元。

到 2021 年，RPA 将成为云端不可或缺的订阅服务之一，将有更多 RPA 厂商推出 RPAaaS（一种 RPA 云服务模式：用户无须在计算机上下载安装客户端，通过登录云端的 RPA 服务平台，即可订阅使用）服务，这将大大降低 RPA 的使用门槛。随着 RPA 的普及和推广，其应用场景范围势必越来越广。与此同时，风险管理和信息安全方面也受到重视，标准化的 RPA，可以降本增效。RPA+AI 机器人，则可以密切监控程序系统。RPA 机器人还可在企业 IT 安全领域中发挥作用。调查报告显示，很多组织在应用 RPA 之前不会识别业务自动化，因此，厂商不仅可以为用户提供自动化工具，也应该提供具备业务流程挖掘的自动化部署工具。

据 Gartner 预测，到 2024 年，近 50%的 RPA 应用将来自 IT 部门之外，实施 RPA 后相应减少了重复标准岗位的人员，"人机协作"将成为一种发展趋势。因此企业更加重视对复合型人才的需求，不仅是财会人员，还是其他职能的员工，都应该学习数字化技术（如数据分析、数据可视化、人工智能、RPA 等）。通常一个 RPA 项目团队包括产品负责人、架构师、业务分析师、开发人员等，而架构师一般由 IT 专业人员担任，其他的可由业务人员担任。适合财会人员担任的 RPA 职能可以是产品负责人（负责自动化解决方案的交付、执行、维护及风险应对等）、业务分析师（了解机理流程，与开发人员一同设计并测试流程）、RPA 开发人员（负责方案的设计、开发、测试、维护）等。因为企业对人才的需求不单单是会计专业人才，而是掌握了 RPA 知识、业务流程知识、数据分析知识、框架知识以及计算机编程语言的人才。

总体来说，企业方、实施方、厂商对 RPA 人才的需求如下。

（1）企业角度：企业的客户有业务流程，则要对流程进行梳理和验证，那么就需要 RPA 人才能够整理、优化业务流程，同时对流程进行概念验证。

（2）实施方角度：自动化解决方案完成后，需要有专业人员到客户方进行测试并实施落地，帮助客户搭建 RPA 卓越中心。

（3）厂商角度：RPA 厂商对于 RPA 人才的需求主要是会推广 RPA 产品，并能部署 RPA 产品、培训使用其各种功能等。

第 2 章　常用机器人流程自动化软件介绍

2.1　RPA 软件组成与产品选择

2.1.1　RPA 软件组成

目前，机器人流程自动化（RPA）的软件产品有多种选择，各有特点，但一般来说，RPA 软件产品由 RPA 集成开发环境、RPA 服务器端和 RPA 客户端三个部分组成，如图 2-1 所示。

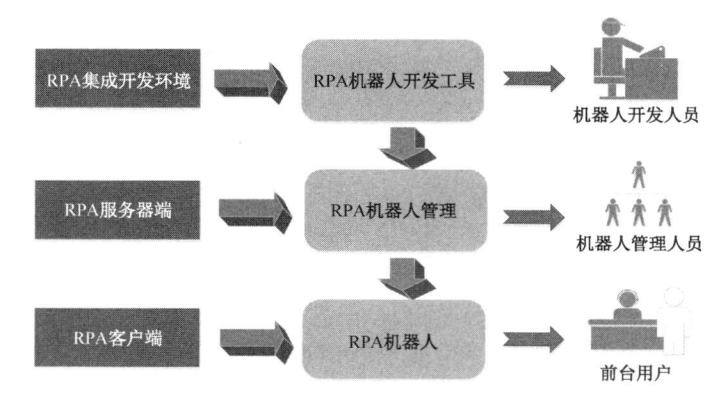

图 2-1　RPA 软件产品组成

RPA 集成开发环境是机器人开发实施人员的设计和发布平台，类似于开发 RPA 的 Microsoft Visual Studio 或者 Eclipse。RPA 集成开发环境就是将 RPA 机器人安装在客户端，模拟人进行"大量重复"且"规则明确"的业务流程处理，而 RPA 服务器端则用来管理和监测 RPA 客户端。

RPA 服务器端是负责管理 RPA 机器人的"机器人"，主要的职责包括：RPA 功能版本管理，RPA 客户端运行监控、任务分配、运行结果展现及日志分析等，需要 RPA 系统管理员维护和监控 RPA 管家的运行情况。

RPA 客户端则依据是否需要与用户进行交互，分为交互式 RPA 和非交互式 RPA。非交互式 RPA 就是完全不需要人参与的机器人（也称为后台机器人），而交互式 RPA 的"交互"可以理解为"人机交互"，判断机器人的启动是否需要人工触发，必须由人工触发启动的机器人也称为前台机器人，需要 RPA 前台用户处理 RPA 无法处理的数据。

2.1.2　RPA 软件选择

企业实施机器人流程自动化项目，对 RPA 软件产品进行选型时需要考虑很多因素，除了公司规模、产品功能与需求的契合度、平台独立、安全、可伸缩性、快速部署、可靠性、产品开发难度、产品运用成功案例和实施经验等因素，还需要考虑产品的功能升级和运维服务等因素。此外，是否在国内有办事机构和可靠的合作伙伴亦需纳入考虑范围。

企业部署 RPA 机器人，可以直接向 RPA 服务提供商购买机器人开发、咨询及实施服务，以及第三方 RPA 产品的许可。针对企业中特殊的业务场景，还可以进行 RPA 功能的定制化开发。一般来说，企业在是否引入数字员工 RPA 机器人这个问题上，最大的考量在于 ROI（Return On Investment，投入产出比）。

在实际进行 RPA 项目开发前，首先需要从市场上购买第三方 RPA 产品的许可。目前比较成熟的 RPA 产品，对于各种类型功能需求的支持已经做得较为完善，开发工具强大，因此开发周期较短，很少需要写代码或基本不用写代码，功能可根据业务场景灵活变更，维护成本也较低；而自行开发的 RPA 应用开发周期较长，需要针对功能编写代码，功能支持相对单一，维护成本较高，但此系统不需要许可费用，且与业务系统可以做更深层次的集成。最终如何选择要看客户的需要。

安永基于丰富的 RPA 项目经验总结了 RPA 产品能力的七大维度。各类公司可以根据自身需求和基础来综合考虑七个维度进行产品选型。公司的需求与基础包括部署规模、拓展需求、标准化程度、场景复杂度、员工 RPA 能力等，RPA 产品能力的七大维度分别是稳定性（能够按计划长时间正常运行）、管控能力（集中进行管理）、信息安全性（保障敏感数据安全）、兼容性（支持多种硬软件环境）、易用性（技术难度低）、公司开发实力（厂商规模和经验）和部署成本（产品价格与收费模式）。市面上的 RPA 产品大多由控制平台、机器人和设计平台组成，不同的组成部分对应不同的能力维度：①控制平台与机器人应具备较强的稳定性；②控制平台需具备管控能力；③机器人需要具备信息安全性，杜绝数据泄露；④设计平台需具备兼容性，应对复杂的部署环境；⑤设计平台需要保障易用性，以便提高开发效率与扩大产品适用人群；⑥公司开发实力决定了产品质量与后期维护支持；⑦部署成本则需要根据整体情况来衡量。

目前比较流行的 RPA 软件有 UiPath、Blue Prism、Automation Anywhere、Work Fusion、WinAutomation、来也 UiBot、达观 RPA 等。后面将会对以上软件进行简单介绍。

2.2　UiPath

2.2.1　基本情况

UiPath 公司于 2005 年成立，总部设在纽约，业务遍及北美、欧洲和亚洲的 14 个国家，获得来自 Accel（Accel 国际风险投资公司）、CapitalG（谷歌资本）、红杉资本（Sequoia Capital）等超过 4 亿美元的资金支持，是一家机器人流程自动化的私人控股公司。2017 年 UiPath 公司完成 3000 万美元 A 轮融资，2018 年一季度完成 1.53 亿美元的 B 轮融资。2018 年 9 月，UiPath 公司已经完成 2.25 亿美元的 C 轮融资。2019 年 4 月，UiPath 公司宣布完成 5.68 亿美元的 D 轮融资，投资后估值 70 亿美元。2021 年 4 月 21 日 UiPath 在美国上市，股票代码"PATH"。这是 2021 年迄今为止最大的软件公司 IPO 之一。IPO 定价为 56 美元，该股首日交易收盘于 69 美元，最新收盘价 69.02 美元，较首日开盘价上涨 5.37%。目前，全球 3700 家企业客户和政府机构使用 UiPath 的企业 RPA 平台来快速部署软件机器人。截至 2021 年 1 月 31 日，UiPath 拥有 7968 位客户，包括《财富》全球前十企业中的 80%，《财富》全球 500 强企业中的 63%，如 Adobe、雪佛龙、DHL、安永、Uber 等。

UiPath 公司有超过 20 万名不同级别的开发者正在构建免费的 UiPath 社区版。为了支持这一不断增长的人才库，UiPath 公司将 UiPath 学院作为第一个面向 RPA 用户的开放式在线培训和认证平台。自 2017 年 4 月开办以来，跨越各大洲的 36 万多名用户已经注册了至少一门 UiPath 公司的在线课程；同时，UiPath 学术联盟计划在未来三年内联合 1000 所学校并为超过 100 万名学生服务。

2018 年 11 月，UiPath 公司宣布全面进军中国市场以来，UiPath 公司也获得了快速发展，不仅在北京、上海、深圳、香港等城市设立办公室，同时来自金融、制造、电信等行业的众多中国企业成为 UiPath 公司的客户。此外，UiPath 公司还在中国建立了客户服务支持中心，从而能够更好地支持本地客户的 RPA 应用。

2021 年 10 月，UiPath 在"FORWARDIV"大会上，分享了 UiPath 2021.10 预览版的特色功能。11 月，UiPath 正式发布"UiPath 2021.10 版本"。该版本包括一款全新产品，同时增强了 100 多项功能。这是 UiPath 迄今为止最大一次产品迭代，也是目前全球功能最强大、最精细、最高效的智能自动化平台之一。该产品有助于推动 RPA 行业技术创新进程，满足各行业深层次自动化需求。

2.2.2 UiPath 软件介绍

1. 概述

UiPath 产品是由 UiPath 公司开发的 RPA 软件，用于实现企业日常工作的自动化，是 RPA 领域最受欢迎的软件之一。

UiPath 产品由 Studio（高级流程设计工具，用来制作 workflow，如图 2-2 所示，还有 StudioX 和 Studio Pro 两种类型）、Robot（用来运行 UiPath Studio 生成的 workflow）、Orchestrator（基于 UiPath Studio 和 UiPath Robot 的一种网络应用，用来管理多个机器人进行协调工作）等三个软件组成。

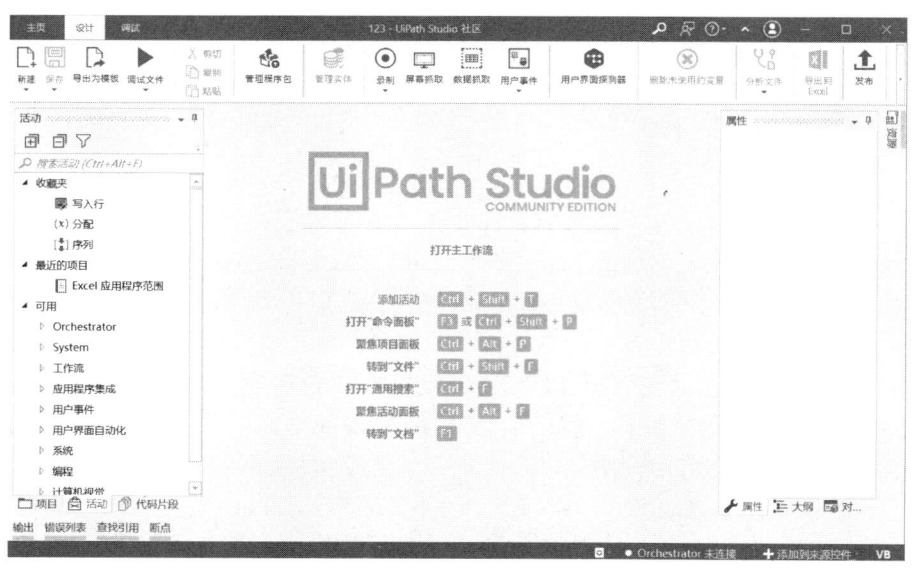

图 2-2 UiPath Studio 主界面

UiPath 产品最大的优点是功能完善、开发方便，可以方便地管理基于规则的任务，并允许在不同的项目和团队之间共享和重用组件，并且这些软件机器人可以完美地模拟和执行重复过程，提高业务生产力，确保遵从性，增强跨后台办公室的客户体验。

2021年11月的产品迭代共分为四大块，UiPath集成服务、推动自动化在企业中的关键作用、加速自动化开发和使用以及本地云原生交付，涵盖企业应用自动化时每一个细节，提供从分析、设计、实施到维护一站式自动化服务。

（1）UiPath集成服务

随着全球RPA市场的扩大，各行业对自动化的需求日益加深，对RPA的连接能力有了更高的要求。首先，UiPath的集成服务结合了UI和API，它允许在同一集成设计环境中提供两种自动化功能。用户可以通过授权轻松实现多个系统的连接，同时连接器也可以跨系统重用。其次，UiPath的全新触发器允许用户通过配置数据更新、插入或添加数据以及删除等方式启动自动化流程，在这种情况下，可以给用户带来更多样化的自动化体验，能有效改善订单到现金、采购到付款、订单到发货甚至多步骤电子邮件营销活动的自动化流程。

（2）推动自动化在企业中的关键作用

2021年10月初，UiPath与Crowd Strike达成了技术合作，使UiPath成为业内第一家为RPA提供端点安全的厂商。UiPath的机器人通过向Crowd Strike报告关键端点监测信息并在Crowd Strike仪表盘上触发警报，可以快速发现违规风险并做出响应，改善人机交互的组织安全状况，有效防止非法操作的发生。

（3）加速自动化开发和使用

为了使自动化设计更加轻松，UiPath新发布的Object Repository允许RPA开发人员一次性捕获界面的所有元素，而无须将它们单独添加到库中。在2021.10版本中UiPath添加了基于Linux的跨平台支持，仅需要少量资源便可以执行API自动化。同时，人工智能也在UiPath中发挥着越来越重的作用。Forms AI为用户提供了强大的AI功能，该功能可以让没有编程经验的业务人员也能训练出专属ML模型。

（4）本地云原生交付

云原生是现代平台的一种技术合集，由容器化、微服务等创新技术构建而成，这些技术在云服务中被广泛使用。而在UiPath发布的新产品中，用户可以在本地使用云原生的一切功能。本地云原生交付几乎包含了UiPath所有服务器产品功能，例如，自动化服务中心，任务挖掘，Azure AD、CyberArk集成，内置RPA治理和安全性，统一用户、租户和许可证管理，使用Kubernetes进行容器化/集成，对所有服务和集成的门户访问等。

2．主要功能

UiPath产品可以实现以下功能。

（1）桌面自动化。

桌面自动化是连接流程和应用程序之间的点，是基于规则的业务和IT流程。

（2）Web自动化。

表单填写、屏幕抓取、数据提取和应用程序之间的转移，网站测试和定期生成报告是可以从Web自动化中轻松获益的主要常见任务。

（3）屏幕抓取自动化。

屏幕抓取是数据迁移和集成方案的重要组成部分。它使现代应用程序能够与不提供API的传统应用程序进行通信，并且是自动化数据输入端的补充。包括Internet Explorer、

Firefox 和 Chrome，Flash 和 Silverlight Web 技术等所有不同浏览器的网络应用程序，以及 SAP、Siebel 和 PeopleSoft 等企业应用程序，以及良好的旧主机和终端模拟器，都可以通过 Citrix / VDI 发布，UiPath 产品提供快速的屏幕抓取工具。

（4）Excel 自动化。

Excel 作为一种数据的处理、统计分析与计算工具，易使用，灵活性高，可以提高工作效率，非常受用户欢迎。但是，它对用户并不总是很友好，有时可能非常耗时且难以与其他应用程序集成。例如，在 Excel 中自动执行任务的既定方法需要通过培训才能熟练掌握 Visual Basic。今天的工作环境是多应用程序，数据不断在应用程序之间传输。因此，即使人们使用可以导入和导出文件的应用程序，迁移和集成数据到平台也会变得很麻烦。发生这种情况是因为信息在此过程中可能会混淆或丢失，从而在每次同步数据时需重复执行步骤，从而浪费宝贵的时间。UiPath 产品提供数据的复制、添加、排序等 Excel 自动化处理。

（5）E-mail 自动化。

UiPath 产品能够将邮件自动发送到收件人的邮箱中，轻松修改邮件内容与主题，并发送相关的附件；同时可以实现自动接收邮件，并且有针对性地进行自动回复，大大节省办公人员的时间。

（6）GUI 自动化。

GUI 自动化是屏幕抓取、自动化测试、自动数据输入、应用程序集成和内容迁移的重要支持工具。在处理不提供其他 API 的旧应用程序时，它可以作为最后的手段，并且它可以为用户实现将烦琐和重复的任务自动化。UiPath 产品提供最准确、最丰富的 GUI 自动化软件，可以在没有任何干扰的情况下处理任何应用程序。

（7）SAP 自动化。

企业现在比以往任何时候都更需要掌握最新、最准确的信息。在今天的市场中，如果企业无法使用其信息基础设施，发展将受到影响。使用 UiPath 产品中的 SAP 自动化可能是企业需要的，以便为其开展业务构建坚实的基础。随着业务性质的变化，SAP 软件变得越来越重要，充斥错误的数据库和不准确信息很难为大公司所用。通过 UiPath 产品中的 SAP 自动化使企业更新，并在不断变化的世界中保持竞争力。

（8）无缝主机自动化。

今天，大型机继续在许多组织的 IT 逻辑中发挥战略作用。它们充当高效的、可靠的数据存储工具，用于复杂的处理。同时，当前的商业环境要求整合大型机新的应用程序和架构。面临的挑战是解锁现有大型机中的数据，以便使它们能够响应新的需求。所有这些都是在不必重新开发系统的情况下完成的。

2021 年 11 月的产品迭代又新增以下特色功能：

（1）新增 UI、API 混合自动化解决方案。

UiPath 新增基于 UI、API 的混合自动化解决方案，允许在同一集成设计环境中提供两种自动化功能。

（2）新增自动化事件触发器。

新增自动化事件触发器，有效改善订单到现金、采购到付款、订单到发货、人力资源（HR）入职，甚至多步骤电子邮件营销活动的自动化流程。

（3）屏蔽屏幕截图中的敏感数据。

当 UiPath 截取屏幕截图以捕获工作流程时，屏幕截图中的敏感数据将被自动屏蔽。

（4）允许一次性捕获所有元素。

UiPath 新发布的 Object Repository 允许 RPA 开发人员一次性捕获界面的所有元素，而无须将它们单独添加到库中，从而提升自动化开发效率。

（5）新增丰富 AI 模板。

FormsAI 提供了丰富的 AI 模板，包括 ML 模型、样本数据集、RPA 工作流、标准分析等，使得非专业开发人员也能开发自己的数据模型。

除此之外，与 Git、TFS、FSTS、VSTS、SVN 源代码管理系统集成，也可与 VB.NET、Python、AutoHotkey、JavaScript 实现自定义代码集成，可直接将代码导入到自动化流程中。本书在后边章节会对常用的自动化功能如 Web、屏幕抓取、Excel、E-Mail 等自动化功能进行详细介绍，并结合相关案例说明技术是如何实现的。

2.2.3 机器人应用

UiPath 的 RPA 机器人在银行、保险、医疗保健、电信、制造、BPO（商务流程外包）、公共部门等行业中得到大量应用。

1. 银行

在寻求数字化转型的过程中，银行和其他金融机构已成为智能技术的早期采用者。智能软件已经在面向客户的前端系统中发挥作用。它可提高流程效率并降低成本，同时确保合规性和更深入的分析洞察力。与 IT 自动化项目相比，使用 UiPath 产品实施更快，成本更低，更具竞争力。具体表现如下。

① 信贷承销：为信用承保活动部署了 UiPath 解决方案，有两个子流程直接受益于 RPA，即零售信用评估和零售欺诈预防。机器人访问内部和外部应用程序多达 15 个。最初的限制是，该银行分配的资源不足，这给工作人员带来了沉重的负担，造成了效率低下。

② 零售信贷评估：机器人在多个数据库中检查客户（信用申请人）的收入/费用/其他相关信息，并在报告中将其发送给信贷分析师。

③ 零售欺诈检测：机器人可同时检查数个内部和外部数据库，寻找与银行客户有关的任何可疑活动的潜在线索。同时，它将这些信息发布在一份报告中，供预防欺诈分析员使用。在与预防欺诈相关的核查过程中，银行设法将处理请求的时间从 45 分钟减至 20 分钟，从而消除了人的参与。机器人允许 SLA 恢复到可接受的水平，而银行不必增加所分配的资源。另一个效果是减少了一个典型的漫长而艰巨的过程：1 小时被自动化到 5 分钟（自动化程度 95%），机器人可以毫无例外地完成任务。

UiPath 产品可以方便、快捷地实施，以较大限度地提高银行业务流程的效率。凭借自动化功能和客户支持，UiPath 产品能够通过创造增长机会来改变银行业，同时改善合规措施并在全球范围内提供卓越的客户服务。

2. 保险

如今，大多数保险公司都面临着一系列独特的挑战：如何在管理风险和降低成本的同时创造动态、高增长的业务？在许多方面，它们被夹在两个相互矛盾的概念之间。一方面，保险客户与普通消费者没有什么不同。而今天的消费者都是精明和苛刻的，他们希望在任何设备上,无论身在何处,都可以获得快速、有力和透明的客户体验。另一方面,大多数保险公司的企业应用程序已经使用了 10~30 年,不能满足当今客户的需求。大多数客户认为与更新和升级这些遗留系统相关的投资和风险较大,令人望而却步。相反,他们正在寻找的是一种技术,它能为保持竞争力所需的特性和功能提供桥梁。

UiPath RPA 解决方案为客户提供了一种非侵入性的方式,以支持现有 EAI 和 BPM 架构的方式集成其核心系统和辅助软件应用程序。使用 UiPath 软件的操作将被保存到中央日志中,可以对其进行实时监控和审核。这使保险提供商能够生成详细的分析,以便更好地进行风险分析,保持高水平的安全性并实现个性化服务。

瑞士的全球保险公司寻求 UiPath Enterprise RPA 平台和 UiPath 官方培训及业务合作伙伴 Cognizant 的帮助。这家保险公司需要一个精确的系统,可以比较账户记录,以帮助协调资金,获取客户的银行核对账单。在 RPA 之前,他们用人工操作,要求员工提取余额并更新客户的对账信息。整个过程耗时、烦琐,而且易出错。通过使用 UiPath 平台,该公司能够自动从客户的银行对账单中提取数据,并在会计系统中进行比较。这些自动比较确保了整个系统的准确和匹配,与 RPA 实现之前相比,错误率更低。一旦数据得到调整,机器人就会在整个公司的系统中自动更新信息。

自动化劳动的 ROI:UiPath 机器人的成功实施使得保险公司能够简化其新业务的上线和承保流程。

自动化有如下好处:

(1)100%精确度;

(2)零错误;

(3)提高了加工质量和速度;

(4)周转时间减少 80%;

(5)节省了 25%的人力。

3. 医疗保健

随着患者数量的增长,医疗保健提供商面临着管理库存水平低,支持患者文件数字化,优化预约安排以及执行计费和索赔处理的挑战。为了克服这些操作上的痛点,越来越多的医疗服务提供商正在采用 RPA 来解决这些问题,以提高效率。预计医疗保健将有36%的自动化潜力。这意味着超过 1/3 的医疗保健任务,尤其是管理,后台功能可以实现自动化,使医疗保健提供商能够以更低的成本和更高的效率提供更直接、更有价值的病人护理服务。

4. 电信

某通信公司是一家领先的通信运营商,在 40 多个国家的 110 多个城市设有分公司和办事处。公司在全球范围内为企业客户提供创新的通信服务和解决方案。在内部,公司采购部门几乎提供整个公司所需的一切。这个部门是一个庞大而复杂的系统,涉及采购的各个方面,包括供应商谈判、合同、订单和付款。采购部门还监督其他部门,如公司合同和支付中心,每年约有 80 名雇员处理数十万份合同和付款。这是一个劳动密集型的过程,但合同和付款对整个企业的成功至关重要,这意味着错误或拖延是不能容忍的。该通信公司一直在投资新的方法,以确保快速、准确地处理合同和付款,如业务流程再造和优化操作。

该通信公司认为,它可以使用 RPA 自动化许多重要的操作过程,特别是高度重复的、基于规则的任务。RPA 不仅可以简化劳动密集型、手工操作业务,还可以帮助公司避免人为错误、提高员工生产率和降低成本。整个采购过程从第一个提案到最终付款包括 40 个不同的步骤，小组为初步试点方案推荐了 13 个采购流程。为了将风险降到最低，并确保试点项目能够有效地工作，团队选择使用 UiPath 机器人将其中的 6 个流程自动化。其余 7 个流程将继续由员工管理，同时这些员工作为一个有价值的控制小组，评估试点项目的成功与否。

一开始，该通信公司觉得在其设置和微调机器人时会遇到一些小错误，但实际上从来没有过。机器人不仅保持了 100%的处理精度，而且它们的生产率是人类的三倍。该通信公司已经完成了对其余 7 个采购流程的 RPA 部署，然后支持将 RPA 部署到公司内的其他部门和团体。预计合同和支付中心的工作量将减少 30%，这将显著提高生产率，并帮助公司每年节省大约 60 000 个工时。

5．制造

北美一家拥有 15 万员工的大型汽车公司尽管在装配线上使用了实体机器人，但公司在后台仍面临着重大的痛点：遵守新规定、缺乏熟练劳动力和库存管理。这些因素限制了公司降低成本、为客户提供卓越服务和创新，以及与供应商保持有效沟通的能力。与制造部门的许多其他公司一样，汽车制造商在金融、卫生安全及废物管理等领域要适应不断变化的监管和合规要求。由于制造商拥有全球客户和供应商，因此，要维持和遵守各国不同的法规。

该制造商还面临着巨大的技能差距，因为它的许多熟练工人，特别是婴儿潮时期的技术工人，正在退休，而且比率正在迅速上升。为此，公司必须招聘大量新人。招聘热潮增加了人力资源部的工作（招聘新人、审查简历、安排面试、处理文书工作）。

另一个劳动密集型的手工过程，这是有问题的库存控制，特别是由于无法预测的供应商交付和客户的需求。制造商无法保持有效的库存周转，而且往往没有足够的成品汽车来满足客户的需求。

有了 RPA，这家汽车公司的运营管理水平就高多了。它把关键的后台程序自动化，并查明和改进了这些业务中的缺陷。通过电子邮件、采购流程及文件数字化，该公司能够实现更好的库存控制，并确保最佳水平的技能雇用。对客户需求、生产能力和库存水平的实时监控意味着公司在整个价值链中经历了更精简、更有效的运作，降低了成本，并加强了与供应商和客户的沟通。

6．BPO

在当今的印度，BPO（商业流程外包）行业是该国最大的私营雇佣行业，拥有近 350 万人的劳动力。然而，这里没有秘密，也没有魔力，BPO 业务模型依赖于两个非常基本的支柱：一方面是低技能、重复性、大批量工作，另一方面是大量低成本、可培训的工作人员。

RPA 加速 BPO 创新。在 2014 年，Capgemini 和 UiPath 开始致力于 RPA 技术的突破：无人值守的自动化，机器人可以管理机器人，允许虚拟劳动力以批量方式运行，无须人工决策。在 2015 年春季，成本削减超过 80%是常见的，到 2016 年年初，BPO 供应商对这些机器人造成的新的、破坏性的趋势做出了反应。一些供应商淡化了 RPA 的重要性，但大多数人都认识到安永合伙人所说的，"如果您能够很好地描述一个过程，从而将其外包，那么您很可能会考虑将其自动化"。事实上，随着 RPA 创新的推进，越来越多的 BPO 计划正变得参与人数很少或根本没有人参与。推动 BPO 业务模式剧变的是那些希望成本降将更低、周期更快和服务水平更高的客户。BPO 供应商不会消失，他们可能会重新调整商业模式，以反映更高价值的技能集，更深的领域知识。但是，他们的业务模式必须包含 RPA 产品。

7. 公共部门

公共部门面临工作量巨大造成的效率降低、员工短缺、监督要求和政策变更频繁、缺乏跨部门协作工具等问题，通过实施 RPA 项目，对家庭护理申请、医疗补助、失业救济金、税务办理等相关流程进行了自动化，帮助社会服务部门和劳动力市场部门分别减少了 70%以上及 95%以上的行政处理时间。公民也从中享受到了巨大红利，如 12%以上的公民找到工作或投入学习，为劳动力市场计划降低了 44%的成本，节省 22%的财政支出，降低了 60%的管理成本。

相关链接：

2019 年 5 月 23 日，全球机器人流程自动化（RPA）行业的领先平台 UiPath 在上海召开 UiPath Together 大会，并宣布将继续加大对中国市场的投入，从产品和方案应用、研发和服务支持、生态圈建设，以及人才培养四方面入手，全面加速中国 RPA 产业发展，推动 RPA 在中国的应用及普及。

UiPath 公司大中华区总裁吴威表示："伴随数字化转型的进程，RPA 将在中国市场发挥越来越重要的价值，客户的需求也将愈加迫切。作为全球 RPA 行业的领导者，UiPath 公司不仅把领先的 RPA 技术引入中国市场，还将通过全面的本地化推广，让企业用户真正体会到 RPA 所带来的卓越业务价值，从而帮助中国企业加速数字化转型的步伐。"

为了进一步满足中国市场日益增长的 RPA 需求，UiPath 公司宣布将持续加大投入，全方位推动中国 RPA 产业发展，进而让更多中国企业获得更好的、更完整的 RPA 应用和服务。

资料来源：http://cloud.idcquan.com/yzx/163350.shtml。

2.3 Blue Prism

2.3.1 基本情况

Blue Prism 是英国跨国软件公司 Blue Prism Group 的商业简称，公司致力于为开展全球业务的各公司提供独特的机器人自动化软件，以解决低回报、高风险、人工数据输入和处理等工作。Blue Prism 总部位于英国默西塞德郡的一个小镇，在美国和澳大利亚设有区域办事处。

Blue Prism 在 Gartner 2013 年报告中被评为"业务流程服务"领域"最酷供应商"。2016 年 3 月，Blue Prism 在伦敦证券交易所 AIM 市场上市，公司规模 201～500 人。2016 年，Blue Prism 获得了 AIconics 奖的最高荣誉之一，被命名为 AI 的最佳企业应用。2019 年 7 月，Blue Prism 宣布收购 Thetonomy，从而将 RPA 引入云端。Thetonomy 为企业提供了一种新型 AI 技术集成方法，这些技术包括：计算机视觉、自然语言处理（NLP）和机器学习（ML）等，以满足从后端到前端的各种自动化实例。此次收购将有助于加速全球中端企业的 RPA 部署进程，使那些没有足够 IT 资源的中小企业也可以享受 RPA 带来的好处。

2019 年 7 月，世界三大机器人流程自动化（RPA）供应商之一的 Blue Prism 宣布，全面进军中国市场，从 RPA 产品研发、技术培训、售后支持、机器人自动化生态建设四个方面入手，加速中国 RPA 产业的发展，积极推动自动化技术落地，拉近中国与世界企业之间的机器人自动化的距离。

2020 年新冠肺炎疫情的出现彻底改变了全球组织的工作方式，加快了数字化转型的进程。而 RPA 为组织提供了足够的技术支持，保证了业务的连续性和效率性。2020 年上半年 Blue Prism 的营业收入相比同期整体营收增长 70%，达到 6850 万英镑，这一数据已远远超出其 2018 年全年营业收入。

2.3.2 Blue Prism 软件介绍

1．概述

Blue Prism 是一个功能强大的机器人流程自动化（RPA）工具，是建立在微软.NET 框架上的，它可以自动应用任何应用程序，支持多种平台，它可以多种方式呈现（终端仿真器、厚客户机、瘦客户机、Web 浏览器、Citrix 和 Web 服务）。它被设计用于具有物理和逻辑访问控制的多环境部署模型（开发、测试、阶段和生产）。Blue Prism 是机器人自动化软件开拓者，同时也是 RPA 经典工具。

Blue Prism 由设计器、过程控制器、对象控制器和应用建模器四个部分组成，设计器主要用来设计整个 RPA 业务工作流程，过程控制器主要用来创建自动化流程任务，对象控制器用来连接外部应用程序，应用建模器则用来创建应用程序虚拟模型。

Blue Prism 的机器人流程自动化软件通过手动、基于规则、后台管理过程的快速自动化，使业务操作变得敏捷和具有成本效益，它是一个经济高效的解决方案，可以帮助企业获得高质量的商业智能，同时减少人为失误；通过创建"虚拟员工队伍"，降低成本并提高准确性。

Blue Prism 的数字员工队伍由用户或客户建立、管理和拥有，跨越操作和技术，遵循企业范围的机器人操作模型。它是无代码的，可以以非侵入性的方式自动化任何软件，数字劳动力可以应用于任何部门的自动化流程，包括跨组织执行文书或行政工作。

2．主要功能

Blue Prism 包括集中的发布管理接口和流程更改分发模型，能提供高水平的可见性和控制。通过集中式模型为业务提供额外的控制，用于流程开发和重用。该软件支持监管环境，如 PCI-DSS、HIPAA 和 SOX，拥有大量控制措施，以提供必要的安全性和治理。

Blue Prism 的机器人自动化软件使经营活动和业务流程外包（BPO）实现业务流程自动化，并且它提供了自动化组织中使用的所有应用程序的单一能力，速度快且具有成本效益，无须复杂的软件工程设计。业务流程实现自动化的速度较传统的方法快 3~5 倍。Blue Prism 的技术还提供必要的操作辅助和管理，无须 IT 开发资源。

除了自动化劳动，Blue Prism 的平台还通过跟踪部署的每个软件机器人的每个动作来提供严格的控制和治理。详细的活动审计日志使复杂的、符合要求的过程自动化，即使在严格管制的工业中也是如此。

Blue Prism RPA 的优势如下。

（1）可视化流程分析器。

Blue Prism 为保证企业每一项自动化业务得到精准无误的执行，提供了可视化自动流程分析器，可以深度了解 RPA 每一个过程的细节，且可以自动为错误的流程排除障碍。

（2）灵活的可集成与扩展性。

Blue Prism RPA 是一种非侵入性技术，可以在不干扰企业现有系统的情况下轻松完成部署与实施，完美兼容那些遗留系统和应用程序，无须进行二次开发即可完成软件集成。在扩展方面，用户可根据流程需要、系统需求随时调整、添加或更改自动化流程机器人，而不会影响之前的 RPA 部署。

（3）无代码、可视化流程设计器。

一般情况下，用户使用 IT 工具时或多或少都需要懂一些编程知识，而 Blue Prism 为了普及 RPA 应用范围，让更多的日常办公人员参与进来，实现业务流程自动化，其 RPA 操作平台支持无代码拖拉功能。整个设计流程简单明了，用户可以清楚地看到自动化的每一个设计步骤。

全部设计完成后，将以流程图的形式展示在用户面前。同时在 RPA 连接外部系统、应用程序时也支持拖拉方式实现自动化，而无须编写接口代码。

（4）极佳的数据保护措施。

数据作为这个时代的企业最重要的资产之一，成为企业发展的重要支撑，稍有不慎便会对企业造成致命损失。Blue Prism 为了保护用户的数据隐私，开发了一个独立的插件 Login Agent。这是一个用于支持自动化程序与 Windows 桌面应用程序进行交互的媒介，可以理解为 Windows 用户登录代理。无论是虚拟机还是实体机运行 RPA 机器人时，一般操作的都是企业敏感的数据，保密性要求较高，且 RPA 需要直接与客户作业系统打交道，就必须保证 RPA 能找到相关 UI 资源。机器人运行时，Login Agent 可以为数据加密、授权，等机器人全部运行完毕后将自动注销当前用户，防止他人查看数据。并且 Blue Prism 是 RPA 行业中唯一一个拿到 Veracode 5+certification 认证的厂商，这也确保了 RPA 控制台的绝对安全。

除此之外，Blue Prism 可以提供更好的服务质量，以高精度和低误差的方式执行自动化任务，还可提供可视化数据报表，以便分析数据、预测流程的工作效率。

2.3.3 机器人应用

Blue Prism 的 RPA 机器人主要应用于大型企业，尤其擅长金融和工业制造领域的业务流程自动化，在通信媒体、酒店、公共事业、零售等行业同样深耕多年。通过收购 Thetonomy 公司，两家公司将继续共同建立业内最强大的合作伙伴网络，旨在推动客户在重要市场垂直行业应用 RPA。Blue Prism 产品应用包括：金融服务、电信、保险、零售、医疗保健、专业服务、能源、公共事业和外包服务商等。

Blue Prism 产品有三部分，分别是数字劳动力平台、智能自动化技能、蓝色棱镜数字交换（DX）。采用 Blue Prism 的机器人自动化技术可以为各大公司节省费用，也可以提高业务流程效率并使 IT 团队能集中关注其他主要业务难题。该技术还为各公司离岸、近岸和外包提供极其高效且具有成本效益的替代方案。

Blue Prism 公司通过在数字交换市场中提供更先进的工具来扩展其核心功能。该公司还发布了一个新的 AI 引擎，用于为来自亚马逊、谷歌、IBM 和其他 AI 平台的高级 AI 工具创建连接器。数字交换能帮助合作伙伴和客户增强其自身的实力。

2.4 Automation Anywhere

2.4.1 基本情况

Automation Anywhere 公司成立于 2003 年，总部位于美国加利福尼亚，是一家机器处理自动化研发商，专注于机器人流程自动化及自动化软件。目前已有超过 1100 家组织使用其 150 多万个机器人，运营范围涵盖 10 余个国家。

Automation Anywhere 公司的平台通过将传统 RPA 和非结构化数据、自然语言理解等认知元素相结合，让业务处理能够自动运行。

2018 年 7 月，Automation Anywhere 公司完成了一笔 3 亿美元的 A 轮融资，投资方为投资巨头软银集团旗下的软银视野基金（Softbank Vision Fund）。这笔巨大的投资将有助于 Automation Anywhere 公司在快速扩张的 RPA 市场中树立领导地位，并加速其全球客户参与产品开发。不仅如此，Automation Anywhere 公司还推出了一个智能数字化工作平台，结合认知自动化和分析功能，不仅大幅提升了企业业务流程处理的准确性，还能以极低的错误率推动企业生产力。

2020 年 11 月，Automation Anywhere 举办的"2020 中国创新大会"在北京隆重召开。作为聚焦智能自动化的行业盛会，此次大会以"智能·突破"为主题。Automation Anywhere 在大会上公布了中国市场的全新策略，并发布了业界首款专为新时代工作而设计的智能数字助手——AARI（Automation Anywhere 机器人界面），将消费级的体验带入了企业的流程自动化。

2.4.2 Automation Anywhere 软件介绍

1. 概述

Automation Anywhere 是一款针对商业以及 IT 任务的自动执行工具，是市场占有率最高的 RPA 软件之一。用户不需要编程就可以快速设定复杂的任务安排。通过向导，用户可以建立键盘记录和鼠标动作记录，还可以创建自动化脚本。

Automation Anywhere 可以非常简单而高效地实现各种功能，将员工从大量重复和规则明确的各种工作中解放出来，使他们可以从事更有创造性的工作为企业创造价值。

Automation Anywhere 遵循分布式架构。通过这种架构，Automation Anywhere 的主控制器可以集中管理机器人，该工具的架构主要分为 Bot Creators、Control Room 和 Bot Runners，这些组件都能连接主控制器。如果你将这三个组件汇总在一起，一旦开发人员创建任务/机器人并在主控制器进行更新，主控制器就可以根据要求或优先级，在 Bot Runners 上安排和执行这些机器人。除此之外，还提供 IQ Bots(基于人工智能和机器学习的机器人)、Bot 分析器（用于分析每个机器人性能的工具）和 Bot Farm（根据工作量的需求创建多个机器人）三种产品。

2. 主要功能

Automation Anywhere 包括可视化技术、工作流设计、系统日志、图像识别、远程部署等功能。可视化技术在故事板视图中显示任务的图形视图。各自操作的图形视图更易于理解、编辑和管理任务。部署功能允许单击远程任务管理和部署，而不需要在远程 PC 上安装产品。

Automation Anywhere 具有一个 RPA 开发和应用平台应该具有的全部功能，例如服务器端的 Control Room 和客户端应用，包括对于 Workflow 工作流的支持等。目前 Automation Anywhere 最新的版本增加了人工智能认知服务和智能分析服务等更加强大的功能。

对于文件和文件夹、邮件、数据库、Excel 文件、PDF 文件、XML 文件、CSV/TXT 文件、OCR（文字识别）、声音播放、屏幕抓取、浏览器、剪贴板、打印机、FTP 文件上传下载等操作的支持，以及和其他应用系统（SAP 等）及软件的集成等，这些人类每天在计算机上做的工作，Automation Anywhere 都可以实现。除此之外，还有基于云平台的控室,使用者不需要搭建本地的控制室,可以减少控制室的使用费,服务器的软硬件和维护成本。增加了在线编辑bot功能,便于部署和管理。

Automation Anywhere的功能特点有智能化技术、任务调度、重复功能、多变量调试、交互脚本、任务链等。

2.4.3 机器人应用

Automation Anywhere的企业级平台使用软件机器人与人一起工作,在许多行业中做许多重复的工作。它结合了复杂的RPA、认知和嵌入式分析技术。

Automation Anywhere的用户很多,为全球领先的金融服务、保险、医疗保健、技术、制造、电信、BPO和物流公司提供自动化技术。

2.5 WorkFusion

2.5.1 基本情况

WorkFusion公司成立于2010年,总部位于美国纽约,团队遍布北美、欧洲和亚洲,是一家为企业进行人工智能研发的科技公司,它使用先进的统计质量控制和机器学习来协调工作。由经验丰富的企业家创建,吸引了业内一些最敏锐的投资者。WorkFusion研发的软件可以通过模仿代替人类的劳力工作,并且通过运算使工作更加高效完成。

2.5.2 WorkFusion软件介绍

1. 概述

WorkFusion将机器人流程自动化、人工智能驱动的认知自动化、工作流、智能会话代理、众包和分析结合到企业级产品中,专门为专业操作人员服务。这些能力使企业领导者能够数字化他们的操作,指数地增加生产力和改善服务交付。

WorkFusion能为用户降低60%的运营成本。Word Fusion平台将自动化机器生产与机器学习相结合,通过将众包模式与自动化结合,几乎能完全管理和执行曾经是高度劳动密集型的项目,可以帮助用户增加业务的灵活性和生产的自动化。

2. 主要功能

(1) 从机器人身上得到更多。

WorkFusion的RPA为任何类型的应用程序或数据提供机器人。WorkFusion可以在更少的PC上完成更多的工作,从而在行业中实现最低的基础设施成本。集中式凭证管理支持跨地域的数据隐私限制。

(2) 人工智能交付迅速。

WorkFusion的每日AI允许用户轻松地将机器学习应用于包含非结构化数据的过程,其内置的Process AutoML可在用户的安全环境中、在用户的流程中操作的独特数据集上进行快速应用,而无须数据科学团队的努力或昂贵的第三方集成。

(3) 人和机器人一起工作。

轻量级但健壮的工作流能力,允许用户配置端到端流程,并在正确的时间自动将工作路由到正确的机器人或人员手中。机器人可以完成工作，并把它交给人，然后人可以完成工作，他们再交给机器人。

（4）移除数据的手动键控。

利用内置 OCR 的任何语言对基于图像的数据进行数字化，该语言可以添加到任何进程中。OCR 的核心功能是将图像转换为文本，以获得更强的整体效果。

（5）为数字员工提供分析。

从 Excel 到仪表板，做出数据驱动的决策。从机器人、人员和处理数据中获取见解，以便预测成本、质量、容量和生产率。

WorkFusion 的特点包括跨不同工作站与多个用户协作、跨团队自动化、根据需要部署机器人，以便同时进行企业级自动化操作等。

3. 主要产品

WorkFusion 主要有两个 RPA 平台，RPA Express 和 RPA Express Pro。

RPA Express 可以实现在网上、PDF 及报告中搜索或提取数据。其特征是记录器、无码自动化、拖放式建造器、桌面与 Web 自动化、内置 OCR、1 个 BOT。

RPA Express Pro 可以实现人力资源自动上机、管理病人预约、生成和发送报告。其特征是集中管理自动化、用户无限、多并发机器人、工作流管理、任务调度、监视和路由（7×24 小时）、无缝的人和机器人协作（人在循环中）、安全 BOT 凭证、自由、快速、满载。

RPA Express 结合了业务用户成功实现自动化所需的所有基本组件，包括建房、管理、数字化和自定义。它使用基于 Java 的脚本构建和自定义机器人，使用 WorkFusionAPI 发布、发送和接收来自 Citrix、Oracle 和 SAP 等应用程序的数据；通过按一个没有代码、基于对象的记录的按钮来实现任务的自动化，这种记录简单易懂、高度精确、易于编辑，而且发布速度快。

2.5.3 机器人应用

WorkFusion 的 RPA 机器人可应用于银行及金融服务、保险、医疗保健、运输业等行业。

1. 银行及金融服务行业

银行和金融服务公司使用 WorkFusion 的人工智能驱动的 RPA 后，很多复杂且耗时的流程都自动化了，在改善客户体验的同时降低了成本和风险。

2. 保险行业

保险公司的压力主要来自增加保险周期时间，降低费用，提高客户满意度。WorkFusion 的人工智能驱动的 RPA 可以帮助保险公司通过自动化非结构化、大容量流程来满足这些需求，这些流程对于传统的 RPA 来说过于复杂。

3. 医疗保健行业

对于医疗保健公司来说，效率和响应能力至关重要，因为它直接影响客户的健康和福祉。WorkFusion 的日常人工智能使医疗机构能够快速、准确地处理大量非结构化数据，以改善患者的体验，防范风险。

4. 运输业

对于运输行业来说，文件处理是日常工作，每一单业务都离不开文件操作管理。例如海关清仓业务，需要对多个文件进行处理，以清除跨国边界的货物。为了减少处理文书工作的接触点，减少 90%的运输错误，目前 80%的海关文书处理已实现自动化，减少了周转时间。

除了以上行业，WorkFusion 还应用于反洗钱领域。该领域的公司运营往往是资源密集型的，但效率很低，导致公司在人员、技术和合规方面付出了巨大的代价。WorkFusion 公司的软件机器人有助于提供更健壮的反洗钱操作，在时间和金钱上节省了大量的时间和金钱，并提高了遵从性。

相关链接：

WorkFusion 公司创造了让经济运转的技术。人工智能和自动化的迅速崛起，以及人们在劳动力中角色的变化，为个人、企业和整个国家创造了机遇。

WorkFusion 公司的目的是减少这种复杂性，并帮助客户通过将人与智能软件机器人配对来开发机会。

2012—2013 年：每一件有影响力的事情都以"如果"开始。WorkFusion 公司的"如果"诞生于麻省理工学院计算机科学与人工智能实验室（CSAIL）联合创始人马克斯·扬科勒维奇（Max Yankelevich）和安德鲁·沃尔科夫（Andrew Volkov）赞助的一项研究：如果软件能够识别高质量的工作，并管理执行这些工作的人，结果会怎样？这个具有挑战性的计算机科学问题的解决方案变成了 WorkFusion 公司的第一个产品，它使用高级统计质量控制和机器学习（ML）来协调工作。

2014—2015 年：第一个人工智能驱动的软件 bot 平台有了基础的数据驱动的 AI 架构和来自有远见的早期客户的见解。WorkFusion 软件的研发和产品团队创建了世界上第一个集成的 RPA 和认知自动化平台：智能流程自动化(SPA)。

2016—2017 年：免费设置 RPA，让 AI 变得简单。突破性的技术通常从复杂、昂贵和稀缺开始，RPA 也是如此。作为品类的领导者，WorkFusion 公司让 RPA 变得简单、免费，并与 RPA Express 一起广泛使用：这是世界上第一个免费的 RPA 产品。从历史上看，人工智能一直是大学和拥有数据科学家与专业工程师团队的大公司的专利。WorkFusion 公司发布了其专利流程自动化，以消除清理数据、培训模型和验证自动化工作等耗时且昂贵的数据科学工作，使 AI 成为业务人员的一种能力。

WorkFusion 公司认识到缺乏关于这个新领域的高质量、免费的教育，因此推出了第一个在线自动化培训门户：自动化学院。该公司还大大扩展了其合作伙伴生态系统和全球销售和交付业务，在德国、印度、法国、新加坡和英国开设办事处，以支持快速增长的客户需求。

2018 年及以后：人工智能驱动软件已经成为全球企业的关键能力和竞争优势。WorkFusion 公司使其软件即服务自动化产品具有自动化云计算的弹性，并且具有随需应变能力。世界上很多公司都在使用 WorkFusion 公司的智能自动化产品来改变运营，更好地服务客户，并创造新的商业模式。

资料来源：https://www.workfusion.com/company/.

2.6 WinAutomation

2.6.1 基本情况

WinAutomation 软件由 Softomotive 公司开发。Softomotive 公司成立于 2005 年，总部位

于英国伦敦，是全球领先的机器人过程自动化解决方案供应商之一，客户覆盖全球 8000 多家公司，包括沃达丰、英特尔、毕马威、西门子和 IBM。

Softomotive 公司提供了流畅的 RPA 解决方案，让用户从小处着手，快速学习和无缝伸缩。这有助于降低整个项目的风险，并避免高昂的前期成本。

在自动化方面，Softomotive 公司提供了一系列解决方案，旨在满足个人、小型团队、成长型企业和大型企业的不同需求。它包括 WinAutomation 和 ProcessRobot 两个 RPA 平台。WinAutomation 是机器人桌面自动化（RDA）工具，它提供了一个强大、健壮和易于使用的基于 Windows 的平台来构建软件机器人。ProcessRobot 是一个领先的企业 RPA 平台，包括企业级安全和控制，与前沿的人工智能技术链接。

2.6.2 WinAutomation 软件介绍

1. 概述

由 Softomotive 公司在 2008 年开发的 WinAutomation，是一款功能强大且易于使用的机器人自动化（RDA）工具软件，可以本地安装，也可以安装到服务器上，用来构建软件机器人，同时它是一个快速可靠的视窗自动化调度解决方案，可以对业务流程进行自动操作。它使用方便，支持所见即所得，可以优化日常工作，创建和执行复杂的自动操作，而不必写代码，WinAutomation 可以自动执行任何基于 Windows 的任务。

通过自动化耗时、重复的任务来提升工作效率，并为更多的增值活动腾出宝贵的时间。WinAutomation 可以自动化简单的管理任务，从系统之间的简单数据传输，到复杂的业务流程和工作流均可自动化。与任何桌面或 Web 应用程序交互，发送电子邮件，处理各种文档和文件夹，在屏幕上搜索图像，处理 FTP、数据库、MSOffice 产品等。WinAutomation 使任何专业人员都可以轻松地构建自动化。

通过最容易使用和直观的设计环境，WinAutomation 为初学者（非程序员）快速学习，同时为高级用户、程序员和开发人员提供完整的控制和灵活性，无须编写代码即可构建起流程，可使用拖放用户界面，或者使用宏记录器和 Web 记录器根据日常活动实现工作流自动化。开发、配置、故障排除和测试一个流程，不需要编程技能或技术背景。

通过接口管理、检查和控制自动化、过程属性和安全设置，WinAutomation 为用户提供了大量的选项，从而定制流程的执行以适应自己的工作风格，同时确保符合自己所在组织的 IT 治理实践。通过并行运行进程（Multiasker），或者设置触发器/计划以在后台执行进程，可以完成更多的工作。允许 WinAutomation 在无人值守模式下工作，并使用日志和异常处理警报在意外情况下调试或配置进程行为。WinAutomation 用户界面如图 2-3 所示。

2. 主要功能

（1）自动执行任务。

① 自动使用本地文件中的数据，填写和提交 Web 表单；

② 检索并解析用户的电子邮件，并使用电子邮件中包含的数据更新数据库；

③ 启动应用程序，移动、调整大小，关闭和操作窗口，截取屏幕图；

④ 将用户的任务转换为用户自己的应用程序，只需按一下按钮即可与其他人共享；

⑤ 收集网站并从任何网页提取数据到 Excel 或文本文件中；

⑥ 以任何可能的方式复制、移动、编辑、重命名、压缩、解压缩和操纵文件或文件夹；

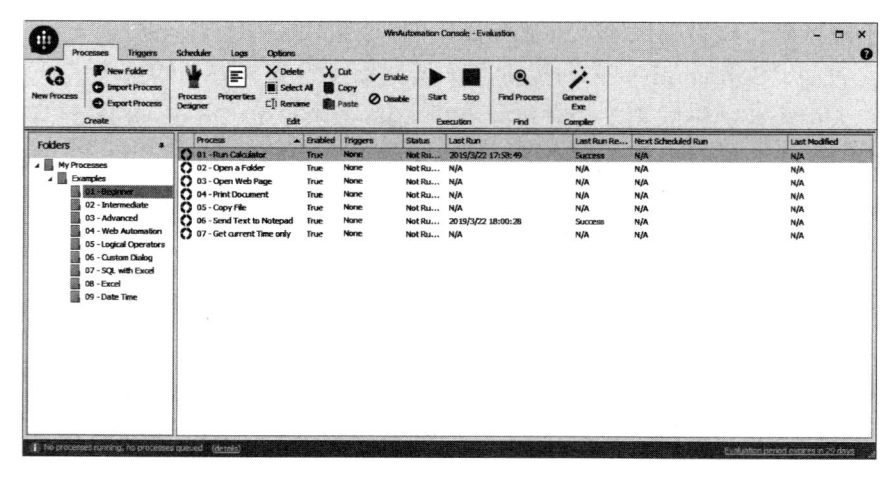

图 2-3　WinAutomation 用户界面

⑦ 读取和写入数据到 Excel 文件中，连接 SQL 数据库和操纵文本文件；

⑧ 按热键时，创建或删除文件时，当站点关闭或收到电子邮件时；

⑨ 将预先记录的鼠标操作轨迹发送给任何桌面应用程序；

⑩ 自动化用户的 FTP 传输：按计划下载、上传文件或整个文件夹；

结合以上所有设计自定义任务，以满足用户的特定需求。

（2）宏记录器。

在屏幕上执行一次任务，宏记录器将其转换为一系列操作，可以随意多次重复。录制后，可以使用 Job Designer 进一步自定义宏。

（3）网页自动化。

只需浏览网页，然后收集数据，填写表单，下载文件，完成所有在网上进行的操作，Web 录像机将它们转换为用户可以随时运行的宏。

（4）可视化作业设计器。

可视化作业设计器的开发及使用更直观。

（5）任务计划程序。

内置的任务计划程序可以根据选定的时间范围自动执行任何任务。通过从日程安排菜单中的不同选项中进行选择，将任务设置为在需要时完成。

（6）键盘宏。

键盘一直是计算机中硬件绑定时间最长的硬件，现在给它一个"转折点"：队列键盘宏自动化。

（7）系统监视。

系统监视可以根据所选事件自动执行任何任务。通过选择触发菜单中的不同选项，将任务设置为在需要时正好运行。

（8）UI 设计器。

内置 UI 设计器对话窗口。每当工作需要时可以自动输入一些用户设置时，用户不用再忍受同样无聊的灰色对话框。

（9）异常处理

WA 提供了四个级别的异常处理来处理不同的场景。无论其复杂程度如何，都可通过设置和控制流程的行为，从最小的构建活动到所有流程进行全局异常处理。通过触发发送给自己的电子邮件或捕获屏幕以查看导致此错误的意外因素，随时了解任何故障。

2.6.3 机器人应用

和众多 RPA 软件一样，WinAutomation 的 RPA 机器人可以运用于不同的行业，如银行业、电信业和保险业等。

1. 银行业

WinAutomation 将所有复杂的流程自动化，将员工从烦琐的工作中解放出来，使其有更多的时间与客户打交道。自动化被证明可以显著降低高达 80%的银行处理成本，并将员工从枯燥、乏味的任务中解放出来，从而使他们在与客户的关系中更加主动。

2. 电信业

随着客户的要求越来越高，客户体验成为关键。对客户服务的速度至关重要，比如订单履行和服务激活。贯穿整个公司的个性化体验被认为是主流。系统间的通信是必需的。企业需要重新评估基础设施和运营，以支持需求的实时变化，而不需要额外的资源。WinAutomation 确保了以上几点，同时引入了基于标准的流程，并加快采用领先的 IT 和电信业标准，这将为员工节省工作时间。

3. 保险业

新兴技术、大数据和预测分析为新兴市场参与者留下了空间，竞争也变得激烈。很明显，对于保险公司来说，采用自动化是有价值的，因为保险公司希望在为客户提供定制产品的同时保持其法规遵从性。

当然，WinAutomation 不仅仅只运用到上面所述的三种行业，它同样被用于医疗保健、财务与会计、呼叫中心等行业，并且同样取得了巨大的成功。

2.7 Power Automate

2.7.1 基本情况

微软公司（Microsoft）是一家美国跨国科技公司，也是世界 PC（Personal Computer，个人计算机）软件开发的先导，由比尔·盖茨与保罗·艾伦创办于 1975 年，公司总部设在华盛顿州的雷德蒙德（Redmond）。

微软公司主要以研发、制造、授权和提供计算机软件等服务业务为主。最畅销的产品为 Microsoft Windows 操作系统和 Microsoft Office 系列软件，目前是全球最大的计算机软件提供商。

2.7.2　Power Automate 软件介绍

1. 概述

微软 Power Automate 的 RPA 功能 Desktop Flow 于 2020 年 12 月 10 日在中国启用，Desktop Flow 分为有人值守 RPA 与无人值守 RPA，使用有人值守 RPA 需要人工介入触发，可以进行实时录制、回放桌面端、网页端中的鼠标单击等操作。无人值守 RPA 则可以实现全部自动化，可以进行大量任务的端到端自动化，简化工作流程，提升工作效率。以下是 Power Automate 的主界面，如图 2-4 所示。

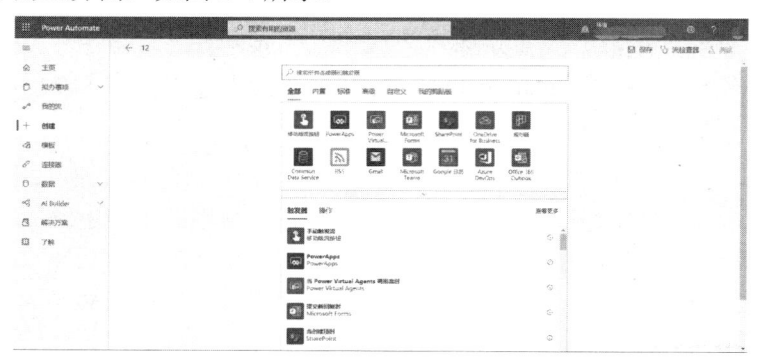

图 2-4　Power Automate 主界面

Power Automate 内置 Microsoft 安全技术，满足所有 IT 安全要求的同时快速推进可伸缩的自动化流程。可使用简单的记录器和直观的拖放设计器轻松构建自动化。还可以专注于重要的工作，无论是在网页上，还是在桌面上，大规模的自动化。除此之外，还与其他 Microsoft 产品集成，无缝链接新老系统，也开业利用自建或外部连接器扩展应用。

2. 主要功能

Power Automate 旨在解决操作及业务流程自动化的难题，可按照人工设定自动执行基于规则、重复的工作任务并达到 100%的准确率，支持云端非侵入式部署，无须对现有系统进行二次开发，部署简单。下面具体介绍 Power Automate 的一些特点。

（1）轻松添加 AI 功能

通过向工作流程中添加预设的 AI 训练模型，以处理那些非结构化数据，如发票处理、表单处理、预测、对象检测和文本分类等任务。

（2）兼容各类软件

不仅支持微软出品的所有软件，如 excel、word、PPT 等，还支持其他常用软件，如 SAP、Salesforce 等。

（3）数据安全保护

Microsoft 提供端到端的自动化安全技术保护，能防止数据泄露。

Power Automate 还有很多功能，如提供 13 大类自动化预设模板，包括电子邮件、数据搜集、按钮、通知、社交媒体、审批等。以下是其中一些模板的介绍。

（1）电子邮件类

电子邮件类的模板包括将 Office 365 电子邮件附件保存到 OneDrive for Business 中，在 SharePoint 列表项中处理审批，项目获得批准或被拒后，向项目创建者发送一封确认电子邮件。

（2）数据搜集类

数据搜集类模板包括通过 Microsoft Forms 在 Planner 中创建任务并在 Teams 中发布消息或者收到 Microsoft Forms 回复时发送通知。

（3）社交媒体类

社交媒体类模板将某个主题的推文保存至 Excel 表格中，还将新的 Instagram 照片分享至 Twitter。

2.7.3 机器人应用

微软的 RPA 机器人服务的客户包括医疗、工业等众多行业的企业。

1. 医疗业

新冠疫情给一线的工作人员带来了很大压力，咨询人较多，而人工智能和机器学习能为一线医护人员提供极大帮助，缓解医疗系统的压力。微软医疗机器人服务为医疗行业创建了 1600 个自我评估机器人，帮助答复患者咨询，将医务工作者从这些咨询工作中解放出来。

2. 工业

工人需要每天及时记录、汇报各种生产、质量等问题，将其汇报给领班，各部门的负责人后续需要备份，询问任务进度。微软机器人可以自动识别记录表单中的数据如时间、问题等，然后将其填写到数据板中，这样负责人可以实时关注所有出现的问题。

2.8 来也科技 UiBot

2.8.1 基本情况

UiBot 是北京来也网络科技有限公司（以下简称"来也科技公司"）的一款 RPA 软件平台。来也科技公司创办于 2015 年，由常春藤盟校（Ivy League）机器学习博士团队发起，致力于做人机共生时代具备全球影响力的智能机器人公司。其核心技术涵盖深度学习、强化学习、机器人流程自动化（RPA）、自然语言处理（NLP）、个性化推荐和多轮多模交互等。来也科技公司已获得数十项专利和国家高新技术企业认证。来也科技公司推出的第一款 C 端陪伴式机器人"小来"，已通过微信服务了近千万个人用户。

2017 年，来也科技公司面向企业客户推出 B 端产品——智能对话机器人平台"吾来"。

2019 年，来也科技公司与奥森科技公司合并，携手机器人流程自动化平台 UiBot，进军 RPA+AI 市场。

2021 年，来也科技公司与德勤中国开启战略合作，双方将分别发挥"RPA+AI 技术"和"专业服务领域"的领先优势，加速助力中国政企实现数字化转型升级。

2.8.2 UiBot 软件介绍

1. 概述

UiBot 为企业和个人提供专业全面的流程自动化解决方案。UiBot 软件平台搭建的机器人，可通过用户使用界面，智能理解企业已有应用，将基于规则的常规操作自动化，如自动重复读取邮件和系统、进行烦琐的计算、大批量生成文件和报告、完成枯燥的文件检查等工作，能够大幅降低人力成本的投入，有效提高现有办公效率，准确、稳定、快捷地完成工作。核心产品有 UiBotCreatorRPA（机器人开发工具）、UiBotWorkerRPA（机器人工作平台）、UiBotCommanderRPA（机器人管理中心）、UiBotStore（一站式办公自动化服务平台）、UiBotMobile（移动端 RPA 解决方案）、IPA（智能化 RPA 解决方案）

2．主要功能

（1）针对各类客户端软件界面元素进行各种操作（直接作用于元素，不依赖图像、文字识别，不依赖绝对坐标）；

（2）针对网页浏览器的界面元素进行各种操作和傻瓜式数据采集（支持 IE、Chrome 浏览器）；

（3）针对各种办公软件（Excel、Word）的文档进行操作；

（4）基于图像、文本、OCR 等识别方式对界面元素进行各种操作；

（5）对应用广泛的已有系统（如 SAP）进行操作；

（6）规模庞大的基础功能［文件、剪贴板、数据处理（时间、文字、数学、数组、字典、集合、数据表）］；

（7）多种能力扩展方案（可使用 .NET、C++、Python、Lua 等编程语言扩展 UiBot 的能力）。

2.8.3 机器人应用

UiBot 的 RPA 机器人应用于银行业、公共事业、人力资源等行业。

1．银行业

银行通过使用机器人流程自动化软件/平台来部署桌面和最终用户设备级软件机器人（或人工智能助手），以帮助银行处理大量重复性业务。一旦部署成功，银行机器人就可以代替员工操控鼠标和键盘，例如打开应用程序、单击、复制和粘贴从一个银行系统到另一个银行系统的信息，发送电子邮件和其他劳动密集型的低附加值任务。

2．公共事业

公共事业领域在导入 RPA 后工作效率获得显著提升。例如进入申请系统，确认负责人，向客户发送预约到访短信。导入 RPA 前需要 8 名员工花费 6.4 小时手动完成，导入 RPA 后，1 个机器人可以在 30 分钟内完成。该流程每年为组织节约了近 2000 小时，且发送日期、发送人等记录均有日志可查。

3．人力资源

员工对线上招聘、入职、在职等一站式的解决方案需求激增，人力部门需解放生产力，统一管理重复性、低价值的服务。人事行政机器人让员工的满意度提升 80%，后勤成本节省 60%，简化了人力资源管理中的重复性工作，帮助新员工快速适应新工作。

2.9 达观 RPA

2.9.1 基本情况

达观信息科技有限公司（以下简称"达观数据公司"）是一家专注于文本智能处理技术的国家高新技术企业，获得 2018 年度中国人工智能领域最高奖项"吴文俊人工智能科技奖"，也是该年度上海市唯一获奖企业。

达观数据公司利用先进的自然语言理解、自然语言生成、知识图谱等技术，为大型企业和政府客户提供文本自动抽取、审核、纠错、搜索、推荐、写作等智能软件系统，让计算机代替人工，业务流程自动化，大幅度提高企业效率。

达观数据公司拥有信息安全管理体系认证、ISO9001 认证、CMMI3 认证和国家双软认证，并先后成为微软加速器、百度 AI 加速器、青藤大学、联想之星、SAP、普华永道创新营成员，中国人工智能学会自然语言理解专委会企业会员，同时达观数据公司也是中文开放知识图谱平台 OpenKG 的发起成员之一。达观数据公司可为大型企业和政府机构提供机器人流程自动化（RPA）、文档智能审阅、垂直搜索、智能推荐、客户意见洞察等智能产品。

2.9.2 达观 RPA 软件介绍

1. 概述

达观 RPA 可迅速实现业务提效，将重复性劳动进行自动化处理，高效低门槛连接不同业务系统，让财务、税务、金融、人力资源、信息技术、保险、客服、运营商、制造等行业在业务流程上实现自动化智能升级。

目前，达观数据公司推出新产品"智能文本 RPA"，主打 NLP+RPA+OCR，即在机器人里集成了 NLP（自然语言处理）和 OCR（光学字符识别）模块，优势在于可以将 RPA 的应用场景覆盖面提升 80%以上，能更好地解决传统 RPA 无法处理的非结构化数据源问题，如图片验证码识别、证件识别、纸质文档识别、合同抽取、财务报表抽取、报告生成等业务需求。面向企业级用户，达观数据会从擅长的 NLP 与 OCR 所覆盖的场景切入，在产业设计层面结合两者的易用性与准确率。在前端，达观 RPA 提供两个版本，一个是面向业务人员的版本，可直接拖拽模块或录屏，无代码设置程序；一个是 IT 人员版本，可编程，用于更复杂的业务流程。

2. 主要功能及优点

达观数据 RPA 可以自动执行预定流程，针对不同行业中高重复性、标准化、规则明确、大批量的日常事务，设定 RPA 操作，优化企业基础流程。也可以跨系统协同，结合 NLP 技术，模拟人工在不同系统中查询操作，自动收集并提取信息生成用户所需报表，自动化录入后续业务系统。

达观数据 RPA 的主要优点如下：

（1）快速部署：RPA 代替用户以相同方式与现有系统进行交互，可在多种情况下快速部署，并支持与多种系统进行交互，缩短开发周期，可在短时间内带来经济效益。

（2）提高生产效率：RPA 自动运行流程，极大减少流程操作时间，可实现 7×24 小时对烦琐重复工作的精确执行，节约了大量企业人力成本。

（3）零出错率：RPA 可准确获取、填充信息，告别人为错误/失误，正确率可达 100%。

（4）信息安全：RPA 是在不改变现有系统安全的情况下增强系统功能，可对每项执行任务保留系统日志/审计记录，为流程处理完成后的责任划分提供有效支持。

2.9.3 机器人应用

达观数据公司的 RPA 机器人为银行信贷、电商、证券业等行业客户提供文本自动抽取、审核、纠错、搜索、推荐、写作等智能软件系统，让计算机代替人工完成业务流程自动化，大幅度提高企业效率。

1．银行信贷

利用人工智能技术代替人工完成大量标准化重复性的劳动，在人机协作的情况下，有效帮助信贷企业解决审核信息整合难、审批标准不统一、贷后管理松散、贷后检查难以监督等问题。为贷前、贷中、贷后流程提供全面解决方案，帮助企业用更新的理念迎接信贷新时代。

针对贷前审核材料种类多、格式多、篇幅长的痛点，实现材料格式结构化及人物、事件、机构、数值、条款等各种关键信息抽取，快速整合信息，提高审核效率。基于 OCR 的关键信息抽取和审核：支持身份证、借款借据、借款合同等各种影印件的识别；针对借款人姓名、身份证，贷款合同编号、金额、期限等多种不同字段的校对审核。对公业务长文本材料的结构化及审核：对公告季报、年报等各类长文本实现关键信息抽取；分析内容覆盖发行人基本情况、财务基本情况、董事会、监事会情况等多个方面。

2．电商行业

基于人工智能技术和大数据分析，为企业打造全方位的用户画像分析、提供精准的营销方案，深度优化企业运营方法，提升运营效率和用户使用黏性。

精准用户画像提升网站付费转化：基于对用户数据的深度挖掘分析，达观数据帮助电商企业建立精准的用户画像和物品画像，在此基础上针对每位用户进行商品个性化推荐，增加长尾商品的曝光和销售，提升网站付费转化。用户评论意见分析协助企业进行产品分析，对用户评论意见进行深入挖掘分析，全面洞察消费者建议，从海量数据中挖掘用户观点和情感倾向，辅助企业进行产品优化和运营决策。

智能搜索引擎提高电商网站用户搜索商品效率。以文本语义理解技术为基础，深度理解用户搜索意图，实现搜索效果快、准、全、稳的四大需求，提升用户的检索效率和体验。

3.证券业

证券业可以应用的场景特别多，如证券文书质控稽核、财报识别与核查、银行流水解析与审核、投行文档交叉核验、IPO 申报处理、投行底稿处理等。证券文书质控稽核机器人主要是证券文书质控稽核系统，采用深度学习理解文本语义，依据预定的规则和要求，对财务信息披露、财务逻辑检查、发行信息披露、文字合规与合理性等方面进行全方位、地毯式检测，自动提示错别字、格式错误、数值冲突、计算关系错误、财务指标公式错误等，并提示更正和修改建议。

第二部分

UiPath 软件技术

第 3 章　UiPath 的安装与使用

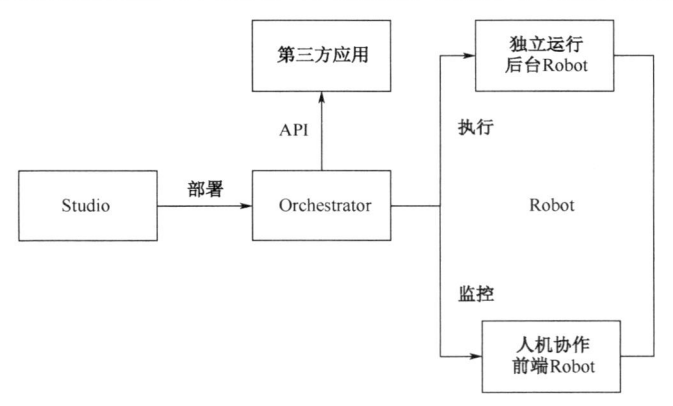

3.1　UiPath 的组成

UiPath 的功能主要来自它的三个工具，即 Studio、Robot 和 Orchestrator，如图 3-1 所示。

图 3-1　UiPath 的组成

3.1.1　Studio

自动化需要一个工具，它可以为所有组织所需的业务流程建模，具有不同程度的复杂性和可伸缩性。Studio 是强大的、用户友好的流程自动化画布，是 UiPath 平台中的一个重要组件。Studio 具有丰富的预构建活动集合，能与几种编程语言集成，并提高易用性、可伸缩性和效率。

Studio 主要是 UiPath 的编辑工具，利用它的图形化界面或者编程功能，可以很方便地设计出各种自动化流程，是用于应用程序集成、自动执行第三方应用程序、管理 IT 任务和业务 IT 流程的完整解决方案。

Studio 采用直观的拖放编辑功能，并拥有可以自定义活动的内置库，利用院校图书馆的数百个活动和预先建立的自动化组件，使得操作更加灵活便捷，完美兼容 SAP 和 Java 等，可读取或写入任何类型的文档。为了快速方便地排除故障，可视化调试器将突出显示一个准确的错误，并显示易于理解的消息。

Studio 有专门的记录器记录用户的操作并将它们构建到一个自动化工作流中。Studioc 以往提供四种类型的录音机：Basic、桌面、Web 和 Citrix。现已整合为"录制"功能。

从 Studio 的可扩展库中共享和重用现成的自动化组件，可以节省开发时间和成本，以便在组织内实现协作、标准化和自动化，并与其他 RPA 开发人员一起获得最有效的结果。

3.1.2 Orchestrator

Orchestrator 是一种基于 Web 的程序，它主要用来帮助客户实施计划管理、监控和管理 Robot 及各种流程，并直观地跟踪进度，从而可以实现由中心工作组全面掌控业务。它可以详细跟踪机器人的计划，并检查许可证的使用情况。它已经集成了传统行业 Database（数据库）、MQ（队列管理）、OA（流程开发）等系统可以做的事情。

Orchestrator 是一个高度可扩展的服务器平台，它实现快速部署。成千上万的机器人可以在平台上工作，它们正在运行成千上万的自动化过程，Orchestrator 可以审核和监视它们的活动，安排所有类型的工作进程和管理工作队列。

3.1.3 Robot

Robot 是 UiPath 公司 RPA 平台的基本组件，可以很方便地通过 Orchestrator 进行管理。

Robot 执行由 Studio 创建的自动化流程，使流程按照设计的方式运行下去。Robot 的运行方式有两种：一种是需要人工参与的，需要人工控制流程开关；另一种则是不需要人工参与的，即不需要人监控就可运行在各种环境下，包括虚拟环境。

需要人工参与的自动化是指 Robot 与人类在需要人工干预的业务活动中进行合作。它在工作站上，由直接命令或特定工作流程事件触发。

不需要人工参与的自动化是指 Robot 无须人为操作，它们在 Orchestrator 的部署下，无论是物理环境还是虚拟环境，它们都可以在批处理模式下自动触发工作，并高效运行。它们可应用日程安排进行远程访问、工作负荷管理、报告、审计、安全集中监控。

3.2 安装 UiPath Studio 软件

3.2.1 下载 UiPath Studio 安装包

步骤一：访问 UiPath 官网 https://www.uipath.com，并单击右上角的"Try UiPath Free"，如图 3-2 所示。

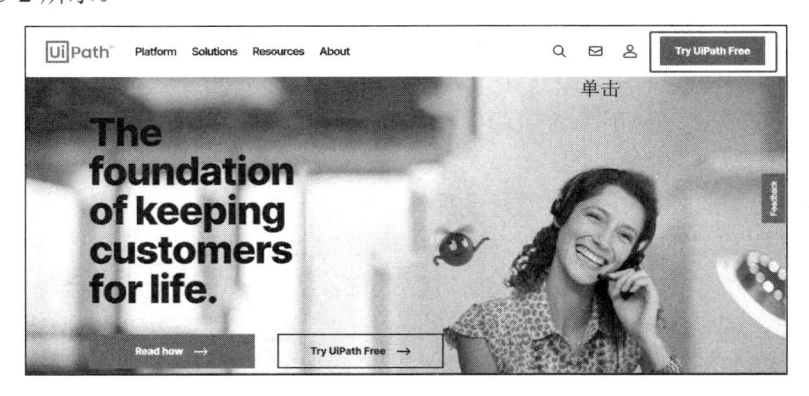

图 3-2 访问 UiPath 官网

步骤二：单击左边的"获取 Automation Cloud 社区版"，如图 3-3 所示。

图 3-3　获取社区版

步骤三：进入页面后右下角语言选择"中文（简体）"，并输入需要注册的工作电子邮箱地址和密码，如图 3-4 所示。

图 3-4　创建 UiPath 账号

步骤四：登入邮箱页面进行验证，如图 3-5 和图 3-6 所示。

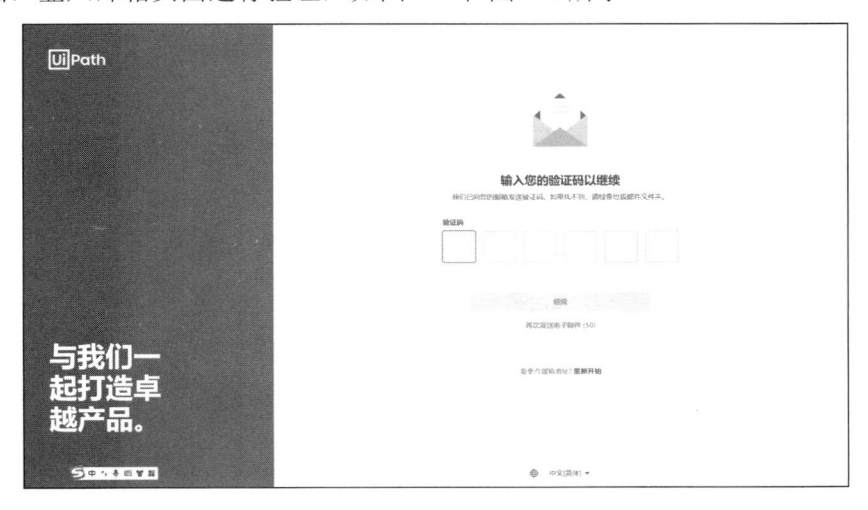

图 3-5　邮箱验证界面

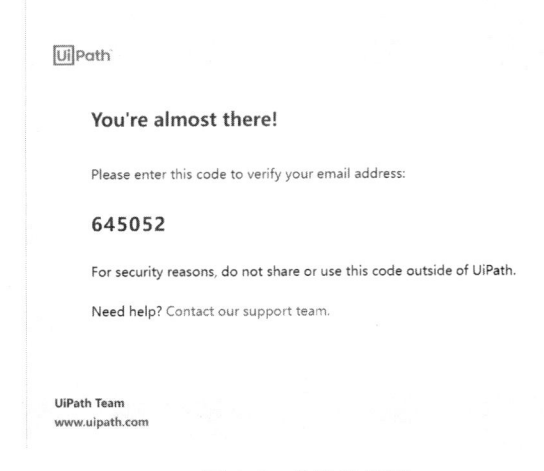

图 3-6　收取验证码

步骤五：填写注册所在的国家和省份，并单击"Next"，如图 3-7 所示。

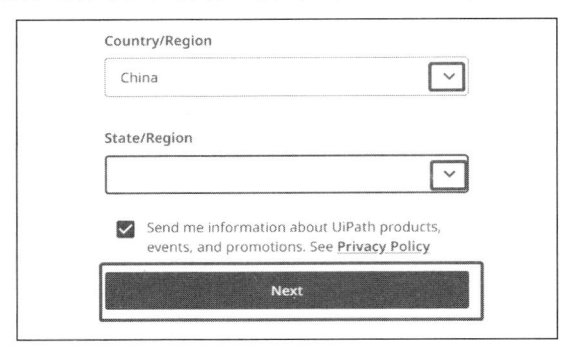

图 3-7　填写地区信息

步骤六：进入个人中心页面后单击右侧的"下载"，即可自动跳转至网页进行下载，如图 3-8 所示。

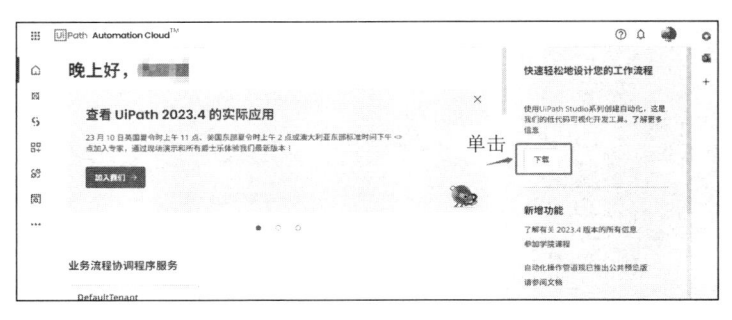

图 3-8　单击"下载 UiPath 社区版"

3.2.2　安装 UiPath Studio

步骤七：打开安装程序的存储位置，双击运行 UiPathStudioSetup.exe 进行安装，如图 3-9、图 3-10 所示。

图 3-9　安装程序的存储位置

图 3-10　安装程序启动界面

步骤八：单击"More Options"，如图 3-11 所示。

图 3-11　单击"More Options"

步骤九：单击"Standalone Options"，如图 3-12 所示。

图 3-12　单击"Standalone Options"

第 3 章　UiPath 的安装与使用　　45

步骤十：选择激活方式，单击"离线使用社区"，如图 3-13 所示。然后选择配置文件中的"UiPath Studio"，如图 3-14 所示。

图 3-13　选择激活方式

图 3-14　选择配置文件

步骤十一：选择更新渠道，"预览"和"稳定"两种渠道均可，如图 3-15 所示。单击继续，即可完成 UiPath Studio 社区版的安装。

图 3-15　选择更新渠道

3.3 UiPath Studio 界面介绍

UiPath Studio 包含多个面板，以更方便地访问特定功能。它们可以被固定在某一位置，充当浮动窗口，或者从下拉列表中启用自动隐藏选项。

3.3.1 主界面

从预定义模板启动一个新项目，或者打开一个你最近正在处理的项目。在默认情况下，项目文档被创建在 C:\Users\<current_user>\Documents\UiPath 路径中，如图 3-16、图 3-17 所示。

图 3-16　UiPath Studio 初始化界面

图 3-17　创建新项目 Example

在 UiPath 初始化界面的左边，有打开，关闭等一系列不同功能的选项卡，接下来进行详细的介绍，如表 3-1 所示。

表 3-1　初始界面选项卡功能介绍

选项卡	功　能　介　绍
打开	单击"打开"，可在弹出的对话框中选择想要打开的项目的 project.json 文件
团队	在开发需要多个用户协作的大型项目时，源代码控制系统非常方便。Studio 提供了通过后台视图中的团队页面将自动化项目连接到版本控制系统的工具

第 3 章　UiPath 的安装与使用　▶　47

续表

选项卡	功 能 介 绍
工具	在工具选项卡中可以为 Chrome、Firefox、Java 和 Silverlight 等网站或应用程序安装扩展程序
设置	在设置选项卡中可以设置 UiPath Studio 的语言、主题风格，也可以重置所有设置为默认值
帮助	通过帮助选项卡，可直接访问产品文档、发行说明、帮助中心、社区论坛和 RPA 学院。有关产品版本和安装、许可证详细信息、更新渠道和设备 ID 的信息也可以在帮助选项卡界面找到，同时可以通过单击"复制信息"快速将详细信息复制到剪贴板中

3.3.2 设计界面

UiPath 设计界面可以创建或启动序列、流程图或状态机图，访问向导，管理变量，检查第三方应用程序的用户界面元素。

打开在 3.3.1 中新建的 Example 流程项目，将会看到项目的设计界面，如图 3-18 所示。

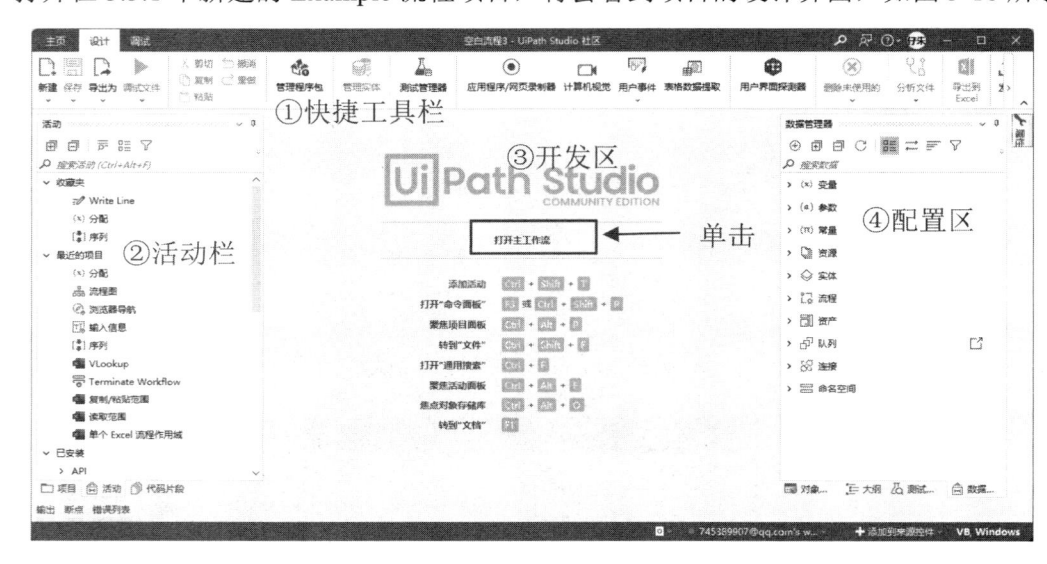

图 3-18 设计界面分区介绍

1．快捷工具栏

工具栏中有丰富的功能，例如可以在项目中新建序列、流程图和状态机；安装和管理程序包；通过录制、屏幕抓取和用户事件与 UI 元素构建交互；将工作流导出到 Excel 中，然后将项目发布到 Orchestrator 或自定义提要等，如图 3-18 所示。

2．活动栏

活动栏中包含项目需要的基本活动，可以直接调用，也可以在搜索栏中搜索所需的活动，如图 3-18 所示。

3．开发区

单击"打开主工作流"，如图 3-18 所示，便可进入项目开发区进行设计开发操作。开发区显示当前的自动化项目，能够对其进行更改，并可以快速访问变量、参数和导入。

4. 配置区

配置区分为"属性""大纲"和"对象存储库","属性"面板具有上下文关系,使用户可以查看和更改所选活动的属性,如图 3-18 所示;"大纲"面板显示项目层次结构、所有可用变量和节点,并包含一个搜索框,可以轻松浏览大型自动化;"对象存储库"则允许在流程内部或跨流程创建和重用 UI 分类法。

3.3.3 调试界面

UiPath 中的调试界面主要用于调试文件或停止项目,测试断点,慢步骤以及打开日志。详细介绍如下:

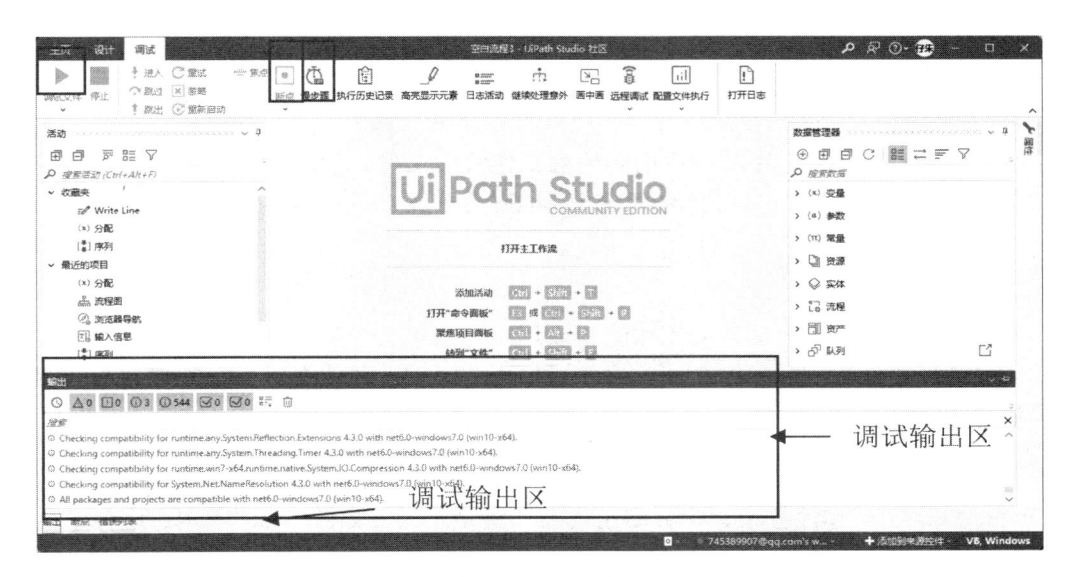

图 3-19 调试界面

1. 调试文件

调试是从给定项目中识别和删除错误的过程,再加上日志记录,它成为一种强大的功能,可以为用户提供有关项目的信息和单步高亮显示,这样就可以确保项目是没有错误的。日志活动使用户能够在 Output 面板中显示项目中正在发生的细节。这反过来使用户更容易调试自动化程序。

2. 断点

断点能够暂停项目的执行,可以手动控制每一步的执行,以便在给定的点上检查其状态。

如果遇到断点,项目的执行将在当前正在运行的活动结束之前暂停,并且只有在使用"进入"按钮启用它时才会恢复,甚至可以使用"跳过"按钮跳过活动。当用户想要暂停某个活动的调试时,建议使用断点,这样就可以检查它正在使用的数据和当前结果。

3. 慢步骤

与正常运行项目不同,在调试模式下,项目将根据用户的设置执行。虽然无法更改活动的顺序,也不能跳过某个活动,但用户可以使用分步执行来获得密切关注项目的机会。通

第 3 章 UiPath 的安装与使用   ▶ 49

常，项目会尽快执行，但是，在调试时，可以使用慢步骤选项进行调试。

3.4 UiPath Studio 的使用

3.4.1 创建一个新的项目

使用 UiPath Studio 软件，通过如图 3-16、图 3-17 的方法创建一个新的流程项目后，它的文件夹将包括以下内容：

（1）一个 Main.xaml 文件，该文件包含您的主工作流程。

（2）项目中包含的所有其他自动化.xaml 文件。这些文件必须由 Main.xaml 通过【调用工作流文件】活动链接，因为只有在 Main.xaml 运行作业时才执行该文件。

（3）一个.screenshots 文件夹，包含正在处理 UI 自动化的元素截图文件。

（4）一个 project.json 文件，包含自动化项目信息的文件。

在用 UiPath Studio 工作时，我们必须为工作流程文件、活动、参数和变量分配名称。提供的名称必须有意义，以便它们的用法可以准确地描述项目和所涉及的任务。

3.4.2 流程图类型选择

UiPath Studio 提供了自动化的工作流程设计。在创建一个新的流程项目后，在使用布局图开发工作流程文件时，UiPath Studio 提供了序列、流程图和状态机三种类型的流程图将活动集成到工作流程文件。

1. 序列

UiPath Studio 工作流程设计中最常用的布局图是序列，如图 3-20 所示。序列是一种简单的线性表示形式，通常从上到下流动，最适合活动相互跟随的简单场景。例如，它们在 UI 自动化中很有用，尤其是当导航和键入一次发生一次点击/击键时。因为序列易于组装和理解，所以它是大多数工作流程的首选布局。序列适用于线性过程，能够方便地从一个活动转到另一个活动，而不会使项目发生混乱。

2. 流程图

流程图是展示过程的图形表示，其中每个步骤都由带有箭头的不同符号表示，它是 UiPath Studio 工作流的三个布局图中最好的流程图之一，如图 3-21 所示。流程图为连接活动提供了更大的灵活性，并倾向于以简单的二维方式布置工作流程。由于其自由形式和视觉吸引力，因此流程图最适合展示流程中的决策点。可以指向任何地方的箭头非常类似于非结构化的 GoTo 编程语句，但是也容易使大型工作流程发生混乱，活动交织在一起。流程图适用于更复杂的业务逻辑，使您能够通过多个分支逻辑运算符以更多样化的方式整合决策并连接活动。

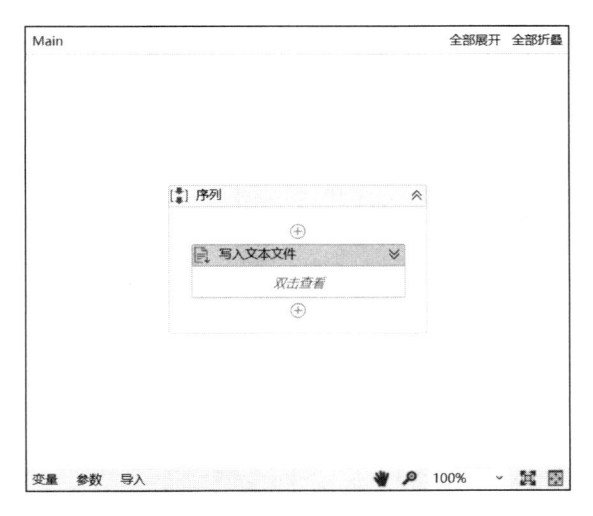

图 3-20 序列

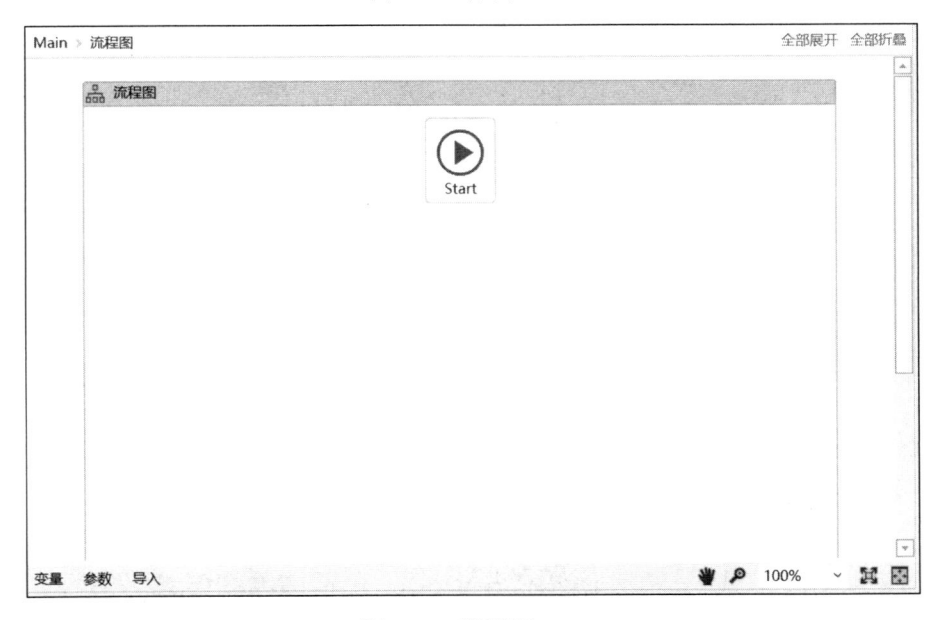

图 3-21 流程图

3. 状态机

状态机是一个相当复杂的结构，用于在给定的时间点存储某些东西的状态。本质上，状态机可以是有限的或无限的。状态机通常使用状态图来表示，换句话说，它是带有条件箭头的流程图。状态机可以实现更紧凑的逻辑表示，适用于非常大的项目，它们在执行中使用有限数量的状态，这些状态由条件（转换）或活动触发。

3.4.3 财务机器人开发

财务机器人开发本质上是完成一个流程项目的开发。UiPath Studio 所有的流程都是由一系列活动所组成的，这些活动实现了财务机器人的各种功能，例如导入 Excel 格式的资产负债表数据、计算净资产收益率和分析偿债能力等。

UiPath Studio 所有的活动都放置在主界面左边的面板，可以通过名称直接搜索要使用的活动，也可以收藏常用的活动提高开发效率。组合这些活动的方式只需要非常方便直接的拖拽，把它们按流程的先后顺序放到【序列】或者【流程图】中。

3.5 股票入手知多少机器人模拟实训

接下来通过"股票入手知多少"案例，让我们熟悉一下 UiPath Studio 的基本开发流程。

3.5.1 场景描述与业务流程

HD 公司大厅公告栏处，挤满了员工，大家都在看这个季度的"蛮先进"销售业绩榜，嘉桐的名字排在了第一栏。"又是嘉桐，每次都是他，毫无悬念。""人家是技术背景出生的，他的客户认可度很高的。""听说是某理工大学会计信息化毕业的，一出来就是复合型人才，能力强得很呢！""真羡慕这些大神……"

嘉桐刚刚走进公司大门，大家的眼光全部落在了他的身上，他已经习惯这些了，轻轻瞥了一眼公告栏，微微一笑，说道："不好意思每次都拿销售冠军，我也想给其他人机会，可是客户不允许啊！"同事们调侃道："嘉桐，你别在那里'凡尔赛'了，你的实力大家都知道，祝贺祝贺！"一番调侃后，嘉桐向长廊走去，遇见了迎面过来的财务总监程平。

程总："嘉桐啊，我看那个客户满意度调查表，他们纷纷点赞你，说你特别懂他们的需求，特别能够为他们提供性价比最佳的解决方案，技术背景出生的就是不一样，看来这次公司的年度销售冠军非你莫属，你这销售经理的收入都快赶超我了，好好干！加油！我看好你哦！"

嘉桐："程总您就别调侃我了，我那点工资还不够您塞牙缝，不过我看大家都在炒股，90 后买基金都上微博热搜了，反正我这钱闲着也是闲着，存在银行这钱不生钱啊！不如去股市，赢了声名远播，输了下海干活！"

程总："不错啊年轻人，有想法！来，跟我学怎么买，赢了别墅靠大海！"

嘉桐："可是我是股票小白，我怕变成绿油油的'韭菜'被割掉。"

程总："那我们先来聊聊股票的板块吧。目前股市有主板、中小板、创业板和科创板，现在国家鼓励创新创业，特别是习近平总书记指出，当今世界正面临百年未有之大变局，未来 10 年，将是世界经济新旧动能转换的关键 10 年。我们作为科技创新企业，不管是谋划未来，还是立足疫情当下，当然是关注最相关的创业板啦。"

嘉桐："那创业板具体指什么呢？"

程总："创业板是专为暂时无法在主板上市，但需要进行融资和发展的创业型企业设立的证券交易市场。创业板与主板市场相比，上市要求往往更加宽松，主要体现在成立时间、资本规模、中长期业绩等的要求上。创业板市场最大的特点就是低门槛进入，严要求运作，有助于有潜力的中小企业获得融资机会。创业板的市场代码是 300 开头的。上市后的前 5 个交易日不设价格涨跌幅限制，此后创业板股票当天竞价交易涨跌幅比例可以高达 20%，所以股市有风险，投资需谨慎啊！"

嘉桐："我准备把一部分工资，大概四万左右拿去投资，搏一搏，争取单车变摩托。"

程总："你先别心急，我先来考考你，股票的交易单位为"股"，交易所规定股票委托买入数量单位必须为"手"，也就是 100 股的整数倍。那假如某数字化服务企业的股票昨日收盘价为 25 元/股，你现在有 40000 元本金，你觉得今天你会买入多少手股票呢？"

嘉桐："让我好好想想……。有了，我把手数写在纸上了。"然后一脸坏笑地说道："程总，您猜，看看几次能够猜正确。对了，最多 6 次机会哟！呵呵"

程总心里一惊，想到这真是给自己挖坑，陷入沉思……

"股票购买知多少"机器人的业务流程如图 3-22 所示。

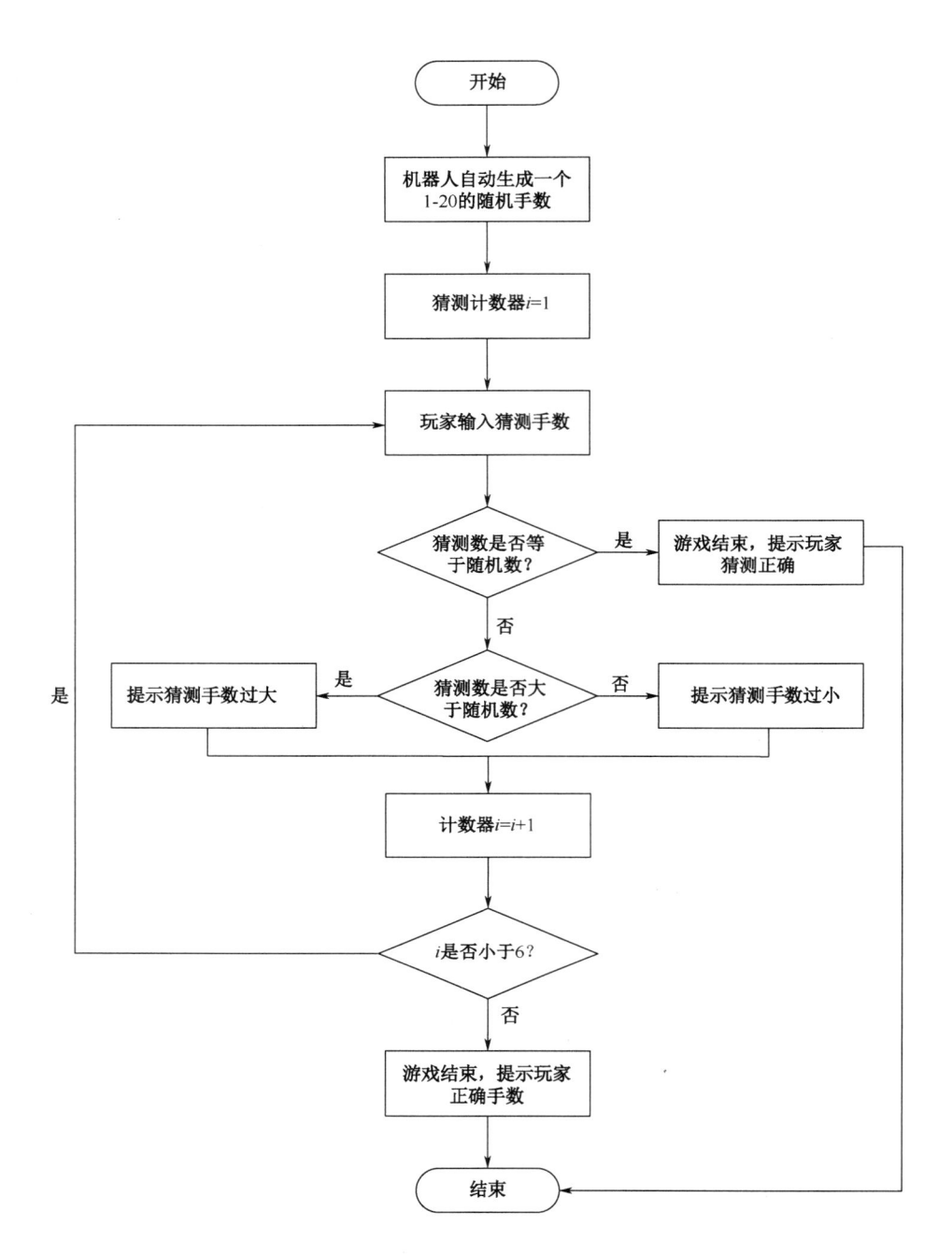

图 3-22 "股票购买知多少"的业务流程

3.5.2 开发步骤

步骤一：新建空白流程后，进入主工作流，在工作区依次添加【流程图】和【分配】，在"To"处使用快捷键 Ctrl+K 创建变量"随机数"并修改变量类型为"Int32"，等式右边输入表达式"New Random().Next(1,20)"，如图 3-23 所示。

图 3-23 添加【流程图】和【分配】

步骤二：在【分配】下方添加【后条件循环】，双击进入后在"正文"中添加一个【输入对话框】，如图 3-24 所示，在【输入对话框】属性的"标签"中输入""请输入嘉桐购买的创业板股票手数！""，在"标题"中输入""股票入手知多少""，在"结果"处创建一个变量"猜测数"，设置该变量类型为"Int32"并修改其变量范围为"流程图"，如图 3-25 所示。

图 3-24 添加【后条件循环】和【输入对话框】

步骤三：在【输入对话框】下方添加一个【分配】，在"To"处创建变量"i"，修改变量类型为"Int32"，设置其默认值为 1，变量范围为"流程图"，等式右边输入表达式"i+1"，在"条件"处输入循环条件"i<6 and 猜测数 <> 随机数"如图 3-26 所示。

步骤四：在【分配】下方添加一个【IF】，在"Condition"下输入"猜测数 = 随机数"，在"Then"中添加一个【消息框】，输入文本""好棒啊！你猜对啦！""，如图 3-27 所示。

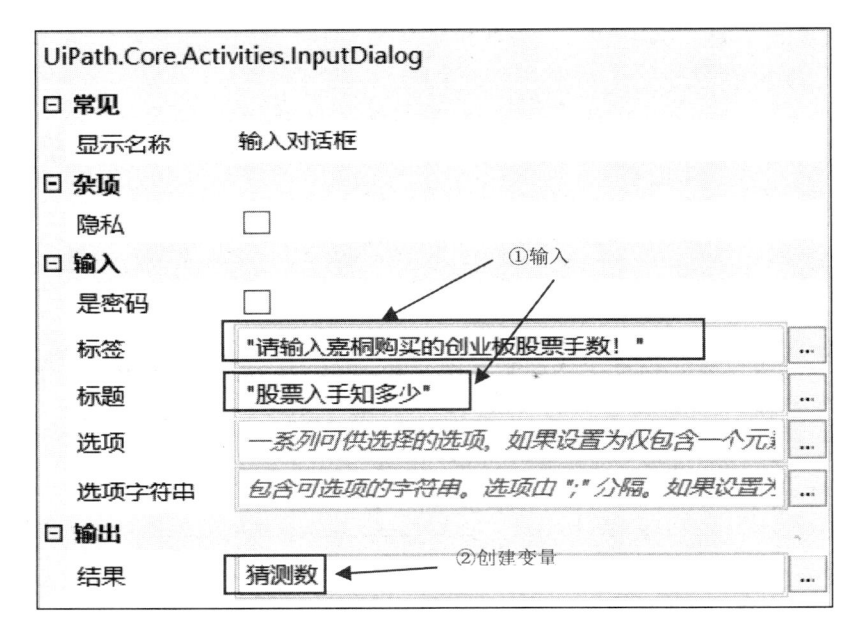

图 3-25 【输入对话框】属性设置

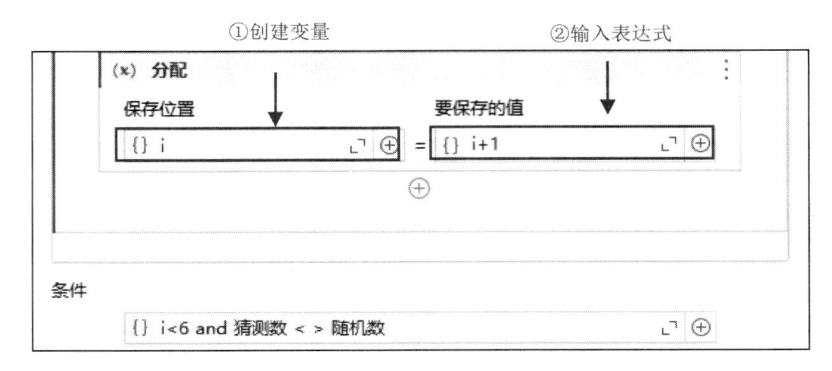

图 3-26 添加【分配】并设置循环条件

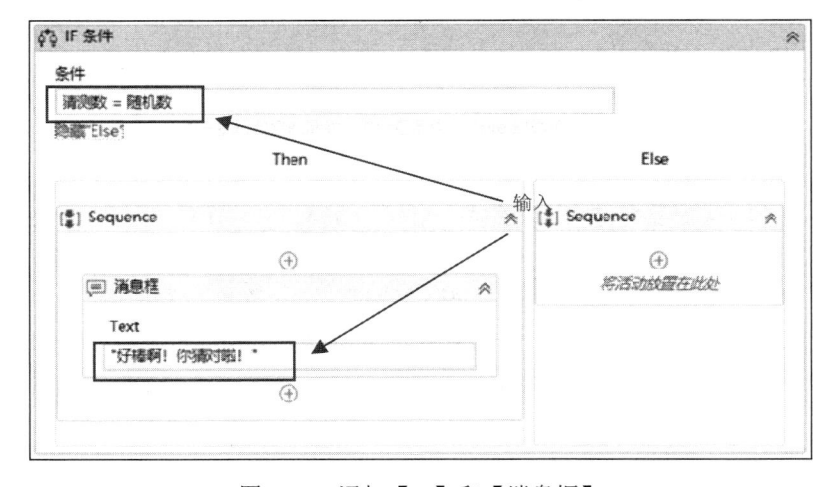

图 3-27 添加【IF】和【消息框】

步骤五：在"Else"中再添加一个【IF】，在"Condition"下输入"猜测数<随机数"，在"Then"中添加一个【消息框】，输入文本""你猜小了哦，再接再厉！""，同理在"Else"中添加一个【消息框】，输入文本""你猜大了哦，再接再厉！""，如图3-28所示。

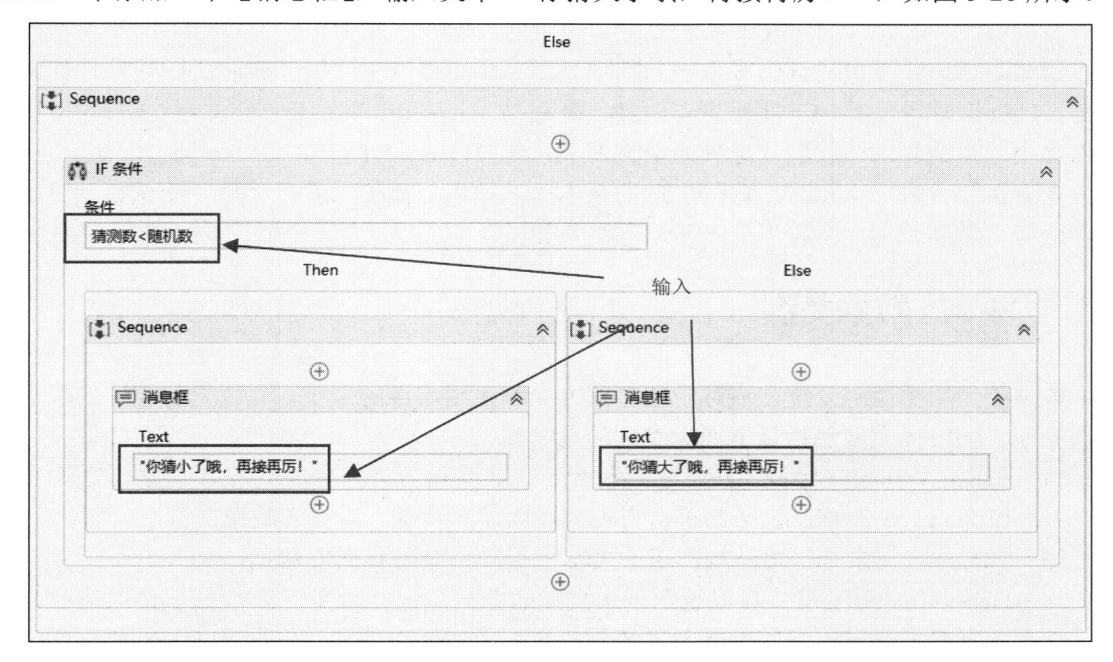

图3-28 添加【IF】和【消息框】

步骤六：返回【流程图】，在【后条件循环】下方添加一个【消息框】，输入文本""游戏结束啦，正确的购买手数是"+随机数.ToString+"。""，如图3-29所示。

图3-29 添加【消息框】

步骤七：单击"调试文件"下的"运行"，就能愉快地进行"股票入手知多少"小游戏啦！

【课后思考】

1. 在本案例中，为什么嘉桐现有的资金购买股票最多只能是20手呢？
2. 为了程序的友好性，如果要求游戏结束后用消息框提示玩家的猜测次数，程序该如何修改呢？

第 4 章　UiPath 软件基本语法

语法是任何计算机语言组成程序的基本规则，学习语法是掌握 UiPath RPA 软件的必备基础。UiPath 软件支持的开发语言有两种，分别是 Microsoft VB.NET 和 C#，在新建流程时可以自由选择语言，一般默认选择的语言为 Microsoft VB.NET。

本章主要讲解 Microsoft VB.NET 的基本语法知识，涵盖了数据类型、变量、运算符、选择语句、循环语句、字符串处理常用方法及相关示例。

4.1　UiPath 数据类型

数据类型用于确定变量在内存中的存放方式和占用内存的大小，它决定了相应的取值范围和操作。UiPath 主要包括以下四大类别的数据类型：

（1）Scalar Variables 标量，包括字符、数字、布尔值或者日期时间等基本数据类型。
（2）Collections 集合，包括数组、列表、序列、字符串、字典等数据类型。
（3）Tables 表，它是二维结构，用于表示按行和列索引存储的数据。
（4）GenericValue 变量，可以表示基本类型的数据，包括数字、文本和日期/时间等。

在财务机器人开发中，UiPath 经常使用的数据类型、功能和示例如表 4-1 所示。

表 4-1　UiPath 中的常用数据类型

数据类型	功　　能	示　　例
String	字符串类型，用以定义一个字符序列	"财务机器人"　"资产负债率"　"RPA"　"小蛮"
Boolean	布尔型，只有两个可能的值：True 或 False	True，False
Int32	整数型，取值范围在 $-2^{31} \sim 2^{31}-1$ 之间	452018，2019，2020
Double	双精度浮点型，约小数点后 10 位，数值范围为 -1.7E308～1.7E+308	235345.32，31423536.326
GenericValue	用于存储任何类型的数据，包括文本、数字、日期和数组	"重庆理工大学"，2019
Array of [T]	数组类型。用于存储同一类型的多个值，具有固定长度	{{"key1","value1"},{"key2","value2"}}
List	列表类型。用于存储同一类型的多个值，长度是可变的	{{ "key1" },{ "key2"，"value2" },...}
Object	对象型，用于存储图形、OLE 对象或其他对象	

定义一个数据类型时，需要注意类型说明符、每种类型在计算机内存中占的字节、数据范围、表示方法、每种数据自身的运算方法等方面。为了读取某变量的数据类型，可以通过在变量背后添加 ".GetType" 实现。在企业的财务工作中，为了进行会计数据分析、财务报表与报告生成，经常需要进行数据类型转换。当将一种类型的数据赋值给另外一种类型的变量时会发生自动类型转换。UiPath 中常用的数据类型转换如表 4-2 所示。

表 4-2　UiPath 中常用的数据类型转换

目标数据类型	转换方法	示例
String	CStr( )，ToString	x 为 Int32 类型，其值为"32"，则 CStr(x)或 x.ToString()的结果为 String 类型的值 32
Int32	CInt( )，Integer.Parse ( )	x 为 String 类型，其值为"32"，则 CInt(x)或 Integer.Parse(x)的结果为 Int32 类型的值：32
Decimal	CDec( )，Decimal.Parse ( )	x 为 String 类型，其值为"32.69"，则 CDec(x)或 Decimal.Parse(x)的结果为 Decimal 类型的值：32.69
Double	CDbl( )，Double.Parse( )	x 为 String 类型，其值为"32.69"，则 CDbl(x)或 Double.Parse(x)的结果为 Double 类型的值：32.69
DateTime	DateTime.Parse( )	x 为 String 类型，其值为"09/01/2020"，则 DateTime.Parse(x)的结果为 Datetime 类型的值：09/01/2020 00:00:00

4.2　UiPath 变量

变量是指程序运行过程中可以改变其数值的量，程序可利用变量直接或间接访问数据。在 UiPath 软件中，变量用于存储多种类型的数据，使用变量之前应根据数值的范围选择合适的数据类型。

变量名称的限定条件与标识符是一致的，由字母、数字和下画线组成，以字母或下画线开头。在 UiPath 中，变量名不区分大小写。定义变量时，要注意变量的作用范围，变量的命名不能与保留字冲突。为了增加程序的可读性，可以采用驼峰式命名法或者匈牙利命名法。

骆驼式命名法就是当变量名是由一个或多个单词连接在一起构成唯一识别的字时，第一个单词以小写字母开始，从第二个单词开始以后的每个单词的首字母都采用大写字母。例如：myFirstName、myLastName，这样的变量名看上去就像驼峰一样此起彼伏，故而得名。

匈牙利命名法是一种编程时的命名规范。基本原则是：变量名=属性+类型+对象描述，其中每一对象的名称都要求有明确的含义，可以取对象名字全称或名字的一部分。例如，g_intCount 表示整型的全局变量，c_strLable 表示字符串类型的常量。

使用变量最大的好处，就是通过在运行财务机器人程序过程中改变它的值，以实现与用户友好的人机交互、多维财务数据分析，以及内部控制与风险管理的多维度多属性管理需求。

下面介绍两种常见的变量创建变量方法。

1．从上下文菜单中选择或用快捷键（Ctrl+K）创建

（1）在任何活动的属性面板中，右键单击可以编辑的字段，并从上下文菜单中选择"创建变量"，或者按 Ctrl+K，如图 4-1 所示。

（2）输入变量名，然后按回车键就完成了变量的创建。使用该方法创建变量后，其数据类型很多时候默认为 String 文本类型，如果需要改变其数据类型，需要去变量面板中修改。

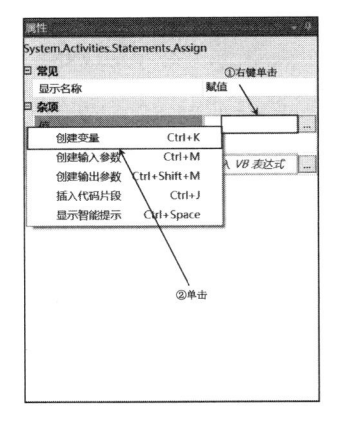

图 4-1 从属性面板创建变量

2．从变量面板中创建

（1）在设计器面板中，选择并单击变量，将显示变量面板。

（2）单击如图 4-2 所示的"创建变量"后将新增一个变量行，然后输入变量名称，选择变量类型和作用范围，设置默认值（可以空缺）后就完成了一个变量的创建。

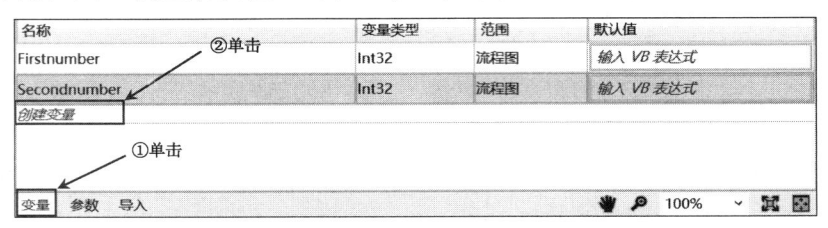

图 4-2 从变量面板创建变量

如果定义变量的数据类型不在默认的下拉列表中显示，可以执行以下操作。

（1）在变量面板中，从变量类型下拉列表中的"浏览类型…"中浏览并选择.NET 类型。

（2）在"类型名称"后的输入框中，输入要查找的变量类型关键字（如 Double）后，下方的窗口内容将会立即更新，显示包含关键字的所有.NET 变量类型，如图 4-3 所示。

（3）选择欲定义的变量类型并单击"确定"，该数据类型就可以显示在变量面板的数据类型下拉列表中。

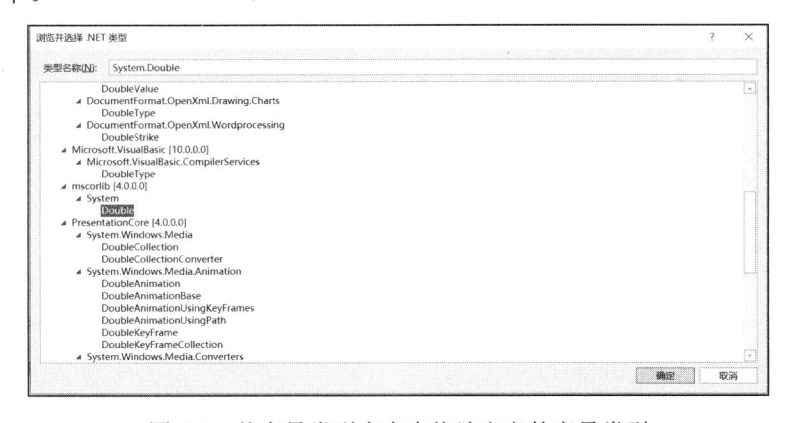

图 4-3 从变量类型库中查找欲定义的变量类型

4.3 UiPath 运算符

运算符是用于进行某种运算的符号，参与运算的数据被称为操作数。运算符大致可以分为 5 种类型：算术运算符、连接运算符、关系运算符、赋值运算符和逻辑运算符，如表 4-3 所示。

表 4-3 UiPath 的常用运算符

类别	运算符号	含 义	示 例
算术运算符	+	加法运算	如果 x=9，则"x+3"的算术运算结果为 12
	−	减法运算	如果 x=9，则"x-3"的算术运算结果为 6
	*	乘法运算	如果 x=9，则"x*3"的算术运算结果为 27
	/	除法运算	如果 x=9，则"x/3"的算术运算结果为 3
	Mod	取余数运算	如果 x=9，则"x mod 4"的算术运算结果为 1
连接运算符	+	字符串连接	字符串"inter"与"national"的连接结果为"international"
关系运算符	=	等于	如果 x=5，则"x=2"的关系运算结果为 False
	>	大于	如果 x=5，则"x>2"的关系运算结果为 True
	<	小于	如果 x=5，则"x<2"的关系运算结果为 False
	>=	大于等于	如果 x=5，则"x>=2"的关系运算结果为 True
	<=	小于等于	如果 x=5，则"x<=2"的关系运算结果为 False
	<>	不等于	如果 x=5，则"x<>2"的关系运算结果为 True
赋值运算符	=	赋值	x=3 的结果是为变量 x 赋值为 3
逻辑运算符	And	并且	如果 x=1，则"x>2 And x<6"的逻辑运算结果为 False
	Or	或者	如果 x=4，则"x>2 Or y<6"的逻辑运算结果为 True
	Not	取反	如果 x=4，则"Not x>3"的逻辑运算结果为 False

算术运算符用于处理四则运算。连接运算符是把两个字符串合并成一个字符串。关系运算符执行的是比较运算，每个关系运算符都返回一个布尔值。关系运算符的优先级低于算术运算符，高于赋值运算符。关系运算符的值只能是 0 或 1。赋值运算符是把右边表达式的值赋给左边的变量或者运算数。"="是基本的赋值运算符，它的优先级别低于其他的运算符。逻辑运算符是把各个参与运算的关系表达式连接起来组成一个复杂的逻辑表达式，以判断程序中的表达式是否成立，判断的结果是布尔值"True"或"False"。

4.4 UiPath 选择语句

选择语句又被称为条件语句或分支语句，其特点是根据条件选择执行不同的语句。在财务机器人开发过程中，有时候需要在业务流程中实施决策，以使机器人能够在财务数据处理、分析和报表报告生成，以及应用程序交互的各种条件下进行选择，完成不同的业务处理。选择最合适的条件表示及其后续分支对工作流程的可视化结构和可读性有很大影响。

UiPath 可以通过【流程决策】和【IF】两种活动执行路径选择。

【流程决策】是执行两个分支之一的活动，默认情况下名为 True 或 False，其执行将取决于是否满足指定条件。

第 4 章 UiPath 软件基本语法　　61

【IF】包含两个条件和一条语句。如果语句为 True，则执行第一个条件（**Then** 部分中的活动）；如果语句为 False，则执行第二个条件（**Else** 部分中的活动）。IF 活动垂直分割序列，非常适合短小线性分支。作为一般准则，要避免使用嵌套的 IF 语句以保持工作流简单、线性。在基于变量值来做决策的情况下【IF】将会更适合。

【IF】几乎与【流程决策】完全相同，然而【流程决策】只能用在【流程图】中，不能用在【序列】中。

【例 4-1】

HD 公司设立于 2002 年，是一家国内成立较早、规模较大、经验较丰富的 IT 咨询服务上市公司。经过十多年的经营和发展，HD 公司已有近万名具备丰富的 IT 咨询和实施经验的复合型人才。HD 公司以 ERP 系统实施为核心，结合多年累积的行业解决方案，运用实施、开发、流程优化等手段，为数百家中国企业及跨国公司成功实施了信息管理系统。本书以 HD 公司作为案例对象，结合其具体财务工作需求进行财务机器人的设计与开发。

资产负债率又称举债经营比率，它被用来衡量企业利用债权人提供资金进行经营活动的能力，是反映债权人发放贷款的安全程度的指标，通过将企业的负债总额与资产总额相比较得出。那么，如何基于流程自动化设计来判断 HD 公司本年度的资产负债率是否正常呢？

下面我们运用 UiPath 中的【流程决策】和【IF】分别实现执行选择，如图 4-4、图 4-5 所示。

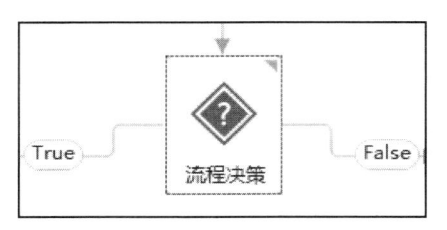

图 4-4 【流程决策】活动

图 4-5 【IF】活动

1. 第一种方法：流程决策

步骤一：新建一个"流程"项目，命名为"UiPath 软件基本语法"，并在说明中输入"第四章 UiPath 软件基本语法案例讲解"，单击"创建"，如图 4-6 所示。

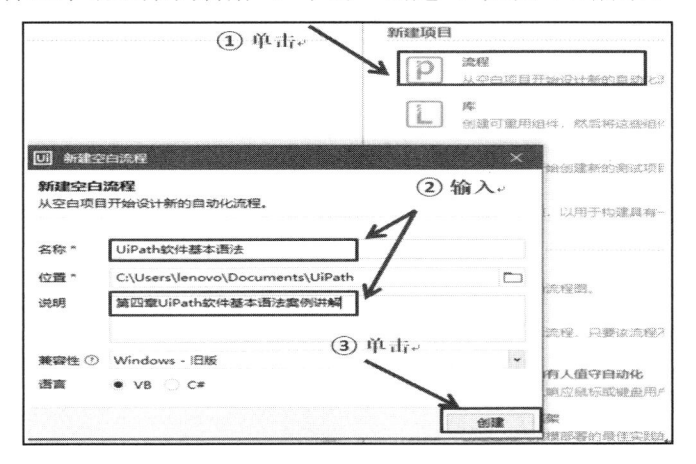

图 4-6　新建【空白流程】

步骤二：依次单击设计面板中的"新建"与"流程图"，如图 4-7 所示；输入流程图名称"案例 4-1 资产负债率判断（流程决策）"后，单击"创建"，如图 4-8 所示；然后单击左下方的【活动】，在输入框内输入"输入对话框"，将【输入对话框】拖入并连接在"Start"下方，如图 4-9 所示；在【输入对话框】属性面板中的"标题"处输入""请输入一个 0 到 1 的小数！""，如图 4-10 所示。

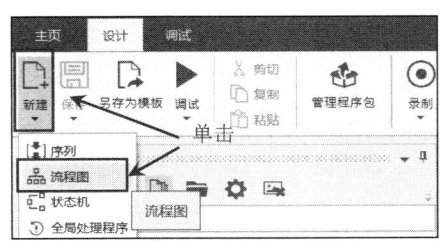

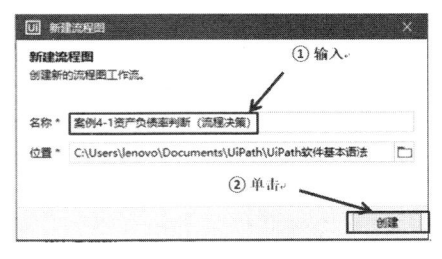

图 4-7　新建【流程图】　　　　图 4-8　输入流程图名称

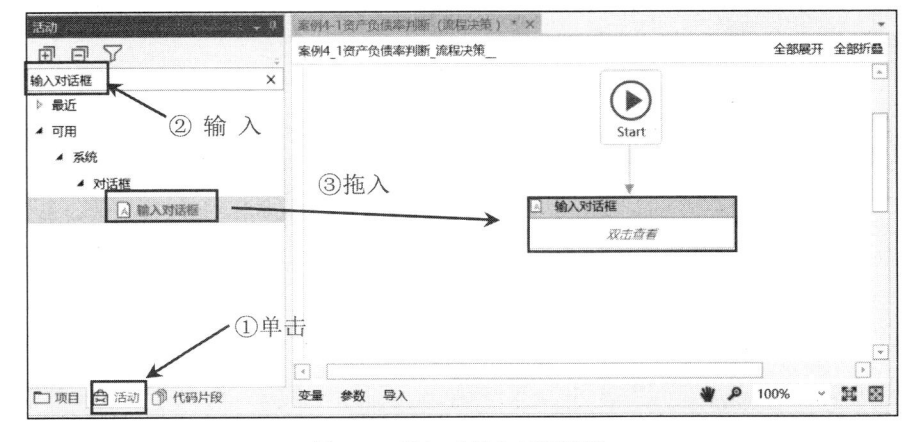

图 4-9　添加【输入对话框】

第 4 章　UiPath 软件基本语法　　63

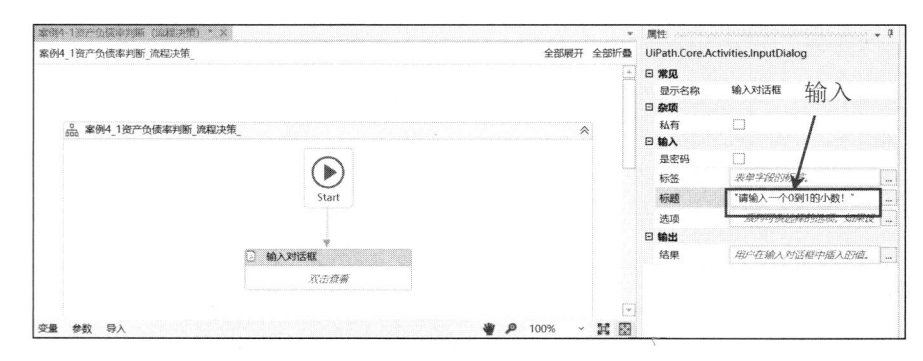

图 4-10 添加标题

步骤三：单击主界面下方的"变量"面板，然后单击"创建变量"，在新增的变量行中输入变量名称"zcfzl"，选择变量类型为"GenericValue"（若找不到变量类型，可以在"浏览类型…"中搜索选择），然后在【输入对话框】属性面板的"结果"中输入"zcfzl"，如图 4-11 所示。

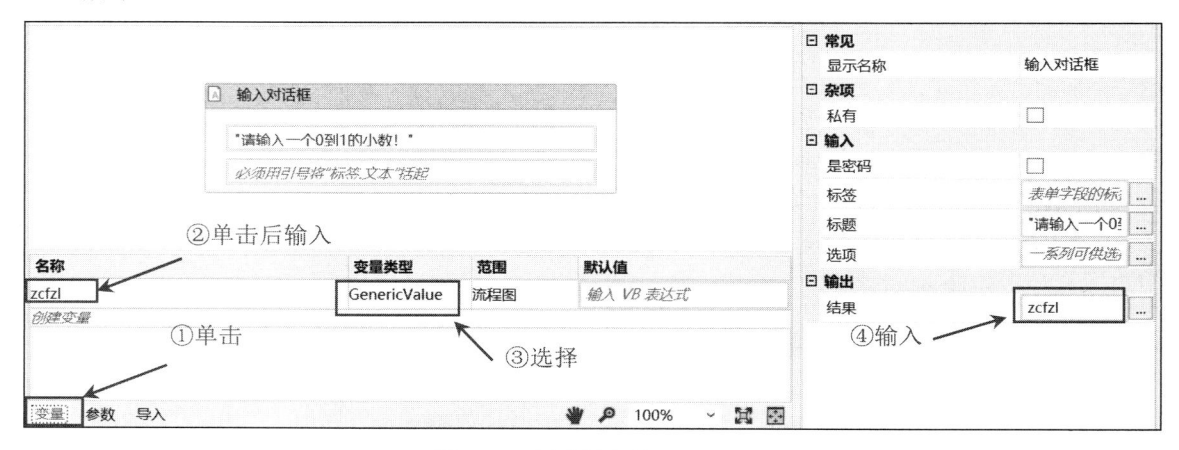

图 4-11 创建新变量"zcfzl"

步骤四：添加【流程决策】活动（方法同添加【输入对话框】），如图 4-12 所示。然后在其属性面板的"条件"中输入条件"zcfzl>0.4 and zcfzl<0.6"（HD 公司是一家高科技企业、轻资产公司，假定 HD 公司的资产负债率的正常范围为 40%~60%，不包括临界值），如图 4-13 所示。

步骤五：添加两个【消息框】作为判断结果为 True 和 False 时候的信息提示，如图 4-14 所示。然后在其属性面板中输入"文本"和"标题"的内容，如图 4-15、图 4-16 所示。

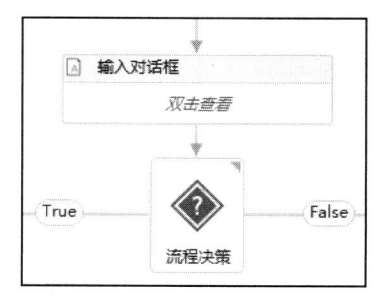

图 4-12 添加【流程决策】　　　图 4-13 添加判断条件

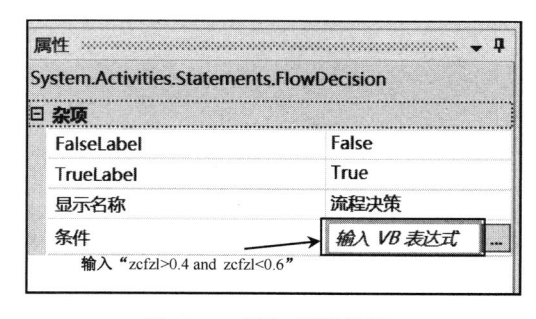

64 ◀ RPA 财务机器人开发教程——基于 UiPath（第 2 版）

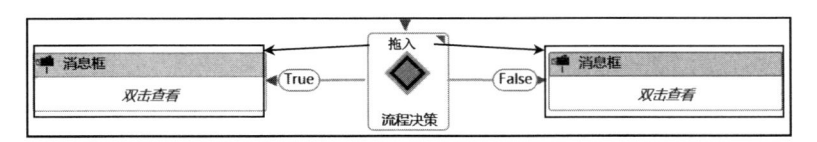

图 4-14 添加【消息框】

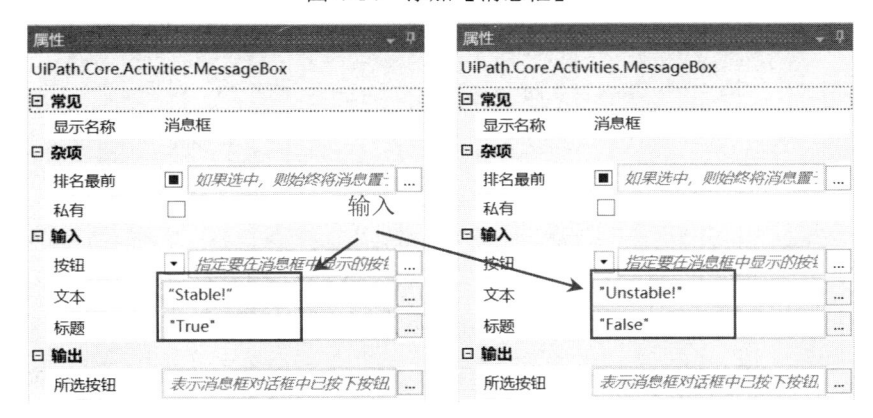

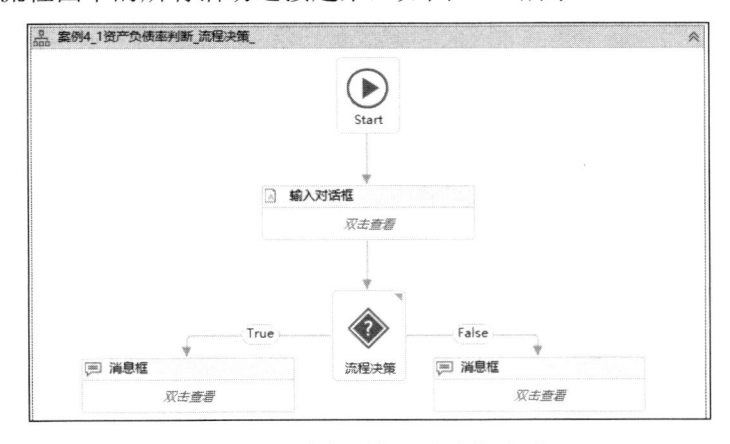

图 4-15 True 方向【消息框】属性面板　　图 4-16 False 方向【消息框】属性面板

步骤六：将流程图中的所有活动连接起来，如图 4-17 所示。

图 4-17 流程图各活动连接界面

步骤七：选择设计面板工具栏上"调试文件"下面的【运行文件】，如图 4-18 所示。程序运行过程中的数据输入和结果显示如图 4-19～图 4-22 所示。

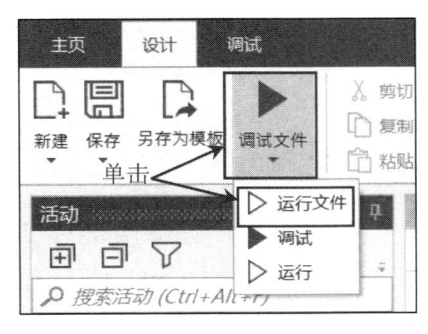

图 4-18 单击【运行】

第 4 章　UiPath 软件基本语法　　▶　65

图 4-19　输入框界面 1　　　　　　　图 4-20　判断为 True 的结果

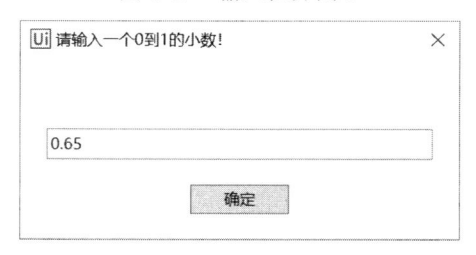

图 4-21　输入框界面 2　　　　　　　图 4-22　判断为 False 的结果

2．第二种方法：IF 条件

步骤一：在工作区添加【序列】，如图 4-23 所示。在"名称"处输入"案例 4-1 资产负债率判断（IF 条件）"，如图 4-24 所示。然后添加【输入对话框】，在其"对话框"的标题（属性标题）处输入""请输入一个 0 到 1 的小数！""，然后在"结果"中创建变量"zcfzl"（变量创建方法参考 4.2 UipaTh 变量创建方法一），并选择变量类型为"UiPath.Core.GenericValue"，如图 4-25 所示。

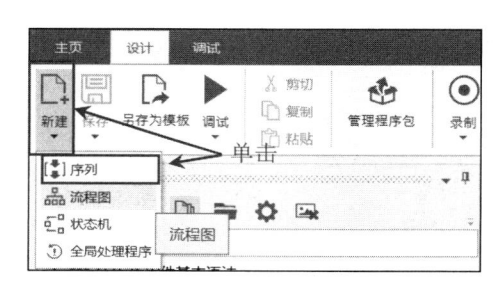

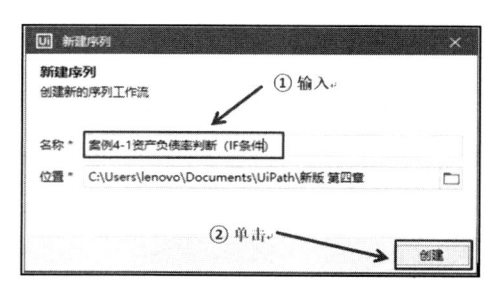

图 4-23　添加【序列】　　　　　　　图 4-24　给【序列】命名

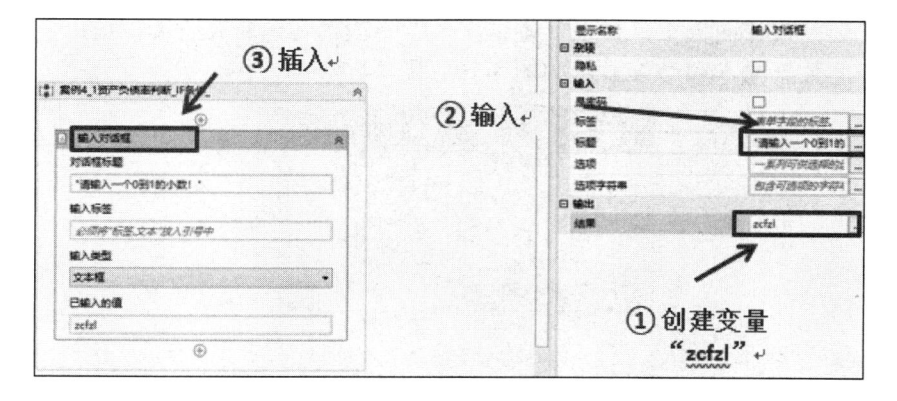

图 4-25　添加【输入对话框】

步骤二：添加【IF】，然后在其"Condition"中输入条件"zcfzl>0.4 and zcfzl<0.6"，如图 4-26 所示。

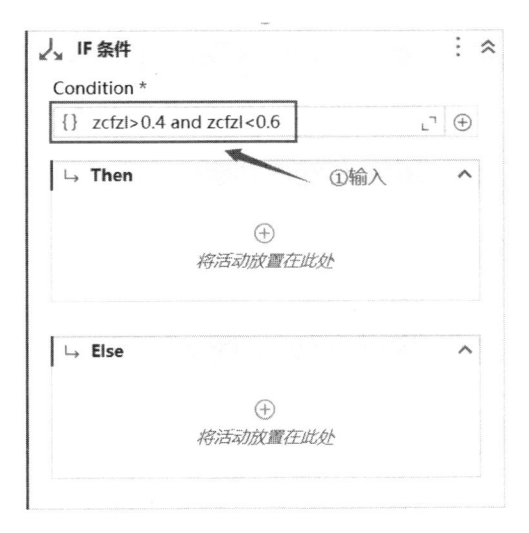

图 4-26 输入"Condition"判断条件

步骤三：为了对判断结果进行信息提示，首先在"Then"和"Else"里面分别添加一个【消息框】，如图 4-27 所示。然后在属性面板的"文本"和"标题"属性中输入相关信息，如图 4-15、图 4-16 所示。最后，形成完整的【案例 4-1 资产负债率判断（IF 条件）】界面，如图 4-28 所示。

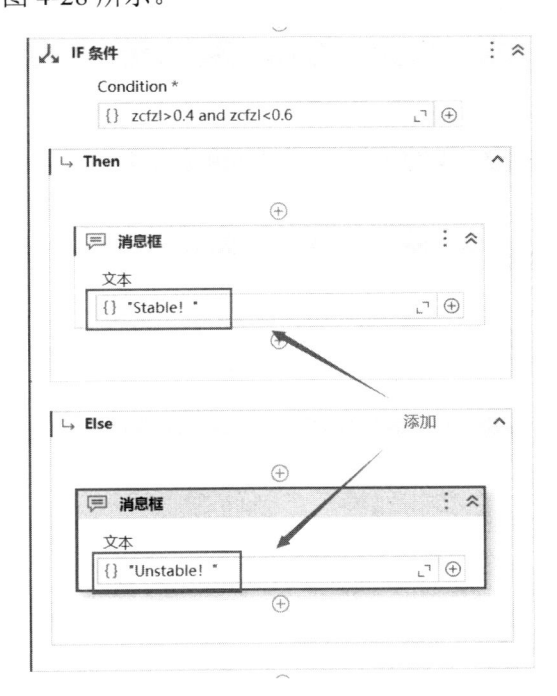

图 4-27 添加【消息框】　　　　　图 4-28 【案例 4-1 资产负债率判断（IF）】界面

第 4 章　UiPath 软件基本语法　　67

步骤五：运行程序。运行过程和结果同上文的流程决策，如图 4-19～图 4-22 所示。

4.5　UiPath 循环语句

循环语句也称为迭代语句，其作用是在一定条件下重复执行一段代码，它有重复处理的能力，可用于处理数组、集合类的数据。

本节主要介绍 UiPath 中常用的先条件循环、后条件循环、遍历循环三种活动。

1. 先条件循环和后条件循环

（1）先条件循环。当先条件循环开始后，先判断条件是否满足，如果满足就执行循环体内的活动，执行完毕再回来判断条件是否满足，如此无限重复，直到条件不满足时，执行先条件循环后边的活动。

（2）后条件循环。后条件循环先执行循环中的活动，然后再判断表达式是否为真，如果为真，则继续循环；如果为假，则终止循环。

简单来讲，先条件循环语句是先判断后循环，如果满足条件则进入循环；而后条件循环语句是先循环再判断，至少会执行一次循环。

【例 4-2】

针对例 4-1 的需求，如果需要对其进行循环判断，可以使用【后条件循环】，如图 4-29 所示。

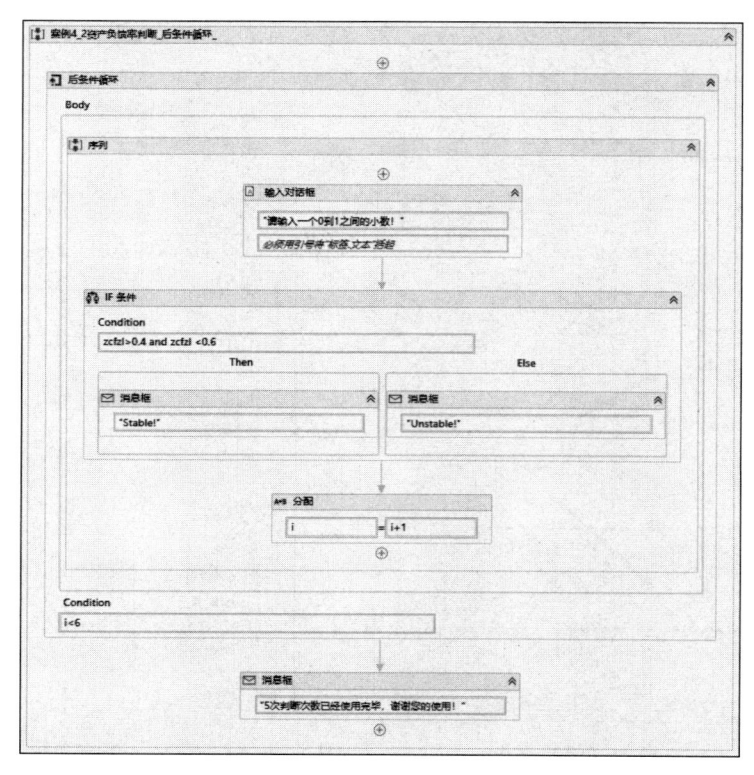

图 4-29　【后条件循环】流程界面

步骤一：新建【序列】，命名为"案例 4-2 资产负债率判断（后条件循环）"，然后添加【后条件循环】，并将【序列】【输入对话框】【IF】【消息框】等相关活动放入【后条件循环】的"Body"中，如图 4-29 所示。

步骤二：在【IF】后添加【分配】，创建变量"i"，设置"i"的变量类型为"Int32"，范围为"后条件循环"，默认值为"1"，然后在【分配】中令"i=i+1"，如图 4-30 所示。

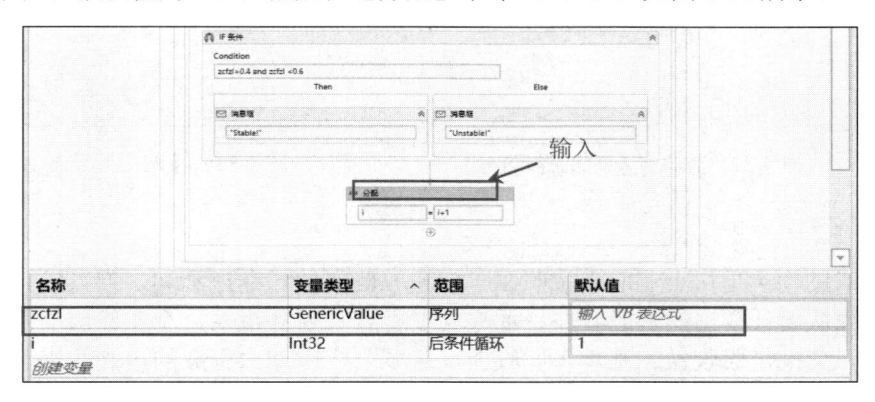

图 4-30　添加并配置【分配】

步骤三：在【后条件循环】"Condition"中输入判断条件"i<6，在【后条件循环】下方添加【消息框】，输入提示信息""5 次判断次数已经使用完毕，谢谢您的使用！""，如图 4-31 所示。

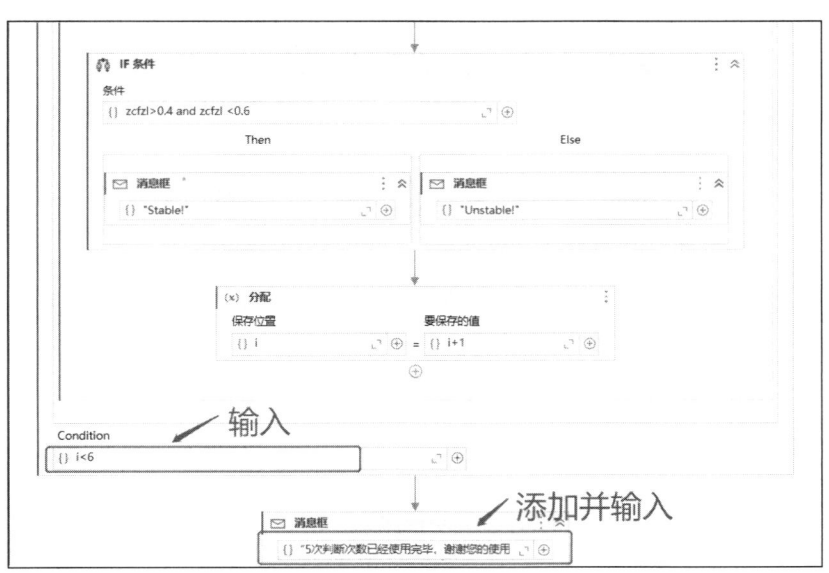

图 4-31　输入判断条件和结束提示信息

步骤四：运行程序，如果输入的数据在正常的资产负债率范围内，则会给出"Stable!"的提示信息，反之给出"Unstable!"的提示信息，并回到输入框界面重新输入数据，直至输入次数达 5 次时结束循环，相关结果如图 4-19～图 4-22、图 4-32 所示。

2．遍历循环

遍历循环是把需要循环的内容，按行或其排序号依次循环。UiPath 的【遍历循环】活动用于循环迭代一个数组、列表、数据表或其他类型的集合，遍历并处理每条信息，如图 4-33 所示。

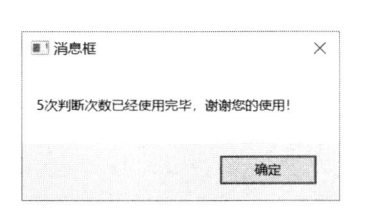

图 4-32　输入 5 次时的提示信息　　　图 4-33　【遍历循环】活动

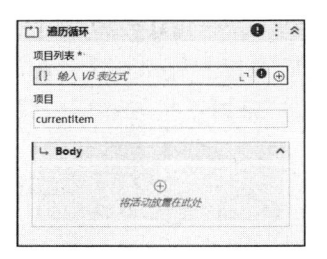

【例 4-3】

基本每股收益是指企业应当按照属于普通股股东的当期净利润，除以发行在外普通股的加权平均数从而计算出的每股收益。如果企业有合并财务报表，企业应当以合并财务报表为基础计算和列报每股收益。基本每股收益反映了一定时期内企业的盈利水平和盈利能力，该数值越大，说明公司盈利能力越强，是新股上市定位时最主要的参考因素和股民购买股票时重点关注的指标之一。

下面，以从数组变量读取 HD 公司 2017—2019 年的基本每股收益数据并用信息提示为例，说明如何使用【遍历循环】访问数组中的数据。

步骤一：新建【序列】，命名为"案例 4-3 基本每股收益（遍历循环）"添加【分配】，在其"To"中输入变量名"Array1"，在等号后输入数组值"{"0.26", "0.36", "0.38"}"作为 HD 公司 2017—2019 年的基本每股收益，如图 4-34 所示。

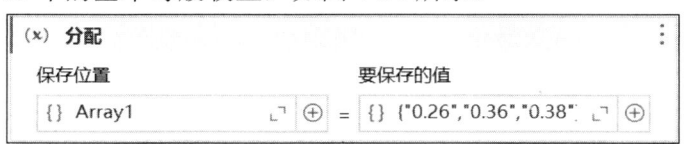

图 4-34　添加并配置【分配】

步骤二：单击变量面板，创建变量"Array1"，并在变量类型中选择"Array of [T]"的"String[]"类型。创建变量"Year1"，选择变量类型为"Int32"，设置默认值为 2017，如图 4-35 所示。

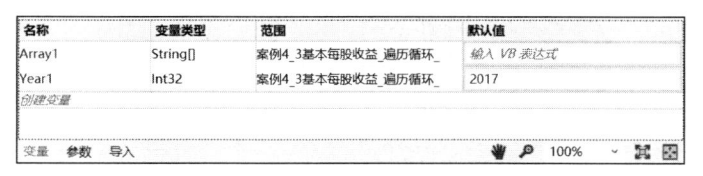

图 4-35　创建变量"Array1"和"Year1"

步骤三：添加【遍历循环】，将从变量"Array1"读出的数据放入"currentItem"中，如图 4-36 所示。

步骤四：首先，在【遍历循环】的"正文"中添加【消息框】；然后在【消息框】中输入""HD 公司"+Year1.ToString+"年的基本每股收益是："+currentItem.ToString+"元/股"。"，如图 4-37 所示。

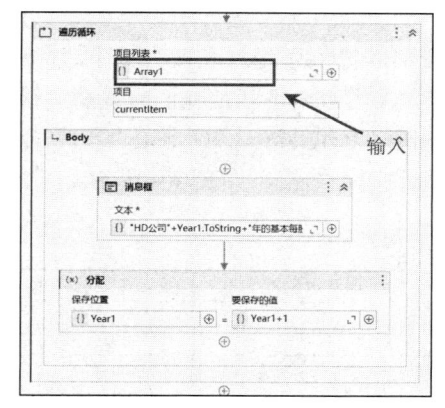

图 4-36　添加【遍历循环】

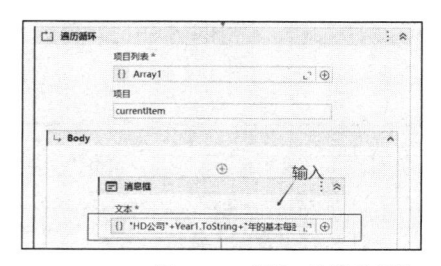

图 4-37　添加【消息框】

步骤五：在"正文"的【消息框】下方添加【分配】，在其"To"中输入变量名"Year1"，在等号右边输入"Year1+1"，如图 4-38 所示。

步骤六：运行程序，【消息框】将出现 HD 公司 2017—2019 年的基本每股收益数据，如图 4-39～图 4-41 所示。

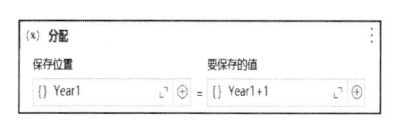

图 4-38　添加并配置【分配】

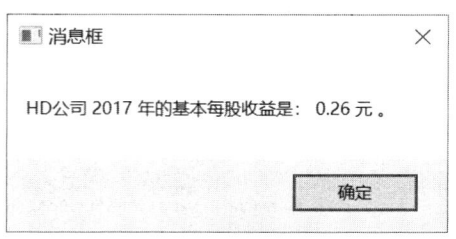

图 4-39　2017 年基本每股收益数据

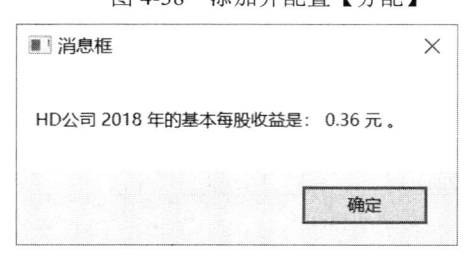

图 4-40　2018 年基本每股收益数据

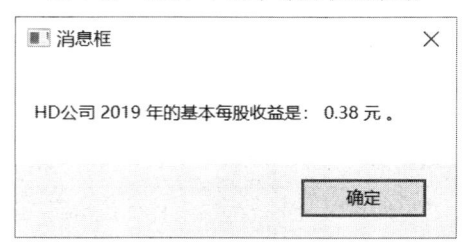

图 4-41　2019 年基本每股收益数据

4.6　字符串处理常用方法

会计核算和财务分析是财务机器人的重要应用场景。

会计核算是指以货币为主要计量单位，通过确认、计量、记录和报告等环节，对特定主体的经济活动进行记账、算账和报账，为相关使用者提供决策所需的会计信息。

财务分析是以会计核算、财务报表及其他相关资料为依据，采用专门的分析技术和方法，基于企业过去和现在的筹资活动、投资活动、经营活动分析，评价其盈利能力、营运能力、偿债能力和成长能力的一系列经济管理活动。它能够为企业的投资者、债权人、经营者及其他利益相关者了解企业过去、评价企业现状、预测企业未来做出正确决策而提供准确的信息或依据。

在企业的会计核算和财务分析工作中,不管是资料的导入还是报表报告的生成,都要对大量的非结构化数据进行处理,特别是文本数据的处理。文本数据也就是我们常说的字符串。

UiPath 的字符串处理功能较强大,假定 filePath="Programme/{0}/output.txt" OrgName="CABD Team 2019",其常用的方法、功能、语法示例和运行结果,如表 4-4 所示。

表 4-4 字符串处理常用方法

方法	功能	语法示例	运行结果
Contains	判断是否包含指定的字符串,返回 True 或 False	filePath.Contains("output")	True
Replace	Replace(strOld ,strNew),用后一个字符串替换前面的字符串,替换后返回字符串	filePath.Replace("/","\")	"Programme\{0}\output.txt "
Trim/TrimStart/TrimEnd	删除字符串两端/前/后的空格	filePath.TrimEnd	"Programme\{0}\output.txt"
Split	通过分隔符拆分文本,生成一个数组。数组的索引号从 0 开始	filePath.Split("/".ToCharArray)	{"Programme","{0}","output.txt"}
Substring	Substring(stratIndex,Length),从 stratIndex 位置开始截取长度为 Length 的字符串,如果长度不够则默认到最后	OrgName.Substring(5,10)	"Team 2019"
Equals	对两个字符串,按字母顺序逐个比较字符大小,如果相同则返回 True,反之返回 False	filePath.Equals(OrgName)	False
CompareTo	按字母顺序逐个比较字符大小。如果前者大于后者则返回 1,反之返回-1,如果相同返回 0	filePath.CompareTo(OrgName)	1
Remove	Remove(stratIndex,Length):第一个参数是从某个位置开始移除,后者是截取的长度,如果没有则默认到最后	OrgName.Remove(10,4)	"CABD Team"
Insert	Insert(Index,sring):是指在 Index 位置后面插入字符串	OrgName.Insert(0, "CQUT ")	"CQUT CABD Team 2019"
Format	适用于更长的、更复杂的数据组合,并且允许自定义格式	String.Format("Hello {0} {1}", filePath, OrgName)	"Hello Programme\{0}\output.txt CABD Team 2019"
IndexOf/LastIndexOf	查找该字符串第一次或者最后一次出现某个字符串的位置,如果存在返回字符串开始的位置,不存在则返回-1	OrgName.LastIndexOf("Team")	5
IsNullOrEmpty	判断字符串是否是空字符串或者 Null 值	String.IsNullOrEmpty(OrgName)	False
ToLower/ToUpper	字符串转换成小写/大写字符串	OrgName.ToUpper	"CABD TEAM 2019"
StartsWith/EndWith	判断字符串是否以某个字符串开始/结尾,如果包含则返回 True,反之返回 False	OrgName.EndsWith("2019")	True
PadLeft/PadRight	返回指定长度的字符串,如果小于这个长度,则在左边/右边加空格;如果大于这个长度,则返回原值	OrgName.PadLeft(16)	" CABD Team 2019"

【思维拓展】

我们知道在会计核算和财务分析工作中会涉及多种类型的非结构化数据处理,比如纸质发票可以通过 OCR 技术识别为字符串,然后利用字符串处理方法提取货物或应税劳务、服务名称,以及规格型号、数量、单价价税合计、开票日期、发票号码及销售方等重要信息。

4.7 净资产增长率考核机器人模拟实训

通过前面的讲解，我们基本熟悉了 UiPath 中的变量、运算符、条件语句和字符串处理方法，下面以 HD 公司净资产增长率考核为例进行模拟实训。

4.7.1 场景描述与业务流程

HD 公司财务部办公区。

"嗒，嗒，嗒，嗒，叮！"时针刚指向六点，HD 公司财务部会计核算岗的杨霁莞就迫不及待地关掉计算机，拿上早已收拾好的背包，一边心里想着今天终于能够按时下班了，一边快步朝打卡处走去。旁边的同事张洪霜看着杨霁莞这一波行云流水的操作，不禁想起了中学时候踩着下课铃飞奔向食堂的自己……这边杨霁莞刚掏出考勤卡，抬头看见财务总监程平朝着自己走来，顿时产生了一种不祥的预感……

程总："小杨，你先别下班，跟我到办公室一趟。"

杨霁莞只能乖乖地跟着程总到了财务总监办公室。

程总："公司明天召开临时股东大会，你赶紧把公司近两年的净资产增长率数据拿出来，还有同行业的对比数据也要，然后分析一下公司2019年净资产增长率状况。"

"好的，程总，没什么其他事的话，我就先出去了。"杨霁莞微笑着点头道。

"嗯，抓紧时间哦。"程总头也不抬地说道。

刚走出办公司，杨霁莞脸上的笑容就垮下来了，果然，悲伤的预感从不会出错，她悻悻地回到自己的座位。看着杨霁莞又垂头丧气地走回来，张洪霜探出头问道："你怎么又回来啦？"

杨霁莞长叹一口气，"别提了，刚准备打卡下班，就被程总逮回来分析净资产增长情况，看来今天又得加班了啊。"

张洪霜疑惑道："程总分析净资产额增长率干嘛啊？"

杨霁莞："你知道净资产增长率是指公司本期净资产总额与上期净资产总额的比率吧，净资产增长率反映了公司资本规模的扩张速度，这不明天要召开股东大会了嘛，股东们要通过净资产增长率来衡量公司总量规模变动和成长状况啊……只是可怜了我这个小虾米，每天都被这些财务琐事缠身，脑子里面一团乱麻，说好的朝九晚六，硬生生变成了朝六晚九……"

抱怨归抱怨，杨霁莞说罢还是打开了"蛮好用"计算机，开始了与财务数据的战斗。首先是本公司同期数据的整理比较分析，然后是和同行业的平均净资产增长率进行比较，杨霁莞此刻内心只想着赶紧完成任务，然后去找程总检查。

HD公司净资产增长率考核业务流程如图4-42所示。

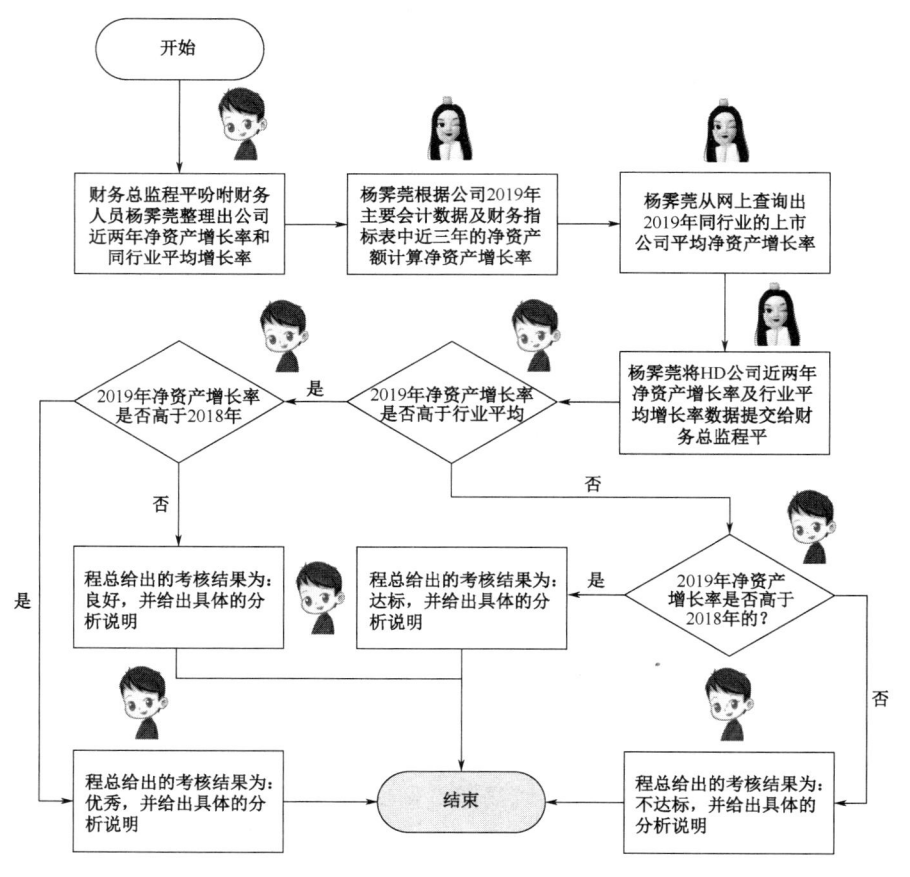

图4-42 HD公司净资产增长率考核业务流程

4.7.2 自动化流程设计

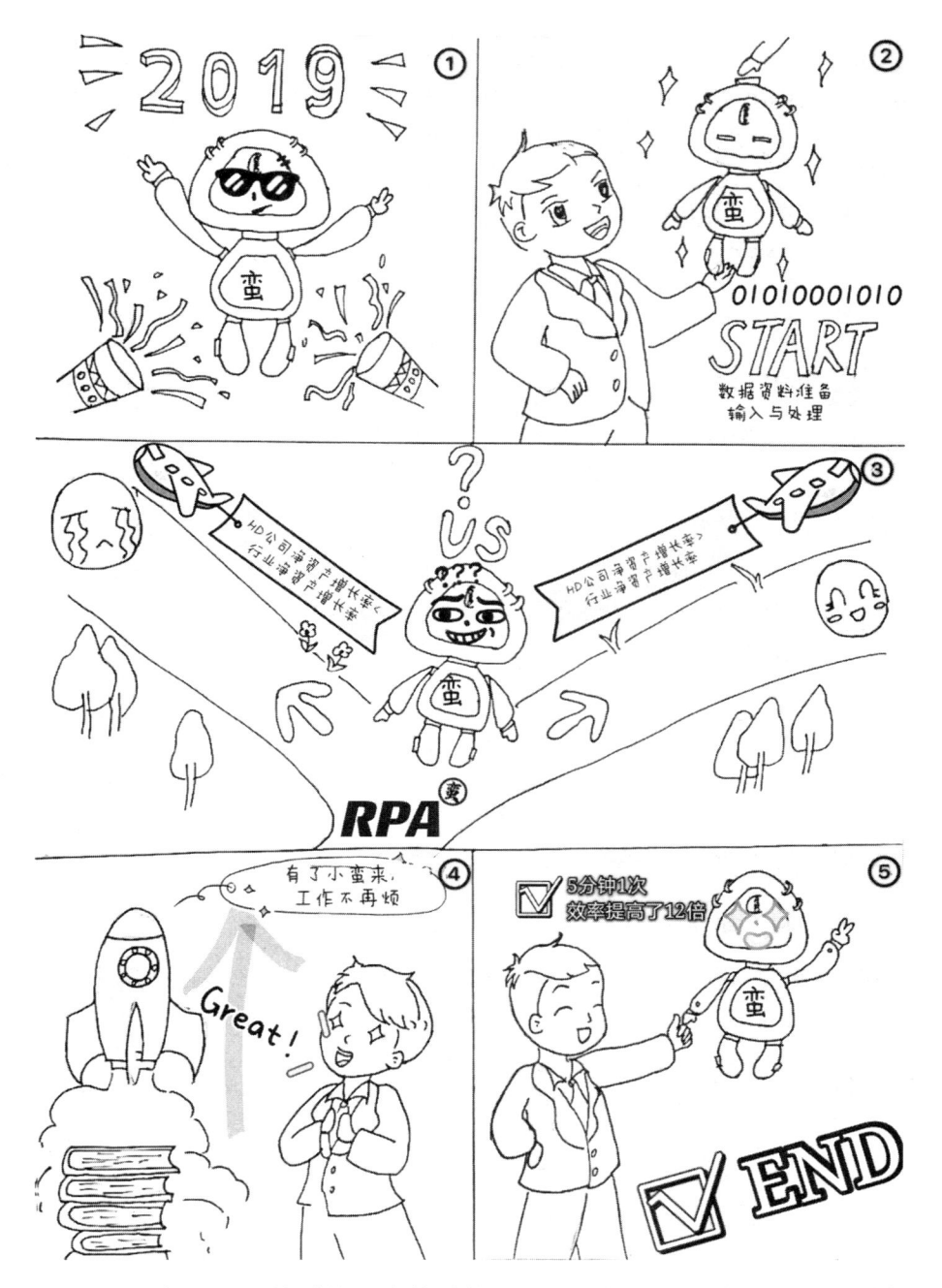

转眼到了 2020 年。还是熟悉的地点熟悉的人，不同的是，经过 HD 公司财务部信息化岗位几位员工半年多的努力，财务部年初开始上线 RPA 财务机器人——小蛮。小蛮的出现，简直就是财务部所有员工的福音，比如可怜的小虾米杨霁莞，再也不用"被加班"了。

如果程总想要知道公司 2019 年净资产增长率的考核结果，只需一键启动小蛮，小蛮就会自动从公司 2019 年主要会计数据和财务指标表中读取近 3 年的年份、净资产额及行业平均增长率，然后计算出公司近两年的净资产增长率，并将 2019 年净资产增长率同行业平均净资产增长率进行比较，若高于行业平均值，则比较2019年净资产增长率是否高于2018年净资产增长率，若高于，则小蛮提示程总考核结果为：优秀，并给出具体的考核说明，反之，则提示程总考核结果为：良好，并给出具体的考核说明；若 2019 年净资产增长率低于行业平均值，则比较2019年净资产增长率是否高于2018年净资产增长率，若高于，则小蛮提示程总考核结果为：达标，并给出具体的考核说明，反之，则提示程总考核结果为：不达标，并给出具体的考核说明。

  HD 公司净资产增长率考核自动化流程设计如图 4-43 所示。

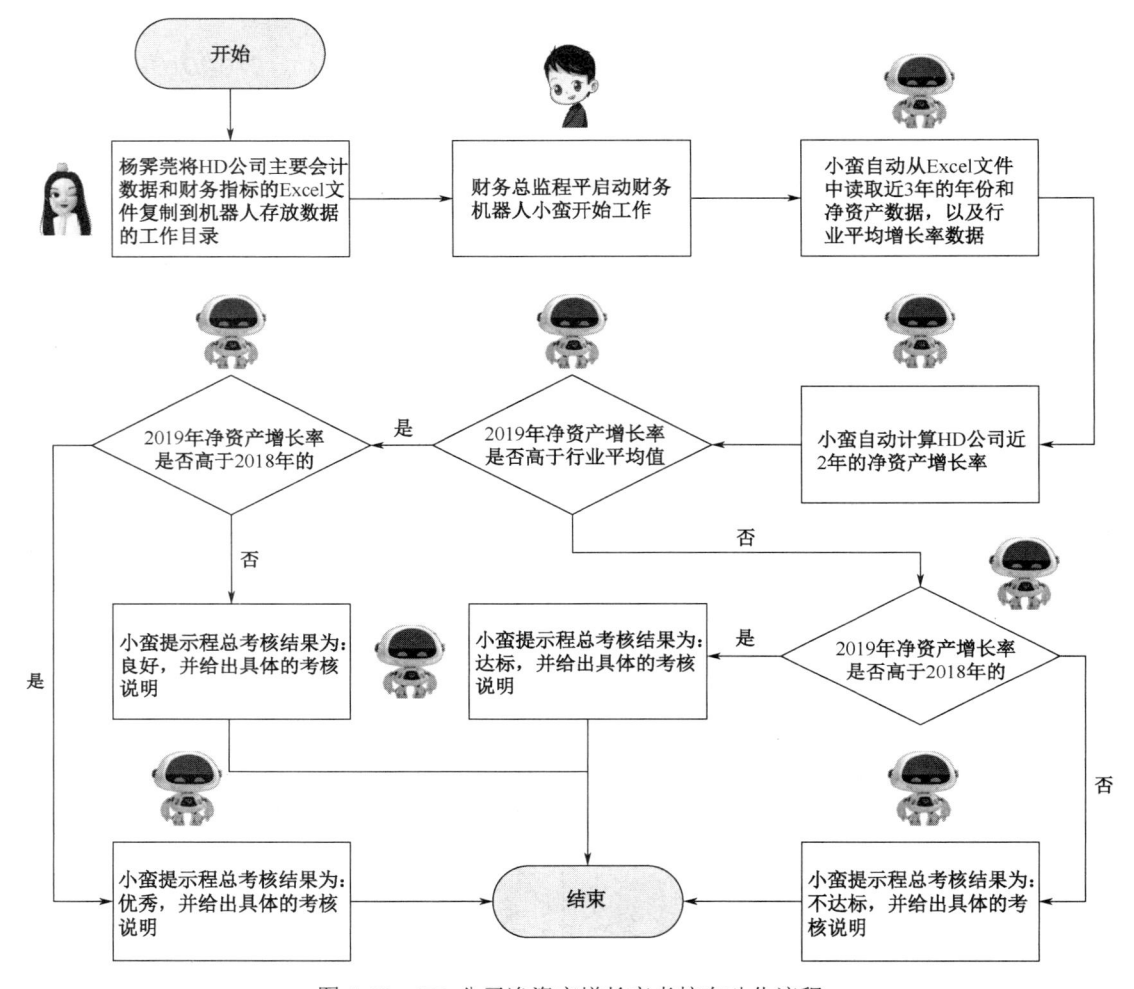

图 4-43　HD 公司净资产增长率考核自动化流程

小蛮给 HD 公司带来的价值巨大！

  在小蛮上线之前，财务部每月需要分析各种财务指标，出具近 20 份财务分析报告，一份分析报告的制作至少需要花费 3 个小时。人工工作方式不但效率低、耗时较长，而且小错误在所难免，也无暇顾及去提高分析水平。

  在小蛮上线之后，平均只需要 5 分钟就能搞定一份分析报告，每个月至少节省 50 多个工时，财务部的员工再不会因为突如其来的分析工作加班了。现在这种工作模式，效率高、用时短，财务分析人员可以专注分析模型的构建和不断升级，从而实现有机的人机协作共生。

在投资回报上，财务分析岗员工人均时薪为 60 元，年人工成本节约 4 万多元，虽然部署小蛮机器人需要一定的前期投入，但每年一台小蛮的运维服务费用相对比较固定，一般也就 1 万余元，而财务分析报告工作只不过是小蛮众多日常工作中的一项，看来小蛮的投资回报是相当可观哦。

4.7.3 技术路线与开发步骤

HD 公司净资产增长率考核机器人小蛮的开发总体技术路线如下：
（1）添加【读取范围】，获取公司净资产数据。
（2）添加【输出数据表】，将数据表类型的数据转化为文本型。
（3）添加【分配】，计算净资产增长率。
（4）添加【IF】，考核净资产增长率等级。
（5）添加【消息框】，显示考核结果。

本案例需要使用 HD 公司主要会计数据和财务指标表，如图 4-44 所示。为简化起见，本案例将行业平均净资产增长率设定为 19.2%。

	A	B	C	D
1		2019年	2018年	2017年
2	营业收入（元）	2 325 047 409.32	1 710 218 028.51	1 218 798 082.68
3	归属于上市公司股东的净利润（元）	323 750 932.99	241 382 013.60	214 240 021.65
4	归属于上市公司股东的扣除非经常性损益的净利润（元）	249 676 699.46	220 224 766.13	191 468 659.61
5	经营活动产生的现金流量净额（元）	−25 003 883.79	−270 464 681.06	206 128 153.69
6	基本每股收益（元/股）	0.38	0.28	0.26
7	稀释每股收益（元/股）	0.38	0.27	0.26
8	加权平均净资产收益率	14.45%	12.72%	13.58%
9		2019年年末	2018年年末	2017年年末
10	资产总额	3 146 622 560.24	2 637 265 339.69	2 108 380 164.71
11	归属上市公司股东的净资产（元）	2 459 654 331.35	2 064 546 600.18	1 731 909 030.76

图 4-44　HD 公司主要会计数据和财务指标

下面讲解财务机器人小蛮的具体开发步骤。

1. 采集净资产数据

步骤一：启动 UiPath Studio，新建【流程】，命名为"HD 公司净资产增长率考核机器人"，单击"打开主工作流"，添加【流程图】，双击打开【流程图】，在流程图下添加【单个 Excel 流程作用域】，双击打开【单个 Excel 流程作用域】，添加【使用 Excel 文件】，单击右侧文件夹标识，即"浏览"，选择"HD 公司主要会计数据和财务指标.xlsx"（Excel 文件手动放入流程文件夹下），如图 4-45 所示。

步骤二：读取年份。添加【读取范围】至"执行"区，在其属性"范围"中输入"Excel.Sheet("Sheet1").Range("B1:D1")"，并在"保存位置"中创建变量"DT1"，如图 4-46 所示。

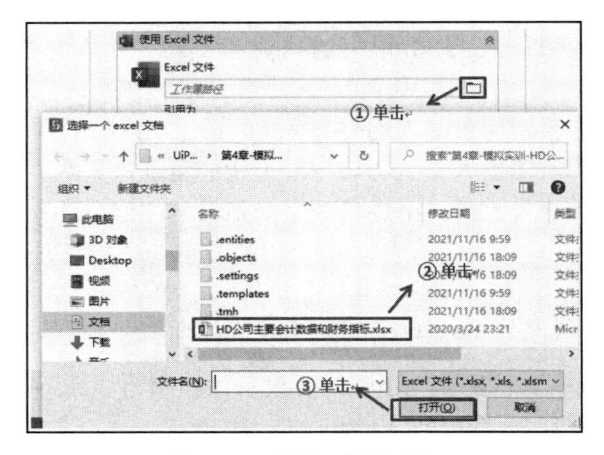

图 4-45 选择工作簿路径

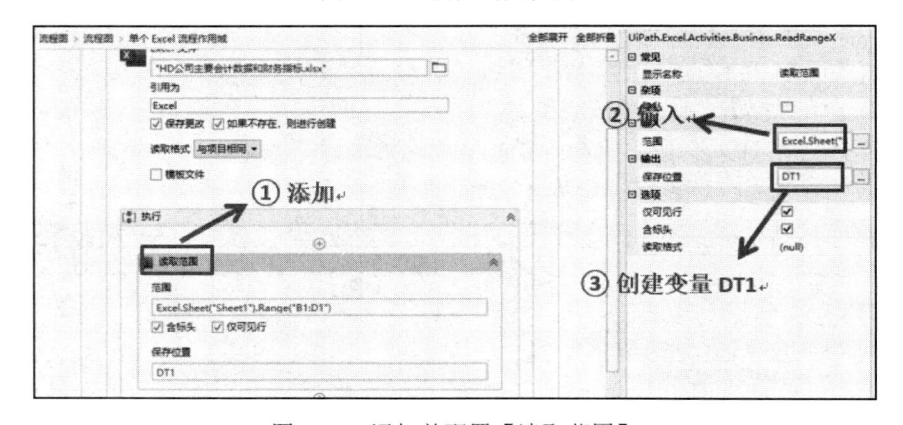

图 4-46 添加并配置【读取范围】

步骤三：读取净资产数据。再添加【读取范围】至"执行"区，在其属性"范围"中输入"Excel.Sheet("Sheet1").Range("B11:D11")"，并在"保存位置"中创建变量"DT2"，如图 4-47 所示。

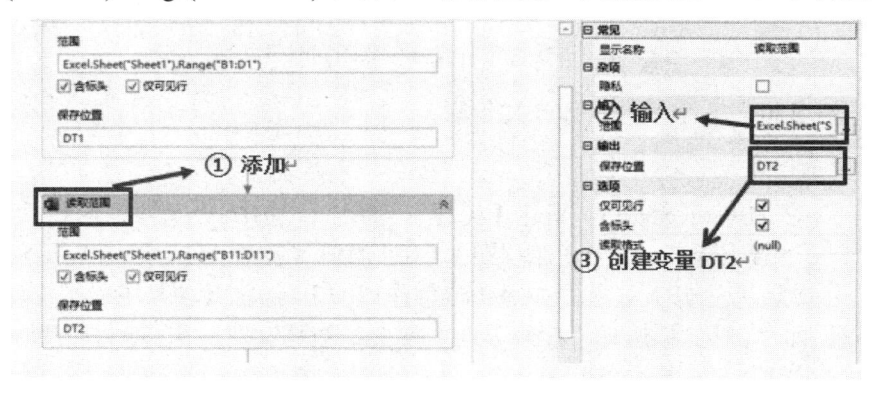

图 4-47 添加并配置【读取范围】

步骤四：转换数据。添加两个【输出数据表】，将数据表类型的变量"DT1""DT2"分别转化为文本型变量，在属性的输出"文本"中分别创建变量"strOut1""strOut2"，如图 4-48、图 4-49 所示。

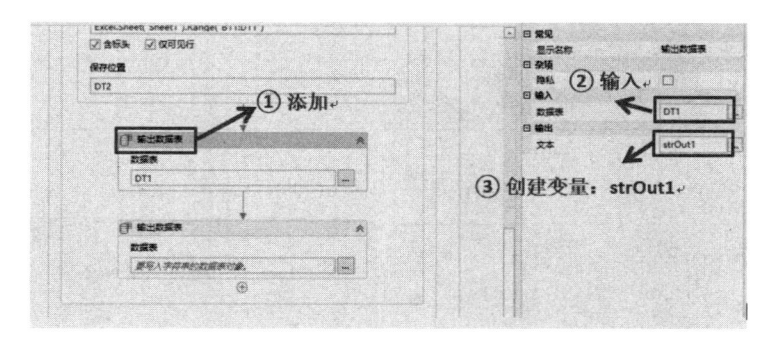

图 4-48　添加并配置【输出数据表】

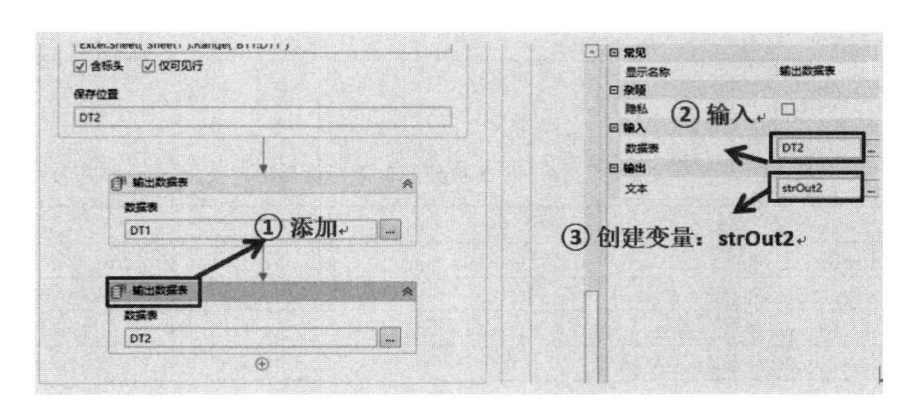

图 4-49　添加并配置【输出数据表】

步骤五：修改变量范围。单击"变量"，选中并修改"strOut1""strOut2"的范围为"流程图"，如图 4-50 所示。

图 4-50　修改变量范围

2. 计算净资产增长率

步骤六：单击"流程图"，回到流程图界面，如图 4-51 所示。在"变量"面板中创建 5 个变量"zzl1""zzl2""strYear1""strYear2""hyzzl"，然后修改变量类型、范围和默认值，如图 4-52 所示。在【Excel 应用程序范围】下方添加【A←B 多重分配】，双击打开【A←B 多重分配】，分别将 4 个变量（无 hyzzl）填入【A←B 多重分配】的目标中，如图 4-53 所示。输入【A←B 多重分配】的值，如表 4-5 所示。

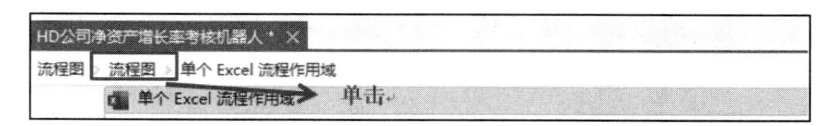

图 4-51 返回流程图界面

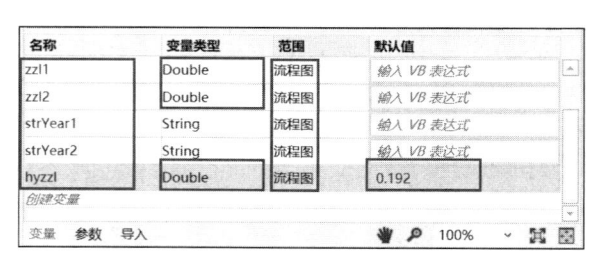

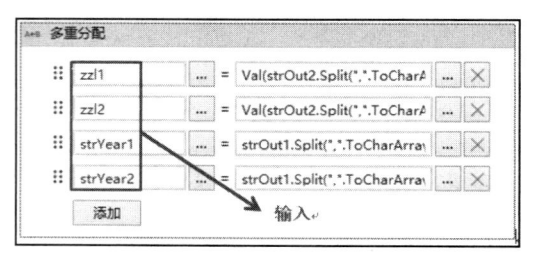

图 4-52 创建 5 个变量

图 4-53 输入"目标"

表 4-5 【A←B 多重分配】的目标与值

目标	值	说明
zzl1	Val(strOut2.Split(",".ToCharArray)(0))/Val(strOut2.Split(",".ToCharArray)(1))-1	计算 2019 年净资产增长率
zzl2	Val(strOut2.Split(",".ToCharArray)(1))/Val(strOut2.Split(",".ToCharArray)(2))-1	计算 2018 年净资产增长率
strYear1	strOut1.Split(",".ToCharArray)(0)	2019 年
strYear2	strOut1.Split(",".ToCharArray)(1)	2018 年

3. 评判净资产增长率等级

步骤七：回到流程图界面，在【A←B 多重分配】下方添加【IF】，双击打开【IF】，在"condition"中输入"zzl1>zzl2"，分别在"Then"和"Else"下添加一个【IF】，在"condition"中输入条件"zzl1>hyzzl"，如图 4-54 所示。

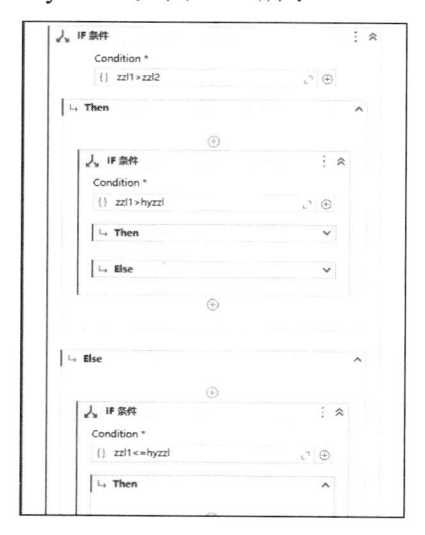

图 4-54 添加【IF 条件】

步骤八：添加【消息框】，并将【消息框】的"显示名称"修改为"小蛮分析报告"，如图 4-55 所示。

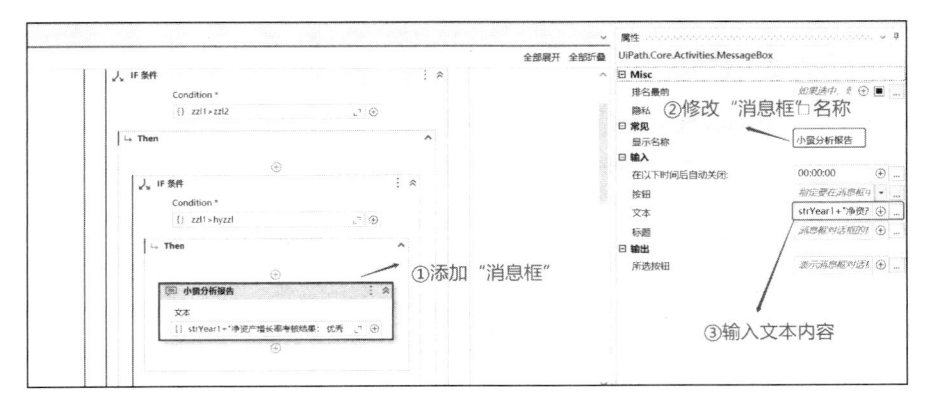

图 4-55 添加并使用【消息框】活动

步骤九：再添加 3 个【消息框】，并将【消息框】的"显示名称"修改为"小蛮分析报告"，如图 4-56 所示。【消息框】的"文本"内容，如表 4-6 所示。

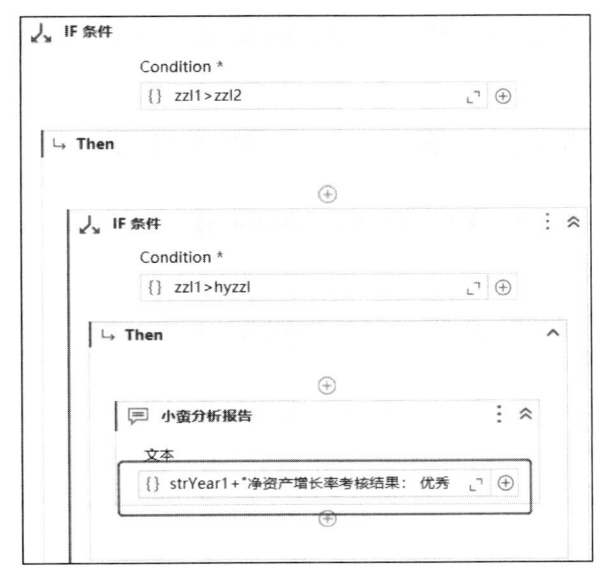

图 4-56 添加并使用【消息框】活动

表 4-6 【消息框】文本

条	件	文 本
zzl1>hyzzl	zzl1>zzl2	strYear1+"净资产增长率考核结果：优秀！具体说明：HD 公司"+strYear1+"净资产增长率为："+formatpercent(zzl1).ToString+"，高于"+strYear1+"同行业上市公司的平均净资产增长率"+formatpercent(Hyzzl).ToString +"，并且高于"+strYear2+"公司的净资产增长率："+formatpercent(zzl2).ToString+"，反映了 HD 公司资产规模扩张速度较快，并且具有很好的发展能力！"
	zzl1<=zzl2	strYear1+"净资产增长率考核结果：良好！具体说明：HD 公司"+strYear1+"的净资产增长率为："+formatpercent(zzl1).ToString+"，高于"+strYear1+"同行业上市公司的平均净资产增长率："+formatpercent(Hyzzl).ToString+"，但低于公司"+strYear2+"的净资产增长率："+formatpercent(zzl2).ToString+"，反映了 HD 公司发展能力优于同行业上市公司平均水平，但其资产规模扩张速度减缓！"

续表

条件		文本
zzl1<=hyzzl	zzl1>zzl2	strYear1+"净资产增长率考核结果：达标！具体说明：HD 公司"+strYear1+"的净资产增长率为："+formatpercent(zzl1).ToString+"，低于"+strYear1+"同行业上市公司的平均净资产增长率："+formatpercent(Hyzzl).ToString+"，但高于公司"+strYear2+"的净资产增长率："+formatpercent(zzl2).ToString+"，反映了 HD 公司发展能力虽然低于同行业平均水平，但其资产规模扩张速度较快。"
	zzl1<=zzl2	strYear1+"净资产增长率考核结果：不达标！具体说明：HD 公司"+strYear1+"的净资产增长率为："+formatpercent(zzl1).ToString+"，低于"+strYear1+"同行业上市公司的平均净资产增长率："+formatpercent(Hyzzl).ToString+"，并且低于公司"+strYear2+"的净资产增长率："+formatpercent(zzl2).ToString+"，反映了 HD 公司发展能力逊于同行业上市公司平均水平，并且其资产规模扩张速度减缓！"

步骤十：运行，得到小蛮分析报告，提示 HD 公司 2019 年净资产增长率等级，并给出分析说明，如图 4-57 所示。

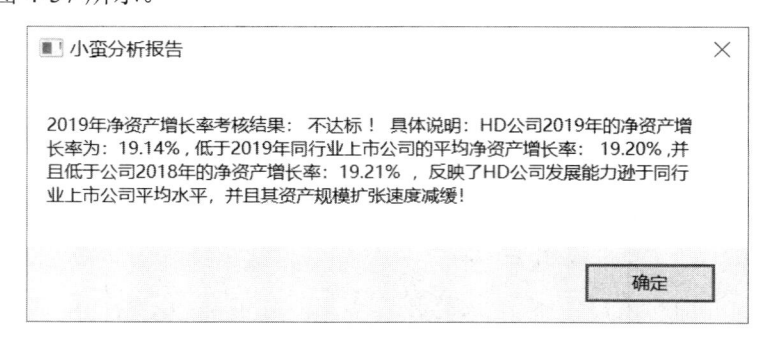

图 4-57　HD 公司 2019 年净资产增长率情况分析

【课后思考】

如何得到 HD 公司同行业上市公司的净资产增长率数据？如何自动计算行业平均净资产增长率？如何将 Excel 文件中保存的行业平均净资产增长率数据导入本案例中使用？

【延伸学习】

除了数组，集合、列表、字典也是 UiPath 的重要内容，在高级财务数据处理和分析中有较多应用，有兴趣的同学可以结合字符串常用处理方法进行更深入的学习和运用。

第 5 章　E-mail 人机交互自动化

5.1　功能简介

5.1.1　E-mail 简介

电子邮件（E-mail）是一种用电子手段提供信息交换的通信方式，是互联网应用最广泛的服务。通过基于互联网的电子邮件系统，用户可以以非常低廉的价格、非常快速的方式，与世界上任何一个角落的网络用户联系。E-mail 可以发送文字、图像、声音等多种形式的内容。常用的 E-mail 有 Outlook、Exchange、Gmail、Hotmail、网易、新浪、QQ 等。E-mail 的发送和接收协议主要包括SMTP（简单邮件传输协议）、POP3（邮局协议版本 3）和IMAP（Internet 邮件访问协议）3 种，这几种协议都是由TCP/IP协议族定义的。

E-mail 的发送涉及发送方与接收方，发送方构成客户端，而接收方构成服务器，服务器含有众多用户的电子邮箱。发送方通过邮件客户程序，将编辑好的邮件向邮局服务器（SMTP 服务器）发送。邮局服务器识别接收者的地址，并向管理该地址的邮件服务器（POP3 和 IMAP 服务器）发送消息。邮件服务器将消息存放在接收者的邮箱内，并告知接收方有新邮件到来。接收方通过邮件客户程序连接到服务器后，就会看到服务器的通知，进而打开自己的电子邮箱来查收邮件。

人机交互是计算机科学、心理学、社会学、图形设计、工业设计等多学科的综合，是一门研究系统与用户之间的交互关系的学问。系统可以是各种各样的机器，也可以是计算机化的系统和软件。人机交互界面通常是指用户可见的部分。用户为完成确定的任务，通过人机交互界面与系统交流，实现人与计算机之间的信息交换。由于不同用户的教育背景、理解方式、行为习惯及具备的技能都不相同，因此，为了系统的可用性或者用户友好性，人机交互界面的设计要以用户为中心，关注用户对系统的理解和体验。

随着社会的发展和"互联网+会计"时代的到来，E-mail 作为重要的人机交互界面，成为企业日常财务工作中，实现人与人之间、人与系统之间信息沟通的重要载体。例如，全面预算管理是为完成企业既定的经营目标，利用预算对企业内部各部门、各单位的各种财务及非财务资源进行分配、考核、控制，以便有效地组织和协调企业的生产经营活动。尽管很多企业实现了全面预算管理信息化，但是从预算编制、预算执行、预算调整到预算考核评价的整个全面预算管理过程，仍然离不开企业各分公司的财务部门之间、财务部门与业务部门之间基于 E-mail 方式的多层级、多维度复杂信息沟通，然而这种基于人工方式的 E-mail 信息沟通很难高效地实现工作协同。

在机器人流程自动化时代，E-mail 的读取、下载和发送自动化成为最重要的 RPA 应用之一。通过 E-mail 自动化，可以为财务工作建立高效的人机交互界面，提高消息发送的时效性、指向性，帮助用户节省时间，提高工作效率，解决复杂财务工作的高效协同。

【思维拓展】

介绍了 E-mail 的功能和用途之后，我们知道 E-mail 可以应用到很多财务工作场景中。那么大家思考一下，在企业的会计核算、应收应付账款管理、成本管理、预算管理和资金管理过程中，E-mail 可以用于哪些具体工作环节呢？其价值是什么呢？

5.1.2 E-mail 自动化活动

E-mail 的功能主要包括发送和接收邮件。在本节，你将学习如何在 UiPath 中实现自动读取 E-mail、自动下载 E-mail 附件、自动发送 E-mail，以及自动读取邮件模板来发送 E-mail。

1．Mail 程序包

要使用 E-Mail 自动化功能，你需要检查 UiPath 是否已经安装了 Mail 程序包。在活动中检索"邮件"，若出现如图 5-1 所示的结果，表示已经安装成功；若没有检索到，就单击【管理程序包】或按快捷键 Ctrl+P，如图 5-2 所示。然后检索"mail"，选择结果中的"UiPath.Mail.Activities"程序包后单击"安装"后保存，如图 5-3 所示。当然，其他程序包也可以通过这种方式安装。不过目前的 UiPath 版本已经不需要再装 Mail 程序包，其他程序包的安装方式与此相同。

2．邮件活动

E-Mail 自动化涉及对邮件属性的操作。UiPath 提供的邮件属性包括发件人、收件人、邮件主题、邮件正文、发送时间等内容，其用法如表 5-1 所示。

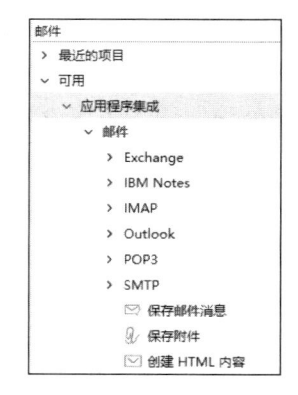

图 5-1 检索"邮件"

图 5-2 打开管理程序包窗口

图 5-3 安装 UiPath.Mail.Activities

表 5-1　邮件属性的用法

属　性	含　义	用　法
From	发件人	Mail.From.Address，返回发送方的邮箱地址
To	收件人	Mail.To，返回收件方的邮箱地址
Subject	邮件主题	Mail.Subject，返回邮件主题内容
Body	邮件正文	Mail.Body，返回邮件正文内容
Headers	发送时间	Mail.Headers("Date")，返回邮件发送的年月日、星期几和时分秒

UiPath 提供了一系列支持 SMTP、POP3、IMAP 电子邮件协议的活动，还预置了服务 Outlook 邮件用户、Exchange 邮件用户和 IBM Lotus Notes 用户的专属活动，主活动如表 5-2 所示，子活动如表 5-3 所示。

表 5-2　邮件主活动

类　别	主活动	含　义
邮件	SMTP	简单邮件传输协议，用于发送邮件
	POP3	邮局协议版本 3，用于接收邮件
	IMAP	Internet 邮件访问协议，用于接收邮件
	Outlook	微软公司电子邮件系统，主要服务个人用户
	Exchange	微软公司电子邮件系统，主要服务企业用户
	IBM Notes	IBM Lotus Notes 公司的电子邮件系统

表 5-3　邮件子活动

主活动	子活动	功　能
SMTP	发送 SMTP 邮件消息	使用 SMTP 协议发送电子邮件
POP3	获取 POP3 邮件消息	从指定的服务器检索 POP3 电子邮件
IMAP	获取 IMAP 邮件消息	从指定的服务器检索 IMAP 电子邮件
	移动 IMAP 邮件消息	将 IMAP 电子邮件移动到指定的文件夹
Outlook	获取 Outlook 邮件消息	从 Outlook 检索电子邮件
	移动 Outlook 邮件消息	将 Outlook 电子邮件移动到指定的文件夹
	发送 Outlook 邮件消息	从 Outlook 发送电子邮件
	回复 Outlook 邮件消息	从 Outlook 回复电子邮件
	Outlook 邮件消息触发器	设置触发器，以监控符合特定条件的传入/传出邮件信息
	保存 Outlook 邮件	从 Outlook 保存电子邮件
	将 Outlook 邮件标记为"已读/未读"	将指定电子邮件消息标记为"已读"或"未读"
	设置 Outlook 邮件类别	关联邮件消息的类别
	删除 Outlook 邮件消息	从 Outlook 删除电子邮件
IBM Notes	获取 IBM Notes 邮件消息	从 IBM Notes 检索电子邮件
	删除 IBM Notes 邮件消息	删除 IBM Notes 电子邮件
	移动 IBM Notes 邮件消息	将 IBM Notes 电子邮件移动到指定的文件夹
	发送 IBM Notes 邮件消息	从 IBM Notes 发送电子邮件
Exchange	Exchange 范围	指定 Exchange 活动的作用范围
	获取 Exchange 邮件消息	从 Exchange 检索电子邮件
	删除 Exchange 邮件消息	删除 Exchange 电子邮件
	将消息移动到文件夹	将 Exchange 电子邮件移动到指定的文件夹
	发送 Exchange 邮件消息	从 Exchange 发送电子邮件
通用	保存邮件消息	将电子邮件保存到指定的文件夹
	保存附件	将邮件附件保存到指定的文件夹
	创建 HTML 内容	创建副文档以在电子邮件中使用或作为网站分享

E-mail 的发送采用 SMTP 协议。SMTP（Simple Mail Transfer Protocol），即简单邮件传输协议，是一个相对简单的基于文本的协议。SMTP 协议维护传输秩序、规定邮件服务器之间如何进行工作，它的目标是可靠、高效地传送 E-mail。UiPath 使用【发送 SMTP 邮件消息】活动发送邮件，可以指定多个邮件接收方。

E-mail 的接收可以采用 POP3 或 IMAP 协议。POP3（Post Office Protocol Version3），即邮局协议版本 3，由 RFC1939 定义。该协议主要用于支持使用客户端远程管理服务器上的 E-mail。POP3 不提供对邮件更强大的管理功能，通常邮件下载后就会被删除，而更多的管理功能则由 IMAP 来实现。UiPath 使用【获取 POP3 邮件消息】活动接收邮件。IMAP（Internet Mail Access Protocol），即邮件访问协议，使用因特网报文访问协议第 4 版本。邮件客户端使用该协议可以从邮件服务器上获取邮件的信息、下载邮件等。它与 POP3 协议的主要区别是用户无须把所有的邮件全部下载，可以通过客户端直接对服务器上的邮件进行操作。UiPath 使用【获取 IMAP 邮件消息】活动接收邮件，使用【移动 IMAP 邮件消息】活动将 IMAP 电子邮件移动到指定的文件夹。

当你使用 SMTP、POP3 和 IMAP 活动收发邮件时，需要在属性面板配置服务器地址及端口号。用户常用的 qq 邮箱和网易 163 邮箱的服务器配置信息，如表 5-4 所示。

表 5-4　常用邮箱的服务器配置信息

邮箱	服务器名称	服务器地址及端口号
qq.com	SMTP	服务器：smtp.qq.com，SSL 协议端口号：465 或 587
	POP3	服务器：pop.qq.com，SSL 协议端口号：995
	IMAP	服务器：imap.qq.com，SSL 协议端口号：993
网易 163	SMTP	服务器：smtp.163.com，SSL 协议端口号：465 或 994
	POP3	服务器：pop.163.com，SSL 协议端口号 995
	IMAP	服务器：imap.163.com，SSL 协议端口号 993

由于微软公司的 Outlook 和 Exchange 电子邮件系统及 IBM 公司的 Notes 电子邮件系统用户众多，UiPath 特别为其预置了定制活动，如表 5-2 所示。通过定制活动，使用它们默认的邮件账户，不需要设置服务器、端口等信息，就能够实现邮件的接收、移动和发送。

3．获取邮件消息活动

POP3、IMAP、Outlook、Exchange 和 IBM Notes 都有获取邮件消息的活动，它们能够从邮箱的文件夹里检索 E-mail，如图 5-4 所示。

在这里请注意，IMAP 和 POP3 都显示了蓝色感叹号的警告标志，而 Outlook、Exchange 和 IBM Notes 则没有。这是因为在使用 IMAP 和 POP3 获取 E-mail 时需要配置邮件服务器地址及端口号等参数来连接邮箱，而 UiPath 有专门服务 Outlook 用户、Exchange 用户和 IBM Notes 用户的活动，它们三者的邮箱能够被自动发现。例如，Exchange 的连接里有一个功能为"邮件自动发现"，在操作时，它能够帮助我们减少许

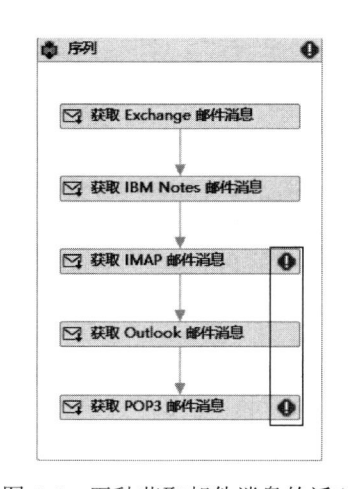

图 5-4　五种获取邮件消息的活动

多工作量。当然，这其中最方便的就是 Outlook，它需要设置的属性最少，通常使用默认值即可，并且还有一些额外的功能，如筛选器等，同时它还能兼容任何 E-mail 协议，如图 5-5～图 5-7 所示。

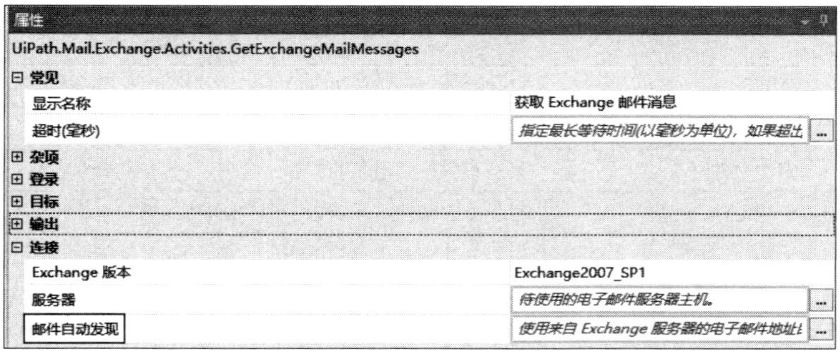

图 5-5 【获取 Exchange 邮件消息】属性面板

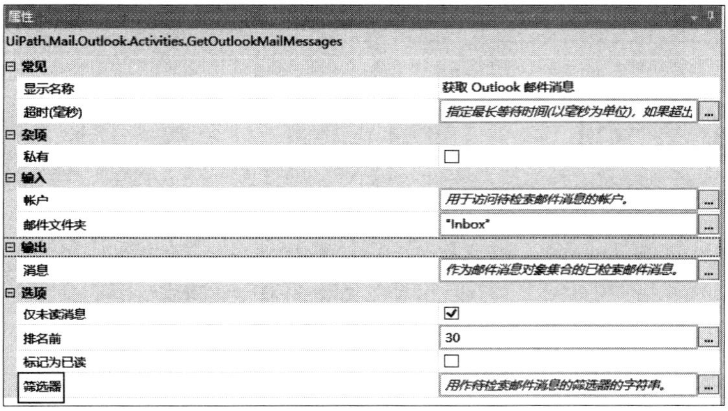

图 5-6 【获取 Outlook 邮件消息】属性面板

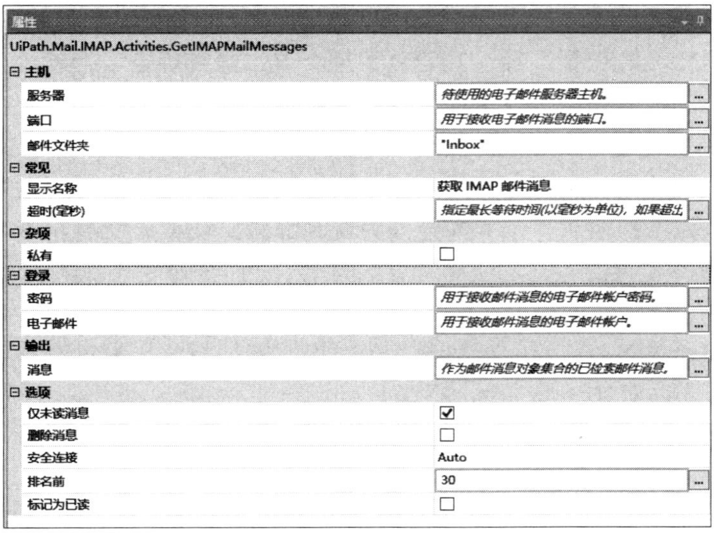

图 5-7 【获取 IMAP 邮件消息】属性面板

这里，我们以【获取 IMAP 邮件消息】为例，讲解各种属性类型的属性和含义，如表 5-5 所示。

表 5-5 【获取 IMAP 邮件消息】的部分属性

属性类型	属 性	含 义
主机	服务器	待使用的电子邮件服务器主机，其格式如"imap.163.com"
	端口	用于接收电子邮件信息的端口号，其格式如 993
	邮件文件夹	将从其中检索消息的邮件文件夹，通常默认值为"Inbox"
登录	电子邮件	用于接收邮件消息的电子邮件账户，其格式如"4961140@qq.com"
	密码	用于接收邮件消息的电子邮件账户密码
选项	仅限未读信息	如果勾选，只获取未读取的邮件信息
	删除信息	如果勾选，获取邮件消息后删除该信息
	标记为已读	如果勾选，接收邮件消息后将该邮件标识为已读
	顶部	从列表顶部开始检索的邮件消息数量，用来限制读取的邮件数量
输出	消息	作为邮件消息对象集合保存已检索的邮件信息，设置 List 类型变量

5.2 自动读取 E-mail

在本节，你将通过 HD 公司的财务工作场景案例，学会如何使用 IMAP 协议来帮助你自动读取 E-mail 和下载邮件附件，以及如何自动读取 Outlook 邮件，为你的财务机器人开发学习之旅建立业务、财务和技术一体化的设计思维与应用实现。

【案例背景】

随着以云计算、大数据、人工智能为代表的数字化时代的到来，以及国家发改委、财政部等相关部委宏观政策的助推，今年的企业信息化市场需求异常旺盛，深耕企业信息化市场 20 多年的 HD 公司终于迎来了千载难逢的发展机遇。

抓住机遇，先做大再做强，经过几轮董事会会议，最终确定了今年的公司战略——施行市场规模扩张的业务战略和激进性现金流管理的财务战略。

为了保障公司战略的有效实施，提高今年各业务部门的销售收入考核指标，并将业务部门合同执行的及时回款率与销售人员的业绩考核挂钩。要求财务部门加强应收账款管理，做好及时入账与应收账款提醒工作，并配合人力资源部做好业务人员的业绩考核与奖金发放。

新战略的实施，使得财务部的工作"雪上加霜"，而公司基于成本控制并不批准财务部增加人员编制。HD 公司总共有 180 多名业务人员，在建项目 600 多个，每个项目都按执行进度付款。增加及时入账与应收账款提醒这项工作，看似简单、重复，但是工作量巨大，而要把它持续做好，可是件不容易的事情。

"估计这项工作分配给谁，谁都会急得跳起来马上辞职！"财务总监程平一想到这里就愁得食不知味、夜不安寝。

这天，程平总监正在办公室坐着发愁，望着眼前的透明玻璃发呆，忽然，一个身影出现，财务部刚刚入职的报销稽核岗员工郭奕君从门口路过。顿时，程平喜上眉梢，脸上露出了灿烂的笑容。

郭奕君何许人也？

本科就读于吉林财经大学信息管理与信息系统专业，硕士研究生毕业于重庆理工大学"互联网+会计"MPAcc 专业的大数据及人工智能财务方向。因为试用期工作积极，专业能力强，创新思维不走寻常路，因此被批准提入入职公司财务部。

"安排郭奕君负责这项工作！好钢要用在刀刃上，她的互联网思维和 IT 技术能力，也许能够让我们重新审视当前惯性的财务工作模式。公司的财务工作是时候做出些改变了！"程平总监拨通了财务部经理王文怡的电话说道。

于是，郭奕君非常愉快地、没有任何选择地接受了这项"额外"工作。

每天，郭奕君都会收到大量来自业务部门员工的合同收款提醒邮件，她需要一封封地浏览邮件主题，确定之后再下载邮件附件。由于公司内部邮件往来频繁，再加上每天也会收到不少广告邮件，有时候郭奕君觉得自己简直像是大海捞针般地在筛选邮件。

一周后，这种虽然简单，但是重复、工作量巨大的工作，让郭奕君感受到了从未有过的疲惫，有些心累了。

"难道这就是我想要做的财务工作吗？这种工作模式如果再继续下去，我可能在公司也待不久了，我也不想再做这个财务工作了。"郭奕君心如死灰地想道。

"不！我绝对不能半途而废！我要改变！我的研究生导师不是说过：我们'互联网+会计'人的思维是用基于 IT 技术的创新去防范风险，用基于业务、财务、技术的一体化协同去谋求财务工作的职业发展吗？"我一定可以的！"郭奕君给自己使劲打气。

信心堪比黄金，思路决定出路。由于郭奕君在研究生阶段学过"RPA、NLP 与会审模式识别"课程，比较熟练地掌握了机器人流程自动化技术的运用，同时还跟着导师做过类似的项目，于是，她决定开发一个小蛮财务机器人来解决当前的问题。

但是，如何才能够科学、高效地开发一个财务机器人呢？郭奕君开始使劲地回忆课堂上的点点滴滴，找出参加导师项目的各种资料。

"首先，分析现在的工作需求与'痛点'，然后做数据标准设计、自动化流程设计，最后做财务机器人小蛮的开发。"郭奕君终于厘清了解决方案和实施步骤，并开始行动起来。

两周后，财务机器人小蛮成功上线工作。郭奕君再也不用烦恼这项工作了，再也不用担心离开公司了，因为这一切都可以通过小蛮来帮忙。

财务机器人小蛮的应用，在公司财务部和业务部门引起了强烈的反响，两个部门之间的关系突然开始融洽起来。值得一提的是，总经理居然在一次高管联席会议上，当众表扬财务部的创新工作。关于这一点，让财务总监程平始料未及。

"为什么我们做了那么多工作，经常加班熬夜，付出许多却并没有得到别人的认同？而这项工作，只做了这么一点创新，就得到那么多认同？看来，我们财务工作真的应该与时俱进，必须做出改变了。"程平开始思考更多。

5.2.1 使用 IMAP 协议读取邮箱中的未读邮件主题

【例 5-1】应用场景

一大早，郭奕君便接到任务，进行及时收款确认提醒。其实就是在项目执行过程中，客户根据进度付款后会告知业务人员，然后由业务人员将付款信息和客户的付款凭证附件通过邮件形式反馈给财务部，财务部收到后会及时核对银行收款信息，并将收款金额和付款时间等信息传递到人力资源部做业务人员的业绩考核和每月及时的奖金发放。

郭奕君在心里盘算着，这项工作还是可以利用邮件自动收取来完成的。

首先财务机器人的开发得从规范邮件主题和邮件附件命名开始，要不然会面临着复杂的自然语言处理技术应用，这样问题就搞复杂了。技术要与管理协同，如果我们制定邮件主题和附件名称的命名规范（格式：XMFKXX-部门名称-业务人员姓名-客户名称-合同编号-付款金额-付款日期），利用现有的 RPA 字符串处理技术就能够很方便地识别出部门、员工、项目、付款金额等主要信息，那这项复杂工作岂不是就变得很简单啦！想到这个方法如此之"帅"，郭奕君顿时开心地笑起来。

要想知道神奇的财务机器人小蛮是如何工作的，那就接下来跟我一起一探究竟吧！

1. 数据准备

首先，我们需要准备郭奕君的网易 163 邮箱账号和密码。其次，需要保证郭奕君的收件箱有几封来自业务人员的收款提醒未读邮件，以便我们的小蛮能够顺利地展示读取和解析未读邮件的功能，如图 5-8 所示。

图 5-8 "163 网易免费邮"界面

2. 开发步骤

准备好之后，让我们一步步揭开小蛮财务机器人开发的神秘面纱吧！具体步骤如下：

步骤一：打开 UiPath，新建【序列】，添加【获取 IMAP 邮件消息】，如图 5-9 所示。设置服务器地址为"imap.163.com"，端口号为：993，以参数的形式输入郭奕君的 E-mail："hdchina_rpa@163.com"及 password："******"（注意此处的密码填写的是邮箱授权码，并非邮箱的登录密码），选择只读取未读邮件中的前 200 封，如图 5-10 所示。在"消息"里创建 List 列表类型变量"message"。参数设置如图 5-11 所示。

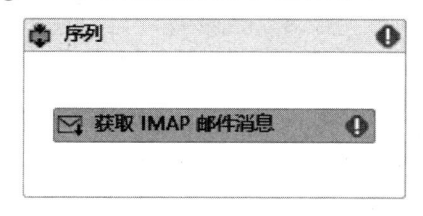

图 5-9 添加【获取 IMAP 邮件消息】

图 5-10 设置【获取 IMAP 邮件消息】属性

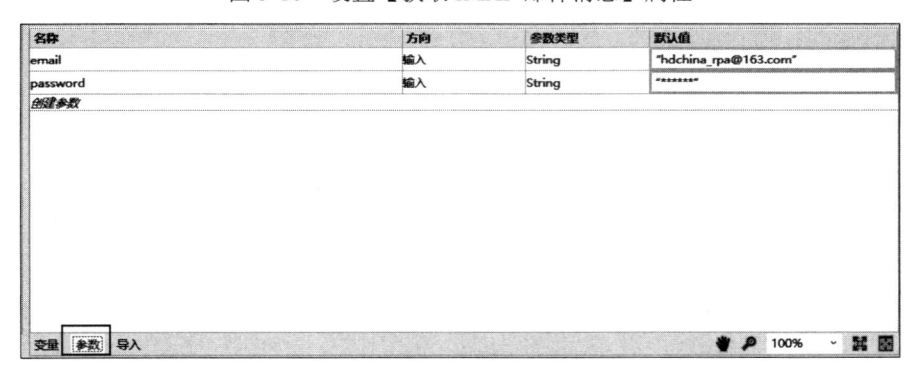

图 5-11 参数设置

步骤二：添加【遍历循环】依次读取邮件主题。在属性界面设置"TypeArgument"为"System.Net.Mail.MailMessage"，"值"为变量"message"，如图 5-12 所示。

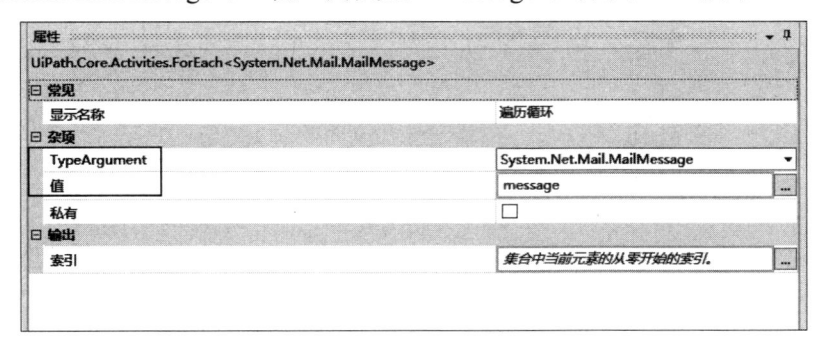

图 5-12 【遍历循环】参数设置

步骤三：在【遍历循环】的正文添加【IF】，然后在"condition"里输入

"mail.Subject.Contains("XMFKXX-")"。

步骤四：打开变量面板。创建"String[]"字符串数组变量"Fkxx"，用于保存邮件主题信息；创建"String"字符串类型变量"Scxx"，用于保存输出提示信息，如图 5-13 所示。

名称	变量类型	范围	默认值
message	List<MailMessage>	序列	输入 VB 表达式
Fkxx	String[]	序列	输入 VB 表达式
Scxx	String	序列	输入 VB 表达式
创建变量			

图 5-13　创建变量

步骤五：在【IF】的"Then"里添加【A←B 多重分配】，为变量"Fkxx"赋值"mail.subject.Split("-".ToCharArray)"，为变量"Scxx"赋值"Scxx+Fkxx(1)+"，"+Fkxx(2)+"，"+Fkxx(3)+"，"+Fkxx(4)+"，"+Fkxx(5)+chr(10)+chr(13)"，如图 5-14 所示。

步骤六：添加【消息框】，在"文本"属性中输入"Now.ToString +"收到的来自业务部门的客户付款提醒邮件清单："+chr(10)+chr(13)+chr(10)+chr(13)+Scxx+chr(10)+chr(13)+ "HD 公司财务部""。

步骤七：恭喜你完成了整个程序的开发，程序完整视图如图 5-15 所示。单击【运行】，机器人小蛮就可以自动读取出前 200 封邮件中未读邮件的主题了，运行结果如图 5-16 所示。

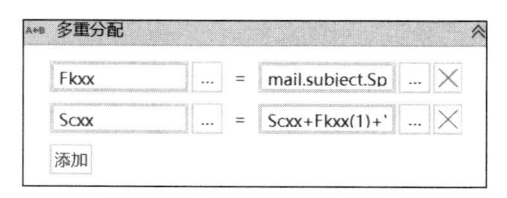

图 5-14　设置【A←B 多重分配】

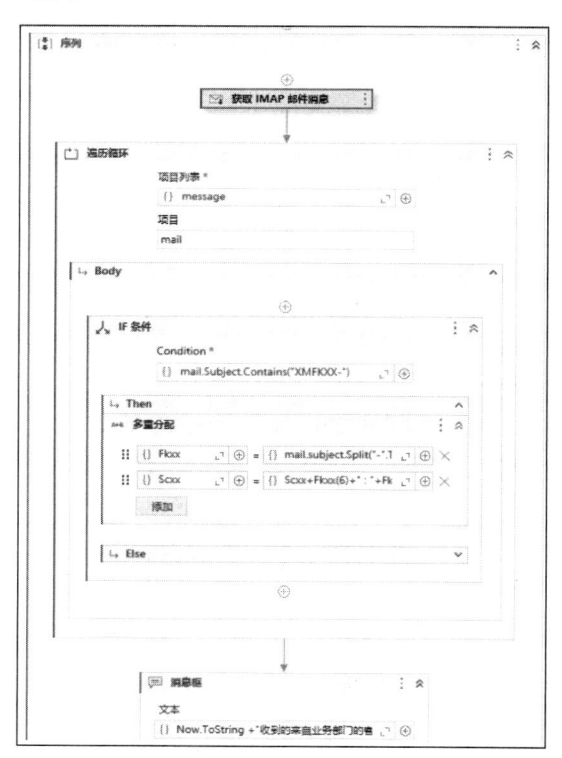

图 5-15　程序完整视图

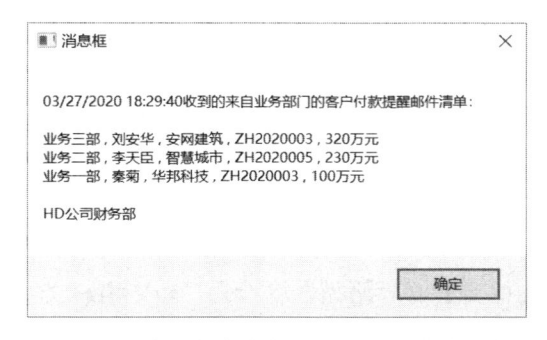

图 5-16　收到的客户付款提醒邮件清单信息

5.2.2　使用 IMAP 协议保存邮件信息和下载附件

为了方便查询和管理，郭奕君按日期命名客户的付款凭证，如图 5-17 所示。下面，我们就用财务机器人小蛮来帮助郭奕君自动下载带有"客户付款凭证"主题的邮件附件。具体操作步骤如下：

步骤一：在 5.2.1 节程序的基础上，在【获取 IMAP 邮件信息】后面添加【A←B 多重分配】和【创建文件夹】，如图 5-17 所示。

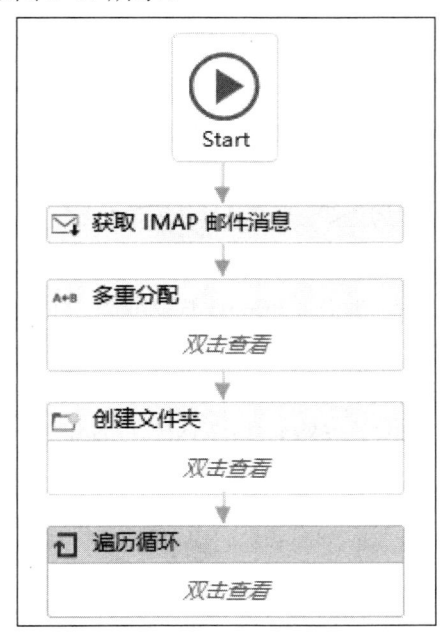

图 5-17　程序完整视图

步骤二：创建"string"字符串类型变量"strYMD"，用于保存邮件收取的日期信息。设置【A←B 多重分配】，为第一个分配中的变量"strYMD"赋值"Now.Date.ToShortDateString"，用于获取计算机当前的日期信息；为第二个分配中的变量"strYMD"赋值"strYMD.Substring(6,4)+ strYMD.Substring(0,2)+strYMD.Substring(3,2)"，用于转换成年月日格式，如图 5-18 所示。

第 5 章　E-mail 人机交互自动化　▶　93

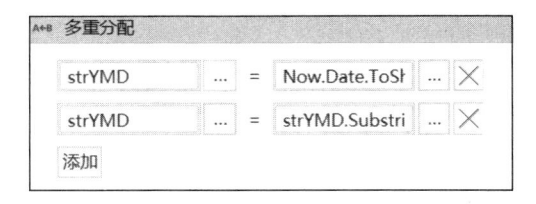

图 5-18 设置【A←B 多重分配】

步骤三：设置【创建文件夹】的"路径"属性为"strYMD+"客户付款凭证"",如图 5-19 所示。该文件夹用于保存邮件信息和邮件附件。

图 5-19 设置【创建文件夹】

步骤四：在【遍历循环】中添加三个【IF】。创建"String"字符串类型变量"strMailFileName",用于保存邮件信息的文件名,如图 5-20 所示。

图 5-20 设置【创建文件夹】

步骤五：设置第一个【IF】的"condition"为"mail.Subject.Contains("XMFKXX-")",然后在"Then"中添加【A←B 多重分配】,string[]类型变量"Fkxx"赋值"mail.subject.Split("-".ToCharArray)";string 类型变量"Scxx"赋值"Scxx+Fkxx(6)+"：" +Fkxx(1)+"，"+Fkxx(2)+"，"+Fkxx(3)+"，"+Fkxx(4)+"，"+Fkxx(5)+chr(10)+chr(13)";string 类型变量"strMailFileName"赋值"Fkxx(6)+Fkxx(1)+Fkxx(2)+Fkxx(3)+Fkxx(4)+Fkxx(5)+".eml"",如图 5-21 所示。

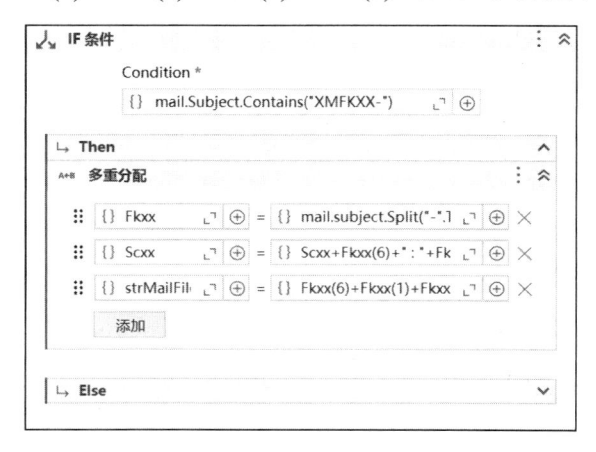

图 5-21 设置【IF】和【A←B 多重分配】

94 ◄ RPA 财务机器人开发教程——基于 UiPath（第 2 版）

步骤六：设置第二个【IF】的"condition"为"mail.Subject.Contains("XMFKXX-")"，然后在"Then"中添加【保存邮件消息】，设置属性"邮件消息"值为"mail"，"文件路径"值为"strYMD+"客户付款凭证\"+strMailFileName"，如图 5-22 所示。

步骤七：设置第三个【IF】的"condition"为"mail.Subject.Contains("XMFKXX-")"，然后在"Then"中添加【保存附件】，设置属性"消息"值为"mail"，"文件夹路径"值为"strYMD+"客户付款凭证"'"，如图 5-23 所示。

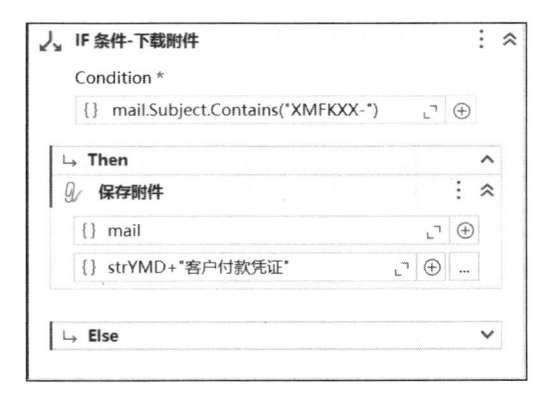

图 5-22 设置【IF】和【保存邮件消息】　　图 5-23 设置【IF】和【保存附件】

步骤八：单击【运行】，就可以读取和下载满足条件的附件，同时将每封邮件信息单独形成文件，然后和附件一起保存在当前目录下的"20200327 客户付款凭证"文件夹中，如图 5-24 所示。

图 5-24 保存邮件信息和邮件附件到本地文件夹

5.2.3 读取 Outlook 邮箱中的未读邮件

在日常工作和生活中，除了使用 163、126、263 邮箱，也有许多人使用 Outlook 邮箱。在这里，为大家介绍在 UiPath 中如何实现自动读取 Outlook 邮箱中的未读邮件。

在本章最开始已经介绍过 UiPath 有专门服务 Outlook 用户的功能，所以操作起来也非常简便，它不需要设置服务器和端口号参数，就能够直接使用默认的 Outlook 账户。

下面为大家介绍两个自动读取 Outlook 邮箱的趣味功能。

1. 自动计算未读邮件个数

步骤一：准备一封未读邮件，如图 5-25 所示。

步骤二：添加【获取 Outlook 邮件消息】，将"邮件文件夹"设置为""收件箱""，"消息"中使用快捷键 Ctrl+K 创建变量"message"，如图 5-26 所示。

步骤三：添加【消息框】，输入"message.Count.ToString"，如图 5-27 所示。

步骤四：单击【运行】，就可以自动读取 Outlook 邮箱中未读邮件的个数，并且【消息框】中显示未读邮件的个数，如图 5-28 所示。

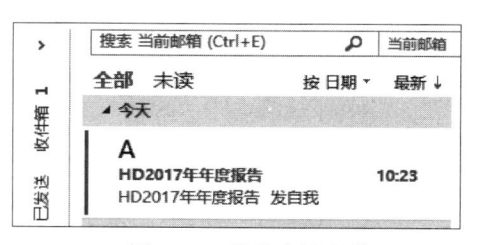

图 5-25 准备未读邮件

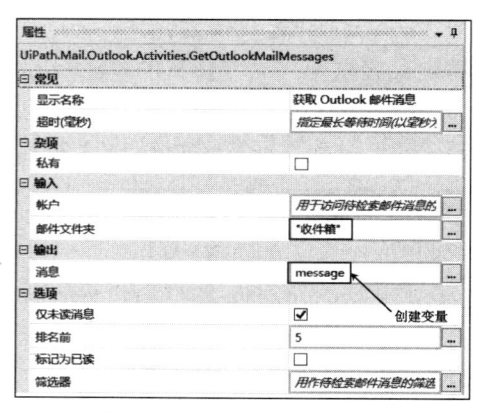

图 5-26 创建变量"message"

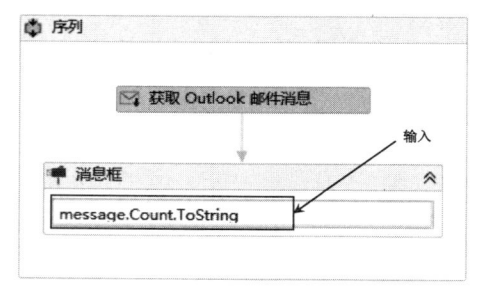

图 5-27 添加并使用【消息框】

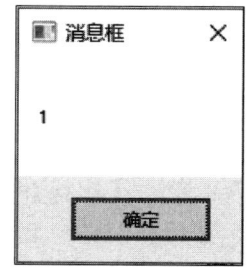

图 5-28 自动读取未读邮件个数

2. 自动获取未读邮件的发送时间

步骤一："在上一个练习的基础上，在【获取 Outlook 邮件消息】下方添加【遍历循环】，设置"遍历循环 mail 输入 message"。在参数里设置杂项，将"类型名称"设置为"System.Net.Mail.MailMessage"，如图 5-29 所示，设置方法参照之前的教程。

步骤二：将【消息框】移动到【遍历循环】正文中，输入"mail.Headers("Date")"，如图 5-30 所示。

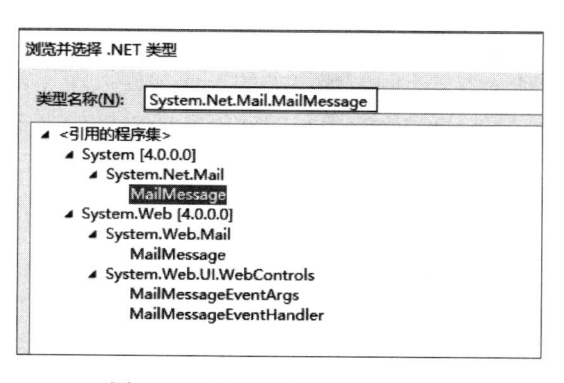

图 5-29 设置"类型名称"

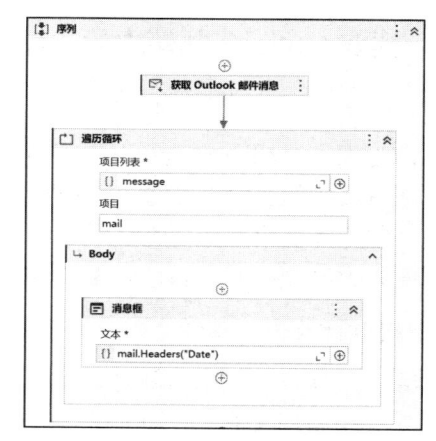

图 5-30 添加【遍历循环】

步骤三：单击【运行】，就可以自动读取 Outlook 邮箱中未读邮件的发送时间，并做出信息提示，如图 5-31 所示。

【思维拓展】

当然，如果你想要自动读取前两天的未读邮件时间，可以在【获取 Outlook 邮件消息】的"选项"里，将"筛选器"设置为 ""[ReceivedTime] >= '"& Now.AddDays(-2).ToShortDateString("MM/dd/yyyyhh:mm:tt")&"'" "。程序运行后，就可以自动读取 Outlook 邮箱中前两天未读邮件的发送时间。

图 5-31　自动读取未读邮件发送时间

5.3　自动发送 E-mail

5.3.1　使用 SMTP 协议发送邮件

在新冠疫情下，传统企业的数字化转型让 HD 公司面临更多的发展机遇。经过对国家宏观政策的研判和行业的深度分析，HD 公司确立了数字化产品升级和市场拓展的新型战略。

HD 公司新战略的实施对项目的及时收款管理工作提出了更高的要求，虽然公司使用的财务软件能够根据合同付款计划实现应收账款提醒和相关信息的文件导出，但是通知业务人员及时去收款，仍然需要财务部负责应收账款提醒工作的谭韵每周定期发邮件完成。

每到这一天，谭韵就进入"紧张"状态，从各个信息系统导出数据，然后整理到一个 Excel 文件后，就开始进入烦琐的发邮件工作。由于应收账款属于非常重要的商业信息，在公司内部也是保密级别很高的，因此不允许群发邮件。谭韵需要给业务人员单独写邮件主题和邮件正文，然后挨个发送邮件提醒他们。当每次点"发送"之前，客户名称、合同编号、收款金额等关键信息，谭韵都要反复检查几次，生怕出错。但是，有时候往往事与愿违，想起被业务人员"指责"工作失误，谭韵就胆战心惊。

除了这项工作，谭韵每天还需要处理大量的财务琐事，所以还不得不抽午休的时间加班发送邮件，日常工作本来已经够烦人了，再想到还要被这"伤神"的"简单"工作剥夺休息时间，谭韵就会进入间歇性暴躁状态，哀嚎着："有没有人能救救我啊！"

财务部郭奕君开发的财务机器人小蛮成功上线应用，让谭韵似乎找到了一劳永逸的解决方案。

"小蛮能够自动读取邮件，难道就不能自动发送邮件吗？"谭韵问郭奕君。

"当然可以！不过不凑巧，我最近刚好比较忙。这样，我们一起去给财务总监程总汇报，让我的研究生学妹代佳来公司财务部实习，帮你开发小蛮吧。"郭奕君对谭韵说道。

听了她们的汇报，程总当场愉快地同意了！有郭奕君前面的探索实践，程总相信这件事情也能够取得成功。

一周后，财务机器人小蛮正式上线工作，运行良好。谭韵再也不用发邮件了，开心地直转圈圈："苍天有眼，终于派了一个机器人来拯救我！"如果你好奇小蛮是怎样自动发送应收账款提醒邮件的，就和我一起看下去吧！

使用 SMTP 协议发送邮件的总体设计如图 5-32 所示，具体操作步骤如下：

第 5 章　E-mail 人机交互自动化　　97

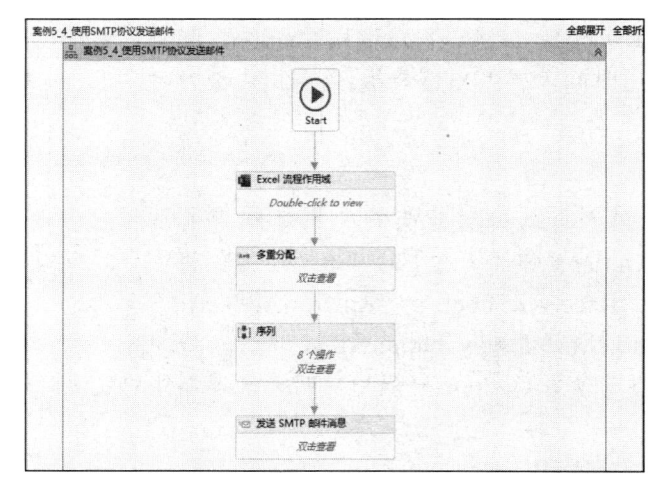

图 5-32 程序完整视图

步骤一：添加【Excel 流程作用域】，双击"浏览"，在执行区域添加【使用 Excel 文件】，选择"准备文件"文件夹下的"项目应收账款提醒统计表.xlsx"，然后在"执行"中添加【读取范围】，在其属性"范围"中输入"Excel.Sheet("sheet1").Range("B3:G3")"，并在"保存位置"中创建变量"DT1"，勾选"含标头"，以读取应收账款提醒统计表中的数据，如图 5-33 所示。添加【输出数据表】，输入数据表为"DT1"，创建变量"strOut"，用于输出文本，如图 5-34 所示。

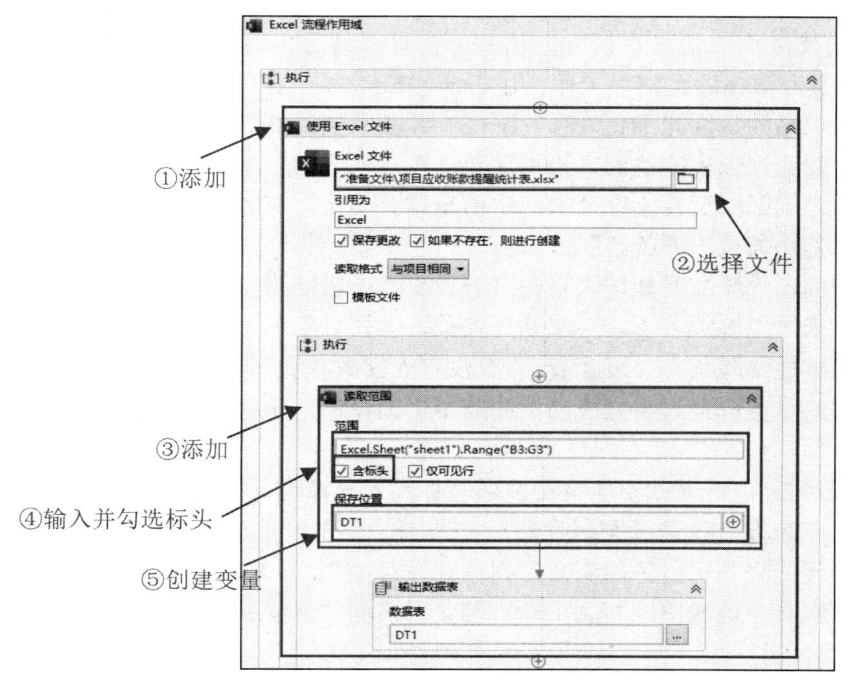

图 5-33 添加【Excel 流程作用域】

步骤二：添加【A←B 多重分配】，如图 5-35 所示。为变量"TEMail"赋值"strOut.Split(","".ToCharArray)(5)"，为变量"TSubject"赋值"strOut.Split(","".ToCharArray)(3)+" 的 "+strOut.Split(","".ToCharArray)(4)+" 同事，客户："+strOut.Split(","".ToCharArray)(0)+"（合同编号："+strOut.Split(","".ToCharArray)(1)+"）"+"的应收账款是："+strOut.Split(","".ToCharArray)(2)+"万元，请及时收款！""。

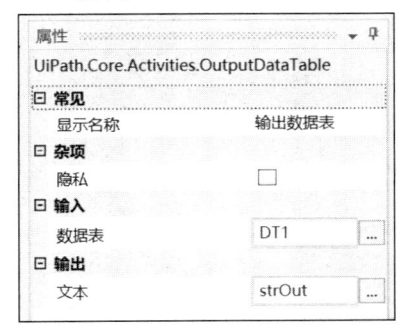

图 5-34　创建变量"strOut"

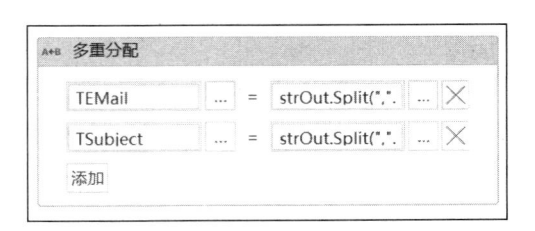

图 5-35　添加【A←B 多重分配】

步骤三：添加【序列】，在序列中添加【复制文件】，文件来源路径设置为""准备文件\应收账款提醒邮件正文模板.docx""，目标设置为""准备文件\应收账款提醒邮件正文（临时）.docx""，如图 5-36 所示。

步骤四：在【复制文件】下方添加 6 个【替换文档中的文本】，以写入对应的客户应收账款金额等信息，应收账款提醒邮件正文模板内容如图 5-37 所示。【替换文档中的文本】的文件路径设置为""准备文件\应收账款提醒邮件正文（临时）.docx""，"输入"属性的具体设置如表 5-6 所示。然后再添加一个【读取文本】，文件路径设置为""准备文件\应收账款提醒邮件正文（临时）.docx""，创建变量"TBody"，以输出文本，该步骤操作完成后如图 5-38 所示。

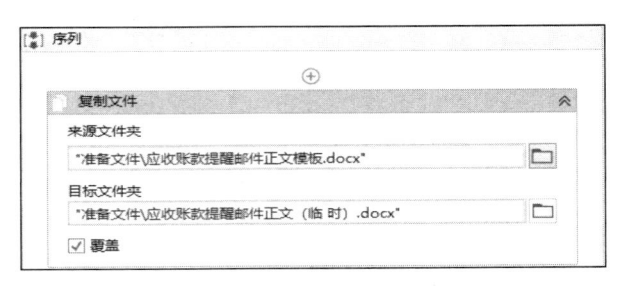

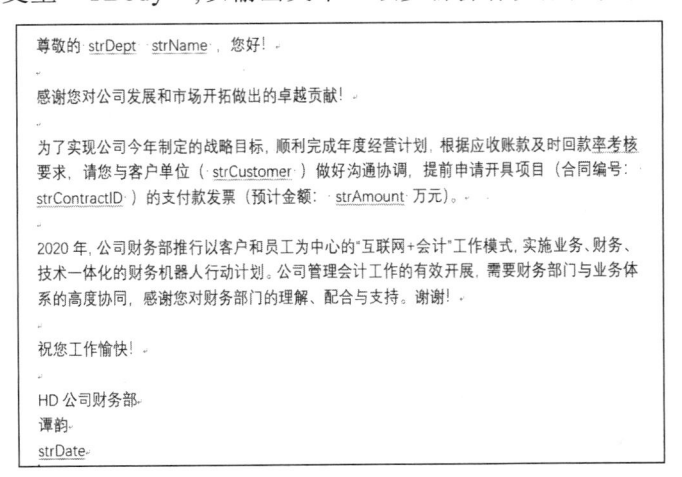

图 5-36　设置【复制文件】参数

图 5-37　应收账款提醒邮件正文模板

第 5 章　E-mail 人机交互自动化　　99

图 5-38　添加 6 个【替换文档中的文本】和 1 个【读取文本】

表 5-6　替换文本属性表

序号	输入-搜索	输入-替换
1	"strDept "	strOut.Split(",".ToCharArray)(3)
2	"strName "	strOut.Split(",".ToCharArray)(4)
3	"strCustomer "	strOut.Split(",".ToCharArray)(0)
4	"strContractID "	strOut.Split(",".ToCharArray)(1)
5	"strAmount "	strOut.Split(",".ToCharArray)(2)
6	"strDate"	CDate(Now).ToShortDateString

步骤五：添加【发送 SMTP 邮件消息】，如图 5-39 所示，按照之前的方法设置邮箱服务器及端口，并将目标设置为"TEMail"，主题设置为"TSubject"，正文为"String.Format (TBody, Now)"。

步骤六：恭喜你完成了整个程序的开发。单击【运行】，机器人小蛮就可以自动发送邮件，提醒客户及时付款。运行完成

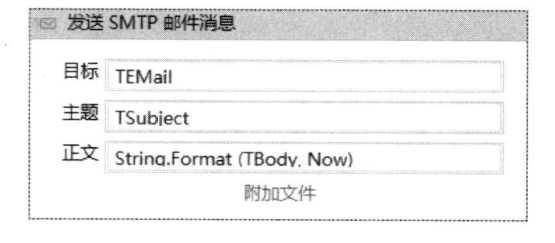

图 5-39　添加【发送 SMTP 邮件消息】

后，应收账款提醒邮件正文如图 5-40 所示。

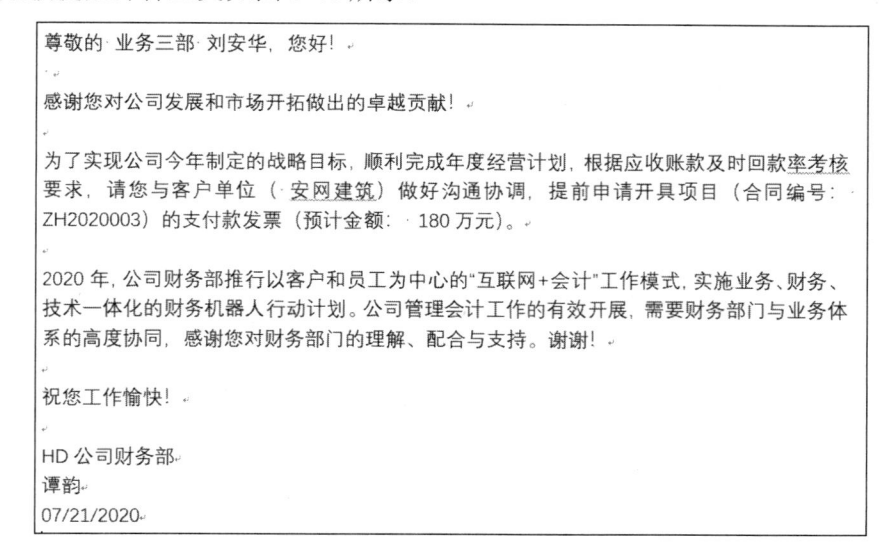

```
尊敬的 业务三部 刘安华，您好！

感谢您对公司发展和市场开拓做出的卓越贡献！

为了实现公司今年制定的战略目标，顺利完成年度经营计划，根据应收账款及时回款率考核
要求，请您与客户单位（安网建筑）做好沟通协调，提前申请开具项目（合同编号：
ZH2020003）的支付款发票（预计金额：180 万元）。

2020 年，公司财务部推行以客户和员工为中心的"互联网+会计"工作模式，实施业务、财务、
技术一体化的财务机器人行动计划。公司管理会计工作的有效开展，需要财务部门与业务体
系的高度协同，感谢您对财务部门的理解、配合与支持。谢谢！

祝您工作愉快！

HD 公司财务部
谭韵
07/21/2020
```

图 5-40　应收账款提醒邮件

5.3.2　使用 Outlook 发送 E-mail

学会了用 SMTP 协议的方法自动发送邮件，下面我们来看看如何让 Outlook 自动发送邮件。

步骤一：在设计面板添加【发送 Outlook 邮件消息】，并在相应位置填写收件人、主题和正文，如图 5-41 所示。

步骤二：单击【运行】，就能够自动发送 E-mail。是不是感觉非常方便，不需要配置服务器、端口号，也不需要设置用户名、密码参数，就能够直接使用默认的 Outlook 邮箱自动发送 E-mail，如图 5-42 所示。

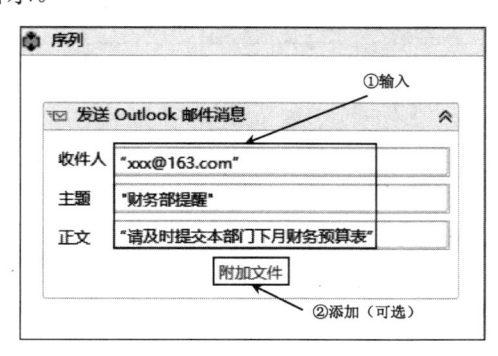

图 5-41　设置【发送 Outlook 邮件消息】属性

图 5-42　收到的 E-mail

【思维拓展】

你也可以利用上一节的操作方法，使用 Outlook 邮箱自动发送邮件模板，并将当前屏幕截图作为附件发送给指定收件人。

5.4 自动移动 E-mail

5.4.1 E-mail 移动前的准备

知识管理对企业长期发展和实现企业利益最大化有着积极作用。通过对知识的获取、创造、整合、更新、创新等方式，不间断地积累个人知识和企业知识，由此形成企业智慧循环，从而帮助企业及时应对市场的变化，做出正确的决策。邮件作为知识获取的重要渠道，其日常管理是非常重要的。

HD 公司财务部的魏友婕负责财务部门知识管理工作。每天，她都要整理财务部工作邮箱中的 E-mail，然后将 E-mail 归档到知识管理服务器的不同文件夹。这个工作有价值吗？反正干了几个月之后，魏友婕特别没有"存在感"，都产生了辞职的打算。不过，神奇的是，有一天，她在情绪极度低落的短暂抽泣之后，突然抬头大叫道：聪明又帅气的机器人小蛮一定可以"解救"我，一定……可以的。

下面来看看 UiPath 财务机器人小蛮的技术开发是如何完成的。

步骤一：你需要在 Outlook 邮箱中新建一个与收件箱同级的文件夹，例如"市场部"。

步骤二：新建一个 Excel 文件，命名为"邮箱规则 1.xlsx"，第一列为"寄件邮箱"，用来保存各个部门所属的邮箱地址；第二列为"文件夹"，设置你需要移动归档的文件夹名称，如图 5-43 所示。建好后记得关闭 Excel 文件。

A	B
寄件邮箱	文件夹
rarkzy@outlook.com	市场部
example@163.com	研发部

图 5-43 准备的 Excel 文件

5.4.2 移动 E-mail

在做好准备工作之后，开始移动 E-mail 机器人的开发。

步骤一：添加【获取 Outlook 邮件消息】，如图 5-44 所示。将邮件文件夹设置为""收件箱""，消息设置为"emails"，它的类型为"List<MailMessage>"，如图 5-45 所示。

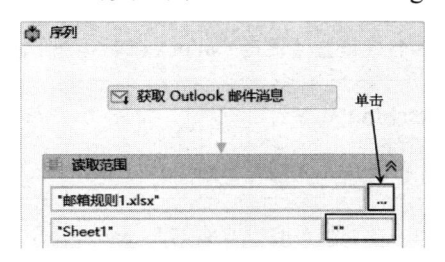

图 5-44 添加【获取 Outlook 邮件消息】和【读取范围】

步骤二：添加工作簿的【读取范围】，如图 5-44 所示。单击"浏览"，选择你的 Excel 文件，范围设置为 """"，也可以检索整张表，将输出的数据表设置为 "mailRules"，如图 5-46 所示。

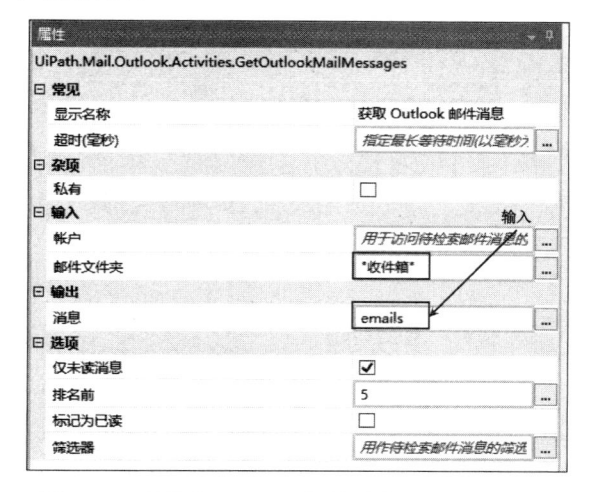

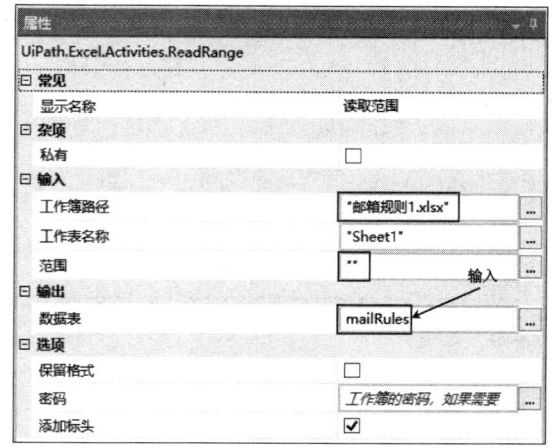

图 5-45 【获取 Outlook 邮件消息】的属性设置　　图 5-46 【读取范围】的属性面板

步骤三：添加【遍历循环】来依次读取邮件主题，"遍历循环"设置为 "mail"，"项目列表"设置为 "emails"；在【遍历循环】中添加【对于数据表中的每一行】，"遍历循环"设置为 "row"，"输入"设置为 "mailRules"，如图 5-47 所示。"TypeArgument"设置为 "System.Net.Mail.MailMessage"，如图 5-48 所示。

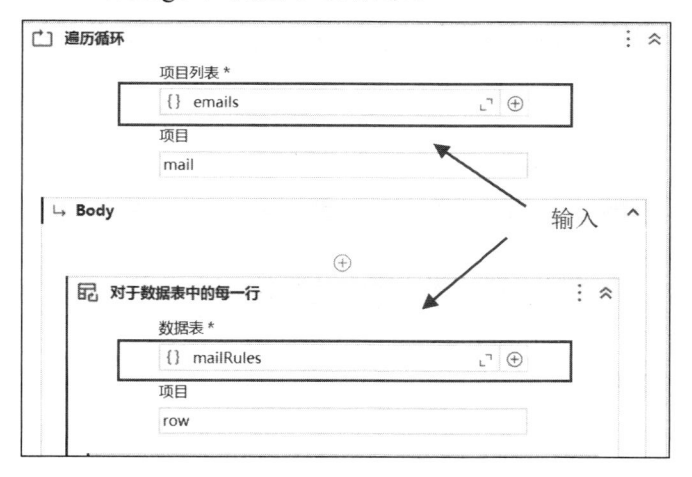

图 5-47 添加【遍历循环】和【对于数据表中的每一行】活动

步骤四：输入的数据表设置为 "mailRules"，如图 5-49 所示。

步骤五：在【对于数据表中的每一行】中添加【IF】。在【IF】的 "condition"中输入 "mail.From.Address.Contains(row("寄件邮箱").toString)"。

第 5 章　E-mail 人机交互自动化　▶ 103

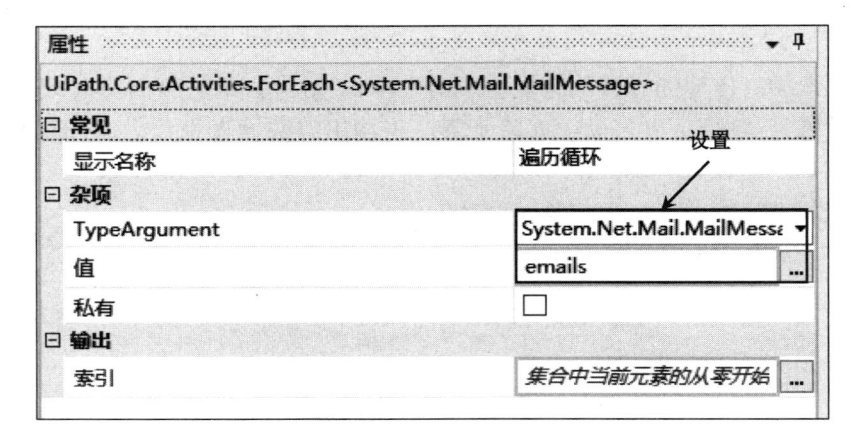

图 5-48 【遍历循环】的属性设置

图 5-49 变量设置

步骤六：在"Then"中添加【移动 Outlook 邮件消息】。"邮件消息"设置为"mail"，"邮件文件夹"设置为"row("文件夹").ToString"，如图 5-50 所示。

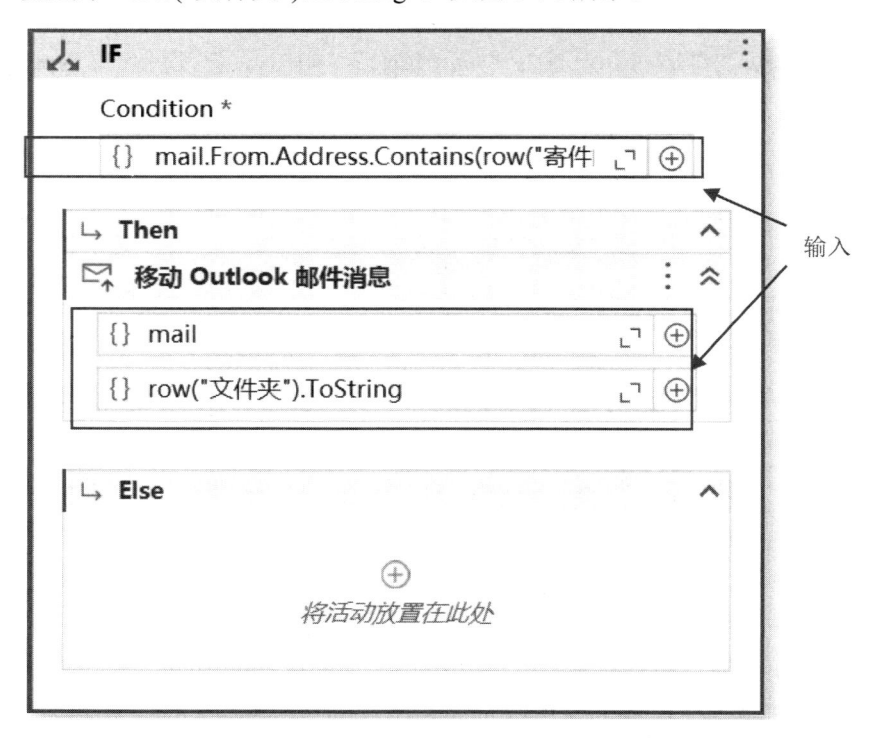

图 5-50 添加【IF】和【移动 Outlook 邮件消息】

步骤七：单击【运行】，就能够自动将邮件按寄件人移动到相应的文件夹下。

5.5 财务计划编制机器人模拟实训

5.5.1 场景描述与业务流程

"唉……"HD公司财务部计划岗的郑毅刚上班就坐在办公桌前长叹了一口气。

这一幕恰好被路过的财务部信息化岗的同事杨杰看见了,杨杰拍了拍郑毅的肩膀问道:"发生什么事情了?和我说说,看能不能帮你解决。"

"又到了做月度财务计划的日子,其实如果只是编制财务计划花不了多长时间,但是,我要登录邮箱下载公司各个事业部发来的收支计划，然后将所有邮件按部门归类，这些重复性、机械性，但又无技术含量的工作却耗费了我太多的时间……"

说到这里，郑毅又叹了一口气："而且我们计划岗每个月要接触大量的计划表，各部门提交的数据又多又杂，比如光是收支计划里的收入就有销售收入、收回应收账款、退回保证金、其他收入等，而销售收入又包括传统 ERP 及相关信息化服务、智能制造软件和实施服务、应用系统运营维护服务、云计算产品及服务等收入类型，汇总整理起来效率特别低，要是有人帮我完成这些工作就好了。"

听到这，杨杰神秘地说道："我能请到一个既聪明又帅气的朋友帮你忙。"

看到郑毅一脸的质疑，杨杰说："但你得首先向我讲解和展示一下你原来的财务计划编制工作流程，要不然神仙也救不了你。"

郑毅虽然对杨杰的话有所怀疑，但还是立马启动自己的"蛮好用"计算机，滔滔不绝地介绍起来……

HD 公司月度财务计划编制业务流程如图 5-51 所示。

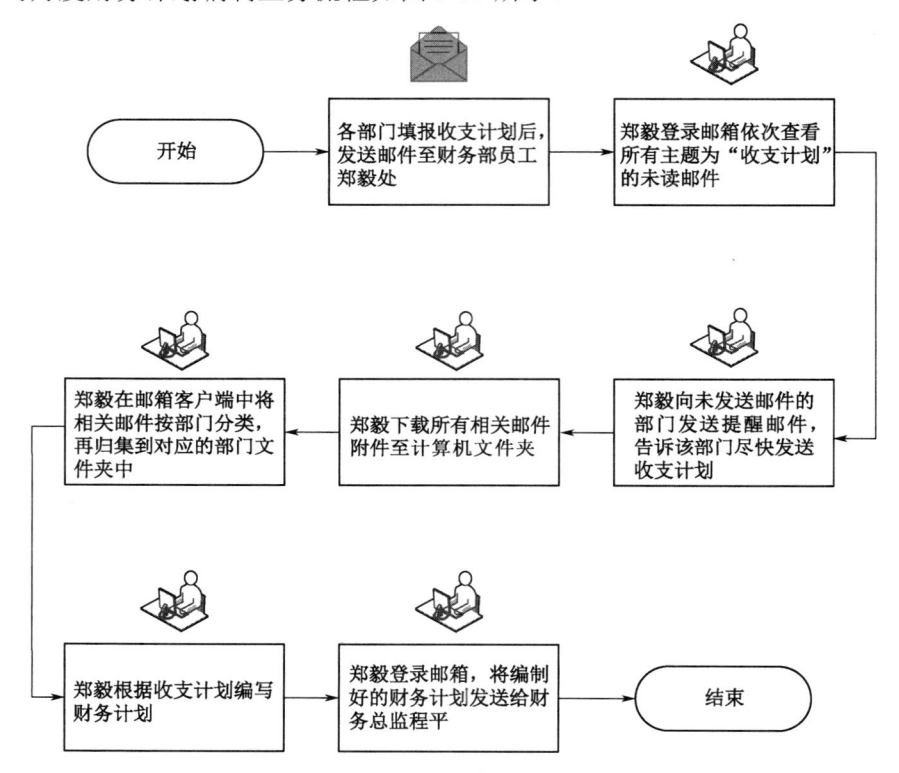

图 5-51 HD 公司月度财务计划编制业务流程

【沙盘模拟推演】

阅读业务场景描述之后，分析案例中涉及的企业情况、人员与岗位，以及业务描述等要点，并梳理出公司月度财务计划收支报表编制工作的业务流程，结合流程步骤进行痛点分析与梳理。

以小组为单位，在 RPA 财务机器人开发模拟物理沙盘上推演"机器人分析"板块。

5.5.2 自动化流程设计

郑毅端起咖啡杯，使劲地喝了一大口"蛮好喝"咖啡，然后开始给杨杰讲解并演示工作流程。听了半个小时，杨杰打断还在滔滔不绝的郑毅，自信满满地对郑毅比了个"OK"手势，然后就回了自己的办公桌。

不到 1 个小时，郑毅就收到了杨杰发送过来的财务机器人小蛮，他按照杨杰的指导完善了机器人的初始设置和工作部署，然后一键启动小蛮，不出一分钟，财务总监李平就收到了郑毅发来的财务计划。想到以往的月度财务计划都是临近下班才收到，今天郑毅却一反常态地在上午就提交了，程总决定找来郑毅问个究竟。

笑容满面的郑毅不慌不忙地对程总解释道："程总，其实今天的工作是因为我得到了杨杰为我量身定做的财务机器人小蛮的帮助，他可厉害了。"程总惊讶地看着郑毅问道："小蛮是何许人也？真有那么厉害吗？"郑毅看着程总怪怪的表情，暗自偷笑，拿起"蛮好用"笔记本电脑，走到程总旁边，用手指点了一下触摸屏，只见电脑屏幕上显示了机器人小蛮的工作流程"：第一步，小蛮首先登录邮箱，检索主题包含'收支计划'的邮件，并将其附件中的业务部门收支计划 Excel 文件下载至指定文件夹，然后将收到邮件的时间保存至"资金收支计划工作记录表"的 Excel 文件，同时更新该表中相关业务部门的发件状态。第二步，小蛮将收到的业务部门收支计划按照部门进行归类，并向未发送收支计划的部门发出提醒邮件。第三步，小蛮将下载的各个业务部门的收支计划进行数据汇总后，将所有数据填入财务收支计划表。第四步，小蛮将财务收支计划表通过邮件发给您。"

HD 公司基于 E-mail 自动化的财务计划编制自动化流程设计如图 5-52 所示。

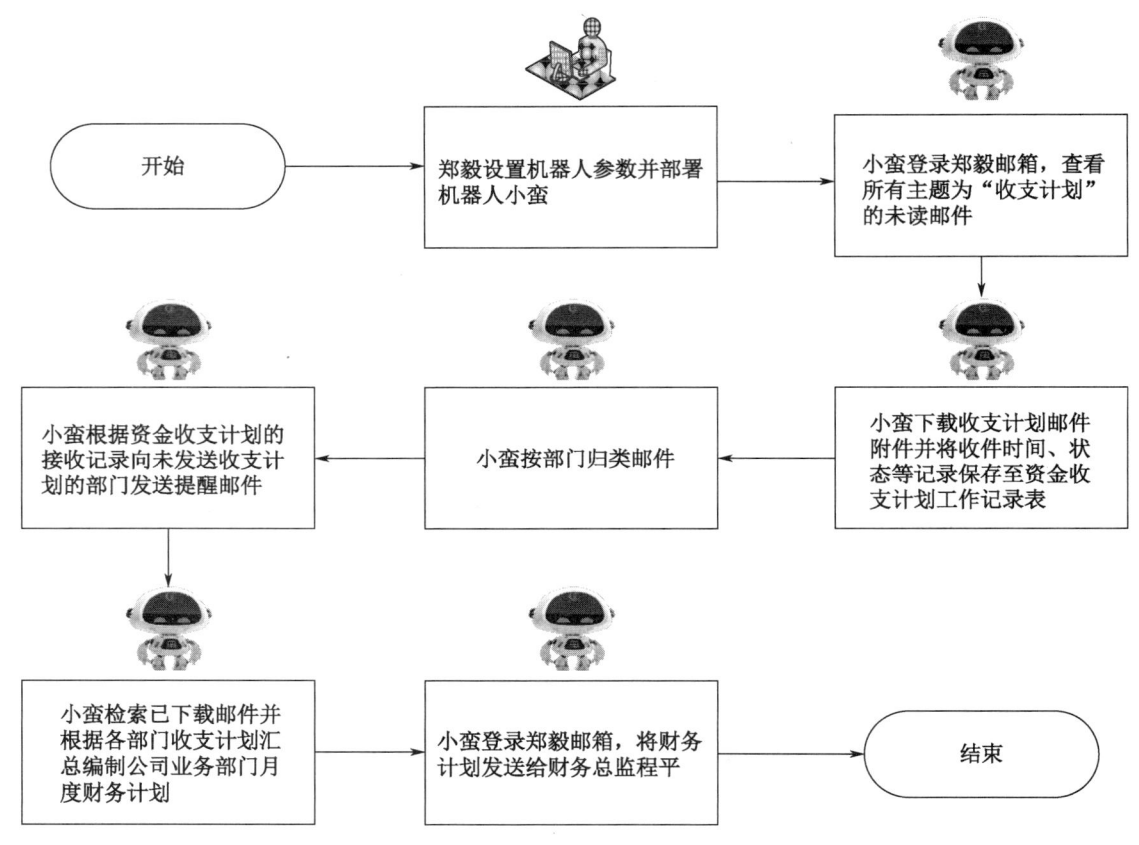

图 5-52　HD 公司基于 E-mail 自动化的财务计划编制自动化流程

程总在心里默默算了一笔账：目前，从各部门收集、汇总和编制一份收支计划表前前后后至少要花 4～5 天时间，如果用机器人来做，一次只需要十几分钟就搞定了，人基本上只是最后的审核。这样下来，不但这项工作的效率会极大地提高，还可以节省大量人天数，一年算下来有 50 多个人天了。

"现在有个问题，就是不知道这个小蛮贵不贵呢？"程总很困惑。

程总是个实干派,很快就打听到了财务机器人小蛮的成本主要来自开发实施费用,以及流程的年度许可费和机器人的运维费用。开发实施一个普通的机器人一般 1~2 周,而运行和维护一个机器人每月的最低成本可以达到 350 元。整合流程后,一个机器人不仅能做财务计划编制,还可以同时分析财务指标等,财务计划编制大约只占其总工作量的 1/6,想到这里,程总的心里已经有了答案。

【沙盘模拟推演】

基于以上自动化流程描述进行详细的自动化流程设计;结合案例的业务流程,规范机器人开发过程中所使用的数据,讨论数据输入的来源、数据类型、数据内容等相关要点,考虑如何进行数据处理,如部门信息的定位筛选、对财务指标的计算,以及不同类型数据间的转换等问题,最后确定输出财务计划报告的内容及对象。

以小组为单位,在 RPA 财务机器人开发模拟物理沙盘上推演"机器人设计"和"数据标准与规范化设计"。

5.5.3 技术路线与开发步骤

基于 E-mail 自动化的财务计划编制的财务机器人小蛮开发总体技术路线如下:

(1) 使用【获取 IMAP 邮件消息】获取邮件。
(2) 使用【遍历循环】与【IF】筛选"收支计划"邮件。
(3) 添加【保存附件】下载各部门报上来的收支计划。
(4) 使用【A←B 多重分配】保存邮件相关数据。
(5) 添加【查找数据表】匹配部门与相关数据。
(6) 添加【Excel 流程作用域】与【使用 Excel 文件】,更新邮箱工作管理表。
(7) 添加【读取范围】与【对于数据表中的每一行】,读取业务部门的邮件发送状态。
(8) 添加【发送 SMTP 邮件消息】,给未发送邮件部门发提醒。
(9) 使用【分配】定位附件里各部门的收支文件。
(10) 使用【Excel 流程作用域】与【使用 Excel 文件】对各部门的收支数据进行处理。
(11) 使用【遍历循环】、【读取范围】和【将数据表写入 Excel】处理各项明细数据。
(12) 使用【对于数据表中的每一行】和【将数据表写入 Excel】汇总数据,生成汇总表。
(13) 使用【发送 SMTP 邮件消息】将财务计划表发送至财务总监程总处。

【沙盘模拟推演】

根据自动化流程的总体设计,结合以上技术思路,以小组为单位,在 RPA 财务机器人开发模拟物理沙盘上推演"机器人开发"。程序整体开发视图如图 5-53 所示。

在本案例中,首先需要准备两封或多封未读邮件(需多个邮箱账号发送),如图 5-54 所示,以此来模拟 HD 公司不同的事业部发送给郑毅收支计划的场景。接下来展示程序中需要用的文件,各业务部门资金收支计划表的样式如图 5-55 所示;公司月度资金收支计划工作管理表,如图 5-56 所示。公司月度资金收支计划汇总表,如图 5-57 所示。

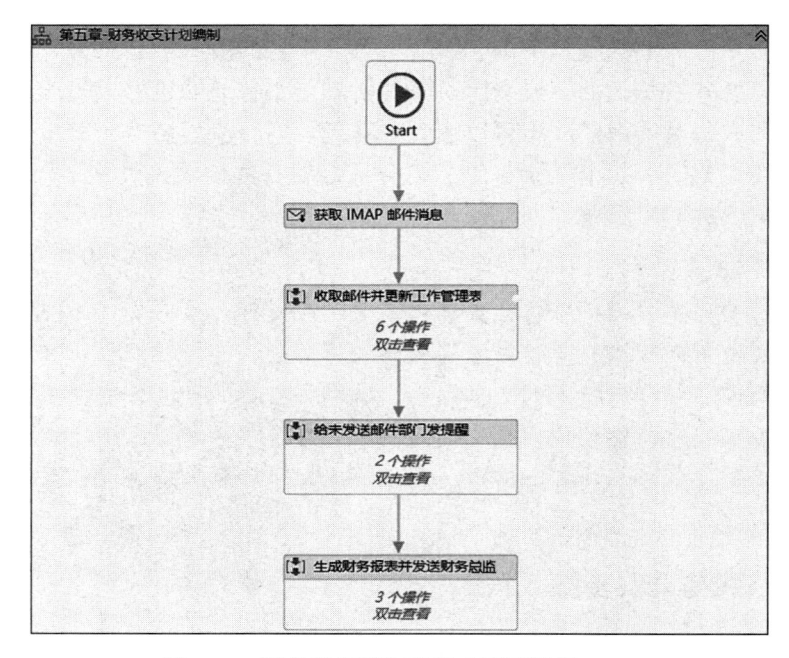

图 5-53 财务计划编制机器人程序视图

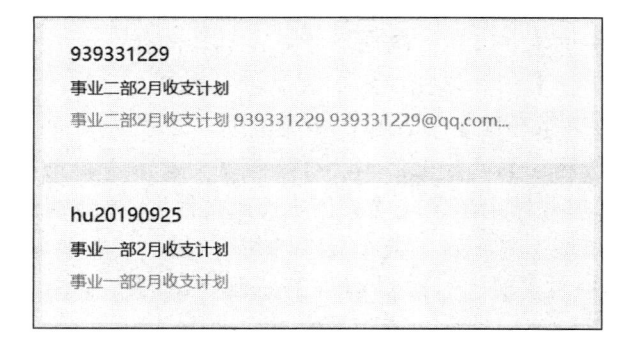

图 5-54 准备的未读邮件

图 5-55 各业务部门资金收支计划表

图 5-56　公司月度资金收支计划工作管理表

图 5-57　公司月度资金收支计划汇总表

下面讲解财务机器人小蛮的具体开发步骤。

1. 获取各部门邮件

步骤一：新建流程后，添加【流程图】，命名为"第五章-财务收支计划编制"，双击打开【流程图】，在流程图下添加【获取 IMAP 邮件消息】，如图 5-58 所示。

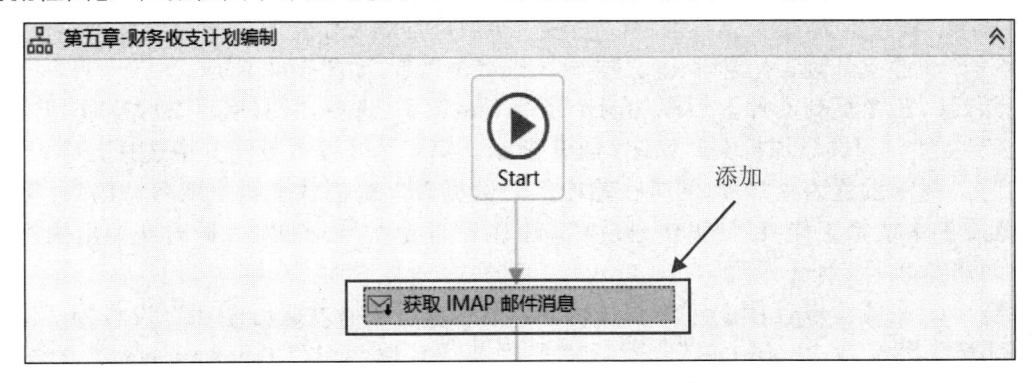

图 5-58　添加【获取 IMAP 邮件消息】

第 5 章　E-mail 人机交互自动化　　111

步骤二：设置邮箱的服务器为""imap.qq.com""，端口为：993，输入电子邮箱和密码（邮箱授权码），在"消息"处创建变量"messages"，如图5-59所示。

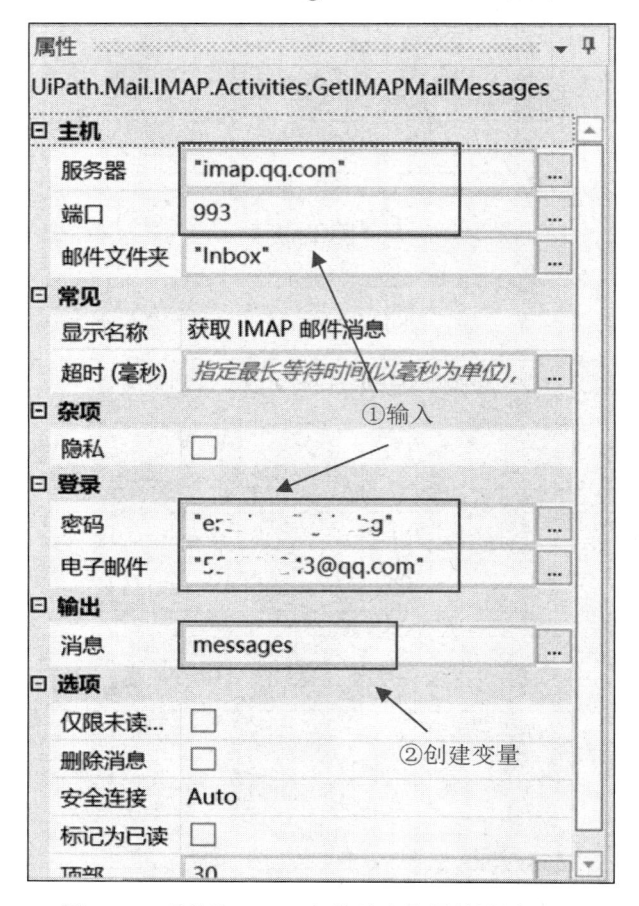

图5-59 【获取IMAP邮件消息】属性设置

2. 收取邮件并更新工作管理表

步骤三：在【获取IMAP邮件消息】后添加【序列】，并将其改名为"收取邮件并更新工作管理表"。然后添加两个【复制文件】，第一个文件来源路径设置为""数据标准模板\公司月度资金收支计划表模板.xlsx""，目标文件夹设置为""公司月度资金收支计划表.xlsx""；第二个文件来源路径设置为""数据标准模板\月度资金收支计划工作管理.xlsx""，目标文件夹设置为""月度资金收支计划工作管理.xlsx""，并勾选"覆盖"，如图5-60所示。

步骤四：在【复制文件】后添加两个【读取范围】，选择""月度资金收支计划工作管理.xlsx""文件，勾选添加标头，如图5-61所示。第一个【读取范围】中选择工作表""业务部门""，范围设置为""""，同时在输出的"数据表"处创建变量"业务部门"；第二个【读取范围】中选择工作表""工作记录""，范围设置为""A3:G3""，同时在输出的"数据表"处创建变量"工作记录"。

步骤五：在【读取范围】下方添加【遍历循环】，其中"遍历循环"设置为"mail"，"项目列表"设置为"messages"，然后设置"杂项"属性中"TypeArgument"的参数为"System.Net.Mail.MailMessage"，如图5-62所示。

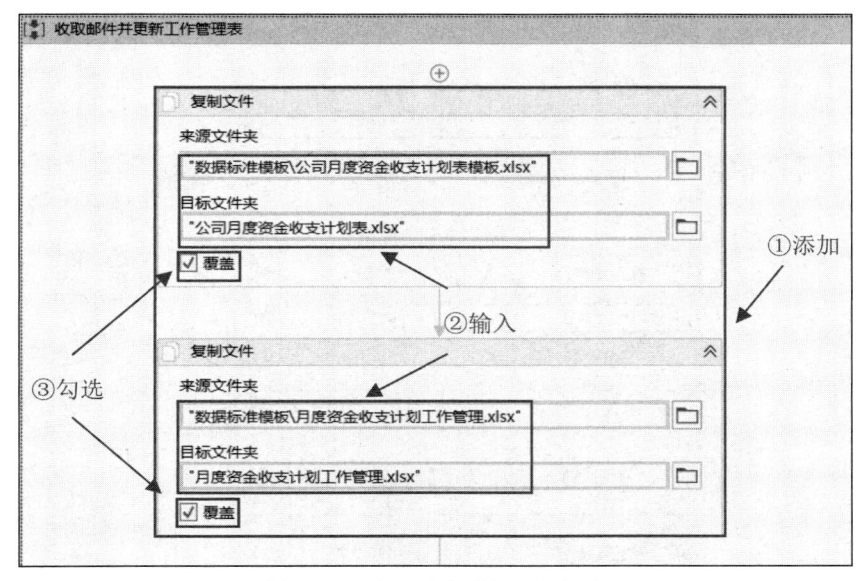

图 5-60 添加两个【复制文件】

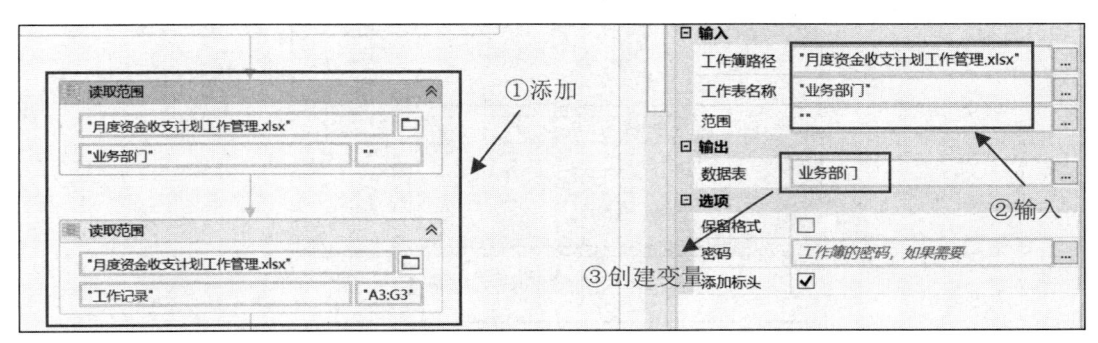

图 5-61 【读取范围】属性设置

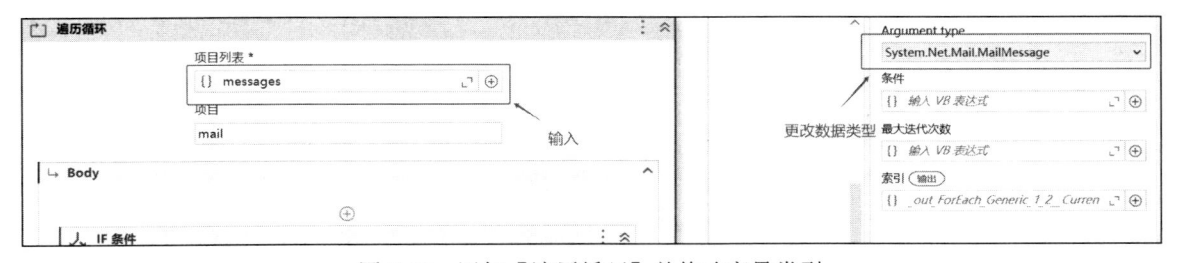

图 5-62 添加【遍历循环】并修改变量类型

步骤六：在【遍历循环】的"正文"内添加【IF】，在其"condition"中输入"mail.Subject.Contains("收支计划")"，这一步用于筛选主题为"收支计划"的邮件。同时在其"Then"中添加【保存附件】，在"邮件消息"处输入"mail"，单击右下角的浏览，设置保存位置为""附件""，如图 5-63 所示。

步骤七：在【保存附件】下方添加两个【查找数据表】，如图 5-64 所示。设置【查找数据表】的属性，创建变量"报送人""联系邮箱""上报部门行索引"，具体设置如图 5-65、图 5-66 所示，"输入"数据表为"业务部门"，以查找发送邮件部门的邮箱和发送人。变量的具体设置如图 5-67 所示。

第 5 章 E-mail 人机交互自动化 ▶ 113

图 5-63　添加【IF】和【保存附件】

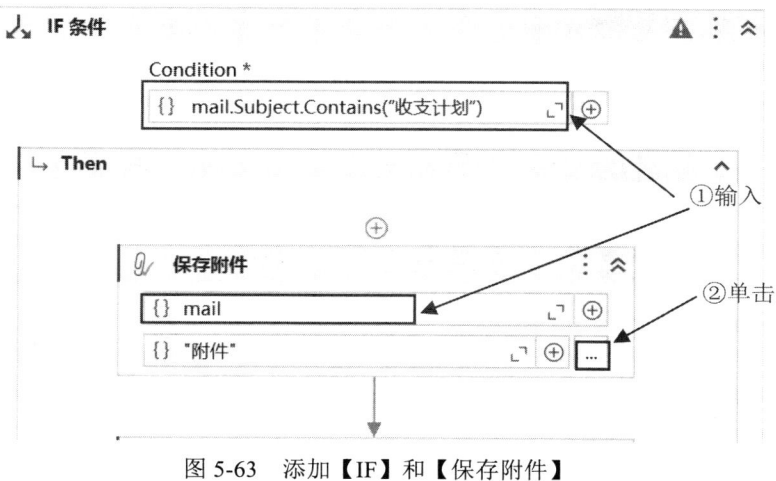

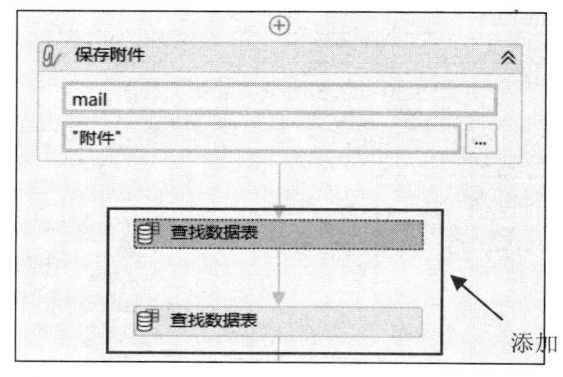

图 5-64　添加【查找数据表】

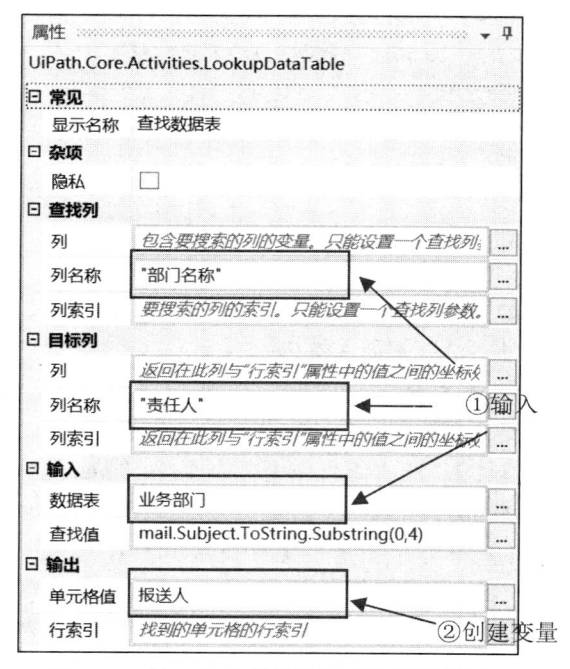

图 5-65　第一个【查找数据表】属性设置

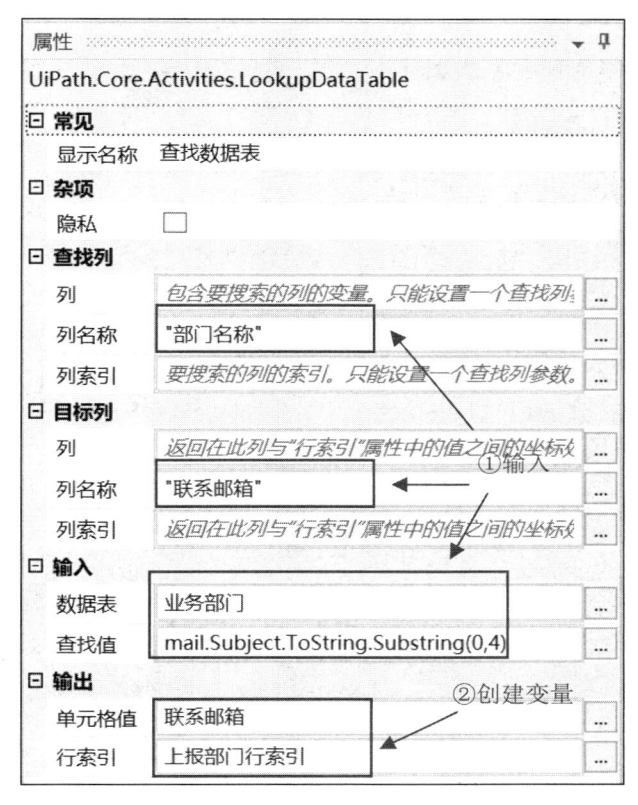

图 5-66　第二个【查找数据表】属性设置

名称	变量类型	范围	默认值
报送人	String	序列	输入 VB 表达式
联系邮箱	String	序列	输入 VB 表达式
上报部门行索引	Int32	序列	输入 VB 表达式

图 5-67　创建变量

步骤八：在【查找数据表】下方添加【写入单元格】，如图 5-68 所示。在"单元格"属性中输入""E"+(上报部门行索引+2).ToString"，"工作表名称"为""业务部门""，"文本"中输入""已上报""，以此更新已经发送收支计划部门的邮件发送状态。

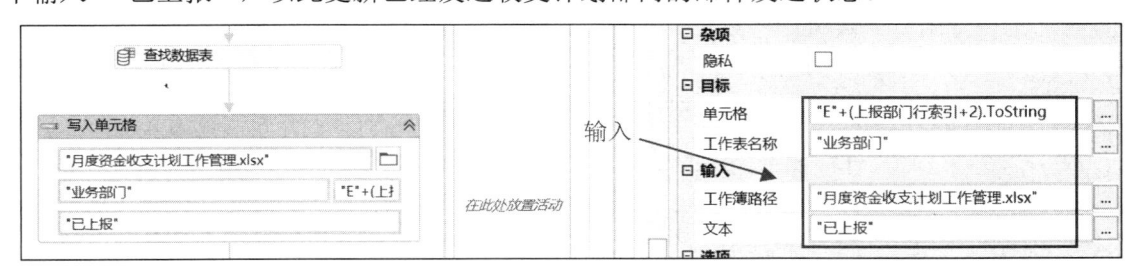

图 5-68　添加【写入单元格】

步骤九：在【写入单元格】下方添加【A←B 多重分配】，如图 5-69 所示。然后创建五个变量"序号""月份""收件时间""发件状态""部门"来记录邮件相关信息，具体设置

第 5 章　E-mail 人机交互自动化　▶　115

如图 5-70 所示，其中"序号"的类型为 Int32，默认值设置为 0，"收件时间"类型为 Object。设置【A←B 多重分配】的属性，具体设置如表 5-7 所示。

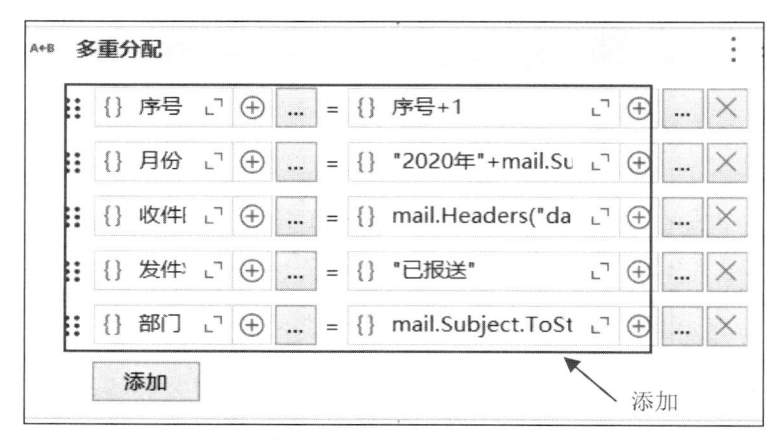

图 5-69　添加【A←B 多重分配】

图 5-70　创建变量

表 5-7　【A←B 多重分配】属性设置表

序号	目标	值
1	序号	序号+1
2	月份	"2020 年"+mail.Subject.ToString.Substring(4,3)
3	收件时间	mail.DateAsDateTime
4	发件状态	"已报送"
5	部门	mail.Subject.ToString.Substring(0,4)

步骤十：在【A←B 多重分配】下方添加【添加数据行】，如图 5-71 所示，"数据表"设置为"工作记录"，"数组行"设置为"{序号,月份,部门,报送人,联系邮箱,收件时间,发件状态}"，作用是将前面收集的信息保存在工作记录表中。

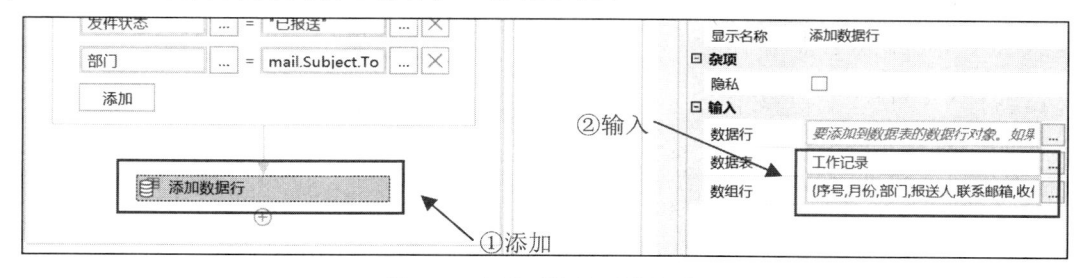

图 5-71　添加【添加数据行】

步骤十一：单击【遍历循环】右上角三角，将活动框缩小，在【遍历循环】下方添加【Excel 流程作用域】，然后在"执行"中放入【使用 Excel 文件】，选择文件""月度资金收支计划工作管理.xlsx""，然后在"执行"中添加【将数据表写入 Excel】，"写入内容"设置为"工作记录"，"目标"设置为"Excel.Sheet("工作记录").Range("A4")"，勾选"排除标题"，如图 5-72 所示，将各部门发送邮件的工作信息填入工作记录表中。

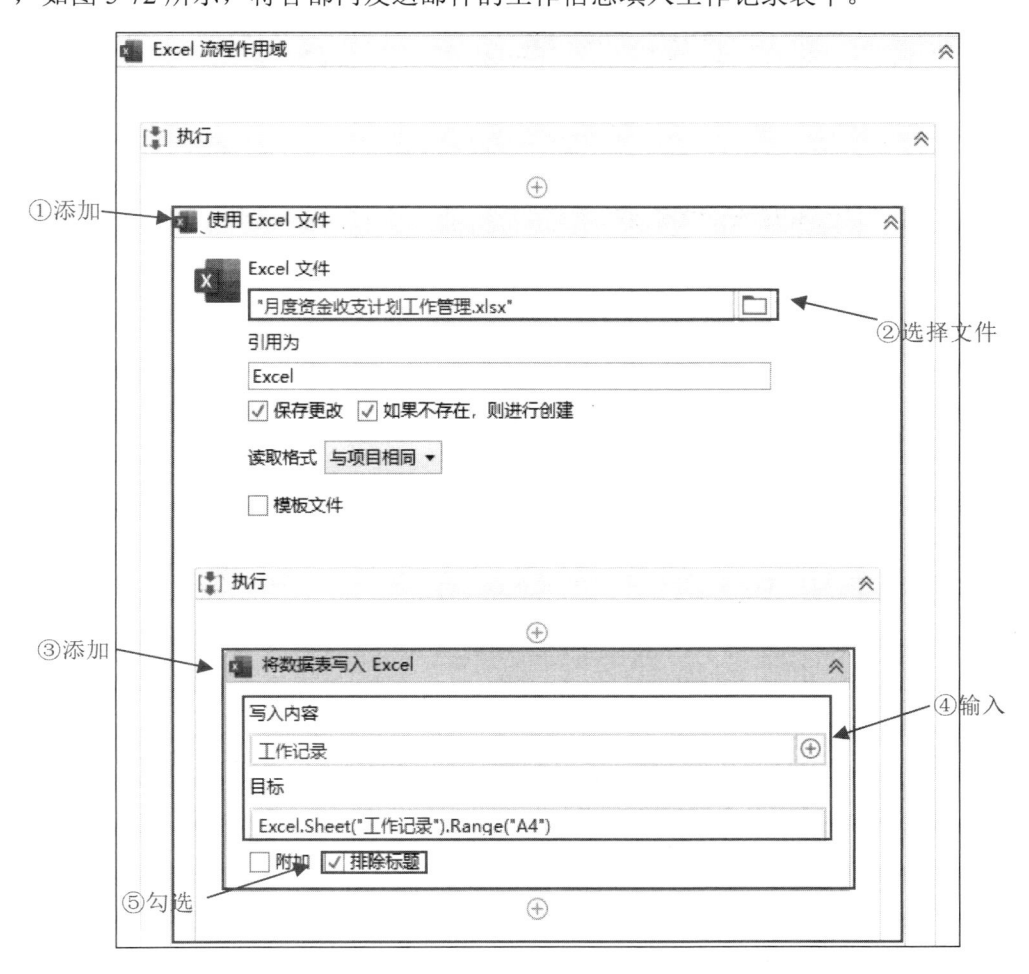

图 5-72　添加【Excel 流程作用域】

3. 给未发送邮件部门发提醒

步骤十二：在"收取邮件并更新工作管理表"序列后再添加一个【序列】，并将其改名为"给未发送邮件部门发提醒"，然后添加【读取范围】，工作簿路径设置为""月度资金收支计划工作管理.xlsx""，工作表名称选择""业务部门""，如图 5-73 所示。"输出"中的"数据表"设置为""业务部门""，勾选标头，读取"业务部门"工作表中各部门邮件发送状态。

步骤十三：在【读取范围】下方添加【对于数据表中的每一行】，"项目"设置为"row"，"数据表"设置为"业务部门"；然后在"正文"中添加【IF】，在"condition"处输入"row("完成状态").ToString="已上报""；接下来在 Else 中添加【发送 SMTP 邮件消息】，设置邮箱服务器、端口、密码、账号信息，其中"目标"设置为"row("联系邮箱").ToString"，

第 5 章　E-mail 人机交互自动化　　117

"主题"设置为""财务部门提醒"","正文"设置为""请尽快提交本月收支计划至财务部"",如图 5-74 所示。

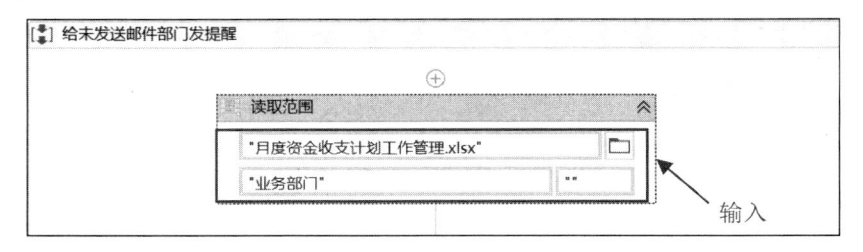

图 5-73　设置【读取范围】

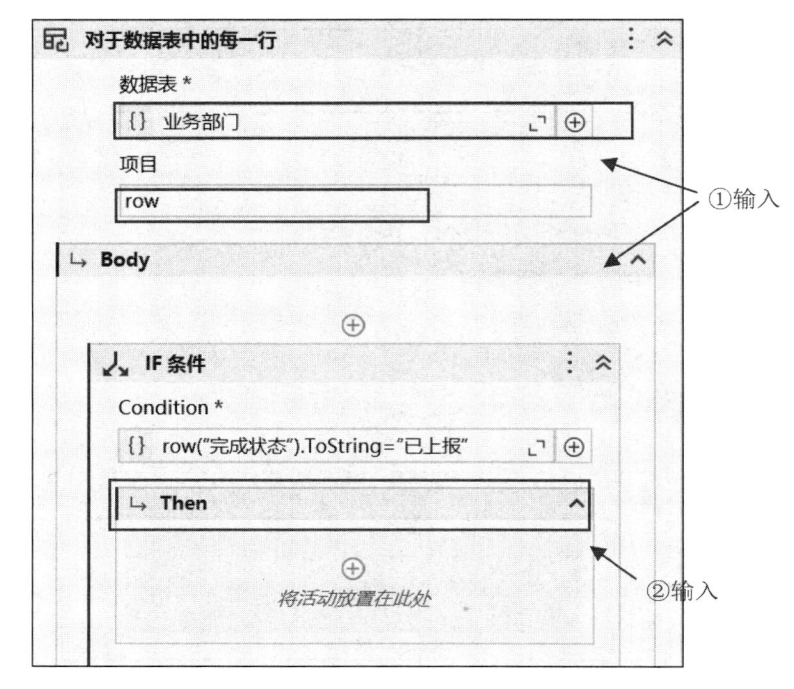

图 5-74　设置【对于数据表中的每一行】

4. 生成财务报表并发送财务总监

步骤十四：在"给未发送邮件部门发提醒"序列后再添加一个【序列】，并将其改名为"生成财务报表并发送财务总监"。然后添加【分配】，目标设置为"doc_directory"，值设置为"Directory.GetFiles("附件")"，如图 5-75 所示。这一步的作用是将用于保存邮件附件文件夹内的所有文件的路径保存在变量中，方便接下来的操作。

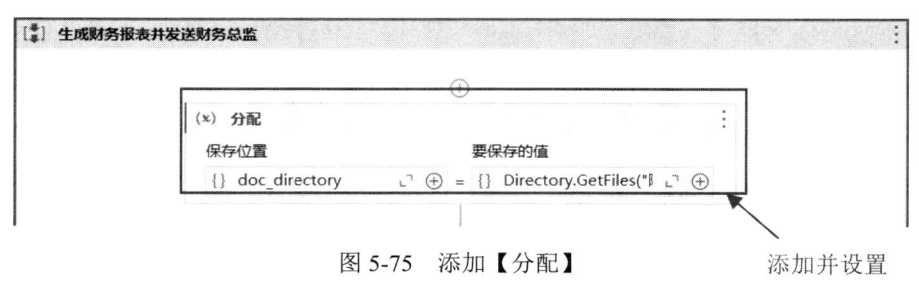

图 5-75　添加【分配】

步骤十五：在【分配】下方添加【Excel 流程作用域】，然后在"执行"中放入【使用 Excel 文件】，工作簿路径选择""公司月度资金收支计划表.xlsx""，然后在"执行"中添加一个【序列】，并将其改名为"填写明细表"，如图 5-76 所示。创建变量"部门列表"，类型设置为"String[]"，默认值设置为"{"业务一部","业务二部","业务三部"}"，如图 5-77 所示。接下来在【填写明细表】中添加第一个【遍历循环】，"遍历循环"设置为"currentItem"，"项目列表"设置为"部门列表"，继续在第一个【遍历循环】的"正文"中添加一个【遍历循环】，"遍历循环"设置为"row"，"项目列表"设置为"doc_directory"，如图 5-76 所示。将两个【遍历循环】中的"TypeArgument"的属性设置为"Object"，如图 5-78 所示。

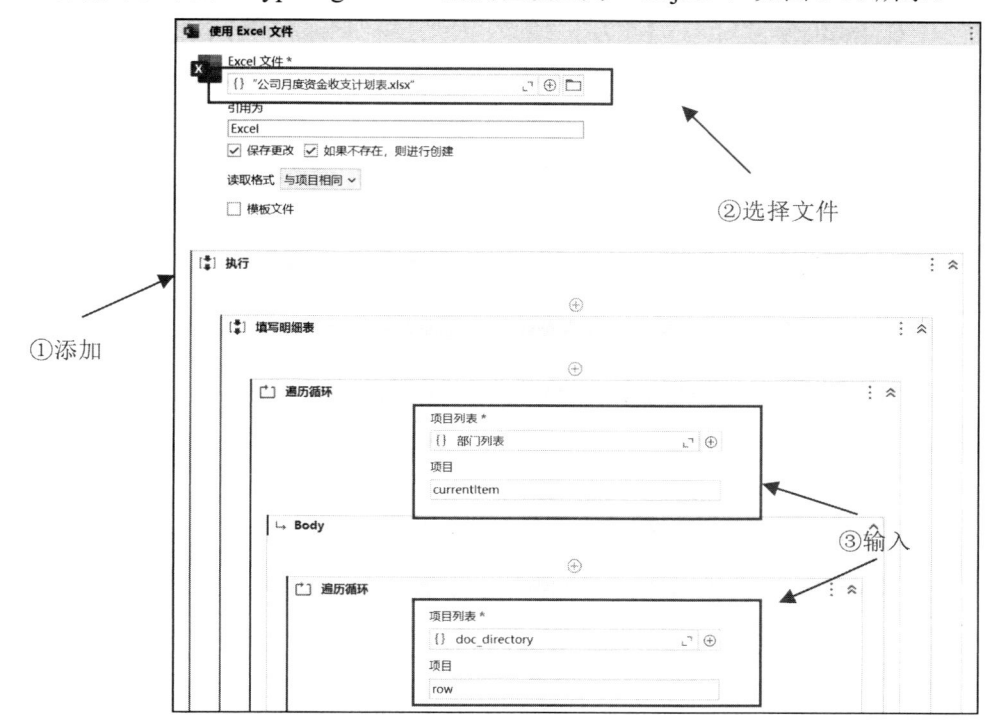

图 5-76 添加【Excel 流程作用域】

图 5-77 创建变量

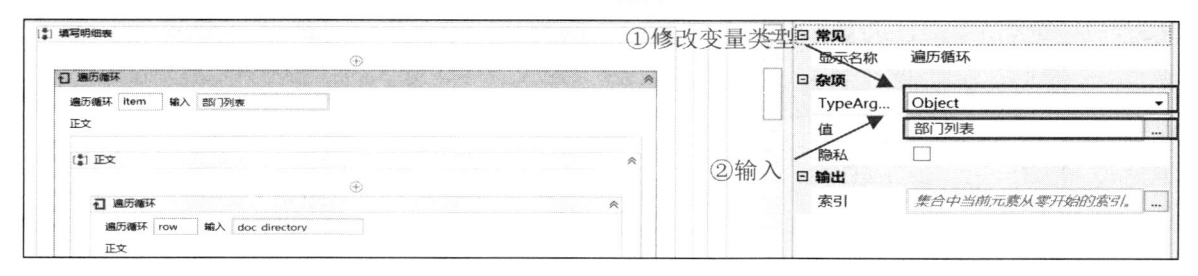

图 5-78 设置属性

第 5 章 E-mail 人机交互自动化　　119

步骤十六：在第二个【遍历循环】中添加【IF】。在其"condition"中输入"row.ToString.Contains(item.ToString)"，在其"Then"中添加 4 个【读取范围】、4 个【将数据表写入 Excel】、1 个【分配】，如图 5-79、5-80 所示，这步主要是按照部门列表来读取各部门收支计划内容，并写入公司月度资金明细表中。其中【读取范围】与【将数据表写入 Excel】的具体设置分别如表 5-8、5-9 所示，并且【将数据表写入 Excel】都设置为勾选"排除标题"。接下来创建变量"列"，类型设置为"String"，默认值设置为""B""，如图 5-77 所示。设置【分配】的目标属性为"列"，值为"chr(Asc(列)+3)"，如图 5-80 所示。

表 5-8 【读取范围】属性设置表

序号	输入			输出
	工作簿路径	工作表名称	范围	数据表
1	row.ToString	"收支计划"	"B7:D14"	来源上报
2	row.ToString	"收支计划"	"F7:H20"	支出上报
3	row.ToString	"收支计划"	"B21:D21"	来源合计
4	row.ToString	"收支计划"	"F21:H21"	支出合计

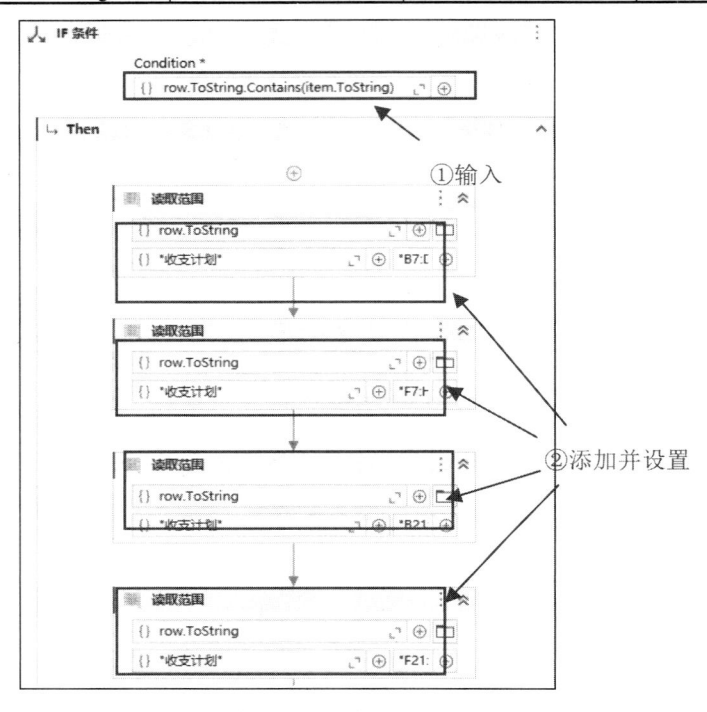

图 5-79 添加【IF】【读取范围】

表 5-9 【将数据表写入 Excel】属性设置表

序号	输出	输入
	目标	写入内容
1	Excel.Sheet("明细表").Range(列+"6")	来源上报
2	Excel.Sheet("明细表").Range(列+"14")	来源合计
3	Excel.Sheet("明细表").Range(列+"16")	支出上报
4	Excel.Sheet("明细表").Range(列+"30")	支出合计

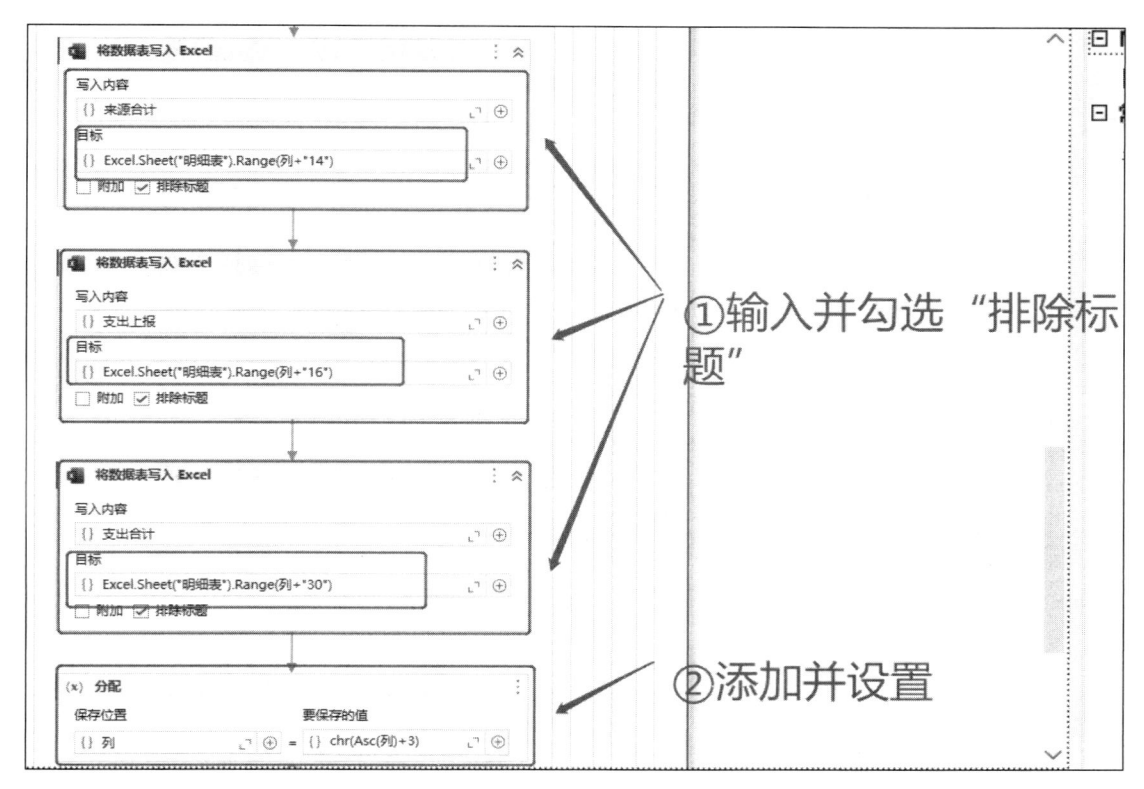

图 5-80　添加【将数据表写入 Excel】【分配】

步骤十七：单击【填写明细表】序列右上角的三角，将活动框缩小，在其下方添加【序列】，将其改名为"填写汇总表中收入项目"，如图 5-81 所示。同时在该序列内添加两个【读取范围】，创建变量""明细表""" "汇总表""，变量类型为"DataTable"，具体属性设置如表 5-10 所示。

表 5-10　【读取范围】属性设置表

序号	输入	输出	选项
	范围	保存位置	含标头
1	Excel.Sheet("明细表").Range("A5:J14")	明细表	是
2	Excel.Sheet("汇总表").Range("A5:D20")	汇总表	否

步骤十八：在【读取范围】下方添加【对于数据表中的每一行】，"项目"设置为"row"，"数据表"设置为"明细表"，如图 5-82 所示。在"正文"中添加【查找数据表】，创建变量"行数"，变量类型为"Int32"，具体属性设置如图 5-83 所示。

步骤十九：在【查找数据表】下方添加【Try Catch 异常处理】，如图 5-84 所示。同时在"Try"中添加【序列】，然后在【序列】中添加 3 个【写入单元格】，将汇总表中的收入项目填入相应位置，具体属性设置如表 5-11 所示。其中添加【Try Catch 异常处理】活动的作用是为了检查写入过程是否出错，便于管理。

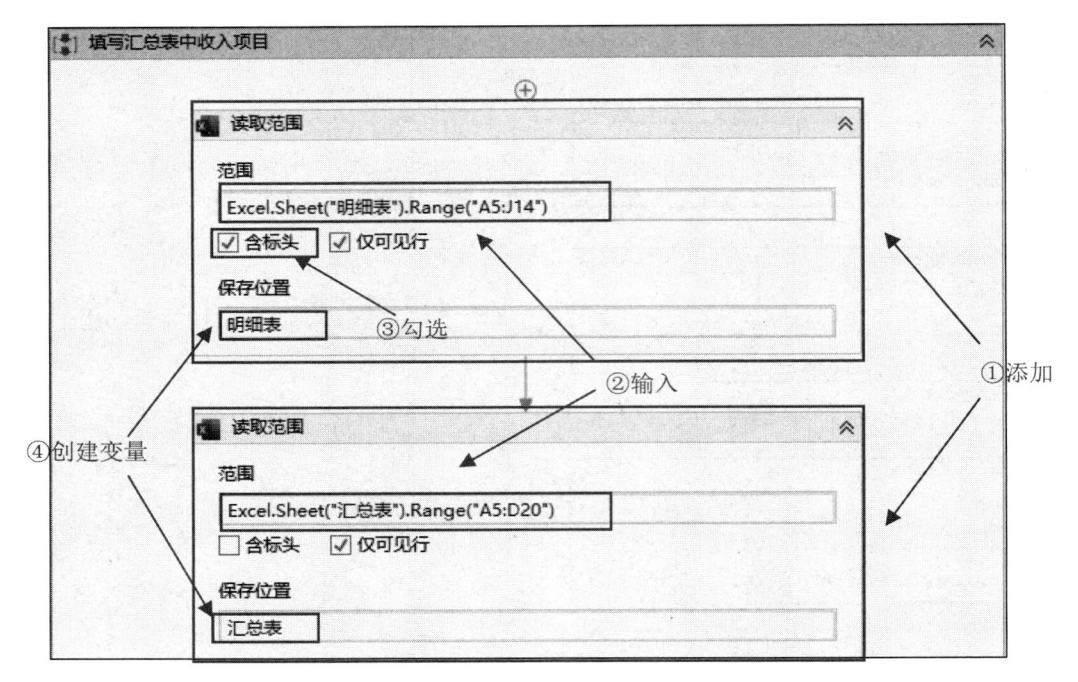

图 5-81 添加【填写汇总表中收入项目】序列

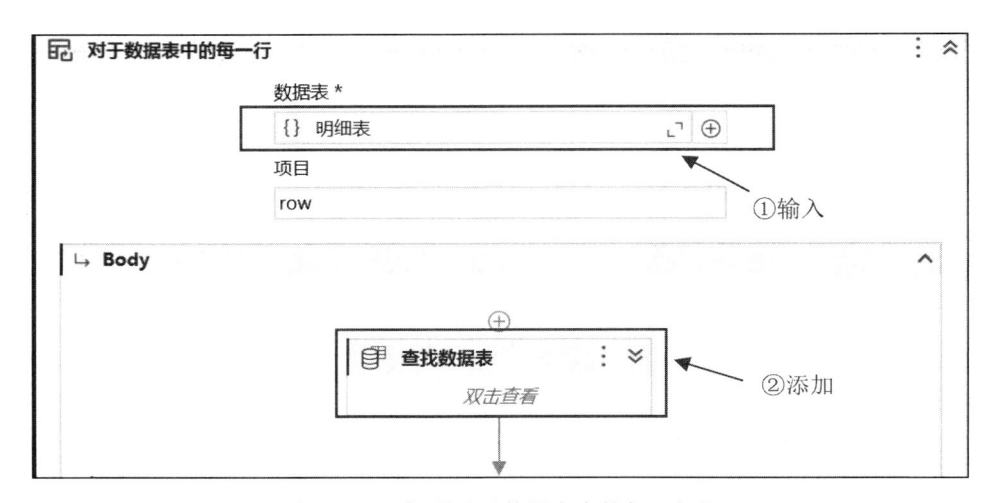

图 5-82 添加【对于数据表中的每一行】

表 5-11 【写入单元格】属性设置表

序号	目标 写入位置	输入 写入内容
1	Excel.Sheet("汇总表").Cell("B"+(行数+5).ToString)	(convert.ToDouble(row(1).ToString)+convert.ToDouble(row(4).ToString)+convert.ToDouble(row(7).ToString)).ToString
2	Excel.Sheet("汇总表").Cell("C"+(行数+5).ToString)	(convert.ToDouble(row(2).ToString)+convert.ToDouble(row(5).ToString)+convert.ToDouble(row(8).ToString)).ToString
3	Excel.Sheet("汇总表").Cell("D"+(行数+5).ToString)	(convert.ToDouble(row(3).ToString)+convert.ToDouble(row(6).ToString)+convert.ToDouble(row(9).ToString)).ToString

图 5-83 设置【查找数据表】

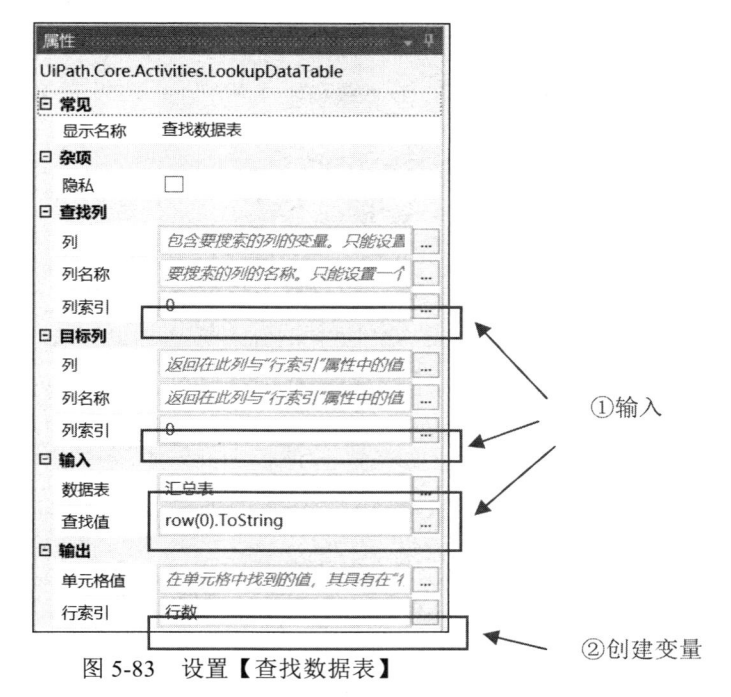

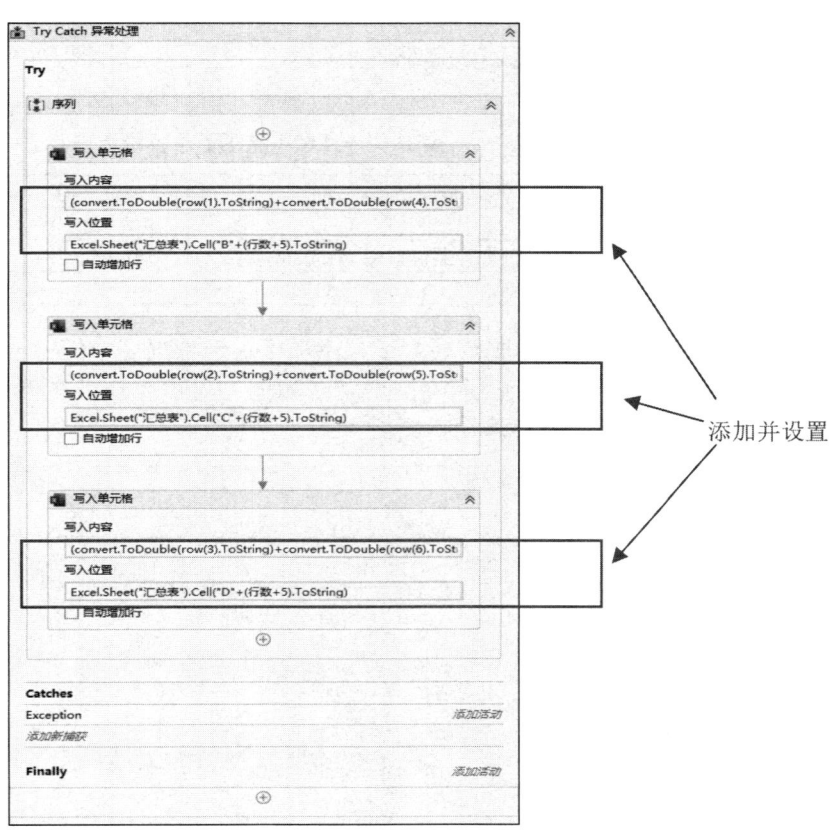

图 5-84 添加【Try Catch 异常处理】

步骤二十：单击【填写汇总表中收入项目】序列右上角三角，将活动框缩小，在其下方添加【序列】，将其改名为"填写汇总表中支出项目"，如图 5-85 所示。同时在该序列内添加两个【读取范围】，具体属性设置如表 5-12 所示。

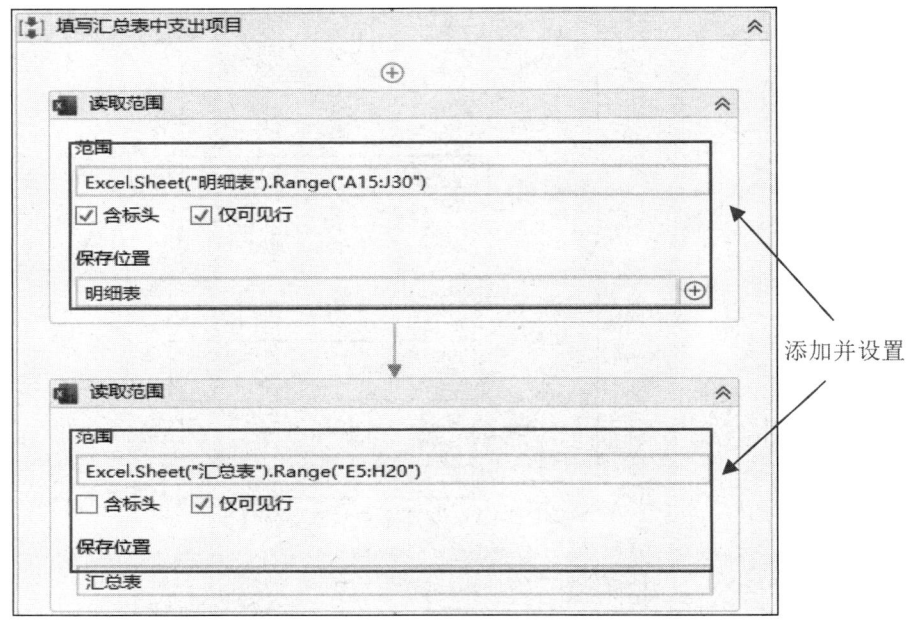

图 5-85 添加【读取范围】

表 5-12 【读取范围】属性设置表

序号	输入	输出	选项
	范围	保存位置	含标头
1	Excel.Sheet("明细表").Range("A15:J30")	明细表	是
2	Excel.Sheet("汇总表").Range("E5:H20")	汇总表	否

步骤二十一：在【读取范围】下方添加【对于数据表中的每一行】，"遍历循环"设置为"row"，"项目列表"设置为"明细表"，如图 5-86 所示。在"正文"中添加【查找数据表】，具体属性设置如图 5-87 所示。

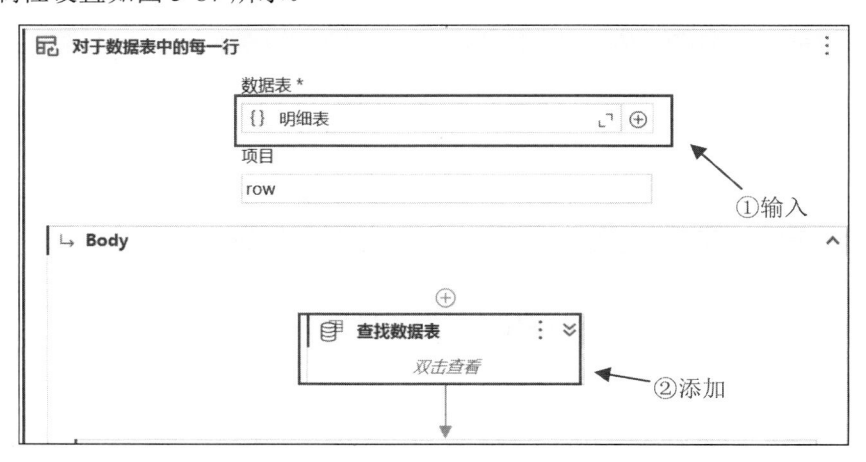

图 5-86 添加【对于数据表中的每一行】

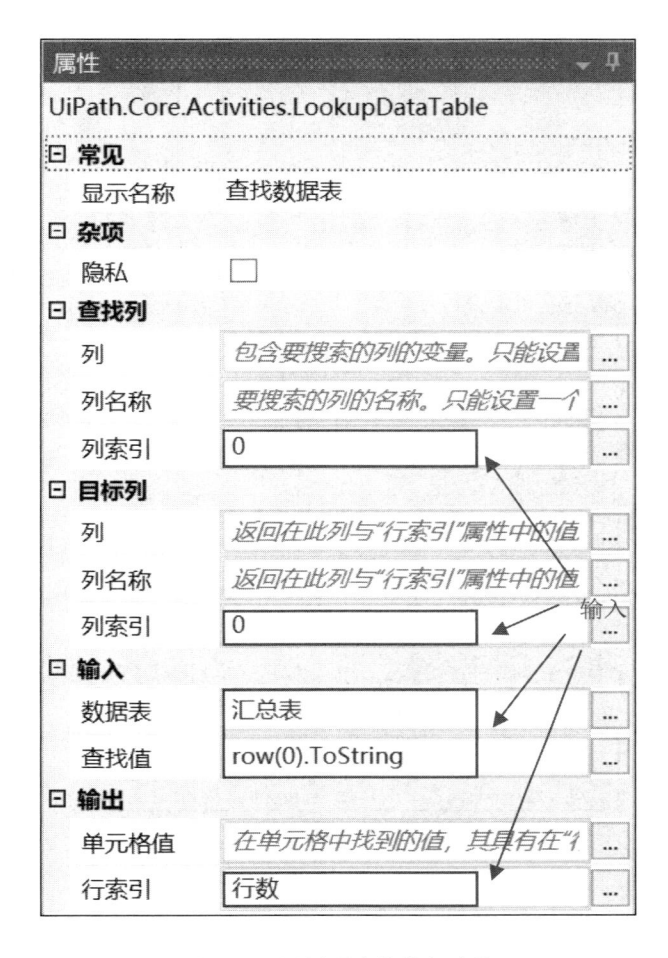

图 5-87 设置【查找数据表】

步骤二十二：在【查找数据表】下方添加【Try Catch 异常处理】，如图 5-88 所示。同时在"Try"中添加【序列】，然后在【序列】中添加 3 个【写入单元格】，将汇总表中的收入项目填入相应位置，具体属性设置如表 5-13 所示。其中添加【Try Catch 异常处理】活动的作用是为了检查写入过程是否出错，便于管理。

表 5-13 【写入单元格】属性设置表

序号	目标	输入
	写入位置	写入内容
1	Excel.Sheet("汇总表").Cell("F"+(行数+5).ToString)	(convert.ToDouble(row(1).ToString)+ convert.ToDouble(row(4).ToString)+ convert.ToDouble(row(7).ToString)).ToStringg
2	Excel.Sheet("汇总表").Cell("G"+(行数+5).ToString)	(convert.ToDouble(row(2).ToString)+ convert.ToDouble(row(5).ToString)+ convert.ToDouble(row(8).ToString)).ToString
3	Excel.Sheet("汇总表").Cell("H"+(行数+5).ToString)	(convert.ToDouble(row(3).ToString)+ convert.ToDouble(row(6).ToString)+ convert.ToDouble(row(9).ToString)).ToString

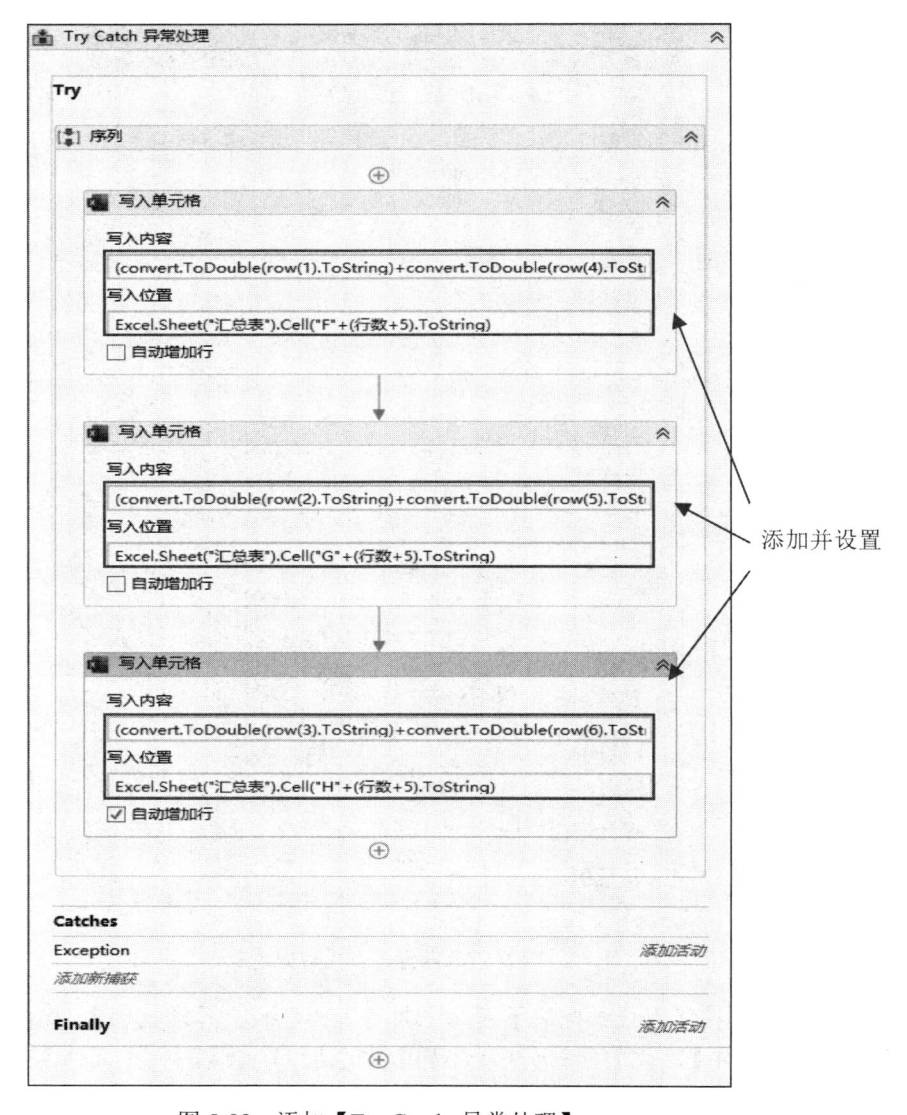

图 5-88 添加【Try Catch 异常处理】

步骤二十三：单击【填写汇总表支出项目】序列右上角的三角，将活动框缩小，完成该步骤后的视图如图 5-89 所示。此时，便完成公司月度资金管理计划汇总表各项数据的填入工作。然后在【Excel 流程作用域】下添加【发送 SMTP 邮件消息】，配置邮箱服务器、端口、账号及密码信息，设置目标为收件人的邮箱账号，主题为""公司月度资金收支计划表""，正文为""请查收公司月度资金收支计划表!""，最后单击"附加文件"，单击创建参数，在"值"处输入""公司月度资金收支计划表.xlsx""，如图 5-90 所示。

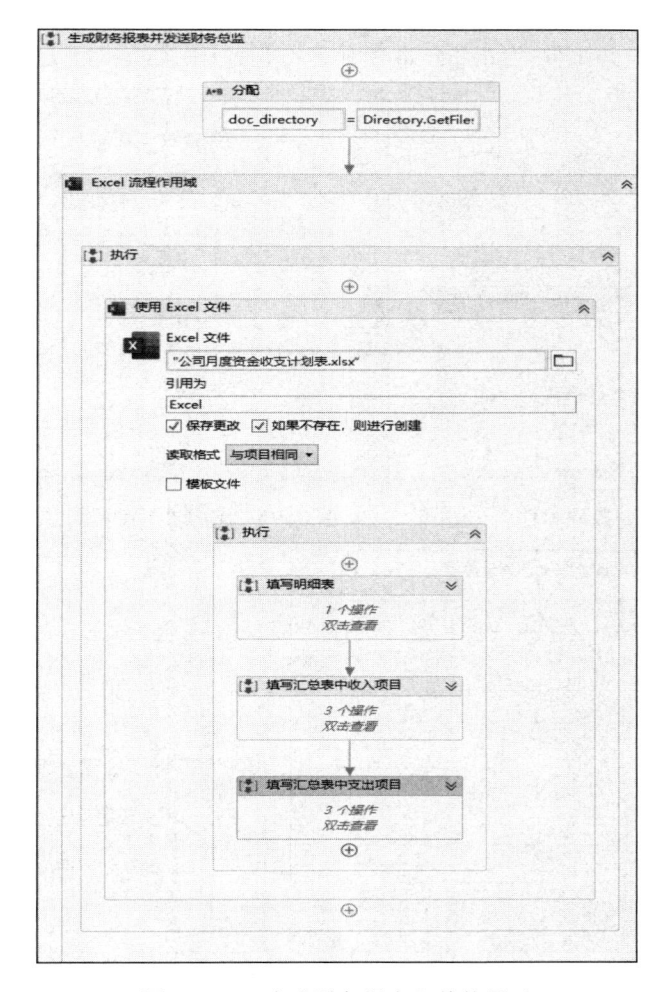

图 5-89 "生成财务报表"整体展示

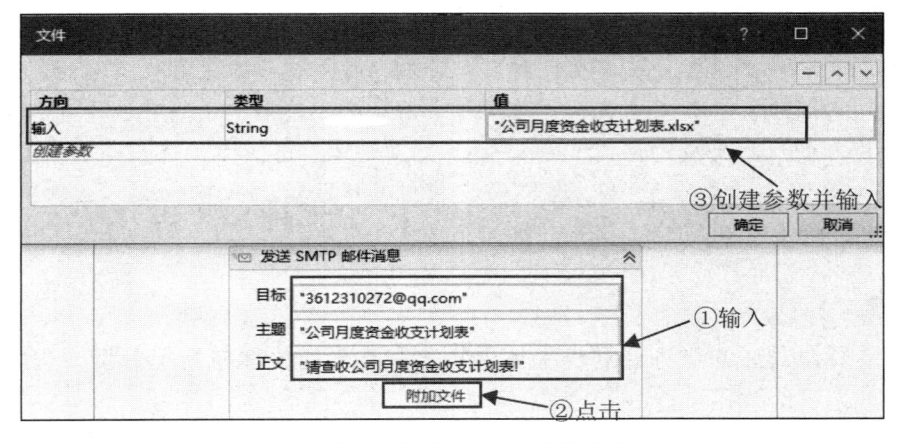

图 5-90 添加【发送 SMTP 邮件消息】

至此,财务收支计划编制机器人的开发程序就全部完成了,单击【运行】,如果存在未发送收支计划的业务部门,则会收到财务部门提醒,如图 5-91 所示;完成月度资金收支计划工作管理表的填报,如图 5-92 所示;完成公司月度资金收支计划汇总表的填报,如图

第 5 章 E-mail 人机交互自动化 ➤ 127

5-93 所示。财务总监收到邮件，如图 5-94 所示。

图 5-91　自动发送提醒邮件　　　　　图 5-92　完成"月度资金收支计划工作管理表"

图 5-93　完成"公司月度资金收支计划汇总表"　　　图 5-94　财务总监收到邮件

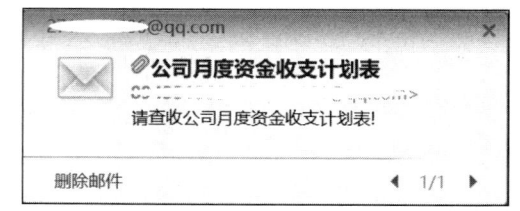

【沙盘模拟推演】

结合自动化流程设计，分析与梳理机器人开发的技术路线；分析机器人的部署规划方式和运行模式；分析机器人运用在效率、质量等方面带来的价值，但同时也要考虑机器人运行过程中可能存在的风险与应对措施。

以小组为单位，在 RPA 财务机器人开发模拟物理沙盘上推演"机器人运用"，包括机器人的部署与运行、价值与风险，以及人机如何协作共生。

【课后思考】

1. 如果要在最后的财务计划表中体现收入、支出同比增减情况分析，程序该如何实现？
2. 在案例中，如果在最后发送财务计划报告邮件时，邮件状态提示发送失败，我们该如何解决，又该如何防范呢？

第 6 章　Excel 数据处理自动化

6.1　功能简介

6.1.1　关于 Excel

　　Microsoft Excel 是 Microsoft 为以 Windows 和 Apple Macintosh 为操作系统的计算机编写的一款电子表格软件。直观的界面、出色的计算功能和图表工具，再加上成功的市场营销，使 Excel 成为最流行的个人计算机数据处理软件。1993 年，Excel 第一次被捆绑进 Microsoft Office 中时，Excel 就开始成为所适用操作平台上的电子制表软件的霸主。

　　现在 Excel 在我们日常学习和生活中扮演着重要的角色，可以用来制作电子表格，完成许多复杂的数据运算，进行数据分析和预测，并且具有强大的制作图表的功能。在 Excel 中，不必进行编程就能对工作表中的数据进行检索、分类、排序、筛选等操作，使用系统提供的函数可完成各种数据的分析。由于Excel具有十分友好的人机界面和强大的计算功能，它已成为国内外广大用户管理公司和个人财务、统计数据、绘制各种专业化表格的得力助手。

　　在日常工作中，由于面临着大量数据，因此财务人员的日常工作离不开 Excel 表。拥有熟练的Excel技能不仅能够帮助财务人员提高财务工作效率、减少工作量，而且还能够让工作成果显得更专业化。

6.1.2　Excel 操作自动化基本介绍

　　UiPath 中的 Excel Activities 主要用于帮助各种类型的企业用户实现 Microsoft Excel 数据处理自动化。Excel Activities 是可以从单元格、列、行或范围中读取数据，向其他电子表格或工作簿写入数据，执行宏，甚至提取公式的活动。通过该活动，还可以对数据进行排序、进行彩色编码或附加其他信息。即使用户的计算机上没有安装 Microsoft Excel，也可以执行部分组件活动，但更多的数据处理还是需要在安装了应用程序的机器上才能运行。Excel 自动化操作的所有活动原则上必须在【使用 Excel 文件】活动内才能工作。

6.2　Excel 自动化主要活动

6.2.1　基本类活动

　　Excel 自动化的基本类活动包括【Excel 流程作用域】、【使用 Excel 文件】和【单个 Excel 流程作用域】3 个子活动，如图 6-1 所示。表格类活动的主要功能是打开 Excel 流程或文件，Excel 自动化的大多数活动都需要与【Excel 流程作用域】和【使用 Excel 文件】一起使用。基本类活动的功能描述如表 6-1 所示。

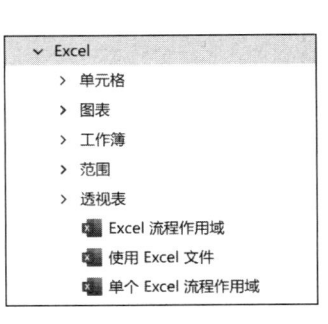

图 6-1　基本类活动组成

表 6-1　图表类活动功能描述

类型	编号	活动	功　　能
Excel	1	Excel 流程作用域	打开或重用 Excel 流程。需与【使用 Excel 文件】活动一起使用，才能打开 Excel 文档
	2	使用 Excel 文件	打开或创建将在 Excel 自动化中使用的 Excel 文件
	3	单个 Excel 流程作用域	使用此活动作为有人值守工作流的根，以强制要求开始执行时最多只有一个 Excel 流程。此行为可确保在同一个 Excel 流程中打开所有 Excel 文档，并提高工作流的稳定性和速度。此活动用作 StudioX 工作流的"根"

1．Excel 流程作用域

Excel 流程作用域活动主要用于打开或重用 Excel 流程，加载 Excel 项目设置并将它们应用到关联的 Excel 文件。此活动允许配置 Excel 流程的启动方法以及如何处理现有 Excel 流程，从而使管理 Excel 流程变得更加容易。需与【使用 Excel 文件】活动一起使用，才能打开 Excel 文档，具体介绍如表 6-2 所示。

表 6-2　Excel 流程作用域活动描述

活动	属性	参数	功　　能
Excel 流程作用域	常见	显示名称	活动的名称
	杂项	隐私	如果选中，变量和参数的值将不再以详细级别记录
	选项	启动方式	确定 Excel 进程是通过 COM API 启动还是作为完整进程启动，默认值为"与项目相同"。下拉菜单包含三个选项，①与项目相同：应用与项目设置中相同的设置；②自动化：Excel 由自动化 API 启动，速度更快，但并非所有加载项都加载，因此如果工作簿依赖加载项才能正常运行，则可能会导致问题；③应用程序：Excel 像用户手动打开一样启动，确保加载 Excel 的所有方面，例如加载项
		宏设置	指定当前 Excel 文件的宏级别。默认值为"与项目相同"。下拉菜单包含四个选项，①与项目相同：应用与项目设置中相同的设置；② EnableAll：所有宏都已启用并可运行；③DisableAll：在指定的 Excel 文件中禁用所有宏，不能运行宏；④使用 Excel 的设置：读取当前的 Excel 宏设置
Excel 流程作用域	选项	启动超时	等待 Excel 启动的时间（以完整流程启动时），以秒为单位，默认时间为"20 秒"
		文件冲突解决方案	在 Excel 流程间检测到 Excel 文档冲突时要执行的操作。例如，Excel 文件已在另一个 Excel 流程中打开。默认值为"与项目相同"。下拉菜单包含五个选项，①与项目相同：应用与项目设置中相同的设置；②无：不采取任何行动；③关闭而不保存：关闭任何有冲突的 Excel 文件，而不保存未处理的变更；④提示用户：向用户显示需要关闭文件的提示；⑤抛出异常：引发异常，该异常可以在 Try Catch 活动中处理或导致工作流终止
		显示 Excel 窗口	如果为"True"，Excel 窗口会在自动化期间显示。默认值为"与项目相同"。下拉菜单包含三个选项，①与项目相同：应用与项目设置中相同的设置；②False：Excel 文件由项目在后台打开，其窗口隐藏；③True：Excel 文件由项目打开，其窗口对用户可见
		显示警示	如果为"True"，则 Microsoft Excel 会显示警示及消息。默认值为"与项目相同"。下拉菜单包含三个选项：与项目相同、False、True

续表

活动	属性	参数	功　能
Excel 流程作用域	选项	流程模式	确定 Excel 流程作用域如何管理 Excel 流程，默认值为"与项目相同"。下拉菜单包含五个选项，①与项目相同：应用与项目设置中相同的设置。②始终新建：总是创建一个新的 Excel 进程来加载所有关联的文件。③有人值守用户：强制机器上只有一个 Excel 进程。如果发现多个 Excel 进程，则会提示用户。④如果存在则重用：在执行第一个【使用 Excel 文件】活动时验证文件是否已打开。如果找到打开的文件，则该进程与 Excel 流程作用域相关联。如果找到另一个打开的文件，则应用文件冲突解决设置。⑤仅在存在的情况下：在执行第一个【使用 Excel 文件】活动时验证文件是否已打开。如果找到打开的文件，则该进程与 Excel 流程作用域相关联；如果未找到打开的文件，则抛出异常
		现有流程操作	其他 Excel 流程运行时要执行的操作。默认值"与项目相同"。下拉菜单包含三个选项，①与项目相同：应用与项目设置中相同的设置。②无：不对机器上的现有进程采取任何措施。③强制终止：关闭任何打开的 Excel 进程而不尝试保存文件

2. 使用 Excel 文件

使用 Excel 文件活动主要用于选择要在自动化中使用的 Excel 文件。如果文件不存在，且选择"如果不存在，则进行创建"选项，将自动创建一个同名的 Excel 文件。文件中的数据可用于添加到【使用 Excel 文件】中的所有活动。建议在【Excel 流程作用域】内使用【使用 Excel 文件】活动，具体介绍如表 6-3 所示。

表 6-3　使用 Excel 文件活动描述

活动	属性	参数	功　能
使用 Excel 文件	常见	显示名称	活动的名称
	文件	密码	打开 Excel 工作簿之前必须输入的密码（若文件受密码保护）
		工作簿路径	Excel 文件路径。如果文件不存在且选择"如果不存在，则进行创建"选项，将创建此文件
		编辑密码	编辑 Excel 工作簿之前必须输入的密码（若文件受密码保护）
	杂项	隐私	如果选中，变量和参数的值将不再以详细级别记录
	选项	保存更改	在执行每次变更工作簿内容的 Excel 活动后保存工作簿。禁用时使用【保存 Excel 文件】活动也可实现保存工作簿
		只读	以只读模式打开工作簿。如果工作簿受到锁定而无法编辑，或只是想读取数据而不想做出意外更改，则可以使用此模式
		如果不存在，则进行创建	如果在指定路径下找不到工作簿，则可使用"工作簿路径"属性字段中指定的名称新建一个 Excel 工作簿。不勾选此选项，如果在指定路径下找不到工作簿，系统会显示一条错误消息
		读取格式	选择从 Excel 读取的值的格式，包含与项目相同、默认、原始值和显示值四种格式，①与项目相同：该设置继承了项目设置的值。②默认：应用 Excel 返回的默认格式。③原始值：从 Excel 检索原始值并忽略所有格式。④显示值：检索在 Excel 中显示的值
		模板文件	如果要自动化的 Excel 文件是动态的或在设计自动化时不存在（例如，文件是由自动化下载或创建的），选择此选项可以定义一个与模板具有相同结构的现有 Excel 文件以供设计时使用

3. 单个 Excel 流程作用域

单个 Excel 流程作用域活动主要是作为有人值守工作流的根，以强制要求开始执行时最多只有一个 Excel 流程。此行为可确保在同一个 Excel 流程中打开所有 Excel 文档，并提高工作流的稳定性和速度。此活动用作 StudioX 工作流的"根"，具体介绍如表 6-4 所示。

表 6-4　单个 Excel 流程作用域活动描述

活动	属性	参数	功　　能
单个 Excel 流程作用域	常见	显示名称	活动的名称
	杂项	隐私	如果选中，变量和参数的值将不再以详细级别记录

6.2.2　单元格类活动

Excel 自动化的单元格类活动包括如图 6-2 所示的【写入单元格】、【自动填充】、【获取单元格颜色】、【读取单元格值】和【读取单元格公式】5 个活动，主要包括自动填充功能、对单元格的读取和写入功能。单元格类活动只能在【使用 Excel 文件】活动中使用，其活动的功能描述如表 6-5 所示

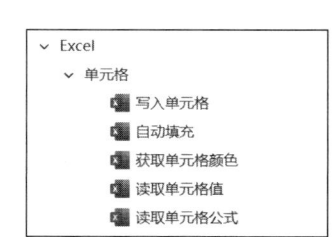

图 6-2　单元格类活动组成

表 6-5　单元格类活动功能描述

类型	编号	过 程 控 件	功　　能
Excel	1	写入单元格	将值或公式写入指定的电子表格单元格。如果工作表不存在，将使用工作表名称属性中指定的名称创建一个新的工作表。如果值存在，它将被覆盖后立即保存
	2	自动填充	使用 Excel 的自动填充功能，基于其他单元格中的数据填充单元格
	3	获取单元格颜色	提取单元格的背景色，并将其保存为颜色变量
	4	读取单元格值	从电子表格单元格中读取值
	5	读取单元格公式	提取指定的 Excel 单元格中使用的公式

1. 写入单元格

写入单元格活动主要用于将值或公式写入指定的电子表格单元格。如果工作表不存在，将使用工作表名称属性中指定的名称创建一个新的工作表。如果值存在，它将被覆盖后立即保存，且该活动只能在【使用 Excel 文件】活动中使用，如表 6-6 所示。

表 6-6　写入单元格活动描述

活动	属性	参数	功　　能
写入单元格	常见	显示名称	活动的名称
	杂项	隐私	如果选中，变量和参数的值将不再以详细级别记录
	目标	写入位置	要写入的 Excel 单元格。如果一个值已经存在于指定的坐标处，它将被覆盖。单击字段右侧的加号按钮，然后从菜单中选择 Excel 文件和命名单元格以在其中输入数据，或选择"在 Excel 中指明"以直接从文件中指示。再或者，可以选择自定义输入，手动输入单元格地址，或选择在"高级编辑器"中打开以输入 VB 表达式
	输入	写入内容	要写入单元格或范围的值或公式。只支持字符串变量、通用变量和字符串
	选项	自动增加行	勾选此选项，且在"遍历循环"活动中使用，相对单元格引用（不含$）在每次遍历时将自动增加行号

2. 自动填充

自动填充活动主要是使用 Excel 的自动填充功能以及基于其他单元格中的数据填充单元格，且只能在【使用 Excel 文件】活动中使用，如表 6-7 所示。

表 6-7 自动填充活动描述

活动	属性	参数	功能
自动填充	常见	显示名称	活动的显示名称
	杂项	隐私	如果选中，变量和参数的值将不再以详细级别记录
	输入	开始范围	输入用于填充单元格的数据源。单击在字段右侧的加号按钮，然后从菜单中选择"在 Excel 中指明"以打开文件并直接从文件中选择一个或多个相邻单元格。或者，可以选择自定义输入，手动输入范围，或在"高级编辑器"中打开以输入 VB 表达式

3. 获取单元格颜色

获取单元格颜色主要是从电子表格单元格中提取背景色，并将其保存为颜色变量，且只能在【使用 Excel 文件】活动中使用，如表 6-8 所示。

表 6-8 获取单元格颜色活动描述

活动	属性	参数	功能
获取单元格颜色	常见	显示名称	活动的名称
	杂项	隐私	如果选中，变量和参数的值将不再以详细级别记录
	目标	单元格	要读取的单元格。单击在字段右侧的加号按钮，然后从菜单中选择一个 Excel 文件和一个要读取其值的命名单元格，或者选择"在 Excel 中指明"以直接从文件中指示一个单元格。或者，可以选择自定义输入，手动输入单元格地址，或选择在高级编辑器中打开以输入 VB 表达式
	输出	颜色已保存	将指定电子表格单元格中的信息存储在变量中

4. 读取单元格值

读取单元格值活动主要是从电子表格单元格中读取值，且只能在【使用 Excel 文件】活动中使用，如表 6-9 所示。

表 6-9 读取单元格值活动描述

活动	属性	参数	功能
读取单元格值	常见	显示名称	活动的名称
	杂项	隐私	如果选中，变量和参数的值将不再以详细级别记录
	输入	单元格	要读取的单元格。单击在字段右侧的加号按钮，然后从菜单中选择一个 Excel 文件和一个要读取其值的命名单元格，或者选择"在 Excel 中指明"以直接从文件中指示一个单元格。或者，可以选择自定义输入，手动输入单元格地址，或选择在高级编辑器中打开以输入 VB 表达式
	选项	获取已应用格式的文本	选中此复选框将检索 Excel 中包含任何已应用格式的值。如果为 False，则检索原始值
	输出	保存位置	将指定电子表格单元格中的信息存储在变量中

5. 读取单元格公式

读取单元格公式活动主要用于提取指定的 Excel 单元格中使用的公式，只能在"使用 Excel 文件"中使用，如表 6-10 所示。

表 6-10 读取单元格公式活动描述

活动	属性	参数	功　　能
读取单元格公式	常见	显示名称	活动的名称
	杂项	隐私	如果选中，变量和参数的值将不再以详细级别记录
	输入	单元格	要读取的单元格的地址。单击在字段右侧的加号按钮，然后从菜单中选择要读取其公式的 Excel 文件和命名单元格，或选择"在 Excel 中指明"以直接从文件中指示单元格。或者，可以选择自定义输入，手动输入单元格地址，或选择在"高级编辑器"中打开以输入 VB 表达式
	输出	保存位置	提取的公式作为字符串变量。如果单元格不包含公式，将返回空字符串

6.2.3 图表类活动

Excel 自动化的图表类活动包括【插入图表】、【更新图表】和【获取图表】3 个子活动，如图 6-3 所示。图表类活动的主要功能是对 Excel 的图表进行基本操作，如创建、更新和另存图表。图表类活动的功能描述如表 6-11 所示。

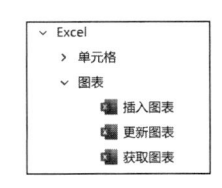

图 6-3 图表类活动组成

表 6-11 图表类活动功能描述

类型	编号	活动	功　　能
Excel	1	插入图表	在工作表中的指定位置插入图表，在【使用 Excel 文件】活动中使用
	2	更新图表	更新现有 Excel 图表的属性，在【使用 Excel 文件】活动中使用
	3	获取图表	将 Excel 图表保存为图像文件，或保存到剪贴板以供其他活动使用，在【使用 Excel 文件】活动中使用

1．插入图表

插入图表活动主要用于在工作表中的指定位置插入图表，只能在【使用 Excel 文件】中使用，如表 6-12 所示。

表 6-12 插入图表活动描述

活动	属性	参数	功　　能
插入图表	常见	显示名称	活动的名称
	杂项	隐私	如果选中，变量和参数的值将不再以详细级别记录
	输入	图表左侧	新图表相对于工作表右侧的位置坐标
		图表宽度	指定图表的宽度
		图表类别	单击下拉菜单选择要创建的图表的类别。包括区域、条形、列、线条、饼状和散点图
		图表类型	单击下拉菜单，根据所选类别选择要创建的图表类型。如：图表类别选择列，图表类型有簇状柱形图、堆积柱形图和百分比堆积柱形图三种
		图表顶部	新图表相对于工作表顶部下方的位置坐标
		图表高度	指定图表的高度
		插入至工作表	要插入图表的工作表。单击在字段右侧的加号按钮，然后从菜单中选择文件和工作表，或选择"在 Excel 中指明"以直接从文件中指示工作表。或者，可以选择自定义输入，手动输入工作表名称，或选择在"高级编辑器"中打开以输入 VB 表达式
		数据范围	用于填充单元格的数据源。单击字段右侧的加号按钮，然后从菜单中选择文件，然后选择工作表、表格或区域插入图表的位置，或选择"在 Excel 中指明"以直接从文件中指示区域。或者，可以选择自定义输入，手动输入范围、表格名称或工作表名称，或选择在"高级编辑器"中打开以输入 VB 表达式
	输出	保存图表至	保存图表以用于其他活动。单击字段右侧的加号按钮，然后从菜单中选择"在 Excel 中指明"以指示图表的保存位置

2. 更新图表

更新图表活动主要用于更新现有 Excel 图表的属性，在【使用 Excel 文件】活动中使用，如表 6-13 所示。

表 6-13 更新图表活动描述

活动	属性	参数	功　能
更新图表	输入	图表	要更新的图表，输入工作表名称和图表名称
	常见	显示名称	活动的名称
	杂项	隐私	如果选中，变量和参数的值将不再以详细级别记录
	选项	添加修改方式	要进行修改的活动，包括更新数据范围、修改图表名称、更新轴标题、更新轴范围、显示/隐藏图例、显示/隐藏数据标签

3. 获取图表

获取图表活动主要用于将 Excel 图表保存为图像文件，或保存到剪贴板以供其他活动使用，在【使用 Excel 文件】活动中使用，具体介绍如表 6-14 所示。

表 6-14 获取图表活动描述

活动	属性	参数	功　能
获取图表	常见	显示名称	活动的名称
	杂项	隐私	如果选中，变量和参数的值将不再以详细级别记录
	输入	图表	要获取的图表。单击在字段右侧的加号按钮，然后从菜单中选择文件、工作表和图表，或选择"在 Excel 中指明"以直接从文件中指示图表。或者，可以选择自定义输入，手动输入图表名称，或在"高级编辑器"中打开以输入 VB 表达式
		操作	要应用于所选图表的操作，有复制到剪贴板和另存为图片两种
		文件名	图表保存为图片的文件名
		替换现有文件	将图表保存为图片时替换同名的现有文件

6.2.4 工作簿类活动

Excel 自动化的工作簿类活动主要包括【保存 Excel 文件】【保护工作表】等 13 个子活动，如图 6-4 所示。工作簿类活动的主要功能是对 Excel 的工作表进行基本操作，如保护 Excel 文件、刷新 Excel 数据连接、将 Excel 文件另存为、运行电子表格宏，以及对工作表进行插入、重命名、保护、复制和删除等。工作簿类活动均需要在【使用 Excel 文件】活动中使用，其功能描述如表 6-15 所示。

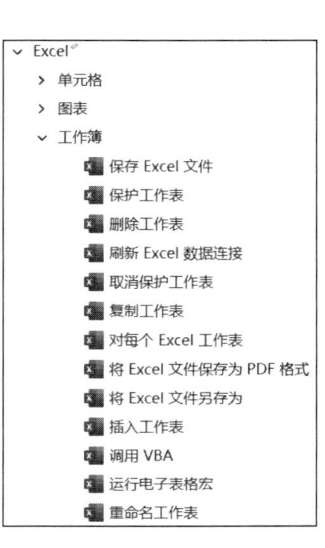

图 6-4 工作簿类活动组成

表 6-15 工作簿类活动功能描述

类型	编号	活动	功 能
Excel	1	保存 Excel 文件	保存所选定 Excel 文件中的所有待定更改
	2	保护工作表	保护 Excel 工作簿中的工作表
	3	删除工作表	从 Excel 文件中删除指定工作表
	4	刷新 Excel 数据连接	在工作簿中刷新所有来源,获取最新数据
	5	取消保护工作表	取消保护 Excel 工作簿中的工作表
	6	复制工作表	在 Excel 文件中创建指定工作表的副本
	7	对每个 Excel 工作表	对 Excel 工作簿中的每个工作表重复操作
	8	将 Excel 文件保存为 PDF 格式	将 Excel 文件保存为 PDF 文件
	9	将 Excel 文件另存为	将 Excel 文件另存为不同的文件
	10	插入工作表	在 Excel 文件中插入工作表
	11	调用 VBA	在 Excel 文件中调用 VBA
	12	运行电子表格宏	在启用宏的工作簿中执行指定宏
	13	重命名工作表	给 Excel 文件中的工作表重命名

Excel 自动化的工作簿类活动主要是对工作表进行操作,具体介绍如表 6-16 所示。

表 6-16 工作簿类活动描述

活动	属性	参数	功 能
保存 Excel 文件	常见	显示名称	活动的名称
	杂项	隐私	如果选中,变量和参数的值将不再以详细级别记录
	输入	工作簿	要保存任何待更改的文件。单击字段右侧的加号按钮,然后从菜单中选择要保存的 Excel 文件
保护工作表	常见	显示名称	活动的名称
	杂项	隐私	如果选中,变量和参数的值将不再以详细级别记录
	输入	密码	保护工作表所需的密码。可以选择一个 Excel 文件,然后选择"在 Excel 中指明"以指示文件中的单元格;也可以使用文本器输入密码,必须将文本放入引号中。但不建议直接输入密码,而是使用为此目的而设计的活动安全存储和检索密码。
		密码（安全字符串）	用于保护工作表的"安全字符串"类型的密码
		工作表	选择要保护的工作表。单击字段右侧的加号按钮,然后从菜单中选择要保护的工作表。如果选择"在 Excel 中指明",则可以直接选择要从文件中保护的工作表。或者,可以选择自定义输入,手动输入工作表名称,或在"高级编辑器"中打开以输入 VB 表达式
	选项	其他权限	授予工作表用户其他功能,包含允许删除列、允许删除行等权限
删除工作表	常见	显示名称	活动的名称
	杂项	隐私	如果选中,变量和参数的值将不再以详细级别记录
	输入	选择工作表	要从 Excel 工作簿中删除的工作表。单击在字段右侧的加号按钮,然后从菜单中选择要删除的文件和工作表。如果选择"在 Excel 中指明",则可以从工作表中直接选择要从文件中删除的任何单元格或范围。或者,可以选择自定义输入以手动输入工作表名称,或在"高级编辑器"中打开以输入 VB 表达式
刷新 Excel 数据连接	常见	显示名称	活动的名称
	杂项	隐私	如果选中,变量和参数的值将不再以详细级别记录
	输入	工作簿	选择要处理的 Excel 工作簿。单击字段右侧的加号按钮,进行选择

续表

活动	属性	参数	功　　能
取消保护工作表	常见	显示名称	活动的名称
	杂项	隐私	如果选中，变量和参数的值将不再以详细级别记录
	输入	密码	用于取消保护工作表的密码
		密码（安全字符串）	用于取消保护工作表的"安全字符串"类型的密码
		工作表	选择要取消保护的工作表。单击字段右侧的加号按钮，然后从菜单中选择要取消保护的工作表。如果选择"在 Excel 中指明"，则可以直接选择要从文件中取消保护的工作表。或者，可以选择自定义输入，手动输入工作表名称，或在"高级编辑器"中打开以输入 VB 表达式
复制工作表	常见	显示名称	活动的名称
	杂项	隐私	如果选中，变量和参数的值将不再以详细级别记录
	输入	要复制的工作表	输入要复制的工作表。单击字段右侧的加号按钮，然后从菜单中选择文件，选择要复制的工作表。如果选择在 Excel 中指明，则可以直接从要复制的工作表中选择任何单元格或范围。或者，可以选择自定义输入，手动输入工作表名称，或在高级编辑器中打开以输入 VB 表达式
		重命名为	新副本的名称，默认为"新工作表"。可以单击加号按钮，选择 Excel 文件中的一个单元格，以单元格中的值命名，或者直接输入带引号的文本
将 Excel 文件保存为 PDF 格式	常见	显示名称	活动的名称
	杂项	隐私	如果选中，变量和参数的值将不再以详细级别记录
	文件	目标 PDF 路径	新 PDF 文件的名称。单击字段后面的浏览文件，然后浏览到要创建文件的文件夹并输入文件名。或者，可以使用加号按钮中的选项之一指定要创建的文件的完整路径
	输入	保存质量	选择保存文件的质量，标准质量（针对在线出版和印刷进行了优化）或最低质量（针对在线出版进行了优化）。默认选项是标准质量
		工作簿	要保存为 PDF 格式的 Excel 文件。单击字段右侧的加号按钮，然后从菜单中选择要另存为 PDF 的 Excel 工作簿。或者，可以选择在"高级编辑器"中打开并输入 VB 表达式
		结束页	可选项，指定要包含在 PDF 中的最后一页的编号。如果未指定页码，则文件保存到最后一页
		起始页	输入要包含在 PDF 中的第一页的编号。如果未指定页码，则从第一页开始保存文件
	选项	替换现有文件	勾选此选项，如果具有此名称的文件已存在，则进行替换。否则，在文件已存在的情况下，系统将会发生错误。
将 Excel 文件另存为	常见	显示名称	活动的名称
	杂项	隐私	如果选中，变量和参数的值将不再以详细级别记录
	选项	替换现有文件	如果选中，新文件将替换任何具有相同名称的现有文件。如果未选中，且已存在同名文件，则会发生错误。默认情况下选择此选项
	输入	保存为文件	新文件的名称。单击字段旁边的浏览文件，然后浏览到保存文件的文件夹并输入文件名。或者，可以使用加号按钮中的选项之一指定要另存为的文件的完整路径
		另存为类型	选择要另存为的 Excel 文件类型：Excel 工作簿（.xlsx）、Excel 二进制工作簿（.xlsb）、Excel 启用宏的工作簿（.xlsm）或 Excel 97-2003 工作簿（xls）
		工作簿	要保存的工作簿。单击字段右侧的加号按钮，然后从菜单中选择要保存的 Excel 工作簿。或者，可以选择在"高级编辑器"中打开并输入 VB 表达式
对每个 Excel 工作表	常见	显示名称	活动的名称
	杂项	隐私	如果选中，变量和参数的值将不再以详细级别记录
	输入	工作簿	工作表的源工作簿。单击字段右侧的加号按钮，然后进行选择
		遍历	输入在遍历中引用当前工作表的名称。默认值为 CurrentSheet

续表

活动	属性	参数	功能
插入工作表	常见	显示名称	活动的名称
	杂项	隐私	如果选中,变量和参数的值将不再以详细级别记录
	输入	在工作簿中创建	要插入工作表的 Excel 工作簿。单击字段右侧的加号按钮,然后进行选择
		新工作表名称	新工作表的名称。单击字段右侧的加号按钮,然后使用菜单中的可用选项之一来指示工作表名称,如选择 Excel 文件中的一个单元格,将以指定单元格的值来命名,也可以直接输入带引号的文本
	输出	将新工作表引用为	可以在其他活动中引用该工作表
调用 VBA	常见	显示名称	活动的名称
	杂项	隐私	如果选中,变量和参数的值将不再以详细级别记录
	输入	代码文件路径	包含必要的 VBA 子函数/函数定义的(文本)件的完整路径
		目标 workbook	当前 VBA 路径文件
		输入方法名称	调用 VBA 的方法名称
	输出	VBA 方法返回的值	如果输入方法有返回值,则输入该值
运行电子表格宏	常见	显示名称	活动的名称
	杂项	隐私	如果选中,变量和参数的值将不再以详细级别记录
	输入	宏名称	要运行的宏名称。可以直接以文本形式输入宏名称。或者,可以单击字段右侧的加号按钮,使用菜单中的其他选项之一来指示宏名称,如选择 Excel 文件中的一个单元格,将以指定单元格的值来命名
		工作簿名称	包含要执行的宏的工作簿。单击字段右侧的加号按钮,然后进行选择
		添加宏参数	单击此按钮可添加执行宏时要使用的参数。添加参数值可以直接输入文本,也可单击加号按钮进行选择
	输出	宏结果	如果宏的执行返回一个值,保存宏返回的值,即输出位置。可单击加号按钮进行选择或单击"在 Excel 中指明",再或者,自定义输入或可以选择在"高级编辑器"中打开并输入 VB 表达式
重命名工作表	常见	显示名称	活动的名称
	杂项	隐私	如果选中,变量和参数的值将不再以详细级别记录
	输入	来源名称	要重命名的工作表。单击字段右侧的加号按钮,从菜单中选择文件,然后选择要重命名的工作表。如果选择"在 Excel 中指明",可以直接从文件中选择要重命名的工作表中的任何单元格或范围。或者,可以选择自定义输入,手动输入工作表名称,或在"高级编辑器"中打开以输入 VB 表达式
		目标名称	为所选工作表指定的新名称。可以直接以文本形式输入目标名称。或者,可以单击字段右侧的加号按钮,使用菜单中的其他选项之一来指示目标名称,如选择 Excel 文件中的一个单元格,将以指定单元格的值来命名

6.2.5 范围类活动

Excel 自动化范围类活动主要包括【VLookup】、【分列】和【删除列】等 22 个子活动,如图 6-5 所示。范围类活动的主要功能是对 Excel 的范围内数据进行基本操作,如填充范围、复制/粘贴范围、格式化为表格、清除工作表/范围/表格,以及对 Excel 一定范围的数据进行读取、写入、附加、查找、替换、筛选和排序等。范围类活

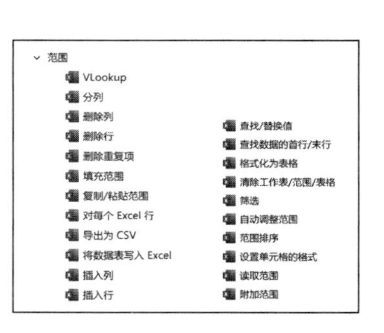

图 6-5 范围类活动组成

动均需要在【使用 Excel 文件】活动中使用，其功能描述如表 6-17 所示。

表 6-17 范围类活动功能描述

类型	编号	活动	功　能
Excel	1	VLookup	使用 Excel 的 VLOOKUP 函数查找某个范围或工作表中的数据
	2	分列	将单元格、范围或表格中的文本拆分为不同列
	3	删除列	从工作表、表格或范围中删除指定列
	4	删除行	从工作表、表格或范围中删除指定行
	5	删除重复项	删除重复行
	6	填充范围	在某个范围内的所有单元格中输入公式或值
	7	复制/粘贴范围	复制范围或工作表，也可选择将其粘贴至当前或其他工作簿中的另一位置
	8	对每个 Excel 行	针对指定工作表、范围或表格中的每一行重复一次所包含的活动
	9	导出为 CSV	将指定的范围、表格、透视表或工作表导出为 CSV 文件
	10	将数据表写入 Excel	用于将外部数据表来源中的数据写入 Excel
	11	插入列	在工作表、表格或范围中的指定位置插入列
	12	插入行	在工作表、表格或范围中的指定位置插入行
	13	查找/替换值	在指定范围内搜索特定值。根据所选的"操作"，系统会返回目标单元格所在位置或用给定值替换该值
	14	查找数据的首行/末行	在给定工作表、范围或表格中，查找包含数据的第一行和最后一行
	15	格式化为表格	将单元格范围的格式设置为具有指定名称的表格
	16	清除工作表/范围/表格	清除电子表格、范围或表格中的数据
	17	筛选	根据单个列中的值，在范围、表格或工作表中创建筛选条件。这些值也可用于清除现有筛选条件
	18	自动调整范围	适应单元格中的数据
	19	范围排序	将指定工作表、表格或范围中的数据按一列或多列排序
	20	设置单元格的格式	设定指定范围内所有单元格的格式
	21	读取范围	将 Excel 范围的值读取为数据表
	22	附加范围	复制表格、范围或工作表中的数据，并将其粘贴到另一个指定表格、范围或工作表中的现有数据后面

1．读取与写入活动

读取与写入活动的功能包含填充范围、复制/粘贴范围、将数据表写入 Excel、插入列、插入行、附加范围和读取范围等，具体介绍如表 6-18 所示。

表 6-18 读取与写入活动描述

活动	属性	参数	功　能
填充范围	常见	显示名称	活动的名称
	杂项	隐私	如果选中，变量和参数的值将不再以详细级别记录
	目标	写入位置	要填充公式或值的范围。单击字段右侧的加号按钮，然后从菜单中选择命名区域或表格以填充数据，或选择"在 Excel 中指明"以直接从文件中指示区域。或者，可以选择自定义输入，手动输入范围或表名称，或选择在"高级编辑器"中打开以输入 VB 表达式
	输入	写入内容	要在范围所含单元格中添加的公式或值。可直接输入文本、数字或变量，如果输入 Excel 公式，则会更新区域中每个单元格的公式。或者可以单击字段右侧的加号按钮，使用菜单中的其他选项之一来指示要添加到范围内单元格的数据

续表

活动	属性	参数	功　　能
复制/粘贴范围	常见	显示名称	活动的名称
	杂项	隐私	如果选中，变量和参数的值将不再以详细级别记录
	输入	排除源标题	如果选中，则不复制源范围的第一行
		源范围	要复制的范围。单击字段右侧的加号按钮，然后从菜单中选择要复制的命名区域、表格或工作表，或选择"在 Excel 中指明"以打开文件并直接从文件中选择一个区域。或者，可以选择自定义输入，手动输入范围，或选择从剪贴板粘贴以从剪贴板粘贴数据，或选择在"高级编辑器"中打开以输入 VB 表达式
		目标	放置复制范围的位置。单击字段右侧的加号按钮，从菜单中选择 Excel 文件，然后选择一个命名的单元格、区域、表格或工作表，将复制的数据粘贴到那里，或者选择"在 Excel 中指明"以打开文件并直接从中选择一个区域文件，或自定义输入，手动输入目标范围。如果目标是单元格，则从该单元格开始粘贴范围。或者，可以选择复制到剪贴板将数据复制到剪贴板。如果选择此选项，则数据只能粘贴到项目中的另一个活动中（不能手动粘贴）
		要复制的内容	选择复制数据的方式。以下选项可用：全部（默认选项）、值、公式、格式
		转置	如果选中，复制的范围将旋转（行到列，列到行）。默认情况下不选择此选项
将数据表写入 Excel	常见	显示名称	活动的名称
	杂项	隐私	如果选中，变量和参数的值将不再以详细级别记录
	输入	写入内容	用于将外部数据表来源中的数据写入 Excel。在 Excel 的不同位置之间移动数据时，请使用"复制/粘贴范围"活动。输入之前保存数据表名称
	选项	忽略空白来源	选中后，如果源数据表格为空，则系统将忽略此表格，否则将引发错误
		排除标头	如果选中，标题行或源范围中的第一行不会写入目标范围。默认情况下不选择此选项
		附加	如果选中，则从目标范围中的第一个空白行开始添加数据。如果未选择，则从目标范围的第一行开始添加数据，替换任何现有数据。默认情况下不选择此选项
	输出	目标	写入数据的命名区域、表格或工作表。单击字段右侧的加号按钮，从菜单中选择 Excel 文件，然后选择写入数据的命名区域、表格或工作表，或"在 Excel 中指明"以打开文件并直接从文件中选择一个区域，或自定义输入，手动输入目的地范围
插入列	常见	显示名称	活动的名称
	杂项	隐私	如果选中，变量和参数的值将不再以详细级别记录
	输入	参照列	要在旁边插入新列的列。单击加号按钮，然后选择范围旁边的现有列以插入新列。还可以"在 Excel 中指明"或自定义输入，或者在"高级编辑器"中输入 VB 表达式
		插入位置	在"参照列"之前或之后
		添加标头	用于标头行的值。单击字段右侧的加号按钮，然后使用菜单中的一个选项选择要添加为新列第一行标题的值。如果未定义标题，则新列第一行中的单元格为空白。也可直接输入文本或变量
		将数据格式设置为类型	单击设置格式以打开将数据格式化为类型窗口，然后从类别下拉列表中为新列中的数据选择格式：常规、数字、日期、时间、百分比、货币、文本，或自定义。根据选择，可能会出现其他选项以进行其他配置。默认情况下，Excel 使用左侧列的格式
		范围	要插入列的范围。单击字段右侧的加号按钮，从菜单中选择文件，然后选择要在其中插入列的工作表、表格或区域，或者选择"在 Excel 中指明"以直接从文件中指示区域。或者，可以选择自定义输入，手动输入范围、表格名称或工作表名称，或选择在"高级编辑器"中打开以输入 VB 表达式
	选项	含标头	范围中的第一行为标头行

续表

活动	属性	参数	功 能
插入行	常见	显示名称	活动的名称
	杂项	隐私	如果选中，变量和参数的值将不再以详细级别记录
	输入	插入位置	范围中要插入新行的位置：开始、结束或特定索引
		源范围	要插入新行的工作表、范围或表格
		行数	要插入的行数。可以是数字，也可以是整数类型的变量
	选项	含标头	范围中的第一行为标头行
		特定索引	范围中要在其后插入新行的行号（前提是"目标位置"设置为"特定索引"）
附加范围	常见	显示名称	活动的名称
	杂项	隐私	如果选中，变量和参数的值将不再以详细级别记录
	输入	由列开始	从指定列中的第一个空单元格开始附加数据
		范围后附加	要在后面附加新范围的目标范围。单击字段右端的加号按钮，选择范围或"在 Excel 中指明"，或者自定义输入，或者在"高级编辑器"中输入
		要复制的内容	选择复制数据的方式。以下选项可用：全部（默认选项）、值、公式、格式
		要附加的 Excel 范围	输入要复制的命名区域、表格或工作表。单击字段右端的加号按钮，选择范围、表格或工作表，或在 Excel 中指明，或者自定义输入，或者在高级编辑器中输入
		转置	如果选中，复制的范围将旋转（行到列，列到行）。默认情况下不选择此选项
	选项	排除源标头	所选范围的第一行将不会写入目标范围
		目标包含标头	如果选中，复制范围中的第一行被视为标题行，不会被复制。默认情况下不选择此选项
读取范围	常见	显示名称	活动的名称
	杂项	隐私	如果选中，变量和参数的值将不再以详细级别记录
	输入	范围	要读取的命名区域、表格或工作表。单击字段右端的加号按钮，选择范围或在 Excel 中指明，或者自定义输入，或者在"高级编辑器"中输入
	输出	保存位置	保存范围内容的数据表
	选项	仅可见行	择此选项以仅读取可见行。它忽略过滤和隐藏的值
		含标头	如果范围中的第一行是标题行，请选择此选项
		读取格式	选择应用于值的格式，包含 Null、Default（默认）、RawValue（原始值）和 DisplayValue（显示值）四种。Null 表示格式选项与父卡相同

2. 删除活动

删除活动的功能包含删除列、删除行、删除重复项和清除工作表/范围/表格，具体介绍如表 6-19 所示。

表 6-19　删除活动描述

活动	属性	参数	功 能
删除列	常见	显示名称	活动的名称
	杂项	隐私	如果选中，变量和参数的值将不再以详细级别记录
	输入	列名称	要删除的列名称。可以直接输入文本或字符串类型的变量。还可以单击加号按钮进行选择
		源范围	要从中删除列的范围。单击字段右端的加号按钮，选择范围或"在 Excel 中指明"，或者自定义输入，或者在"高级编辑器"中输入
	选项	含标头	指定所选范围中的第一行作为标头行

续表

活动	属性	参数	功 能
删除行	常见	显示名称	活动的名称
	杂项	隐私	如果选中，变量和参数的值将不再以详细级别记录
	输入	源范围	要从中删除行的工作表、表格或范围。单击字段右端的加号按钮，选择工作表、表格或范围，或"在 Excel 中指明"，或者自定义输入，或者在"高级编辑器"中输入
		要删除的内容	选择要删除的行：特定行、所有可见行、所有隐藏行和所有重复行
	选项	含标头	选中"所有可见行"选项时未删除范围中的第一行
		目标位置	选中"特定行"选项时要删除的指定行
删除重复项	常见	显示名称	活动的名称
	杂项	隐私	如果选中，变量和参数的值将不再以详细级别记录
	输入	范围	要删除的重复项所在的范围
	选项	含标头	范围中的第一行为标头行
清除工作表/范围/表格	常见	显示名称	活动的名称
	杂项	隐私	如果选中，变量和参数的值将不再以详细级别记录
	输入	要清除的范围	接收工作表、范围或表格以清除其中的数据。单击字段右端的加号按钮，选择工作表、范围或表格，或"在 Excel 中指明"，或者自定义输入，或者在"高级编辑器"中输入
	选项	含标头	范围中的第一行为标头行

3. 格式设置活动

格式设置活动的功能主要包含分列、导出为 CSV、格式化为表格、设置单元格的格式等，具体介绍如表 6-20 所示。

表 6-20　格式设置活动描述

活动	属性	参数	功 能
分列	常见	显示名称	活动的名称
	杂项	隐私	如果选中，变量和参数的值将不再以详细级别记录
	输入	源范围	包含要拆分的文本的范围。单击字段右端的加号按钮，选择范围或"在 Excel 中指明"，或者自定义输入，或者在"高级编辑器"中输入
		目标	拆分数据的保存位置。单击字段右端的加号按钮，选择范围或"在 Excel 中指明"，或者自定义输入，或者在"高级编辑器"中输入
	选项	使用其他分隔符	数据由未列出的字符分隔。勾选后填写其他分隔符
		使用分号分隔	数据由分号分隔
		使用制表符分隔	数据由制表符分隔
		使用新行分隔	数据由新行分隔
		使用空格分隔	数据由空格分隔
		使用逗号分隔	数据由逗号分隔
		其他分隔符	输入用于分隔数据的字符
		文本限定符	将数据中的文本括起的字符。将两个连续文本限定符之间的文本视为一个值
		每列的字符数	要拆分的每个数据单位的宽度
		解析类型	带分隔符：数据由某些字符分隔。定宽：数据按定数量的字符分组。在选择带分隔符的情况下，才会出现分隔符的选框。选择定宽时只需确定每列的字符数
		连续运算符视为一个字符	数据包含分隔符及多个字符

续表

活动	属性	参数	功　　能
导出为 CSV	常见	显示名称	活动的名称
	杂项	隐私	如果选中，变量和参数的值将不再以详细级别记录
	文件	文件路径	要写入数据的 CSV 文件路径。单击字段旁边的浏览文件，然后浏览并选择要导出数据的 CSV 文件。要在执行自动化时创建新文件，则浏览到创建它的文件夹并输入文件名。或者，可以单击字段右侧的加号按钮并选择可用选项来指示文件的路径
	输入	写入来源	要导出的数据。单击字段右侧的加号按钮，然后使用菜单中的选项来指示要导出的数据
格式化为表格	常见	显示名称	活动的名称
	杂项	隐私	如果选中，变量和参数的值将不再以详细级别记录
	输入	表格名称（可选）	新表格的名称。如果保留为空白，则自动生成表格名称"表 1"
	输入	表格范围	要格式化为表格的范围。单击字段右侧的加号按钮，然后从菜单中选择 Excel 文件和命名区域或工作表以格式化为表格。如果选择工作表，则只有包含数据的范围才会格式化为表格。或者，可以选择"在 Excel 中指明"以打开文件并直接从文件中选择一个范围，选择自定义输入，手动输入范围，或选择在"高级编辑器"中打开以输入 VB 表达式
	输出	将新表格名称另存为	可选项，将新表格名称存放以供以后使用。单击字段右侧的加号按钮，然后使用菜单中指示的选项为新表格名称的存放位置
	选项	含标头	所选范围的第一行用作表格的标头行
		替换现有文件	如果已存在同名表格，则系统会将其转换为范围，以便创建新表格
设置单元格的格式	常见	显示名称	活动的名称
	杂项	隐私	如果选中，变量和参数的值将不再以详细级别记录
	输入	源范围	要格式化的范围。单击字段右侧的加号按钮选择要设置格式的工作表、表格或范围
	选项	将数据格式设置为类型	单击设置格式打开单元格格式窗口，然后使用顶部的选项选择单元格中的格式：数据类型、对齐方式、字体或填充。根据选择，可能会出现其他选项以进行其他配置

4．筛选与排序活动

筛选与排序活动的功能主要包含 VLookup、查找/替换值、筛选、查找数据的首行/末行、自动调整范围、范围排序和对每个 Excel 行等，具体介绍如表 6-21 所示。

表 6-21　筛选与排序活动描述

活动	属性	参数	功　　能
VLookup	常见	显示名称	活动的名称
	杂项	隐私	如果选中，变量和参数的值将不再以详细级别记录
	输入	列索引	范围中包含要返回的值的列号。可直接输入包含返回值的列号（数字）；也可单击字段右侧的加号按钮，然后从菜单中选择包含要返回的值的列号
	输入	在范围内	搜索要查找的值时所指定的范围。单击字段右侧的加号按钮，然后从菜单中选择要搜索值的工作表、表格或范围，或"在 Excel 中指明"，或者自定义输入，或者在"高级编辑器"中输入
		精确匹配	勾选此选项，返回精确匹配项，否则返回近似匹配项。
		要查找的值	要在指定范围中查找的值。单击字段右侧的加号按钮，然后从菜单中选择要查找的内容；也可直接输入文本值或数字值
	输出	输出位置	保存 VLOOKUP 返回的值。单击字段右侧的加号按钮，然后从菜单中选择保存结果的位置

续表

活动	属性	参数	功　能
查找/替换值	常见	显示名称	活动的名称
	杂项	隐私	如果选中，变量和参数的值将不再以详细级别记录
	输入	匹配整个单元格内容	如果选中，则搜索仅包含在"要查找的值"字段输入的字符的单元格
		区分大小写	如果选中，则搜索区分大小写的数据
		搜索	要搜索具有特定详细信息的数据，包括"公式"和"值"两种
		搜索地点	搜索值的范围
		操作	根据所选的"操作"，系统会返回目标单元格所在位置或用给定值替换该值，包括查找、替换和替换全部
		替换为	要替换的值。可以是文本、数字或者 Excel 中指定的值
		要查找的值	要搜索的值。可以是文本、数字或者 Excel 中指定的值
	输出	发现于	找到值的地址。可存放至变量或 Excel 中
筛选	常见	显示名称	活动的名称
	杂项	隐私	如果选中，变量和参数的值将不再以详细级别记录
	输入	列名称	包含要筛选的值的列。可直接输入文本值，也可单击加号按钮选择
		源范围	要筛选的工作表、范围或表格。单击字段右端的加号按钮，选择范围或"在 Excel 中指明"，或者自定义输入，或者在"高级编辑器"中输入
	选项	清除任何现有筛选条件	勾选此项，则清除已应用于目标范围的任何现有筛选条件
查找数据的首行/末行	常见	显示名称	活动的名称
	杂项	隐私	如果选中，变量和参数的值将不再以详细级别记录
	输入	列名称	用于搜索数据值的列名称，可以直接输入文本值或在 Excel 中指定列
		最后一行的偏移量	在包含数据的最后一行减去指定数字行，默认为 0
		源范围	待搜索范围
		第一行的偏移量	在包含数据的第一行中加上指定数字行，默认为 0
		要跳过的空白行	在确定范围结束之前数据中允许的连续空白行数。默认值为 1
	输出	最后一行的索引	范围中最后一个非空白行的编号，保存到变量中。如未找到数据，则值应为-1
		第一行的索引	范围中首个非空白行的编号，保存到变量中。如未找到数据，则值应为-1
	选项	含标头	指定是否要将所选范围中的第一行作为标头行
		将最后一行配置为	配置是将最后一行作为最后填充的行返回，还是返回第一个空行
自动调整范围	常见	显示名称	活动的名称
	杂项	隐私	如果选中，变量和参数的值将不再以详细级别记录
	输入	范围	要调整的区域、表格或工作表。单击字段右端的加号按钮，选择范围或"在 Excel 中指明"，或者自定义输入，或者在"高级编辑器"中输入
	选项	列	如果选中，自动调整将应用于范围内的列。默认勾选
		行	如果选中，自动调整将应用于范围内的行。默认勾选
范围排序	常见	显示名称	活动的名称
	杂项	隐私	如果选中，变量和参数的值将不再以详细级别记录
	输入	范围	要排序的范围。单击字段右端的加号按钮，选择范围或"在 Excel 中指明"，或者自定义输入，或者在"高级编辑器"中输入

续表

活动	属性	参数	功　　能
对每个 Excel 行	常见	显示名称	活动的名称
	杂项	隐私	如果选中，变量和参数的值将不再以详细级别记录
	选项	含标头	指定是否要将所选范围中的第一行作为标头行
		在每行后保存	如果选中，每行运行操作后保存工作簿。否则，系统便会等到 Excel 文件的所有操作全部完成之后，再保存工作簿
		在范围内	要对每行重复执行操作的工作表、范围或表格。单击字段右端的加号按钮，选择范围或"在 Excel 中指明"，或者自定义输入，或者在"高级编辑器"中输入
		空白行行为	在指定范围内到达空行时的预期操作：在三个连续的空行之后停止迭代、停止、跳过和处理

6.2.6 透视表类活动

Excel 自动化的透视表类活动包括【创建透视表】、【刷新透视表】和【更改透视表数据源】3 个子活动，如图 6-6 所示。表格类活动的主要功能是对 Excel 的透视表进行基本操作，如创建、刷新和更改数据源。透视表类活动均需要在【使用 Excel 文件】活动中使用，其功能描述如表 6-22 所示。

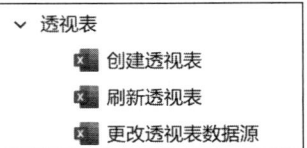

图 6-6　透视表类活动组成

表 6-22　透视表类活动功能描述

类型	编号	活动	功　　能
Excel	1	创建透视表	在指定范围或表格中创建一个透视表，以便计算、汇总和分析数据
	2	刷新透视表	更新透视表中的数据
	3	更改透视表数据源	更改透视表源范围

在 Excel 中，数据透视表是一种交互式的表，可以进行求和与计数等计算。如果原始数据发生更改，则可以更新数据透视表。透视表活动主要用于在工作表中创建、更新透视表和更改数据源等，具体介绍如表 6-23 所示。

表 6-23　透视表活动描述

活动	属性	参数	功　　能
创建透视表	输入	值已添加为	选择如何在透视表中添加值，选项包括作为列（默认选项）或行添加
		新表格名称	新透视表的名称
		目标范围	放置新透视表的位置。单击字段右端的加号按钮，从菜单中选择 Excel 文件，然后选择用于创建数据透视表的表格或工作表，或者选择"在 Excel 中指明"以直接从文件中指示。或者，可以选择自定义输入，手动输入范围，或在"高级编辑器"中打开以输入 VB 表达式
		表格范围	通过透视表进行分析的表格或范围。单击字段右端的加号按钮，选择表格、范围，或"在 Excel 中指明"，或者自定义输入，或者在"高级编辑器"中输入
	常见	显示名称	活动的名称

续表

活动	属性	参数	功　能
创建透视表	杂项	隐私	如果选中，变量和参数的值将不再以详细级别记录
	选项	添加透视表字段	单击添加透视表字段后设置字段，单击字段右端的加号按钮，然后从菜单中选择范围和列标题，或选择 Excel 文件，然后"在 Excel 中指明"以指示文件中的列标题。在"是"下面选择数据透视表中的字段：行、列、过滤器或值。如果该字段是一个值，需选择应使用的函数：Sum、Count、Average、Max、Min 等
更改透视表数据源	常见	显示名称	活动的名称
	杂项	隐私	如果选中，变量和参数的值将不再以详细级别记录
	输入	新来源	用作透视表源范围的新范围。单击字段右端的加号按钮，从菜单中选择 Excel 文件，然后选择一个命名区域或表格作为数据透视表的来源，或者选择"在 Excel 中指明"以直接从文件中指示一个区域。如果要选择整个工作表，请选择"在 Excel 中指明"，然后选择所需的所有列（例如：A:F）。或者，可以选择自定义输入，手动输入范围，或在"高级编辑器"中打开以输入 VB 表达式
		透视表	要更新的原始透视表名称。单击字段右端的加号按钮，然后选择 Excel 文件和原始数据透视表的名称。或选择"在 Excel 中指明"以打开文件并指示数据透视表中的单元格。或者，可以选择自定义输入，手动输入数据透视表名称，或在"高级编辑器"中打开以输入 VB 表达式
刷新透视表	常见	显示名称	活动的名称
	杂项	隐私	如果选中，变量和参数的值将不再以详细级别记录
	输入	待刷新的透视表	要刷新的 Excel 文件和数据透视表的名称。单击字段右端的加号按钮，然后选择 Excel 文件和数据透视表的名称。或选择"在 Excel 中指明"以打开文件并指示数据透视表中的单元格。或者，可以选择自定义输入，手动输入数据透视表名称，或在"高级编辑器"中打开以输入 VB 表达式

【思维拓展】

请大家畅想一下，如果会计工作中能够广泛运用 RPA 的 Excel 自动化，通过财务和 RPA 技术的有机结合去提高工作效率和工作质量，是否会在一定程度上建立或者重构未来一种新型的财务工作办公模式呢？这种工作模式下的人和 RPA 机器人会如何分工、如何协作呢？

6.3　数据表

6.3.1　关于数据表

数据表（Data Table）表示一种类型的变量，它可以存储大量信息，充当数据库或带有行和列的简单电子表格。它适用于将特定数据从数据库迁移到另一个数据库、从网站提取信息并将其存储于电子表格或其他文件等场合。

在 Excel 自动化中，数据表用于存储从 Excel 文件读取的数据。Data Table 与 Excel 的区别在于，Excel/Worksheet 是一个 Excel 文件，里面可以存储各种类型的数据，可格式化，可能是文字、图片等任何形式的数据，而 Data Table 只是最简单的电子表格数据类型，只有行、列及可选标题。

6.3.2 数据表活动

数据表的活动包括从文本中生成数据表、删除数据列、删除数据行、删除重复行等 17 个子活动,如图 6-7 所示。活动的具体功能描述如表 6-24 所示。

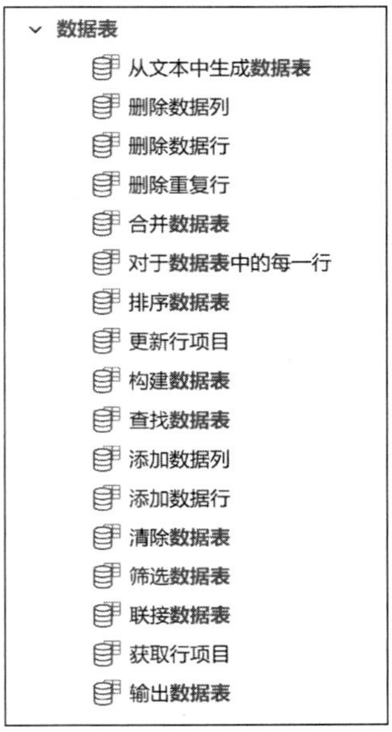

图 6-7 数据表相关活动

表 6-24 数据表子活动功能介绍

活动	子活动	功 能
数据表	构建数据表	根据指定架构重新构建数据表,即根据字段名称和类型生成数据表。可以初始化数据
	查找数据表	在数据表内搜索"查找值"属性中提供的值,并返回找到的单元格的行索引。如果设置了目标列,则它还会从指定的单元格中返回该值
	排序数据表	根据指定列的值,按升序或降序对数据表进行排序
	合并数据表	将指定的数据表与当前数据表合并,指定是否保留更改,以及如何处理当前数据表中缺少的架构
	清除数据表	清除指定数据表中的所有数据
	从文本中生成数据表	从非结构化数据生成数据表,即格式化地输入文本,自动生成数据表
	筛选数据表	通过在"筛选器向导"窗口中指定条件来筛选数据表,也可以根据向导中指定的逻辑条件保留或删除行/列
	联接数据表	通过设定的规则将两个数据表连接在一起
	输出数据表	使用 CSV 格式将数据表写入字符串,即将数据表输出成文本格式
数据列	删除数据列	从指定数据表中删除数据列
	添加数据列	将数据列添加到指定的数据表中,即在数据表的末尾添加数据,可以是 1 列和多列
数据行	删除数据行	根据行对象和索引号删除数据表的指定行
	删除重复行	从指定数据表中删除重复行,仅保留第一次出现的行
	添加数据行	将数据行添加到指定的数据表中
其他	对于数据表中的每一行	对提供的数据表中的每一行执行一次操作
	更新行项目	将指定值赋予数据表行的指定列
	获取行项目	根据指定的列从数据行变量中获取值

6.3.3 数据表的读取

假设代表数据表变量的名称为 DT，数据表的读取有如下四种方法。

方法一：DT(i)(j)代表数据表 DT 中第 i 行第 j 列。

方法二：DT.rows(0).item("客户名称")，代表 0 行客户名称列。

方法三：使用【对于数据表中的每一行】活动对每一行数据访问。

方法四：遍历循环使用 row()方法也可对列数据进行访问。

6.3.4 数据表的应用

1．筛选管理费用

在数据表的相关应用中，【构建数据表】【筛选数据表】等活动能灵活处理数据，具体分解步骤如下：

步骤一：添加【Excel 流程作用域】、【使用 Excel 文件】和【读取范围】，读取 2021 年序时账中的数据，如图 6-8 所示。然后在【读取范围】的"属性→输出→保存位置"中创建变量"DT"，勾选"含标头"和"仅可见行"，如图 6-9 所示。

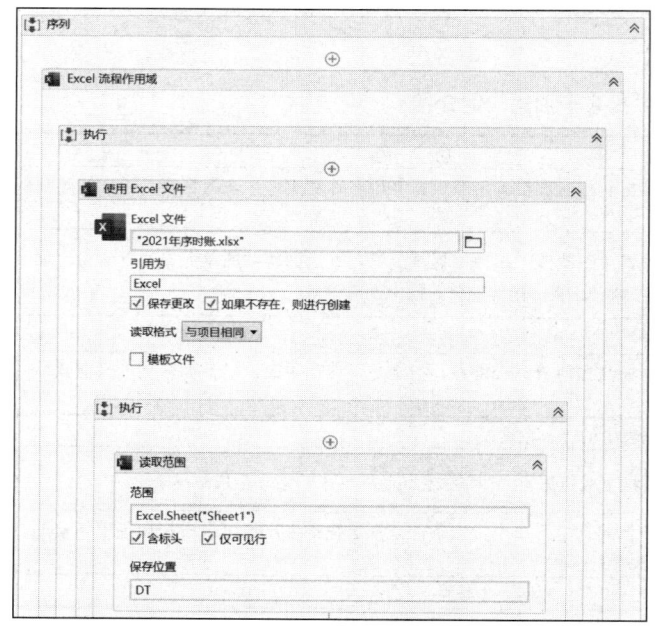

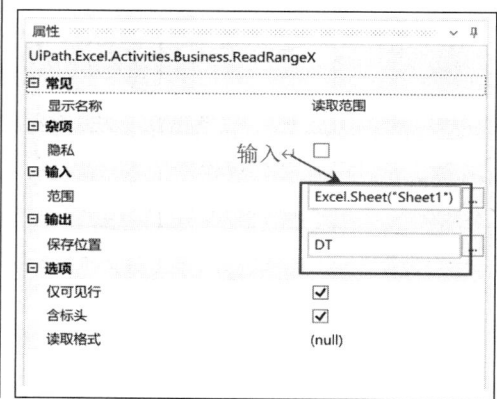

图 6-8　读取 2021 年序时账中的数据　　　　图 6-9　【读取范围】属性设置

步骤二：添加【筛选数据表】，单击"配置筛选器"，弹出"筛选器向导"窗口，在"输入数据表"中输入"DT"，在"输出数据表"中创建变量"DT1"，在"列"中输入""科目名称""，"操作"选择"Contains"，"值"输入""管理费用""，如图 6-10 所示。

步骤三：在【筛选数据表】后添加【添加数据列】，然后在"列名称"中输入""比重""，在"数据表"中输入"DT1"，如图 6-11 所示。

步骤四：添加【将数据表写入 Excel】，在"写入内容"中输入"DT1"，在"目标"中输入"Excel.Sheet("Sheet2").Range("A1")"，如图 6-12 所示。

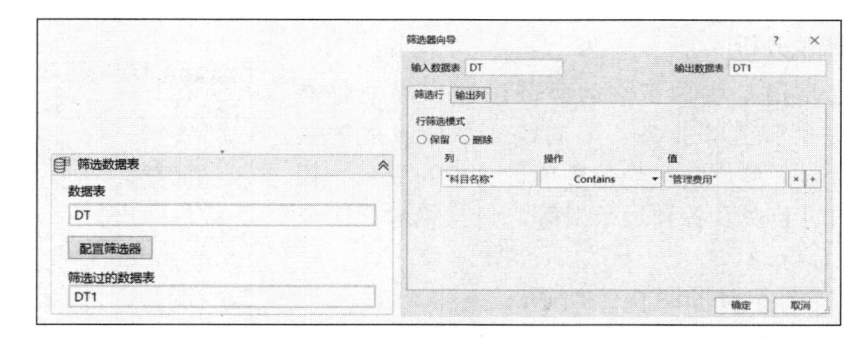

图 6-10 添加【筛选数据表】

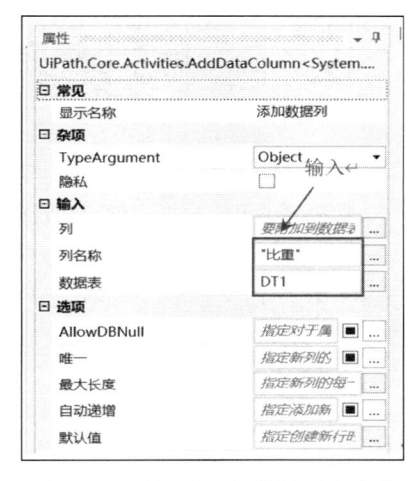

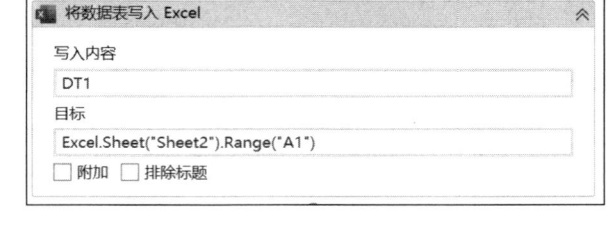

图 6-11 设置【添加数据列】参数　　　图 6-12 设置【将数据表写入 Excel】参数

步骤五：添加【Excel 流程作用域】和【使用 Excel 文件】，选择文件"2021 年序时账.xlsx"，并添加 5 个【写入单元格】，其属性设置如表 6-25 所示。

表 6-25 【写入单元格】属性设置对照表

属性设置对照表	
写入位置	写入内容
Excel.Sheet("Sheet2").Cell("G6")	"=sum(G2:G5)"
Excel.Sheet("Sheet2").Cell("L2")	"=G2/G6"
Excel.Sheet("Sheet2").Cell("L3")	"=G3/G6"
Excel.Sheet("Sheet2").Cell("L4")	"=G4/G6"
Excel.Sheet("Sheet2").Cell("L5")	"=G5/G6"

运行效果如图 6-13 所示。

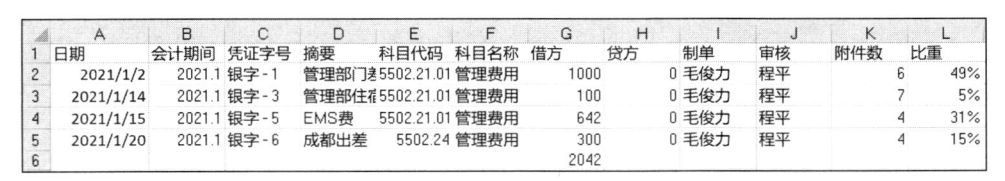

图 6-13 运行效果展示

第 6 章 Excel 数据处理自动化

2．应收账款分析

应收账款是指企业在正常的经营过程中因销售商品、产品、提供劳务等业务，应向购买单位收取的款项，包括应由购买单位或接受劳务单位负担的税金、代购买方垫付的包装费及各种运杂费等，包括绝对金额分析和相对金额分析。

数据准备如图 6-14 和图 6-15 所示。

步骤一：新建【流程】项目，并添加【序列】。然后在"工作簿"下添加【读取范围】，设置工作簿路径为"准备文件\应收账款.xlsx"，工作表名称默认为""Sheet1""，范围默认" " ""（表全部）；在"属性→输出→数据表"中创建变量"DT"，勾选"添加标头"，如图 6-16 所示。

步骤二：添加【分配】，然后设置其属性，创建变量"DT1"，值为"DT.DefaultView.ToTable (True, "客户名称")"，数据表用于存放客户名称，如图 6-17 所示。

销售日期	拖欠天数	欠款金额	客户名称
2020/01/06	378	80970.00	001-A公司
2020/01/08	376	26990.00	004-D公司
2020/01/10	374	31455.00	002-B公司
2020/01/15	369	173400.00	001-A公司
2020/01/17	367	38445.00	003-C公司
2020/01/17	367	57980.00	007-G公司
2020/01/18	366	164465.00	006-F公司
2020/01/19	365	150640.00	004-D公司
2020/01/23	361	6990.00	005-E公司
2020/02/03	350	86970.00	001-A公司
2020/02/04	349	70485.00	002-B公司
2020/02/06	348	45465.00	002-B公司
2020/02/06	347	28990.00	007-G公司
2020/02/06	347	190344.00	004-D公司
2020/02/08	345	13980.00	006-F公司
2020/02/08	345	12990.00	005-E公司
2020/02/10	343	117475.00	003-C公司
2020/02/10	343	161400.00	001-A公司
2020/02/15	338	152955.00	002-B公司
2020/02/15	337	286000.00	005-E公司
2020/02/16	337	57980.00	004-D公司
2020/02/17	336	37950.00	006-F公司
2020/02/18	335	25980.00	007-G公司
2020/02/20	333	84582.00	001-A公司
2020/02/20	333	101970.00	002-B公司
2020/02/23	330	84975.00	007-G公司
2020/02/25	328	12990.00	007-G公司

图 6-14　应收账款明细表

客户名称	欠款次数	单笔最多欠款金额	累计欠款金额	销售日期
001-A公司	7	173400	616417	01/06/2020,01/15/2020,02/03/2020,02/10/2020,02/20/2020,03/06/2020,03/13/2020
004-D公司	6	190344	511944	01/08/2020,01/19/2020,02/06/2020,02/16/2020,02/28/2020,03/13/2020
002-B公司	6	152955	551377	01/10/2020,02/05/2020,02/15/2020,02/20/2020,02/26/2020,03/10/2020
003-C公司	4	117475	247375	01/17/2020,02/04/2020,02/10/2020,02/28/2020
007-G公司	7	84975	223407	01/17/2020,02/06/2020,02/18/2020,02/23/2020,02/25/2020,03/05/2020,03/20/2020
006-F公司	3	164465	216395	01/18/2020,02/08/2020,02/17/2020
005-E公司	6	286000	422375	01/23/2020,02/08/2020,02/16/2020,03/08/2020,03/12/2020,03/14/2020

图 6-15　应收账款分析

图 6-16　读取应收账款文件

图 6-17　添加【分配】

150　◀　RPA 财务机器人开发教程——基于 UiPath（第 2 版）

步骤三：添加【构建数据表】，设置列名和数据类型，如表 6-26 所示，数据表名为 NewDT，用于保存应收账款数据分析结果，如图 6-18 所示。

表 6-26 【构建数据表】属性设置对照表

属性设置对照表	
列名	数据类型
客户名称	String
欠款次数	Int32
最多欠款金额	Double
累计欠款金额	Double
销售日期	String

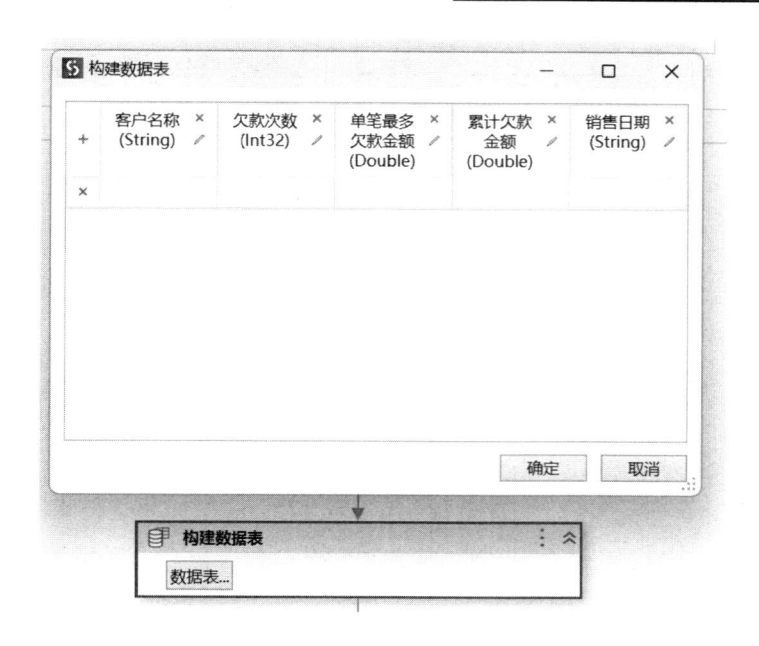

图 6-18 添加【构建数据表】

步骤四：添加【对于数据表中的每一行】，"项目"设置为"row"，"数据表"设置为"DT1"，在【正文】添加【筛选数据表】【A←B 多重分配】【对于数据表中的每一行】【A←B 多重分配】和【添加数据行】，如图 6-19 所示。

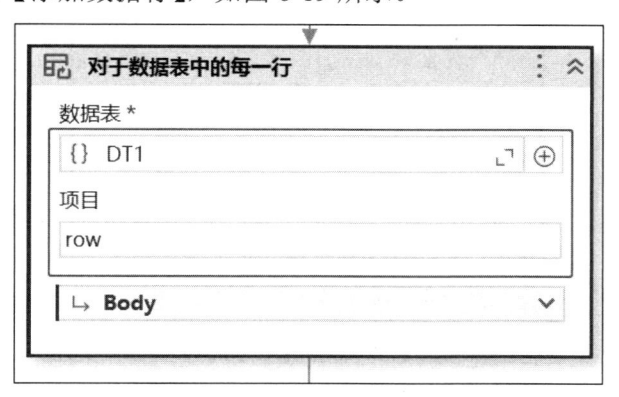

图 6-19 添加【对于数据表中的每一行】

第 6 章 Excel 数据处理自动化 ➤ 151

步骤五：设置【筛选数据表】，输入数据表为"DT"，输出数据表为"DT2"，筛选行的"保留"为""客户名称""= row("客户名称").ToString；输出列的"保留"为""欠款金额""和""销售日期""，如图6-20所示。

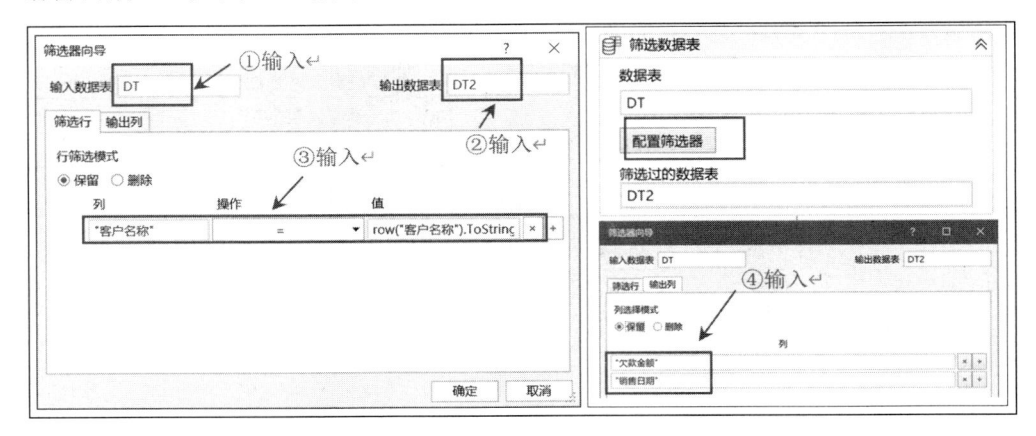

图6-20 设置【筛选数据表】

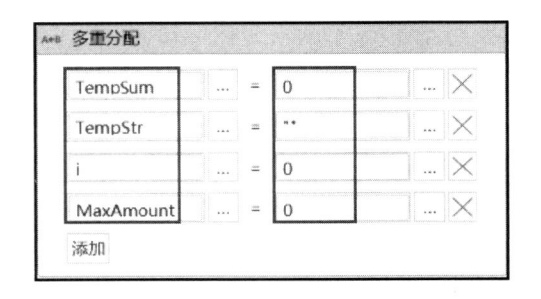

图6-21 设置【A←B 多重分配】

步骤六：设置【A←B 多重分配】。Double 类型变量"TempSum"用于欠款金额累计，赋初值为 0；String 类型变量"TempStr"用于汇总销售日期，赋初值为空；Int32 类型变量"i"用于欠款次数累计，赋初值为 0；Double 类型变量"MaxAmount"用于保存欠款金额最大值，赋初值为0，如图6-21 所示。

步骤七：在【对于数据表中的每一行】正文添加【A←B 多重分配】，分配"TempSum"的值为"TempSum+CDbl(row("欠款金额"))"，设置"TempStr"的值为"TempStr+row("销售日期").ToString.substring(0,10)+","，分配"i"的值为"i+1"，如图6-22所示。

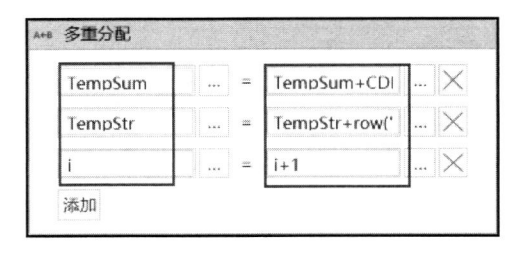

图6-22 添加【A←B 多重分配】

步骤八：在【A←B 多重分配】下方添加【IF】，设置"Condition"为"CDbl (row("欠款金额"))>MaxAmount"，在"Then"中添加【分配】，令"MaxAmount"的值为"CDbl(row("欠款金额"))"，如图6-23 所示。

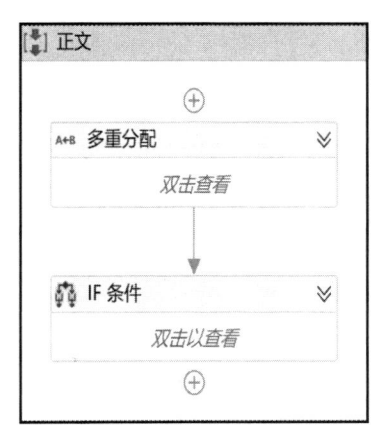

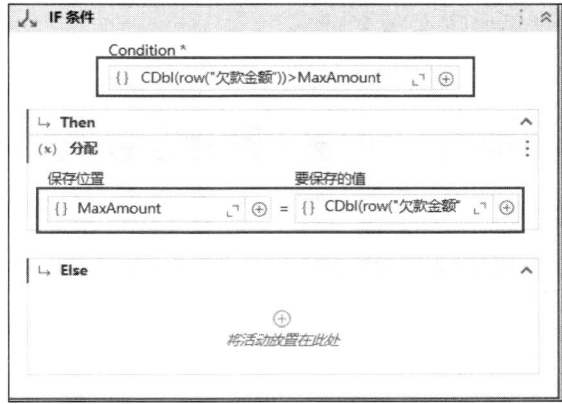

图 6-23 设置【IF】

步骤九：设置【A←B 多重分配】，修改变量"len"的类型为"Int32"，分配"len"的值为"TempStr.Length"，令"TempStr"的值为"TempStr.Remove(len-1,1)"，如图 6-24 所示。

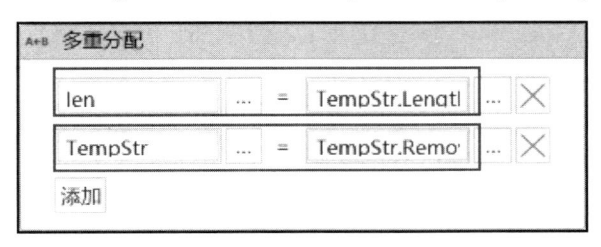

图 6-24 设置【A←B 多重分配】

步骤十：设置【添加数据行】，设置"数据表"为"NewDT"，"数组行"为"{row("客户名称"),i,MaxAmount,TempSum,TempStr}"，如图 6-25 所示。折叠最外层的【对于数据表中的每一行】，在其下方添加【写入范围】，工作簿路径输入""准备文件\应收账款.xlsx""，工作表名称输入""Sheet2""，起始单元格输入""""，数据表输入"NewDT"，如图 6-25 所示。

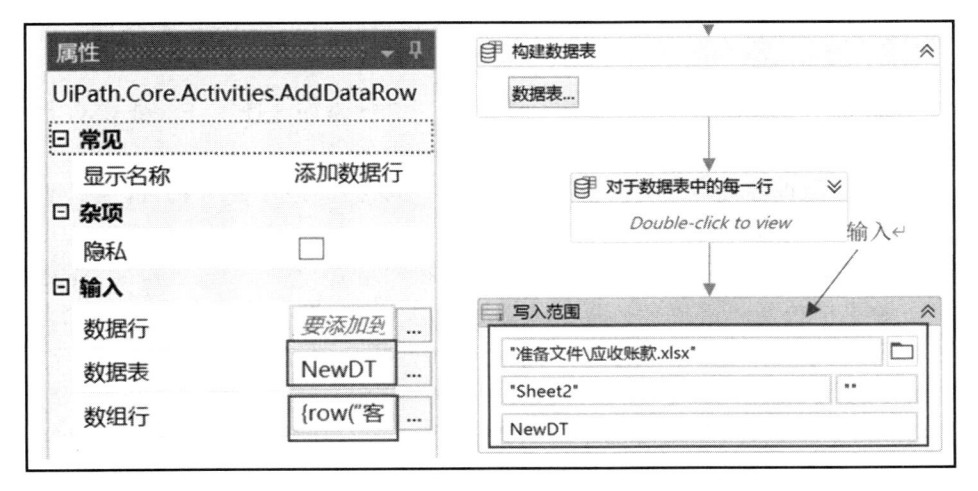

图 6-25 设置【添加数据行】和添加【写入范围】

第 6 章 Excel 数据处理自动化 ➤ 153

输出结果如图 6-26 所示。

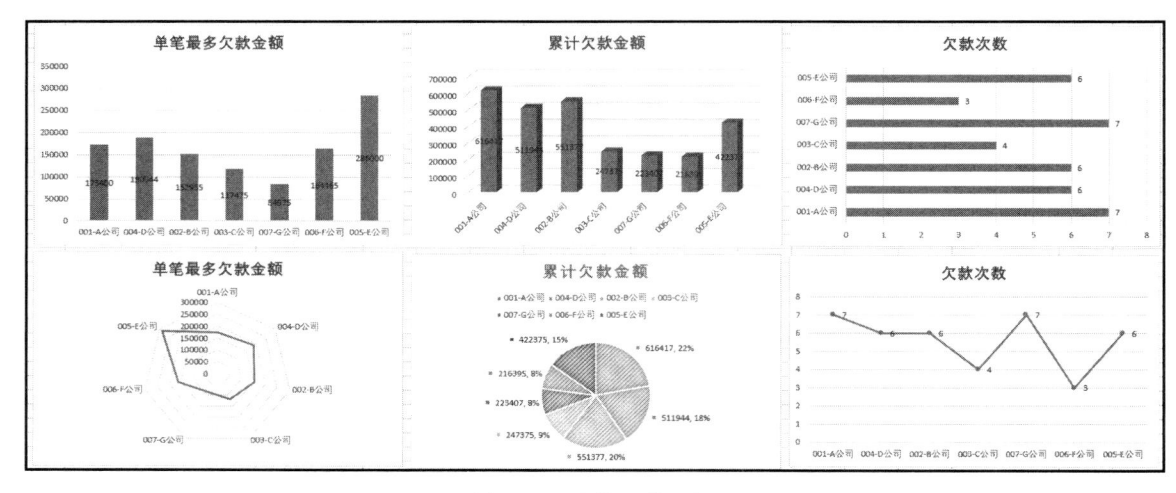

图 6-26 应收账款分析

6.4 Excel 数据处理应用

Excel 数据处理自动化主要包括数据复制、数据添加、对指定列进行排序、在指定条件下筛选数据及对单元格的读取、写入、选中等操作，具体应用随后介绍。

6.4.1 Excel 数据复制

Excel 中的数据复制主要是通过添加一个【Excel 流程作用域】活动和一个【使用 Excel 文件】活动，指定原 Excel 文件路径，然后添加【读取范围】活动到【使用 Excel 文件】的执行区，读取数据并保存到数据表中，通过添加【输出数据表】活动，转换数据类型以备写入目标文件，接下来再添加另一个【Excel 流程作用域】活动，通过添加【使用 Excel 文件】指定目标文件的路径，最后在其执行区添加【将数据表写入 Excel】活动，将数据写入目标文件。具体步骤如下：

步骤一：添加一个【Excel 流程作用域】活动，继续添加【使用 Excel 文件】活动，单击"浏览"，在项目文件夹中选择 Excel 文件"information"。

注：所有在应用程序集成下有关 Excel 的活动都必须放在【使用 Excel 文件】内才能使用，如图 6-27 和图 6-28 所示。

步骤二：在执行区添加【读取范围】，输入范围为 "Excel.Sheet("Sheet1").Range("A1:C4")"，如图 6-29 所示。确定待复制的数据的工作表名及范围，如图 6-30 所示。

随后，在【读取范围】的"输出"属性中创建数据表类型的变量"DT1"，以存储读取的数据，如图 6-31 所示。

步骤三：在【读取范围】后添加【输出数据表】，用以将数据表类型的数据转换成字符型，如图 6-32 所示。然后在右侧属性面板的"输入→数据表"中输入"DT1"，在"输出→文本"中创建变量"DT2"，存储转换后的数据，如图 6-33 所示。

图 6-27　添加【使用 Excel 文件】

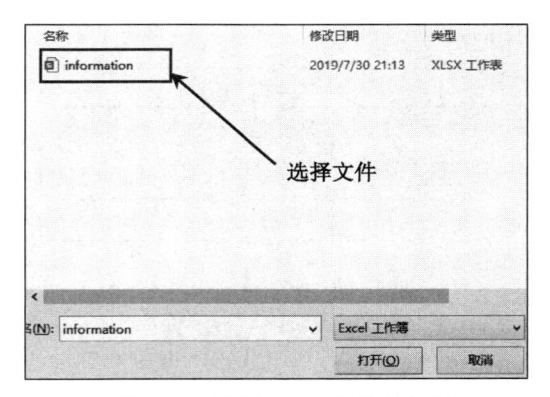

图 6-28　选择 Excel 文件并打开

图 6-29　添加【读取范围】

图 6-30　information 文件内容

图 6-31　创建变量"DT1"

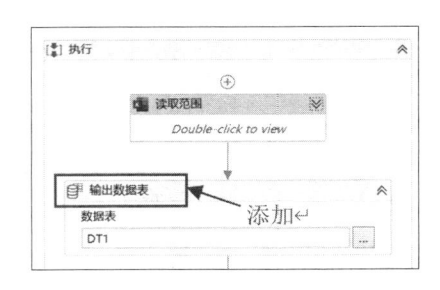

图 6-32　添加【输出数据表】

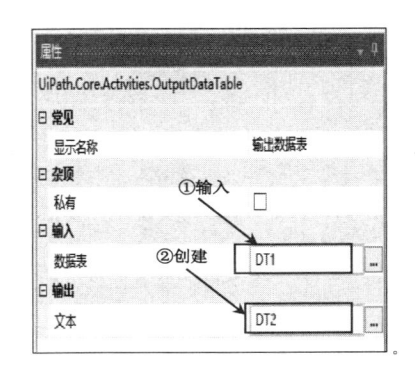

图 6-33　设置变量

第 6 章　Excel 数据处理自动化　➤　155

步骤四：在【输出数据表】后添加【消息框】，通过弹窗输入"DT2"变量，如图 6-34 所示。数据获取结果如图 6-35 所示。

步骤五：再次添加【Excel 流程作用域】和【使用 Excel 文件】活动，写入的文件路径为项目目录下的 Excel 文件"information_ Copy.xlsx"，若文件不存在，则自动创建文件，如图 6-36 所示。

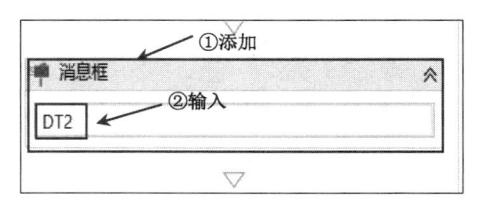

图 6-34 添加【消息框】

图 6-35 【消息框】提示信息

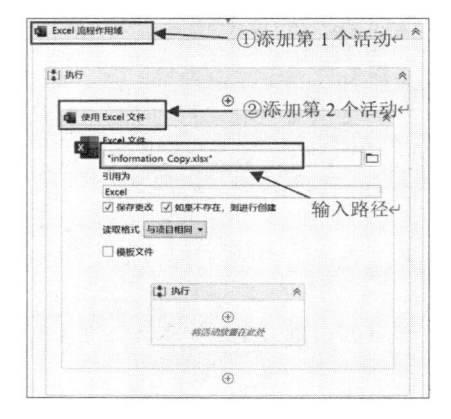

图 6-36 添加并使用【Excel 流程作用域】和【使用 Excel 文件】

步骤六：修改变量范围，将变量"DT1"的范围设置为整个序列，如图 6-37 所示。然后在执行区添加【将数据表写入 Excel】，输入"DT1"，如图 6-38 所示。在属性里不勾选"排除标头"，如图 6-39 所示。单击【运行】，运行结果如图 6-40 和图 6-41 所示。

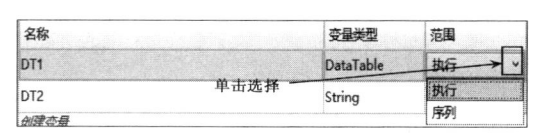

图 6-37 设置"变量范围"

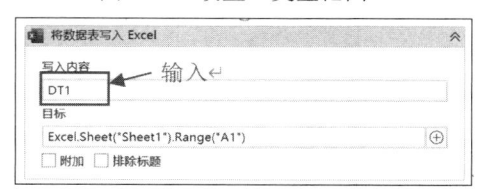

图 6-38 设置【将数据表写入 Excel】参数

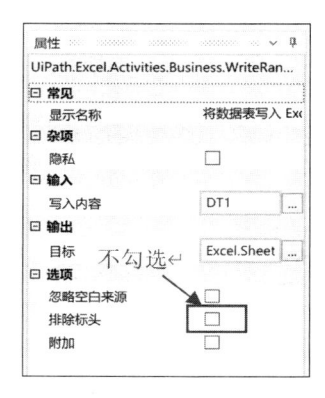

图 6-39 不勾选标头

图 6-40 非选中状态

图 6-41 选中状态

6.4.2 Excel 数据添加

Excel 的数据添加是指在指定的 Excel 文件中的指定位置添加数据。通过添加【构建数据表】，创建数据表，再添加【Excel 流程作用域】和【使用 Excel 文件】，选择要操作的 Excel 文件，最后添加【附加范围】，在 Excel 中添加数据。具体分解步骤如下：

步骤一：添加【构建数据表】，如图 6-42 所示。单击"数据表"创建数据表，输入数据表，如图 6-43 所示。然后在其属性"输出→数据表"中创建变量"newDT"，如图 6-43 所示。

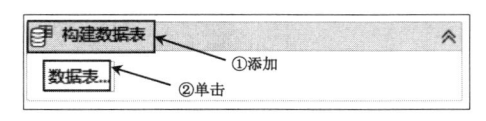

图 6-42　添加【构建数据表】活动

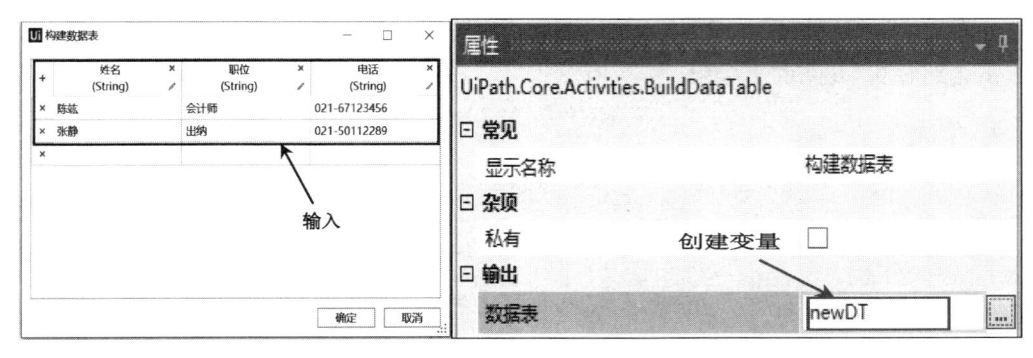

图 6-43　设置表单数据项与"数据表"参数

随后，添加【写入范围】，工作簿路径选择"information.xlsx"，工作表名称输入"Sheet2"，起始单元格输入""A1""，在其"属性→输入→数据表"内输入"newDT"，如图 6-44 所示。

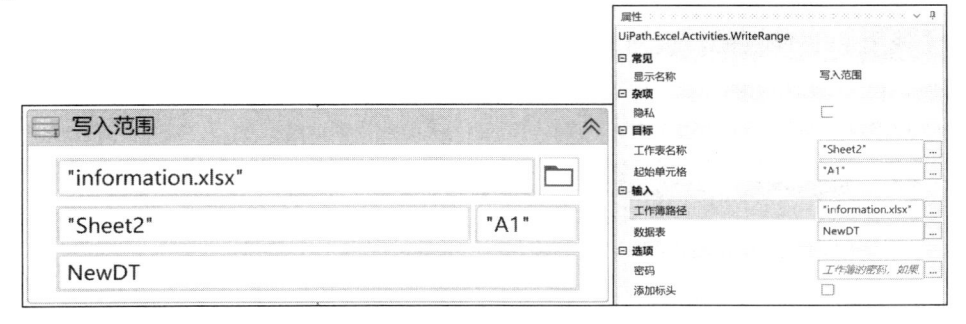

图 6-44　添加并设置【写入范围】

步骤二：添加【Excel 流程作用域】和【使用 Excel 文件】，选择待操作的 Excel 文件，如图 6-45 所示。

步骤三：在【使用 Excel 文件】的执行区内添加【附加范围】，设置要附加的 Excel 范围，以及要在后面附加新范围的目标范围，如图 6-46 所示。

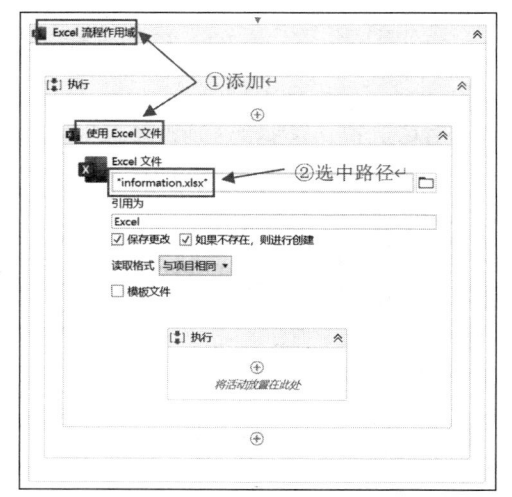

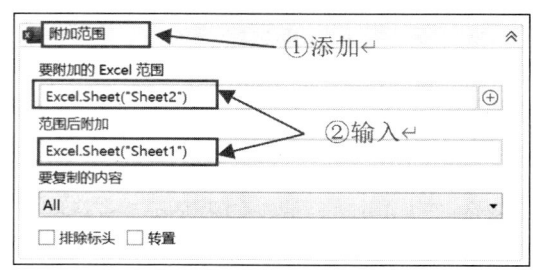

图 6-45　选择 Excel 文件路径　　　　图 6-46　添加并使用【附加范围】活动

单击【运行】，最终效果如图 6-47 所示。

图 6-47　添加数据后的 Excel 文件

6.4.3　Excel 数据排序

数据排序是指对 Excel 文件中指定的数据列按照指定规则进行排序。接下来我们介绍两种常用的数据排序的方法。

第一种方法：首先在 Excel 文件中定义一个表格，设置表名，再添加【Excel 流程作用域】和【使用 Excel 文件】，选择文件路径，最后添加【范围排序】，对数据进行排序。

步骤一：打开 Excel 文件，选中表数据，用插入表格定义表格，如图 6-48 和图 6-49 所示。然后设置表名称，如图 6-50 所示。

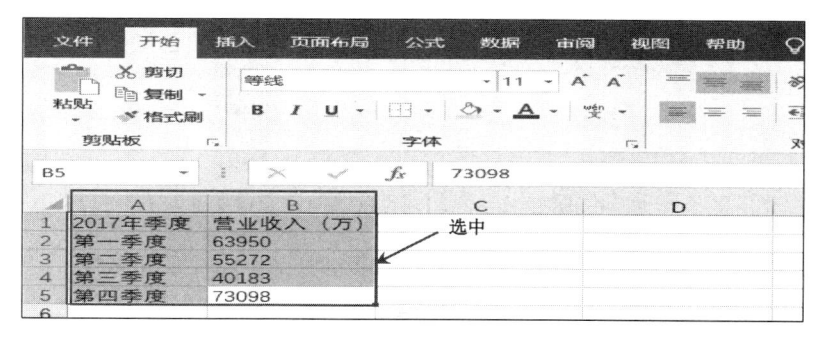

图 6-48　设计表格

158　◀　RPA 财务机器人开发教程——基于 UiPath（第 2 版）

图 6-49 选中单元格

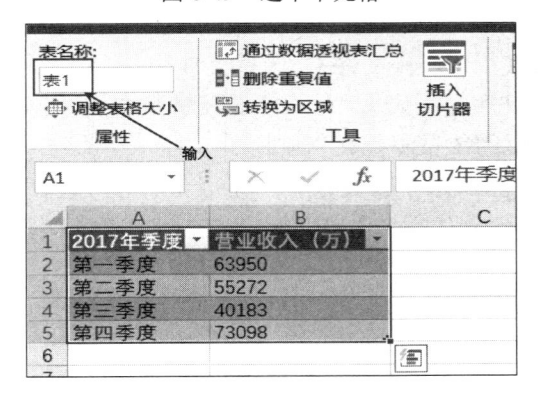

图 6-50 设置表名称

步骤二:回到 UiPath Studio 主界面,添加【Excel 流程作用域】和【使用 Excel 文件】,选择待操作的 Excel 文件路径,如图 6-51 所示。

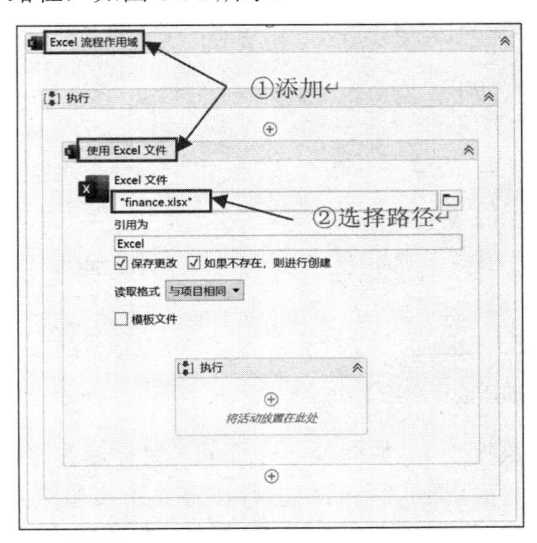

图 6-51 添加并使用【Excel 流程作用域】和【使用 Excel 文件】

步骤三:在【使用 Excel 文件】执行区内添加【范围排序】,然后设置要排序的范围及排序的列名"营业收入(万)",如图 6-52 和图 6-53 所示。

第6章 Excel 数据处理自动化 ▶ 159

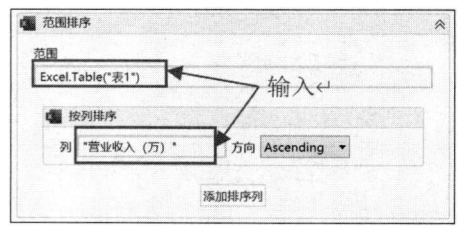

图 6-52 添加【范围排序】　　　　　　　图 6-53 设置列名

第二种排序方法：在 Excel 文件中直接录入数据，然后回到 UiPath Studio 主界面再添加【Excel 流程作用域】和【使用 Excel 文件】，选择文件路径，然后添加【读取范围】，读取表格中的数据，通过添加【排序数据表】，对读取的表格数据进行排序，排序完后添加【将数据表写入 Excel】，将排序后的数据写入文件中。

步骤一：打开 Excel 文件，选中表数据，选择定义名称，设置表名称。

步骤二：添加【Excel 流程作用域】和【使用 Excel 文件】，选择待操作的 Excel 文件路径，方法同上。

步骤三：添加【读取范围】，设置读取数据的工作表名及范围，如图 6-54 所示。将数据保存在变量"DT1"中，如图 6-55 所示。

图 6-54 添加【读取范围】　　　　　　　图 6-55 设置数据表参数

步骤四：添加【排序数据表】，如图 6-56 所示。对存储在"DT1"变量中的数据进行排序，对列名为""营业收入（万）""的列进行排序。单击数据表右侧"…"处，同时按住键盘"Ctrl+k"，输入"SortedDT"，将排序后的数据存储在变量"SortedDT"中，如图 6-57 所示。

步骤五：添加【将数据表写入 Excel】，将排序后的"SortedDT"中的数据写入 Excel 文件中，如图 6-58 所示。

图 6-56　添加【排序数据表】

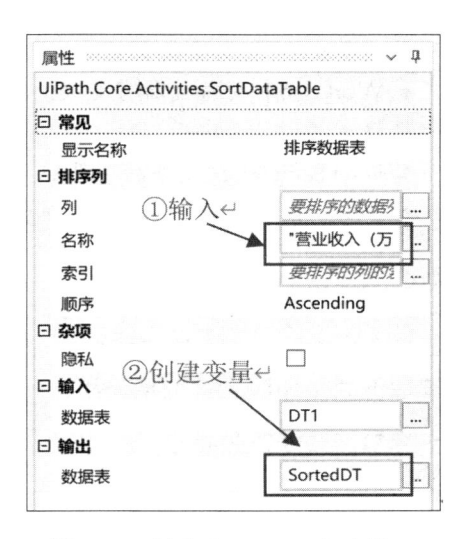

图 6-57　创建"SortedDT"变量

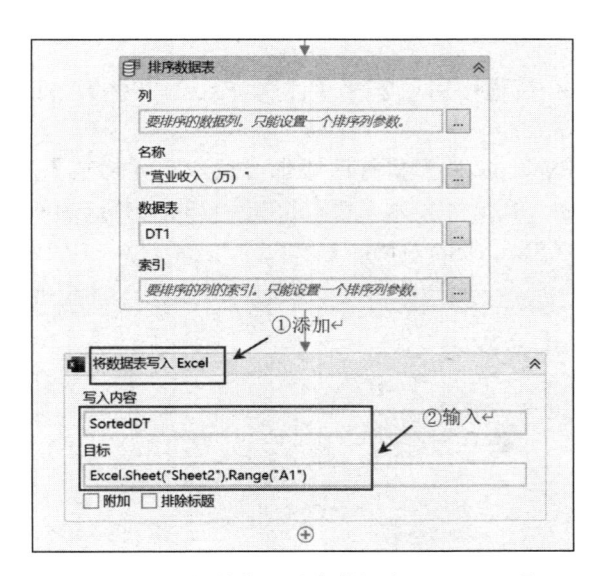

图 6-58　添加并使用【将数据表写入 Excel】

效果对比如图 6-59 和图 6-60 所示。

图 6-59　用方法一排序后的数据表格

图 6-60　用方法二排序后的数据表格

小知识 Tips：

Excel 工作簿（Workbooks）与数据表（DataTable）

第6章　Excel 数据处理自动化 ➢ 161

◆工作簿也就是我们能够在文件夹里看到的带有名字的 Excel 文件，一个工作簿也可以通俗地叫作一个文件，或 Excel 文件，其后缀是.xlsx；

◆ Workbooks 可存储所有类型的数据、格式、表单、布局、合并单元格及多张数据表等。

数据表（DataTable）

◆ DataTable 一种类型的变量；

◆ DataTable 可存储结构最简单的行、列及可选标题的数据表。

6.4.4 Excel 数据读取

Excel 数据读取有读取指定单元格数据和读取指定单元格范围数据两种方式：第一种数据读取方式主要包含读取单元格，并将写值这个动作传递到 Excel 表中指定的单元；第二种数据读取方式是将数据读取的范围扩大到指定的单个范围选择，读取 Excel 的一部分数据并完成写入操作。

1. 读写单元格

在 Excel 文件中读取或写入指定单元格数据，将"information"表格里"C3"单元格的数值填入"F5"单元格中。

步骤一：添加【Excel 流程作用域】和【使用 Excel 文件】，打开待读取的 Excel 文件""information.xlsx""。

步骤二：在【使用 Excel 文件】执行区添加【读取单元格值】和【写入单元格】，然后设置【读取单元格值】的"单元格"为"Excel.Sheet("Sheet1").Cell("C3")"，【写入单元格】的"写入位置"为"Excel.Sheet("Sheet1").Cell("F5")"，如图 6-61 所示。

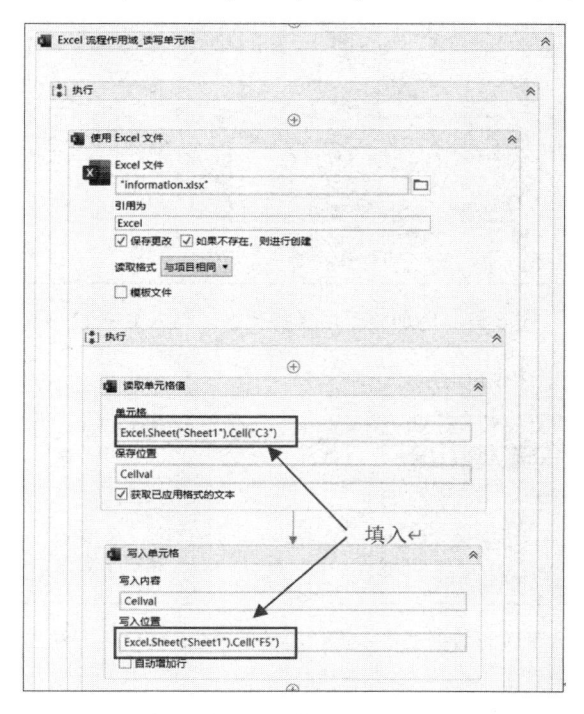

图 6-61　添加【读取单元格值】和【写入单元格】

步骤三：在【读取单元格】的属性"输出→保存位置"中创建变量"Cellval"，在【写入单元格】的"写入内容"中输入"Cellval"，如图 6-62 和图 6-63 所示，即可实现将""C3""单元格的数值填入""F6""单元格中，如图 6-64 所示。

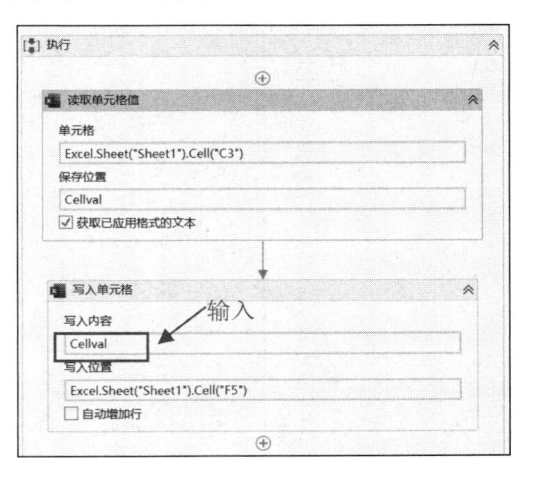

图 6-62　设置"结果"参数　　　　　图 6-63　设置【写入单元格】参数

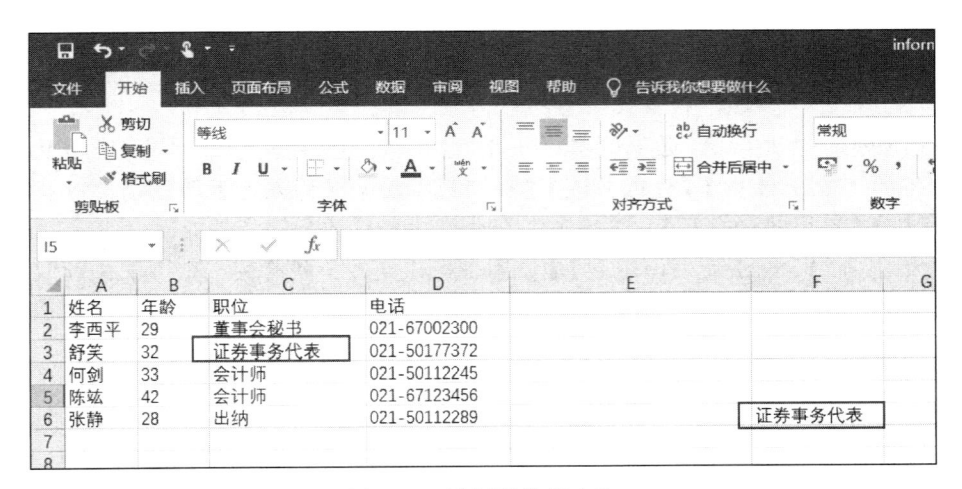

图 6-64　读写的数据表格

2. 读写指定单元格范围的数据

在 Excel 文件中读取或写入指定范围的数据，例如将"information"表格中"A1:C6"范围内的数据写入"A7:C12"中。

步骤四：添加【Excel 流程作用域】和【使用 Excel 文件】，打开待读取的 Excel 文件""information.xlsx""。

步骤五：添加【读取范围】，指定范围""A1:C6""。

步骤六：添加【将数据表写入 Excel】，将读取出的数据写入指定范围"Excel.Sheet("Sheet1").Range("A7：C12")"内，如图 6-65 所示。

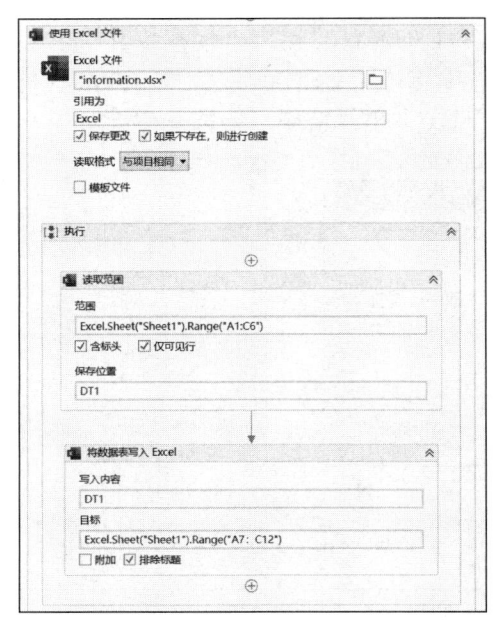

图 6-65　添加【读取范围】【将数据表写入 Excel】并选择范围

6.4.5　Excel 数据筛选

在 Excel 处理自动化中，数据筛选是一个较为重要的应用功能，通过添加【Excel 流程作用域】【使用 Excel 文件】【读取范围】【获取行项目】【写入行】等活动，以及循环条件语法活动【IF】【对于每一个行】，并按条件筛选查找。具体分解步骤如下：

步骤一：添加【Excel 流程作用域】【使用 Excel 文件】和【读取范围】来读取 Excel 数据，如图 6-66 所示。然后在其"属性→输出→保存位置"中创建变量"DT1"，并勾选"含标头"，如图 6-67 所示。

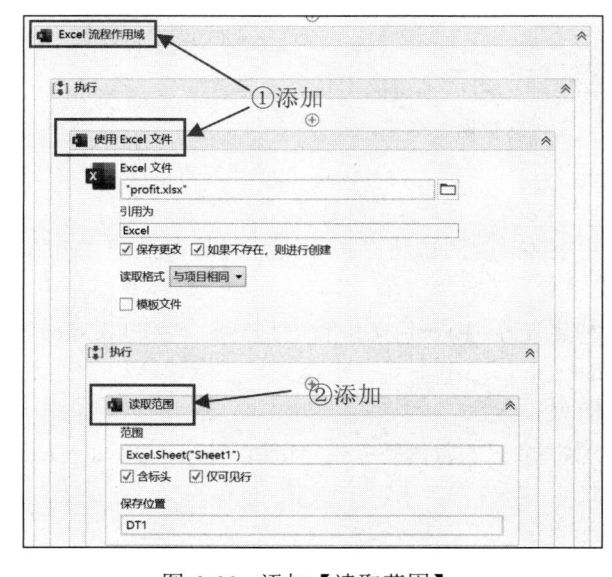

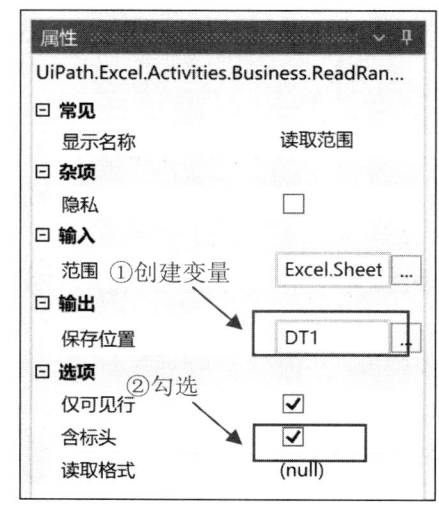

图 6-66　添加【读取范围】　　　图 6-67　【读取范围】属性设置

步骤二：在【Excel 流程作用域】后添加【构建数据表】活动，如图 6-68 所示。单击"数据表…"，然后分别输入列名"项目""金额""占利润总额比例"，并在其属性的"输出→数据表"中创建变量"NewDT"，如图 6-69 所示。

图 6-68　添加【构建数据表】

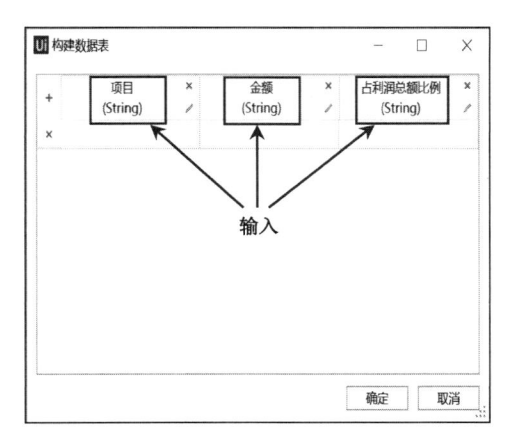

图 6-69　添加列名和设置属性

步骤三：构建数据表后添加【对于数据表中的每一行】，"数据表"设置为"row"，"数据表"设置为"DT1"，如图 6-70 所示。

步骤四：在"正文"中添加【获取行项目】，用于单独查看每个值，如图 6-71 所示。在"列名称"中输入参数""项目""，在"值"中创建变量"item"，如图 6-72 所示。

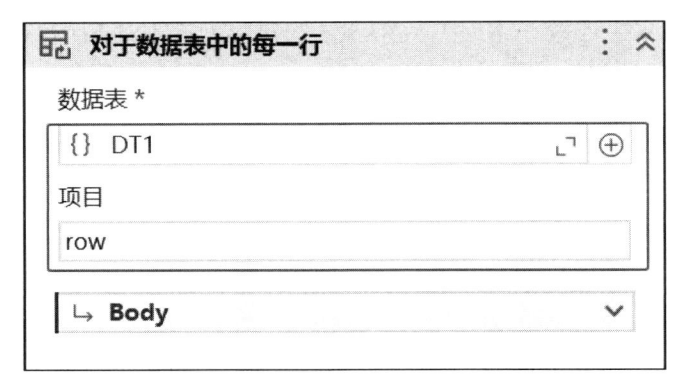

图 6-70 添加【对于数据表中的每一行】

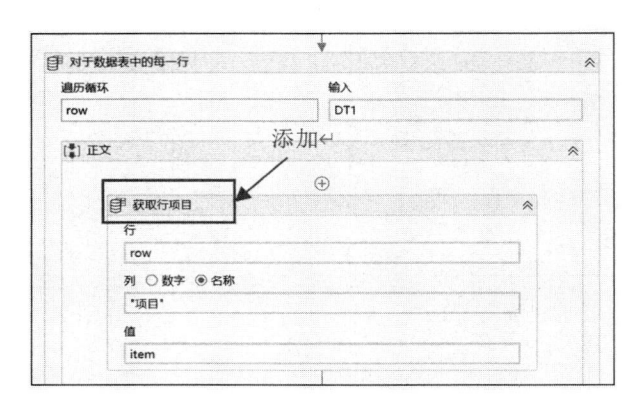

图 6-71 添加【获取行项目】

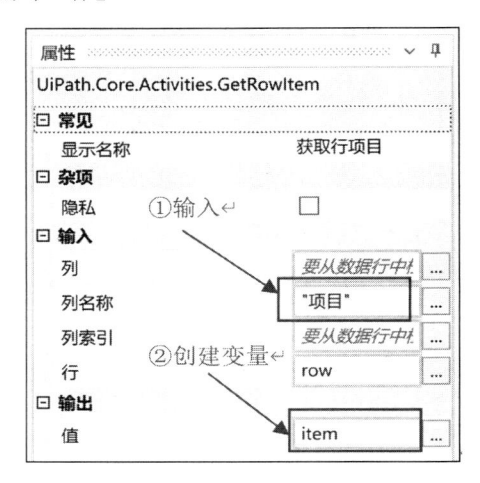

图 6-72 设置【获取行项目】参数

步骤五：再次添加两个【获取行项目】，如图 6-73 所示。"列名称"分别为""金额""""占利润总额比例""。在"输出→值"中分别创建变量为"money""rate"，如图 6-74 和图 6-75 所示。

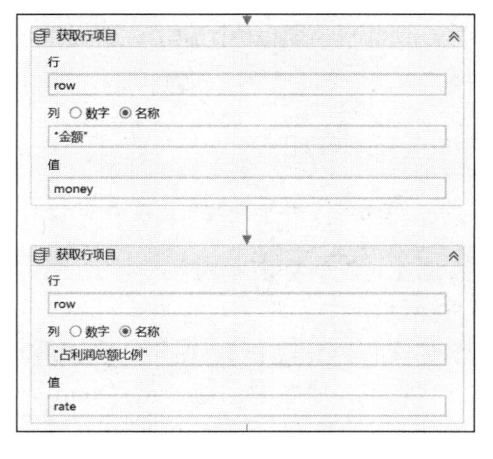

图 6-73 添加两个【获取行项目】

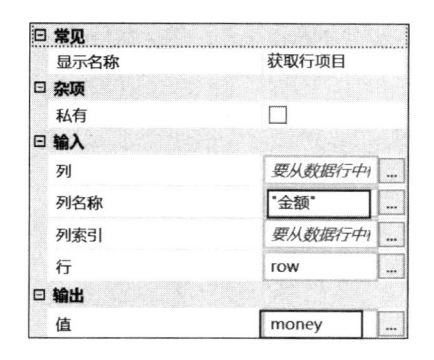

图 6-74 "金额"列 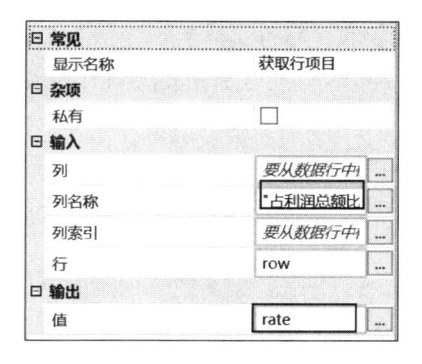　　　　　　　　图 6-75 "占利润总额比例"列

补充说明：

在选择索引时，我们通常使用列名称，因为在文件中修改、增加或者删除列时，其工作流不会中断。

步骤六：首先在最后一个【获取行项目】后添加【IF】，然后在"条件"中输入"money>3000 and rate>0.1"，最后在"Then"下添加【添加数据行】，如图 6-76 所示。在【添加数据行】的"数据表"属性中输入"NewDT"，在"数组行"内输入数组"{item，money，rate}"，如图 6-77 所示。

图 6-76 添加并使用【IF】活动 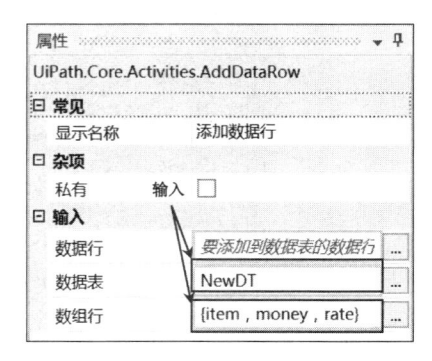　　　　图 6-77 设置【添加数据行】参数

补充说明：

数组指定用逗号分隔列表，用大括号将数组括起来，如图 6-78 所示。

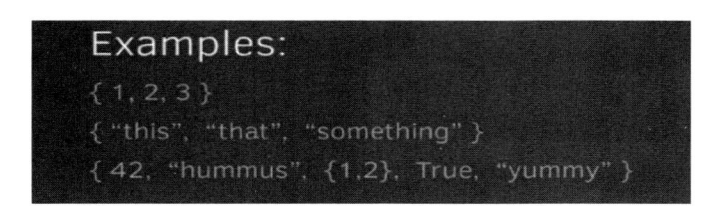

图 6-78 数组

步骤七：折叠【对于数据表中的每一行】，首先在下面添加新的【Excel 流程作用域】和【使用 Excel 文件】，并选择文件位置""profit_result.xlsx""，如图 6-79 所示。然后在执行区添加

【将数据表写入 Excel】，在"写入内容"中输入"NewDT",在"目标"中输入"Excel.Sheet("Sheet1").Range("A1")",如图 6-80 所示。

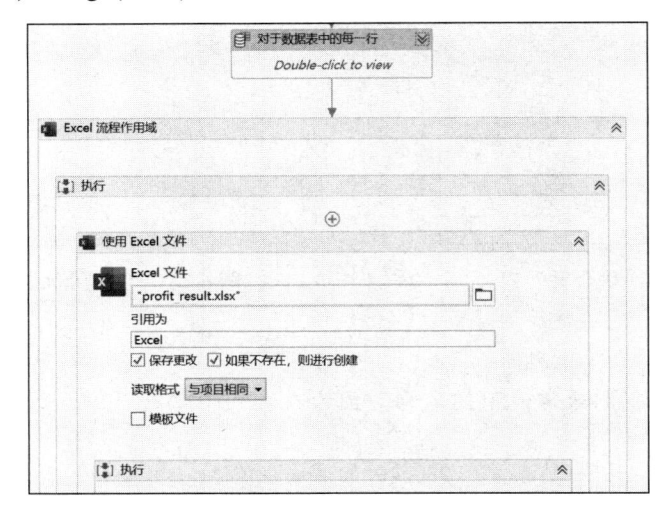

图 6-79　添加并使用【Excel 流程作用域】和【使用 Excel 文件】

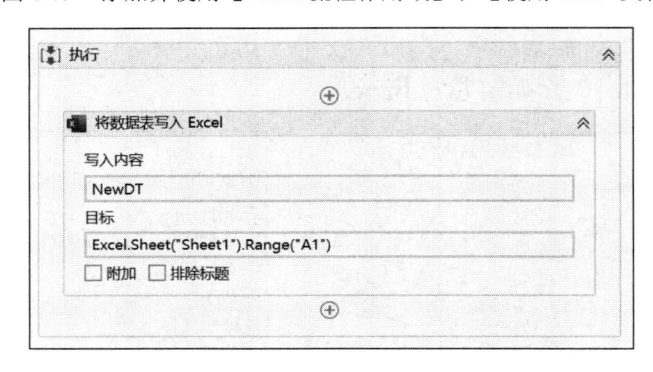

图 6-80　添加并使用【将数据表写入 Excel】

将所有变量范围设置为最大范围，如图 6-81 所示。运行效果如图 6-82 所示。

图 6-81　设置变量范围　　　　　图 6-82　运行结果

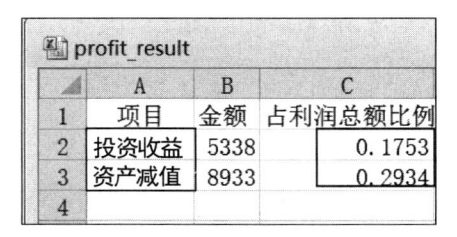

补充说明：

在 NewDT 的转换存储过程中，必须保证原 Excel 文件内的数据格式是文本格式，否则会出现数据类型转换的错误。

6.5 财务指标计算机器人模拟实训

6.5.1 场景描述与业务流程

毛俊力在 HD 公司财务部财务分析岗已经工作两年了,而这两年间多数是披星戴月地工作,今天也不例外,又是一个加班到深夜的日子。

毛俊力望着窗外城市亮起的灯光,想自己当初也是志在四方,如今却早已被重复机械的工作耗尽了志气。她自嘲地笑着摇摇头后,收拾东西正准备回家,这时响起了电话铃声。

"毛俊力,还没走吧?正好,我刚刚和龚总通了电话,她指责我们的财务工作不达标,未尽到服务业务的本职,把我给痛批了一顿。这样,你赶紧分析一下公司 2017 年和 2018 年的财务报表,然后把分析报告发我邮箱,我整理整理,明天一早去向龚总汇报。"

"好的好的,程总。"

毛俊力认命地重新打开"蛮好用"计算机,忽然听见办公区门口传来脚步声,抬头一看,竟是财务部信息化岗技术大神文少波。

"这么晚了,你怎么还在公司啊?不会是趴在办公桌上睡着了吧?"文少波惊讶地问道。

毛俊力疲惫地笑了笑:"你才睡着了……辛苦地加班呢,程总动不动就让我做各种财务分析。在 Excel 里不停地输入公式、查找数据、运用公式计算,再对各项指标进行排序,一个一个单元格的数据密密麻麻的,看得我都视力模糊了,又费时又费力,今天已经是我这周第三次加班了。大神,能不能帮帮我啊,我再没完没了地加班就真的秃头了,更别想找男朋友了!"

文少波摆了摆手,若有所思地走向自己的办公桌。

办公室里陪伴毛俊力的只有一直使用的"蛮好用"计算机,小毛抿了一口"蛮好喝"咖啡,收回目光,一边祈祷着能赶上地铁末班车,一边开始了新一轮的加班……

HD 公司财务指标分析报告编制业务流程如图 6-83 所示。

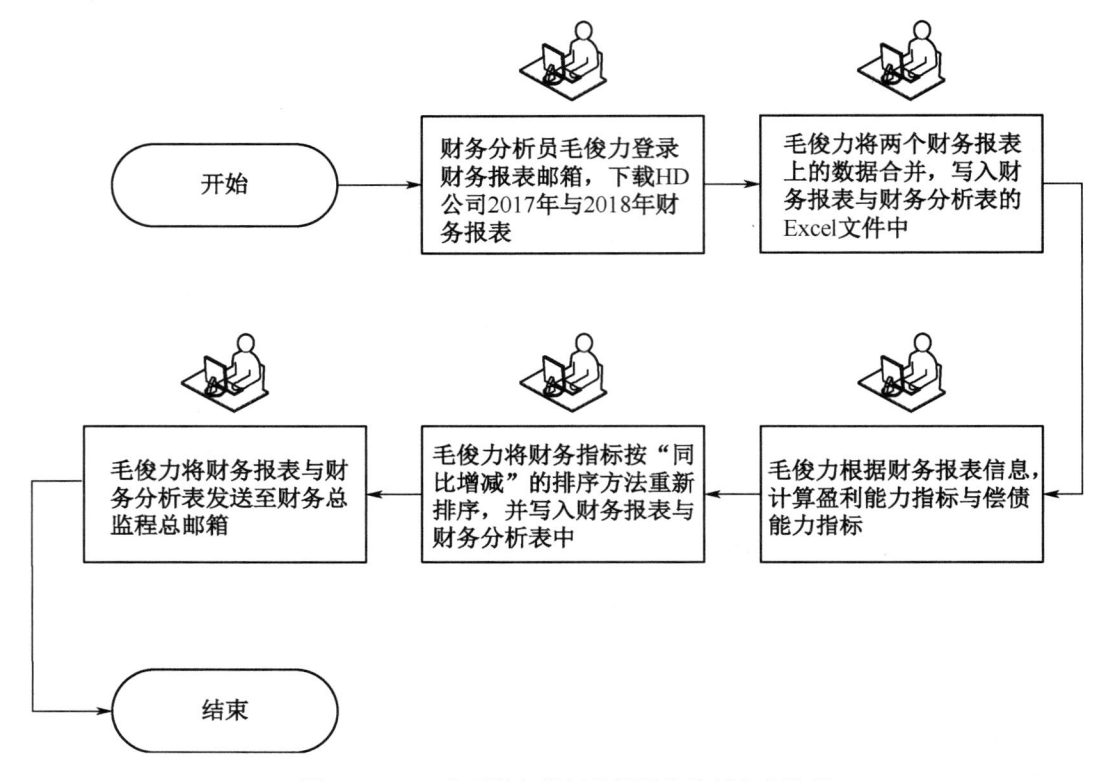

图 6-83 HD 公司财务指标分析报告编制业务流程

【沙盘模拟推演】

阅读业务场景描述之后,请结合财务指标分析报告编制案例,思考案例中涉及的企业情况、人员与岗位,以及业务描述等要点,并梳理出财务指标分析报告编制工作的业务流程,进行业务痛点分析。

以小组为单位,在 RPA 财务机器人开发模拟物理沙盘上推演"机器人分析"。

6.5.2 自动化流程设计

伴随着邮件发送成功的提示音，毛俊力终于结束了今天的加班，关上计算机伙伴"蛮好用"，抬头一看，发现已经凌晨一点了，想到待会儿只能骑共享单车回家，不禁皱紧了眉头。毛俊力正收拾着东西，突然听见文少波兴奋的声音。

"毛俊力你快过来，给你看个厉害的东西！"毛俊力走到文少波计算机前，看着屏幕一脸迷茫。

文少波急忙解释道："你都叫我大神了，我不能不帮你啊。你知道我们信息化小组最近在学习开发财务机器人小蛮吗？我刚刚忙活半天，就是在给你设计自动化流程呢。"

第 6 章 Excel 数据处理自动化 ➤ 171

说话间，文少波运行刚开发的财务指标分析机器人小蛮，然后给毛俊力讲解道："小蛮首先登录公司工作邮箱，读取邮件并下载2017年和2018年的财务报表，将两个财务报表数据合并后写入财务报表与财务分析表的Excel文件中。随后小蛮分别计算2017年和2018年的盈利能力指标和偿债能力指标，以'同比增减'的排序方法对财务指标进行重新排序，并将指标结果分别写入财务报表与财务分析表中相对应的盈利能力分析表与偿债能力分析表，最后小蛮将财务报表与财务分析表文件以附件的形式发送到程总邮箱。"

看着正在执行自动化操作的机器人小蛮，毛俊力笑了笑说道："膜拜大神！这个小蛮简直就是雪中送炭啊，看来我终于能告别加班了，妈妈再也不用担心我找不到男朋友啦！"

HD公司基于Excel自动化的财务指标分析报告编制自动化流程如图6-84所示。

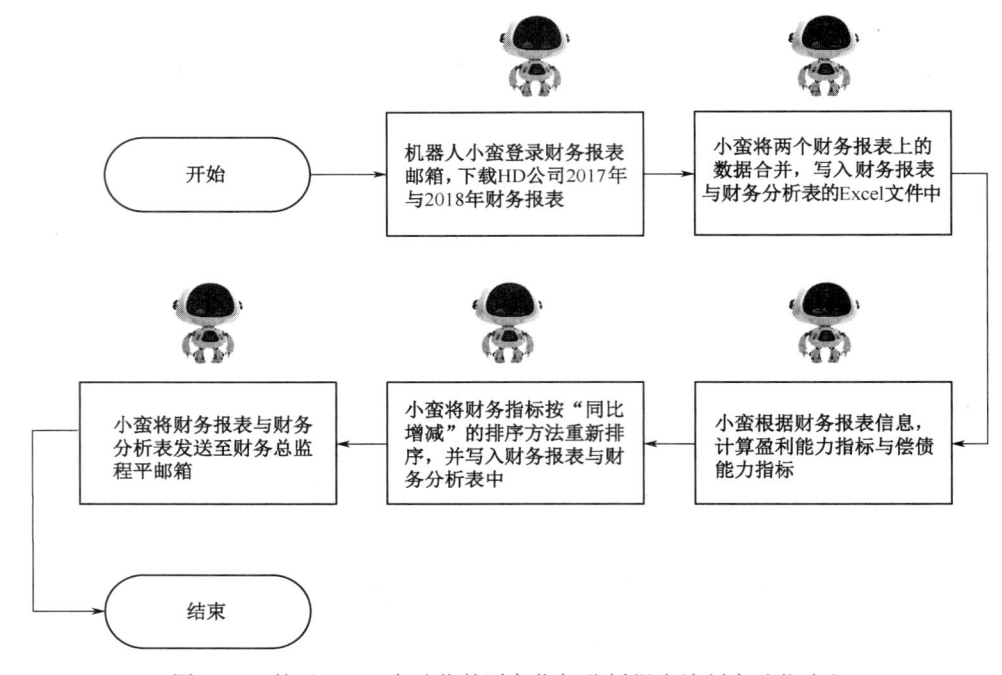

图6-84 基于Excel自动化的财务指标分析报告编制自动化流程

机器人小蛮上线后，毛俊力的工作效率和工作质量都有了大幅度提升，每天上班都能听到她哼着"蛮好听"的歌曲。

据测算，毛俊力每月需要做一次财务指标计算和分析，而每次的财务指标计算工作就要花费几个小时，更别说财务分析了。现在有了小蛮的帮助，做财务指标计算和生成财务分析表不到3分钟就可以完成，完全不可同日而语。

财务部工作的RPA转型得到了公司管理层的高度认可，总经理多次在重要场合对财务部的改革创新精神进行了表扬，文少波颇为惊讶却又顺理成章地获得了年度"总经理特别创新奖"，奖励是他期盼已久的巴厘岛"蛮好玩"大礼包。

【沙盘模拟推演】

基于以上的自动化流程描述进行详细的自动化流程设计；结合案例的业务流程，完成详细的机器人流程设计，规范机器人开发过程中所使用的数据，其中所需数据主要来源于邮件和财务报表；确定所需财务指标和财务数据，如市盈率、营业利润率、净利润率等；思考如何进行数据处理，如对各年度的财务报表数据进行汇总，对利润表中的财务数据进行计算，对计算出的财务指标按同比增减排序，以及不同类型数据间的转换等，最后输出财务指标分析报告至相关负责人邮箱。

以小组为单位，在 RPA 财务机器人开发模拟物理沙盘上推演"机器人设计"和"数据标准与规范化设计"。

6.5.3 技术路线与开发步骤

基于 Excel 数据处理自动化的财务机器人小蛮的开发总体技术路线如下：
（1）添加【获取 IMAP 邮件消息】并配置活动。
（2）添加【保存附件】，下载附件。
（3）添加【读取范围】，读取财务报表。
（4）添加【写入范围】，将读取到的财务报表合并。
（4）添加【写入单元格】，写入函数计算财务指标。
（5）添加【格式化为表格】，将盈利能力分析和偿债能力分析工作表设置为表格。
（6）添加【范围排序】，将分析数按照增长率高低排序。
（7）使用【发送 SMTP 邮件消息】，发送电子邮件。

【沙盘模拟推演】

根据自动化流程总体设计，结合以上技术思路，以小组为单位，在 RPA 财务机器人开发模拟物理沙盘上推演"机器人开发"。

下面讲解财务机器人小蛮的具体开发步骤。

步骤一：首先在【活动】中搜索【流程图】并添加，再在【活动】中搜索【序列】并添加到【流程图】中，将添加的序列重命名为"从邮箱下载财务报表"，单击【Start】，如图 6-85 所示。在【活动】中搜索【获取 IMAP 邮件消息】并添加至【从邮箱下载财务报表】下方，如图 6-86 所示。接着依次填写其属性中的"服务器""端口""邮件文件夹"等信息，"密码"和"电子邮件"默认填写登录的邮件账号和密码（邮箱授权码），然后创建输出变量"mail"，如图 6-87 所示。

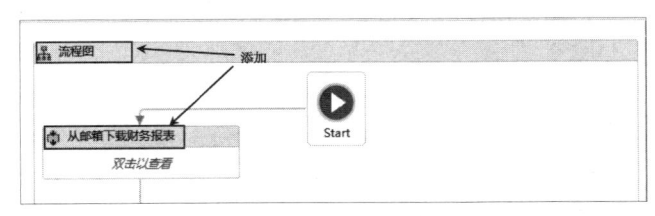

图 6-85 添加【流程图】和【序列】

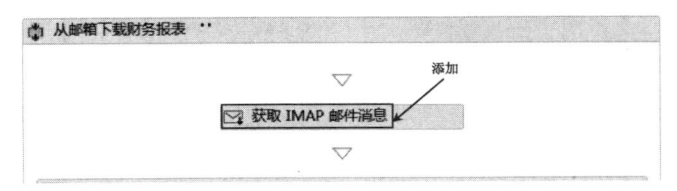

图 6-86 添加【获取 IMAP 邮件消息】

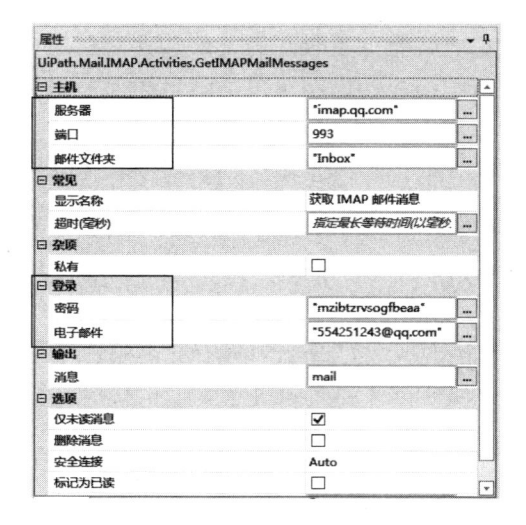

图 6-87 属性面板设置

步骤二：在【活动】中搜索【遍历循环】并添加到【获取 IMAP 邮件消息】下方，如图 6-88 所示，设置"遍历循环"为"currentItem"，"项目名称"为"mail"，并在"TypeArgument"右侧单击下拉页面中的"浏览类型"，在"类型名称"右侧搜索框中搜索"System.Net. Mail.MailMessage"，选择该变量类型并单击"确定"，如图 6-89 所示。然后添加【IF】到"正文"中并配置【IF】属性，将"条件"设置为"currentItem.Subject.Contains("财务报表")"，如图 6-90 所示。最后，在【活动】中搜索【保存附件】并添加到"Then"的下方，配置其"文件夹路径"为""data""，"消息"为"currentItem"，勾选"覆盖现有文件"，如图 6-91 所示。

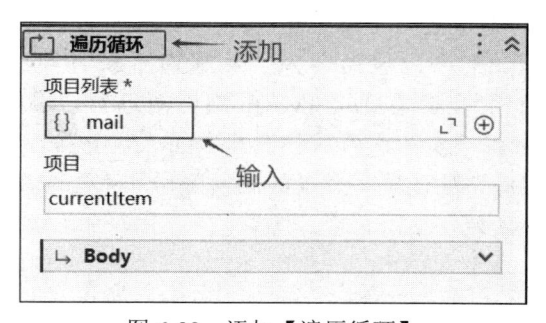

图 6-88 添加【遍历循环】

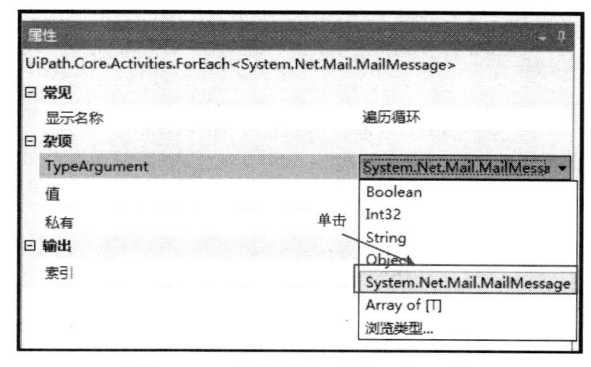

图 6-89 配置【遍历循环】属性

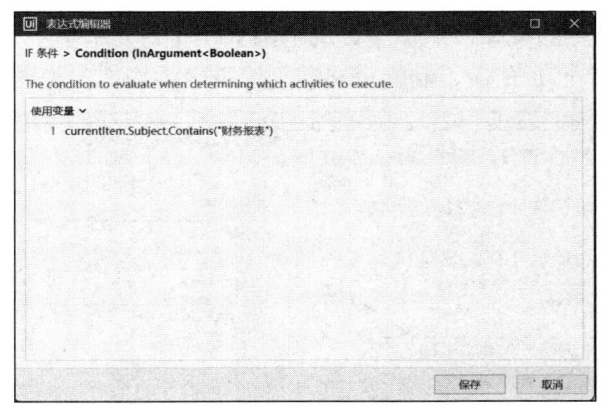

图 6-90 配置【IF】属性

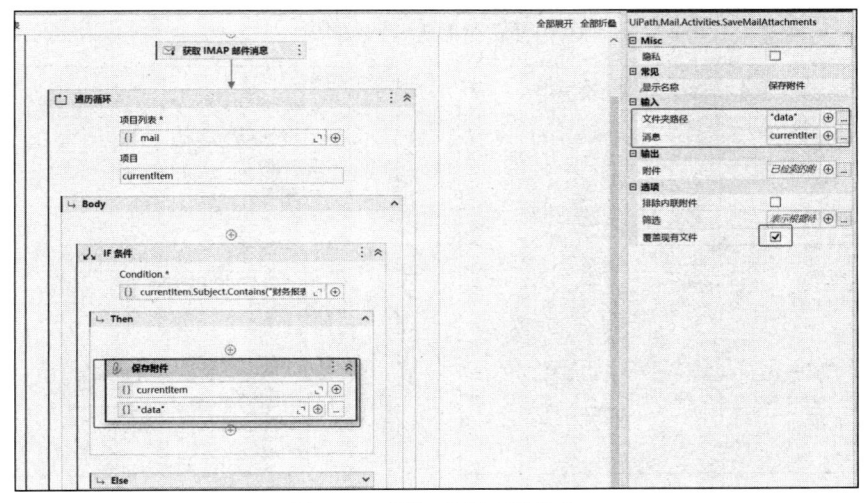

图 6-91 添加【保存附件】

步骤三：在【活动】中搜索【序列】并添加到【从邮箱下载财务报表】下方，然后将其重命名为"将财务报表合并"，且与【从邮箱下载财务报表】连接，添加【序列】到【将财务报表合并】中。然后添加【读取范围】读取从邮箱下载的财务报表，"工作簿路径"选择""data\HD 公司 2017 年度财务报表.xlsx""，输入"工作表名称"为""资产负债表""，在"输出→数据表"中创建变量"datatable1"，如图 6-92 所示。最后，添加【写入范围】，在"工作表名称"中输入""资产负债表""，在"起始单元格"中输入""A1""，"工作簿路径"选择"财务报表与财务分析.xlsx"，如图 6-93 所示。

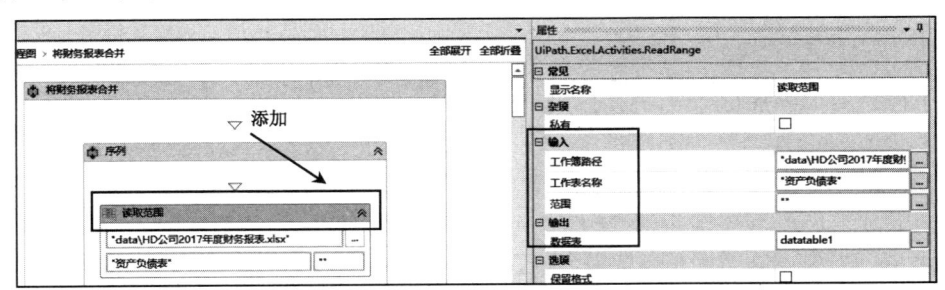

图 6-92 添加【读取范围】

步骤四：重复步骤三的操作，添加【读取范围】和【写入范围】，完成2017年利润表、现金流量表和2018年资产负债表、利润表和现金流量表的操作，如图6-94～图6-96所示。

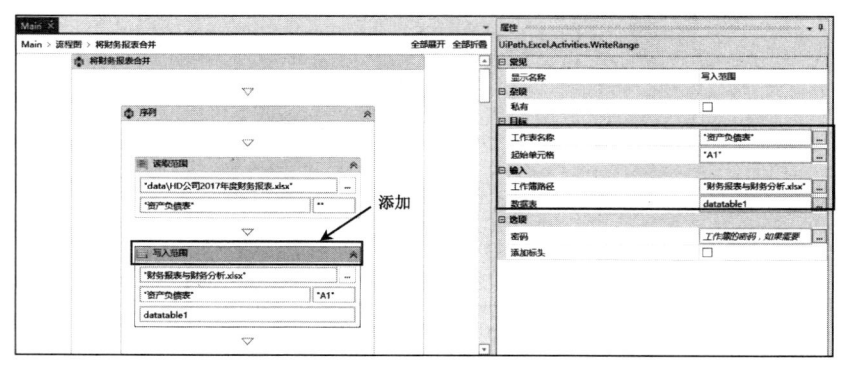

图6-93 添加【写入范围】

图6-94 利润表及现金流量表操作　　　图6-95 现金流量表及2018年资产负债表操作

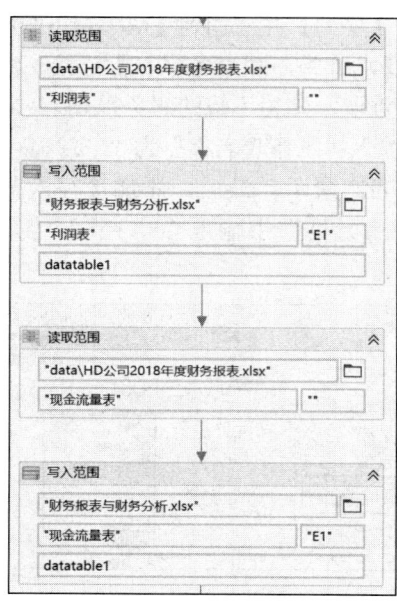

图6-96 2018年财务报表操作

步骤五：添加【读取范围】，"工作簿路径"设置为""data\财务分析.xlsx""，"工作表名称"属性内输入""盈利能力分析""，"范围"属性设置为""""，"输出→数据表"属性设置为"datatable1"；添加【写入范围】，"工作表名称"属性内输入""盈利能力分析""，设置"起始单元格"属性为""A1""，"工作簿路径"选择""财务报表与财务分析.xlsx""，设置"输出→数据表"属性为"datatable1"，如图 6-97 所示，重复同样步骤完成偿债能力分析。

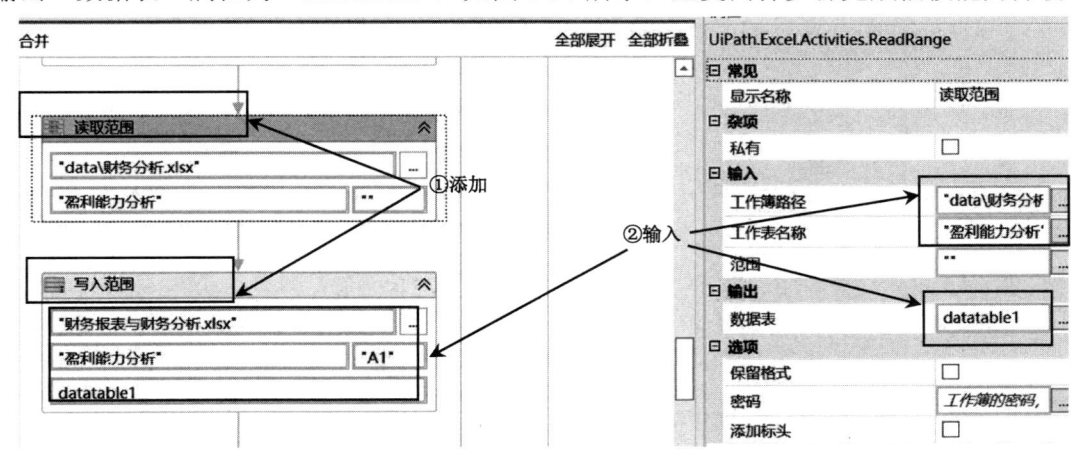

图 6-97　添加【读取范围】和【写入范围】

步骤六：折叠【读取范围】和【写入范围】所在的【序列】，在【序列】下方添加一个新的【序列】，在第二个【序列】中添加【Excel 流程作用域】【使用 Excel 文件】，选择文件路径为""财务报表与财务分析.xlsx""；添加【读取范围】，设置"范围"为"Excel.Sheet("资产负债表")"，如图 6-98 所示，设置"输出→数据表"为"datatable1"。添加【格式化为表格】，设置"输入→表格范围"属性为"Excel.Sheet("资产负债表")"，"输入→表格名称（可选）"属性为""资产负债表""，如图 6-99 所示。重复该操作完成利润表和现金流量表。

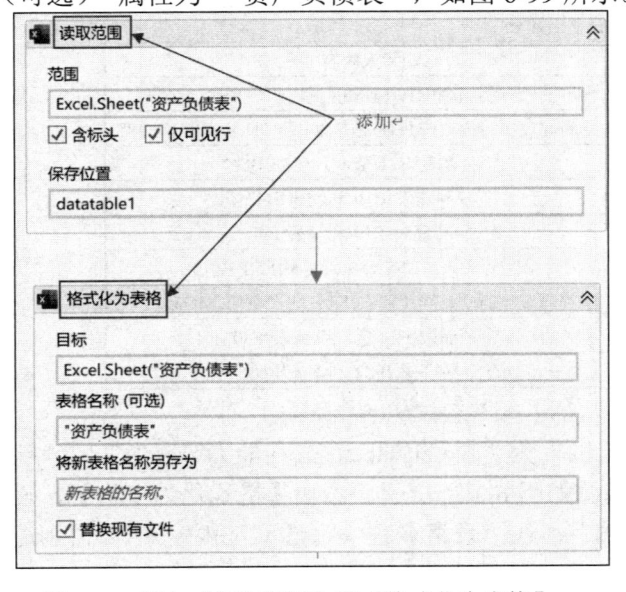

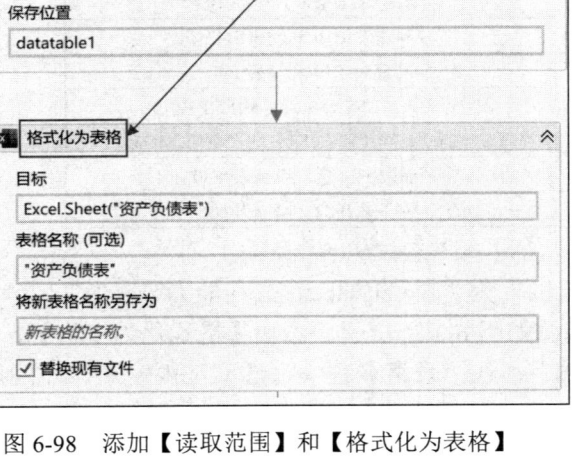

图 6-98　添加【读取范围】和【格式化为表格】　　图 6-99　配置【格式化为表格】属性

步骤七：在【将财务报表合并】下添加【序列】并重命名为"盈利能力分析"，与【将财

第 6 章　Excel 数据处理自动化　▶　177

务报表合并】连接。添加【Excel 流程作用域】【使用 Excel 文件】，在属性内的各选项中勾选"保存更改""如果不存在，则进行创建"。添加【写入单元格】，在"写入位置"内输入"Excel.Sheet("盈利能力分析").Cell("B2")，定义范围；在"写入内容"内键入各项财务指标计算公式，如""=利润表!B16/利润表!B4"，如图 6-100 和图 6-101 所示。

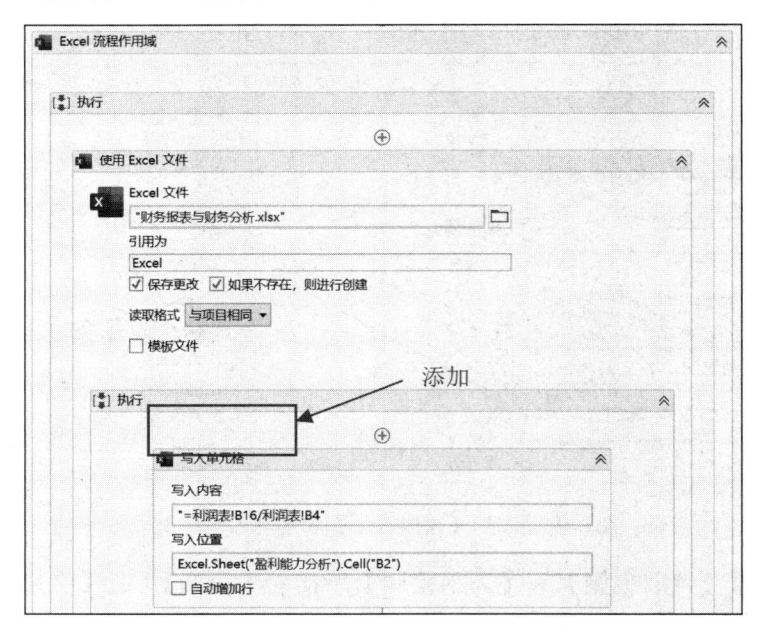

图 6-100　添加【写入单元格】

继续添加 9 个写入单元格，属性设置如表 6-27 所示。

表 6-27　【写入单元格】属性设置对照表

属性设置对照表	
写入位置	写入内容
Excel.Sheet("盈利能力分析").Cell("B3")	"=利润表!B19/SUM(利润表!B5:B9)"
Excel.Sheet("盈利能力分析").Cell("B4")	"=利润表!B21/((资产负债表!B39+资产负债表!C39)/2)"
Excel.Sheet("盈利能力分析").Cell("B5")	"=利润表!B21/资产负债表!B84"
Excel.Sheet("盈利能力分析").Cell("B6")	"=利润表!B19/利润表!B4"
Excel.Sheet("盈利能力分析").Cell("C2")	"=利润表!F19/利润表!F4"
Excel.Sheet("盈利能力分析").Cell("C3")	"=利润表!F22/SUM(利润表!F5:F10)"
Excel.Sheet("盈利能力分析").Cell("C4")	"=利润表!F24/((资产负债表!F38+资产负债表!G38)/2)"
Excel.Sheet("盈利能力分析").Cell("C5")	"=利润表!F24/资产负债表!F80"
Excel.Sheet("盈利能力分析").Cell("C6")	"=利润表!F22/利润表!F4"

步骤八：添加【读取范围】，设置"范围"为"Excel.Sheet("盈利能力分析")"，"保存位置"设置为"datatable1"，主要步骤截图如图 6-101 所示。添加【格式化为表格】，设置"目标"为"Excel.Sheet("盈利能力分析")"，在"表格名称（可选）"内输入""盈利能力分析""，如图 6-102 所示。

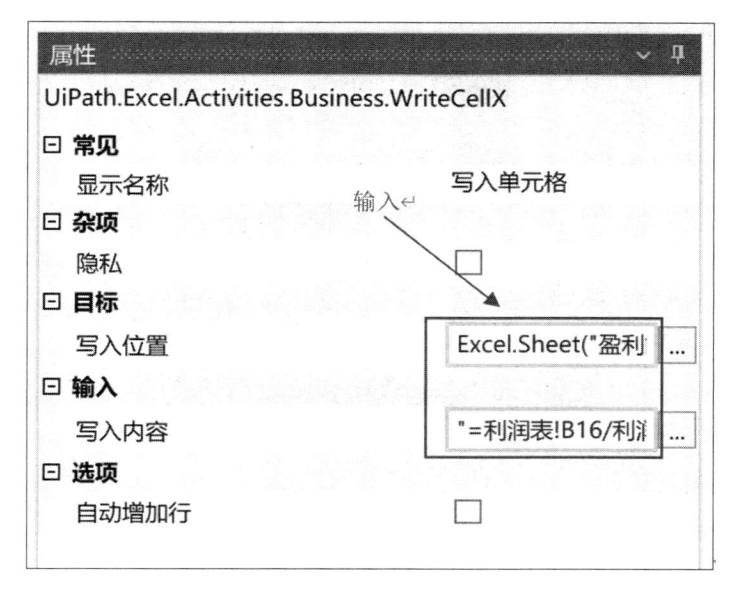

图 6-101　输入公式

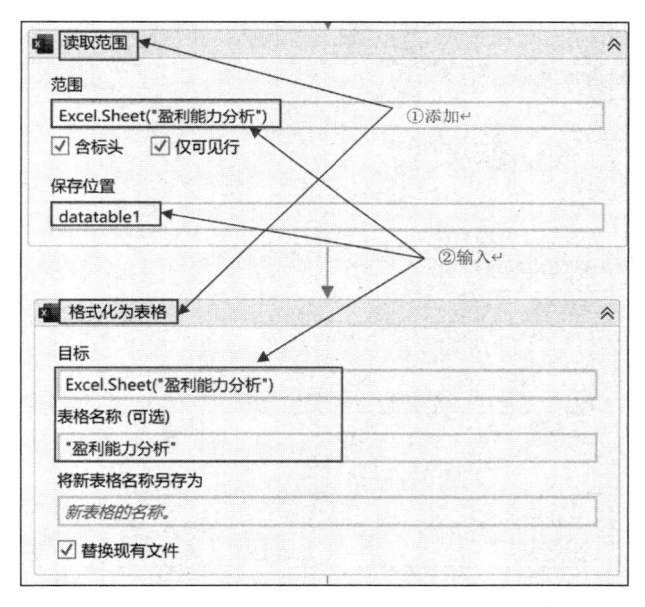

图 6-102　添加【读取范围】和【格式化为表格】

步骤九：添加【后条件循环】，在"条件"内输入"n <= datatable1.Rows.Count"。在"正文"内添加【写入单元格】，"写入位置"设定为"Excel.Sheet("盈利能力分析").Cell("D"+n.ToString)"，"写入内容"设置为""=c"+n.ToString+"/B"+n.ToString+"-1""。添加【分配】，定义"n=n+1"。主要步骤截图如图 6-103 和图 6-104 所示。在【后条件循环】下添加【范围排序】，在"列"内输入""增长率""，在"范围"内输入"Excel.Table ("盈利能力分析")"，"方向"选择"Descending"，如图 6-105 所示。

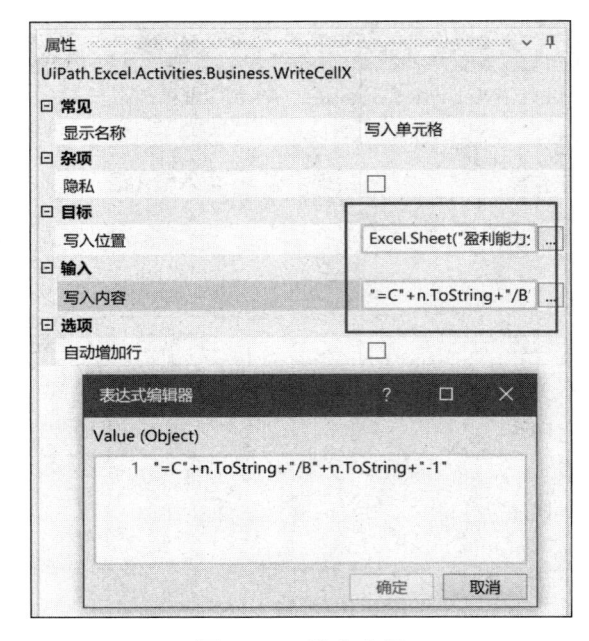

图 6-103　设定范围

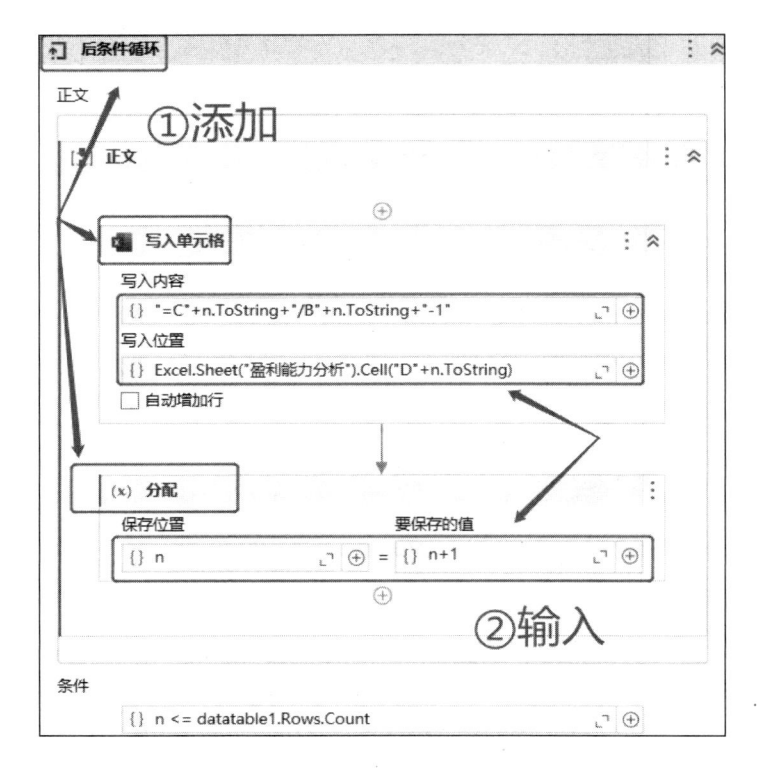

图 6-104　配置【后条件循环】

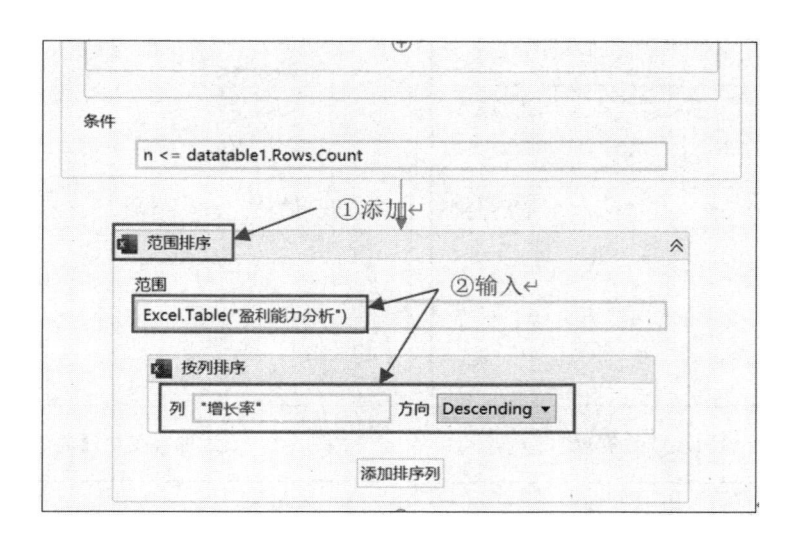

图 6-105　添加【范围排序】

步骤十：在【流程图】内添加【序列】，并重命名为""偿债能力分析""，与前一个序列【盈利能力分析】连接，同步骤七，在添加【Excel 流程作用域】【使用 Excel 文件】后继续添加 6 个【写入单元格】，【写入单元格】属性设置如表 6-28 所示。添加【构建数据表】，设置列名和数据类型，数据表名为 newdata，如图 6-106 所示。添加【将数据表写入Excel】，"写入内容"设置为 newdata，"目标"为"Excel.Sheet("现金比率")"，如图 6-107 所示。添加【附加范围】，设置"要附加的 Excel 范围"为"Excel.Sheet("现金比率")"，"范围后附加"设置为"Excel.Sheet("偿债能力分析")"。在【附加范围】下方添加【删除工作表】，"选择工作表"输入"Excel.Sheet("现金比率")"，主要步骤截图如图 6-108 所示。继续添加 2 个【写入单元格】，属性设置如表 6-28 所示。重复步骤八，添加【读取范围】【格式化为表格】并配置相关属性。添加【分配】，写入"n=2"。【后条件循环】和【范围排序】同步骤九，主要步骤截图如图 6-109 所示。

表 6-28　【写入单元格】属性设置对照表

属性设置对照表	
写入位置	写入内容
Excel.Sheet("偿债能力分析").Cell("B2")	"=资产负债表!B18/资产负债表!B56"
Excel.Sheet("偿债能力分析").Cell("C2")	"=资产负债表!F19/资产负债表!F54"
Excel.Sheet("偿债能力分析").Cell("B3")	"=(资产负债表!B18-资产负债表!B14 -资产负债表!B10-资产负债表!B17)/资产负债表!B56"
Excel.Sheet("偿债能力分析").Cell("C3")	"=(资产负债表!F19-资产负债表!F18 -资产负债表!F15-资产负债表!F11)/资产负债表!F54"
Excel.Sheet("偿债能力分析").Cell("B4")	"=资产负债表!B71/资产负债表!B84"
Excel.Sheet("偿债能力分析").Cell("C4")	"=资产负债表!F67/资产负债表!F80"
Excel.Sheet("偿债能力分析").Cell("B5")	"=资产负债表!B5/资产负债表!B56"
Excel.Sheet("偿债能力分析").Cell("C5")	"=资产负债表!F5/资产负债表!B54"

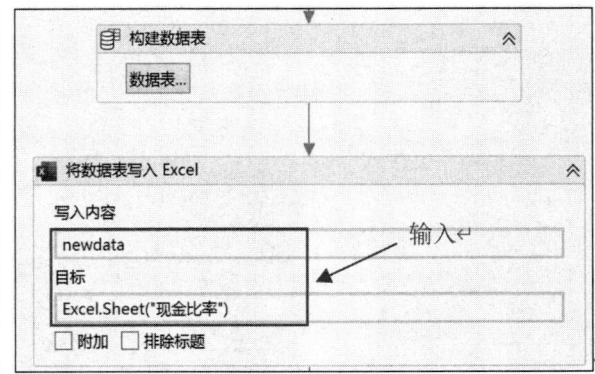

图 6-106 设置表单数据项

图 6-107 添加并使用【将数据表写入 Excel】

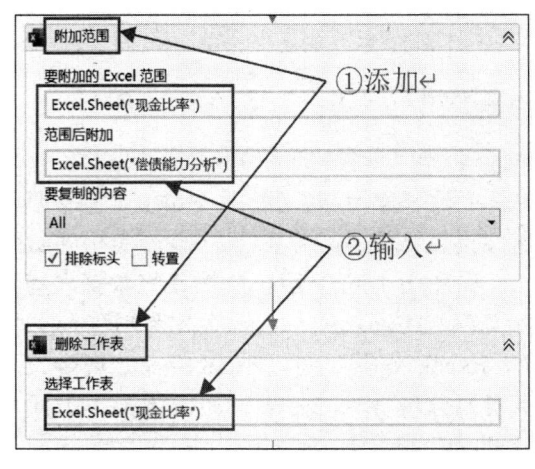

图 6-108 添加【附加范围】和【删除工作表】

图 6-109 添加【分配】

步骤十一：添加【发送 SMTP 邮件消息】，配置 qq 邮箱服务器、端口。单击"附加文件"，如图 6-110 所示。在"属性"界面的"主题""正文""密码""电子邮件"处分别输入相关内容，如图 6-111 所示。

图 6-110 添加【发送 SMTP 邮箱消息】

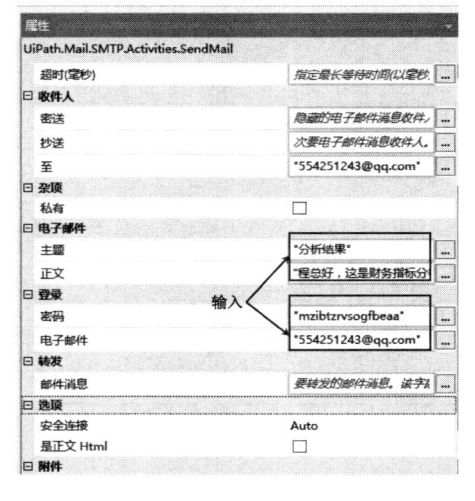

图 6-111 "属性"设置

步骤十二：单击【运行】，该邮件就能够自动发送到财务总监程总的邮箱了。

【沙盘模拟推演】

　　机器人开发完成后，分析机器人的部署规划方式和运行模式；分析财务报表与财务指标分析机器人在效率、质量等方面带来的价值，同时考虑机器人运行过程中可能存在的风险与应对措施，若存在流程中断，我们该如何解决，又该如何防范呢？

　　以小组为单位，在 RPA 财务机器人开发模拟物理沙盘上推演"机器人运用"，包括机器人的部署与运行、价值与风险及人机如何协作共生。

【课后思考】

　　1. 做完本章模拟实训，请大家思考如何将分析的指标数据用百分比格式表示？

　　2. 如果增加 3 个偿债能力与 3 个盈利能力的指标计算，以及对应增长率的计算，程序该如何设计呢？

【延伸学习】

　　我们已经学完基于 Excel 组件的基本应用、读取数据、写入数据和数值指标的计算等，接下来就给大家介绍一下如何利用 UiPath 的 Activity 组合，依托 Excel 自动化对表单内的数据做数据汇总。下面是学习链接：https://www.jianshu.com/p/2b35118726f4，有兴趣的同学可以进行更深入的学习。

第 7 章　PDF 文本读取自动化

7.1　功能简介

7.1.1　关于 PDF

PDF（Portable Document Format）是一种国际通用并流行的文件交换格式，广泛用于公文、商务等领域。PDF 主要由三项技术组成：衍生自 PostScript、字形嵌入系统、资料压缩及传输系统。PDF 文件格式可以将文字、字形、格式、颜色及独立于设备和分辨率的图形图像等封装在一个文件中。该格式文件还可以包含超文本链接、声音和动态影像等电子信息，支持特长文件，集成度和安全可靠性都较高。PDF 文件以 PostScript 语言图像模型为基础，无论在哪种打印机上都可保证精确的颜色和准确的打印效果，即 PDF 会忠实地再现原稿的每一个字符、颜色及图像。

PDF 文件不管是在 Windows、Unix，还是在苹果的 Mac OS 操作系统中都是通用的，这一特点使它成为在 Internet 上进行电子文档发送和数字化信息传播的理想文档格式。越来越多的电子图书、产品说明、公司文稿、网络资料、电子邮件开始使用 PDF 格式文件，目前上市公司的季报、半年报和年报普遍使用 PDF 格式文件发布。PDF 格式文件已成为数字化信息事实上的一个工业标准。

7.1.2　PDF 读取自动化基本介绍

在本章中，我们将介绍 PDF 活动，以及从 PDF 文档中提取数据时可以使用的方法；你可以重点学到如何使用【读取 PDF 文本】活动、【使用 OCR 读取 PDF】活动及如何从 PDF 字段中获取数据。

1．PDF 程序包

首先，你需要检查 UiPath 里是否安装了"UiPath.PDF.Activities"程序包，方法同 5.1.2 节检查"E-mail"程序包类似。

2．PDF 活动介绍

PDF 的处理活动包含【读取 PDF 文本】和【使用 OCR 读取 PDF】，其活动功能描述如表 7-1 所示，PDF 处理活动的功能介绍如表 7-2 所示。

表 7-1　PDF 活动功能描述

类别	序号	活动	功　　能
PDF	1	读取 PDF 文本	从指定的 PDF 文件中读取所有字符，并将其存储在字符串变量中
	2	使用 OCR 读取 PDF	读取指定 PDF 文件中的所有字符，并使用 OCR 技术将其存储在字符串变量中

续表

类别	序号	活动	功能
PDF	3	从 PDF 中提取图像	从指定 PDF 文件中提取图像，然后将每个图像形成独立文件输出到指定文件夹中，图像文件扩展名为.PNG
	4	将 PDF 页面导出为图像	将指定 PDF 文件中的指定页面导出为指定类型的图像文件
	5	获取 PDF 页数	获取指定 PDF 文件的页数
	6	提取 PDF 页面范围	提取指定 PDF 文件的指定页面内容，输出一个单独的 PDF 文件
	7	管理 PDF 密码	对输入的 PDF 文件进行所有者和用户的密码管理并输出新 PDF 文件
	8	加入 PDF 文件	对一组指定的 PDF 文件进行内容合并，并输出一个单独的 PDF 文件

表 7-2　PDF 处理活动介绍

活动	属性	参数	功能
读取 PDF 文本	常见	显示名称	显示活动名称
	文件	文件名	要读取的 PDF 文件的完整路径。只支持字符串变量和字符串
		密码	如有需要，输入 PDF 档案的密码。只支持字符串变量和字符串
	输入	范围	想要阅读的页面范围。如果没有指定范围，则读取整个文件。可以指定一个单独的页面或一系列的页面（例如"7""2～9"）待读。只支持字符串变量和字符串。默认值是"All"
	输出	文本	提取字符串，这个字段只支持字符串变量
	杂项	私有	如果选中，变量和参数的值将不再以详细级别记录
使用 OCR 读取 PDF	常见	显示名称	显示活动名称
	文件	文件名	要读取的 PDF 文件的完整路径。只支持字符串变量和字符串
		密码	如有需要，输入 PDF 档案的密码。只支持字符串变量和字符串
	输入	范围	想要阅读的页面范围。如果没有指定范围，则读取整个文件。可以指定一个单独的页面或一系列的页面（例如"7""2～9"）待读。只支持字符串变量和字符串。默认值是"All"
	输出	文本	提取字符串。这个字段只支持字符串变量
	杂项	私有	如果选中，变量和参数的值将不再以详细级别记录

7.2　主要功能

PDF 包含文本、图像，有时会是图像式文字，本章我们将学习如何通过各种活动来实现 PDF 自动化识别。读取 PDF 文件，可按照其预期用途进行分类：第一类是读取较大范围的文本或整个文件；第二类是从 PDF 文件提取特定的文本项目，如名称、产品、发票金额等。

7.2.1　第一类：大范围文本识别

1.【读取 PDF 文本】活动

要阅读整个 PDF 文档或页面，可以使用【读取 PDF 文本】。

步骤一：添加【序列】，选择【读取 PDF 文本】放入【序列】中，如图 7-1 所示。

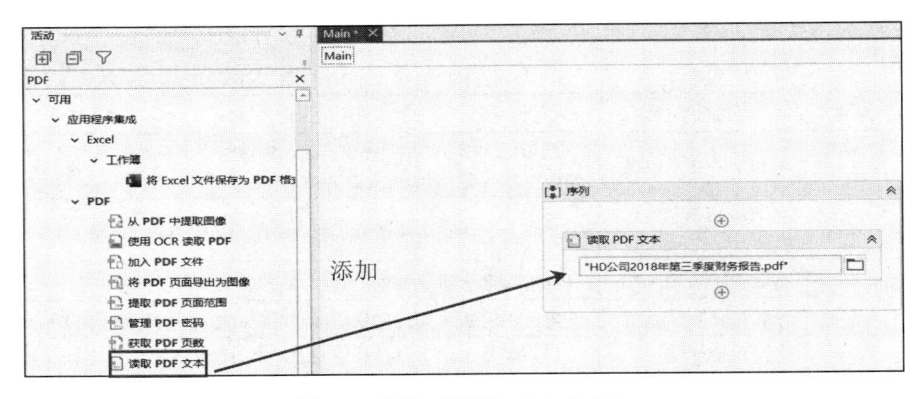

图 7-1 添加【读取 PDF 文本】

步骤二：选择要读取的文件，【读取 PDF 文本】会显示相应文件路径，读取文件的结果将保存在自定义的文本变量中，然后创建变量"读取 PDF 文本"，如图 7-2 所示。

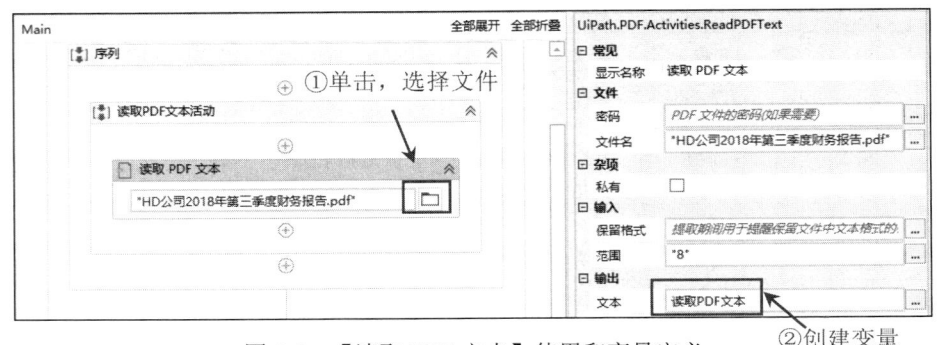

图 7-2 【读取 PDF 文本】使用和变量定义

步骤三：将输出结果保存为文本文件，添加【写入文本文件】并定义文件名称为""读取 PDF 文本活动.txt""，然后输入变量"读取 PDF 文本"，如图 7-3 所示。

步骤四：在【读取 PDF 文本】中，"范围"是一个重要参数，因为它定义了实际读取的内容，该参数可以设置为所有页面、当前页面或者特定页面，例如，第 5 页、第 12 页或者从第 5 到第 12 页的页面。我们的实例文档采用 HD 公司 2018 年第三季度财务报告的特定文档，因此，我们可以将属性"范围"设置为""8""，读取 HD 公司的重要事项，如图 7-4 所示。

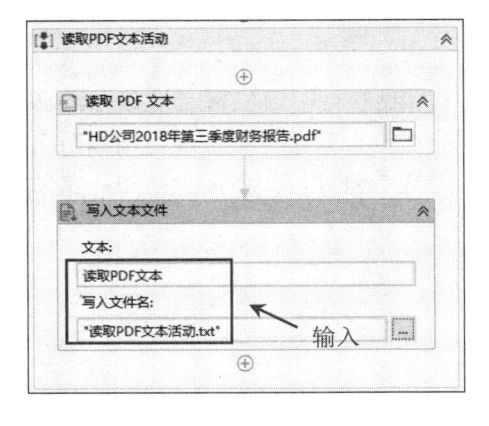

图 7-3 添加【写入文本文件】　　　　图 7-4 设置"范围"属性

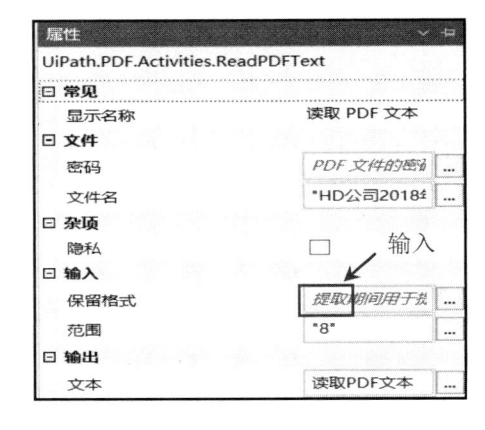

步骤五：单击【运行】，输出单页文本自动识别结果，如图 7-5 所示。我们看到【读取 PDF 文本】自动识别出来的仅仅是 PDF 的文字部分，有时候我们需要读取 PDF 里面的图片文本信息。接下来我们用【使用 OCR 读取 PDF】做进一步的文本自动化识别。

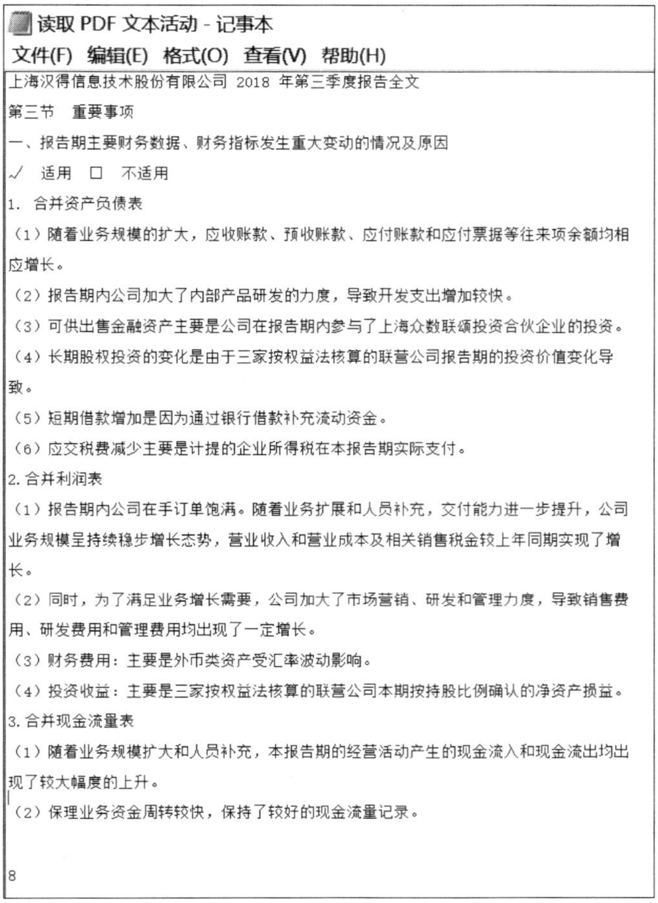

```
读取 PDF 文本活动 - 记事本
文件(F)  编辑(E)  格式(O)  查看(V)  帮助(H)
上海汉得信息技术股份有限公司 2018 年第三季度报告全文
第三节  重要事项
一、报告期主要财务数据、财务指标发生重大变动的情况及原因
√ 适用  □ 不适用
1. 合并资产负债表
（1）随着业务规模的扩大，应收账款、预收账款、应付账款和应付票据等往来项余额均相应增长。
（2）报告期内公司加大了内部产品研发的力度，导致开发支出增加较快。
（3）可供出售金融资产主要是公司在报告期内参与了上海众数联颂投资合伙企业的投资。
（4）长期股权投资的变化是由于三家按权益法核算的联营公司报告期的投资价值变化导致。
（5）短期借款增加是因为通过银行借款补充流动资金。
（6）应交税费减少主要是计提的企业所得税在本报告期实际支付。
2.合并利润表
（1）报告期内公司在手订单饱满。随着业务扩展和人员补充，交付能力进一步提升，公司业务规模呈持续稳步增长态势，营业收入和营业成本及相关销售税金较上年同期实现了增长。
（2）同时，为了满足业务增长需要，公司加大了市场营销、研发和管理力度，导致销售费用、研发费用和管理费用均出现了一定增长。
（3）财务费用：主要是外币类资产受汇率波动影响。
（4）投资收益：主要是三家按权益法核算的联营公司本期按持股比例确认的净资产损益。
3.合并现金流量表
（1）随着业务规模扩大和人员补充，本报告期的经营活动产生的现金流入和现金流出均出现了较大幅度的上升。
（2）保理业务资金周转较快，保持了较好的现金流量记录。

8
```

图 7-5 单页文本识别结果

2.【使用 OCR 读取 PDF】活动

步骤一：首先，新建【序列】，然后添加【使用 OCR 读取 PDF】，仍在该活动属性的"输出"处创建变量"读取 PDF 文本"，如图 7-6 所示。顾名思义，该活动是使用光学识别来"扫描"文本里面的图像，并输出 PDF 文档里的所有文本。

步骤二：方法同上，选择所要识别的目标文件，如图 7-6 所示。值得注意的是，OCR 与其他的非 OCR 活动略有不同，它需要一个 OCR 引擎。我们可以在左边的活动窗格中搜索 OCR 来找到可用的 OCR 引擎，如图 7-7 所示。

步骤三：我们以【Microsoft OCR】为例（如果有识别不出来的文档，可以更换其他引擎进行尝试），将【Microsoft OCR】添加到【使用 OCR 读取 PDF】中，如图 7-8 所示。大多数引擎都具有一些常用的 OCR 属性，例如：允许字符、被拒字符、语言、规模等。不同的引擎可能有不同的属性，后续学习中会逐步介绍不同引擎的使用，我们在这里确认为默认设置，如图 7-9 所示。

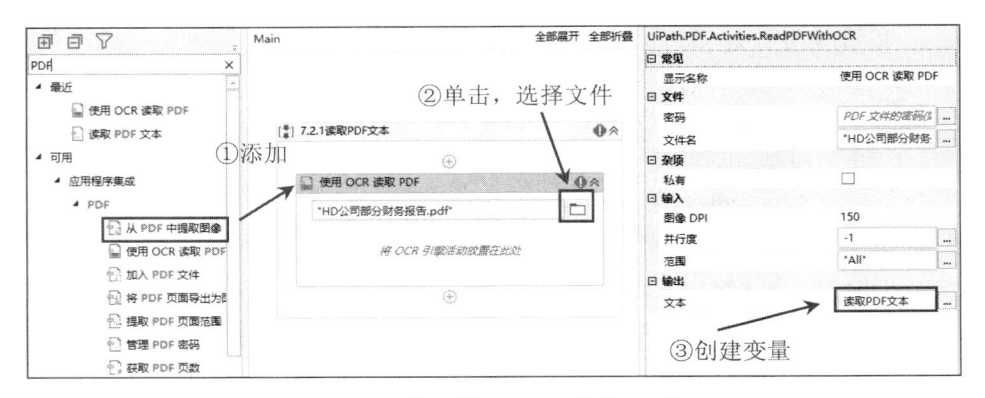

图 7-6　添加【使用 OCR 读取 PDF】

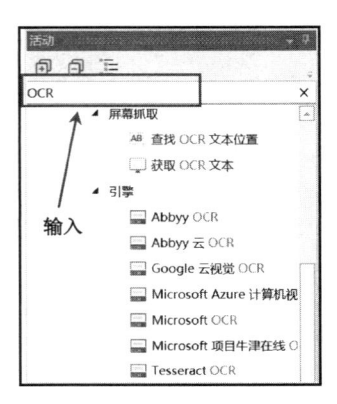

图 7-7　搜索 OCR 引擎 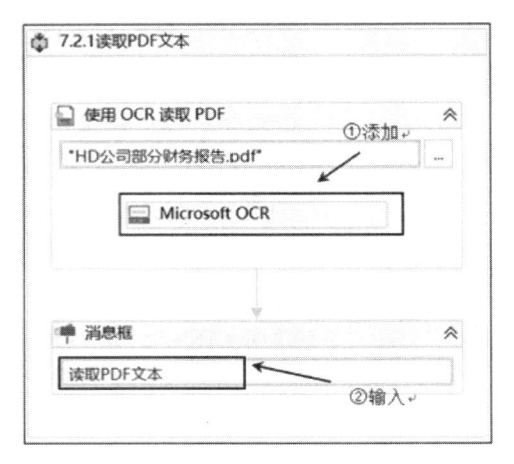　　　　　　图 7-8　添加【Microsoft OCR】

步骤四：单击【运行】，查看 PDF 识别结果，我们可以看到【读取PDF文本】无法识别出的图像式文本在【使用 OCR 读取 PDF】中已经成功转换为文字，如图 7-10 所示。

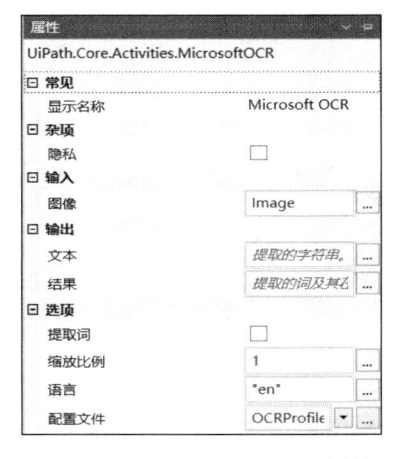

图 7-9　【Microsoft OCR】属性 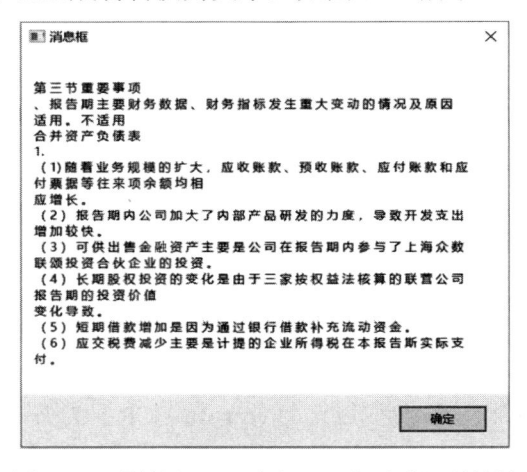　　　　图 7-10　【使用 OCR 读取 PDF】活动识别结果

7.2.2 第二类：特定对象文本抓取识别

1. 大范围特定文本读取

PDF 自动化识别的第二种方法是利用【获取文本】工具。

步骤一：首先，打开 PDF，选择需要读取信息的页面，接下来再打开 UiPath Studio 软件，新建【序列】，命名为"大范围特定文本读取"，在工具栏中选择【使用应用程序/浏览器】，在其后添加【获取文本】，如图 7-11 所示。

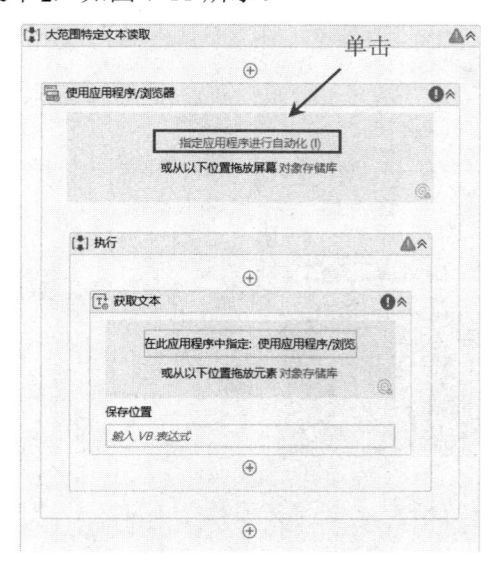

图 7-11 选择【使用应用程序/浏览器】，添加【获取文本】

步骤二：在【使用应用程序/浏览器】中单击"指定应用程序进行自动化"，然后选择 Google Chrome 浏览器，如图 7-12 所示，最后单击【获取文本】中的具体应用程序，如图 7-13 所示。

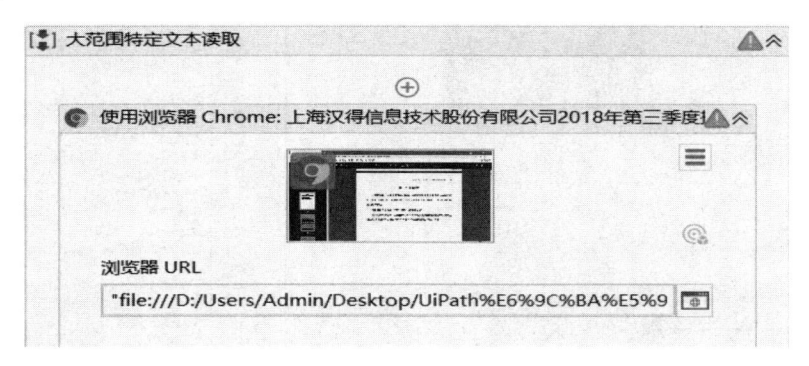

图 7-12 使用【使用应用程序/浏览器】

步骤三：在【获取文本】的"保存位置"设置变量"TextUsd"，如图 7-14 所示。

步骤四：接下来，在消息框中显示该变量，把【消息框】拖到【获取文本】之后，并输入"TextUsd"变量，如图 7-15 所示。这种方法可以用来提取内容较多的文本，输出结果如图 7-16 所示。

第7章 PDF文本读取自动化 ➤ 189

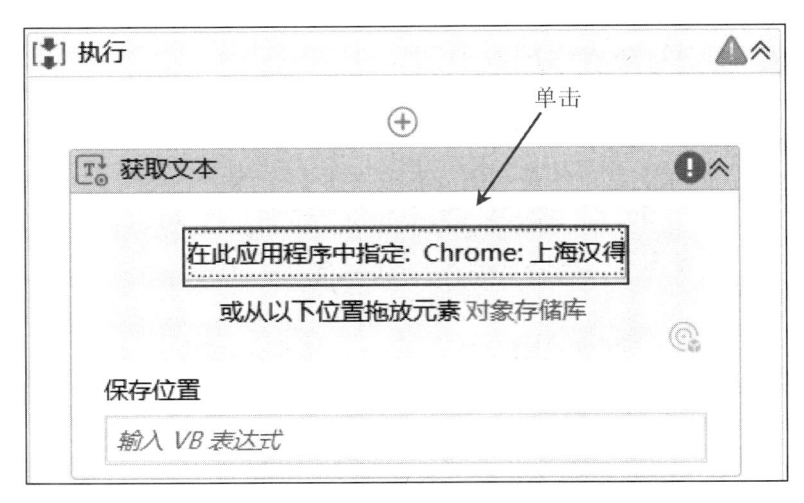

图 7-13 使用【获取文本】

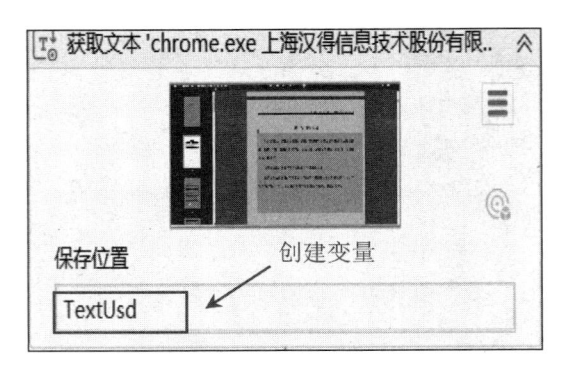

图 7-14 在"保存位置"设置变量

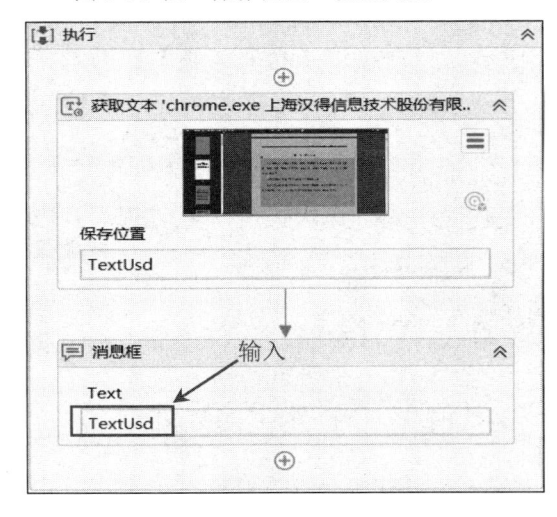

图 7-15 添加【消息框】

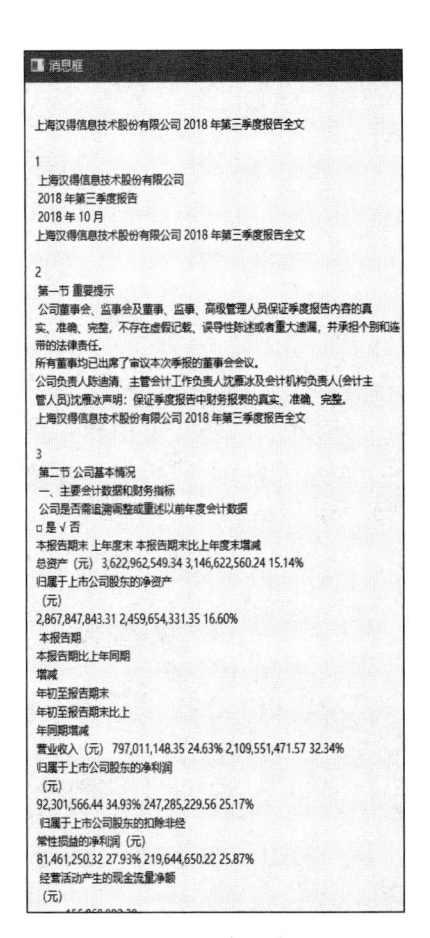

图 7-16 输出结果

2．单个信息 PDF 特定文本抓取

在 UiPath Studio 中有几个活动可用来获取 PDF 文档，其中最常用的便是【获取 OCR 文本】。下面我们将学习如何从整页文本中提取单个信息。

步骤一：新建一个【序列】并命名为"单个特定信息文本抓取"，然后从左边的功能框中添加【获取 OCR 文本】到序列中，并单击"指明在屏幕上"，如图 7-17 所示。

步骤二：选择你需要抓取的特定信息，抓取后如图 7-18 所示。

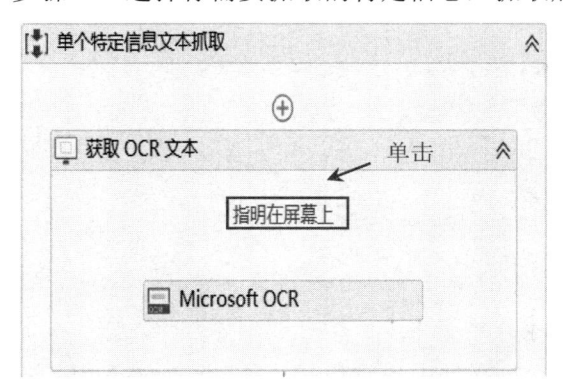

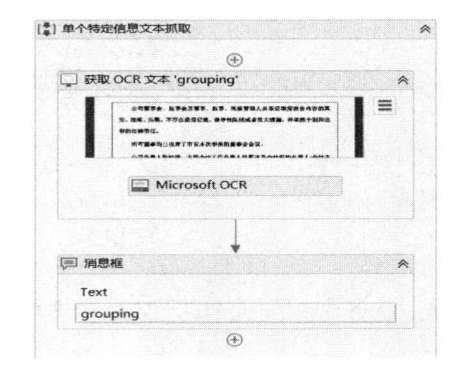

图 7-17　添加并使用【获取 OCR 文本】　　　　图 7-18　单个特定文本抓取

步骤三：我们用【消息框】将结果显示在消息框中。添加【消息框】到【获取 OCR 文本 'grouping'】下方，并在下方的变量中定义【消息框】需要用到的输出变量，将这个变量命名为"grouping"，如图 7-19 所示。接下来在【获取 OCR 文本 'grouping'】右边的属性栏中找到"文本"，输入"grouping"，如图 7-20 所示。

图 7-19　变量定义

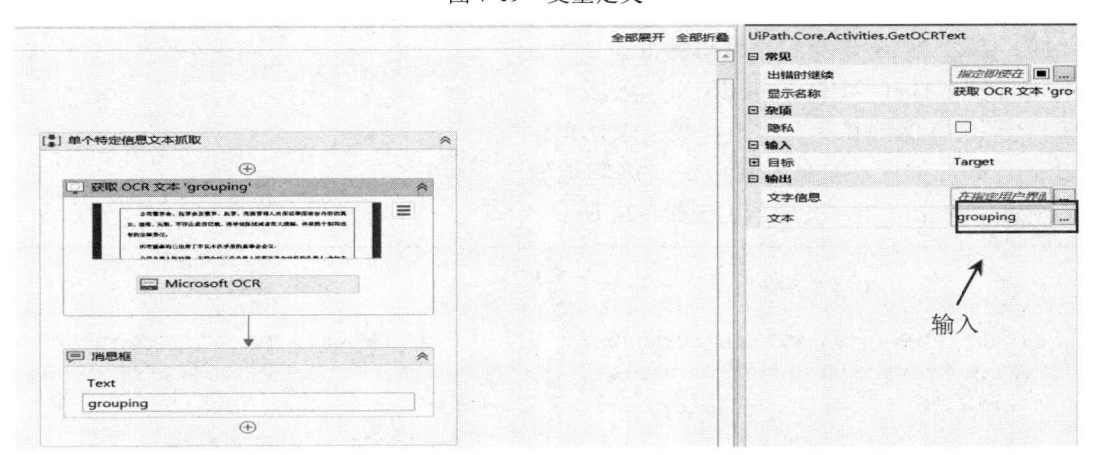

图 7-20　"输出"参数定义

步骤四：单击【运行】，在【消息框】中显示特定需要读取的文本对象结果，如图 7-21 所示。注意在整个操作过程中，需要让你抓取的文本始终处于打开状态。

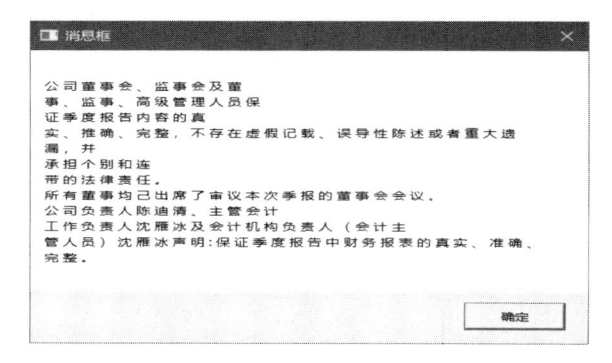

图 7-21　单个特定信息文本抓取结果

3. 从多个相同的 PDF 文档中抓取特定字段信息

假如在工作中，你需要从多个相同的 PDF 文档中提取相同的信息，而不是仅拘泥于一个文件中获取，那我们需要对前面的【获取 OCR 文本】进行修改。【获取 OCR 文本】与大多数 UI 交互一样，它使用选择器来标识正确的元素，我们需要对它进行调整，以扩大其文本识别范围，达到我们从多个 PDF 文本中抓取数据的目的。

步骤一：在【获取 OCR 文本】右边的"目标"属性中，选择"编辑选取器"属性，弹出提示框，如图 7-22 所示。

步骤二：复制原 PDF 文件内容，粘贴到名为"HD 公司 2018 年第三季度财务报告-2"的 PDF 文件中，打开"HD 公司 2018 年第三季度财务报告"，并保持其打开状态，接下来开始识别以下文件，如图 7-23 所示。在"编辑选取器"属性中单击"指出元素"，如图 7-24 所示。

图 7-22　选择"编辑选取器"属性

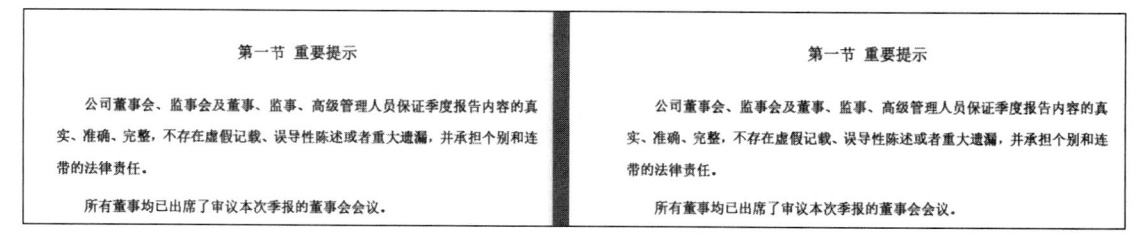

图 7-23　需要选取的信息

步骤三：单击"指出元素"后，此时选择另一个与当前选取器匹配的类似的文本元素，即"HD 公司 2018 年第三季度财务报告-2.PDF_Adobe Reader"文件，如图 7-25 所示。

步骤四：为获得更好的视图，选择在用户界面探测器中打开，单击"在用户界面探测器中打开"，如图 7-26 所示。

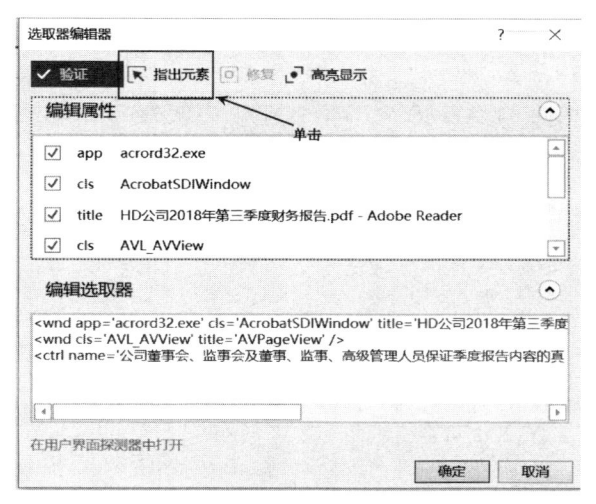

图 7-24 单击"指出元素"

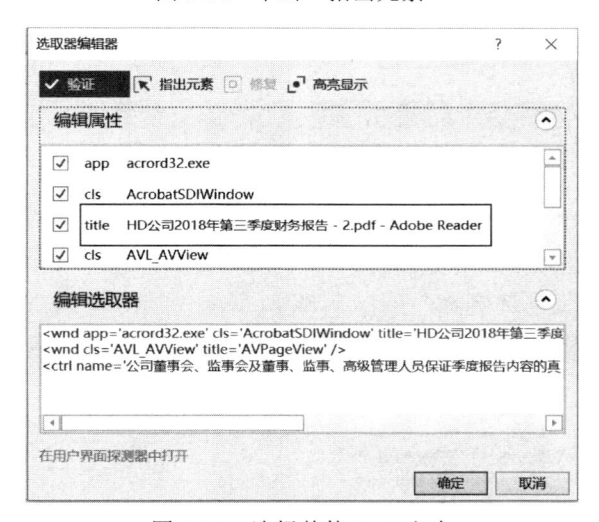

图 7-25 选择其他 PDF 文本

图 7-26 "选取器编辑器"页面

第 7 章 PDF 文本读取自动化 ➤ 193

步骤五：打开"用户界面探测器"界面，可以看到，之前所选择的文本在最后一列中，并且处于选中状态，如图 7-27 所示。

图 7-27 文本选中状态

步骤六：此时文本在"用户界面探测器"界面是真实存在的一个实际值，我们需要删除它的"title"属性以获得其他的价值信息。选中最后一行，再单击"用户界面探测器"界面右边的"name"属性，将勾选删除，如图 7-28 所示。

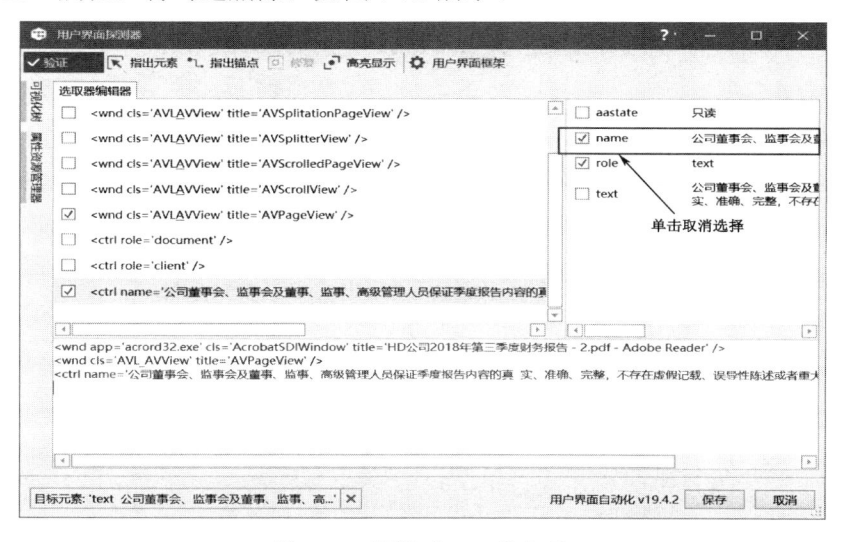

图 7-28 删除"name"勾选

步骤七：同时删除"title"勾选，以试用其他更多的文件，如图 7-29 所示。

步骤八：复制手工修改的选取器的代码，如图 7-30 所示。将它复制到原选取器中，替换原选取器中的代码，如图 7-31 所示。单击"确定"，设置成功，现在这个活动适用于两个文件。

图 7-29　删除 "title" 勾选

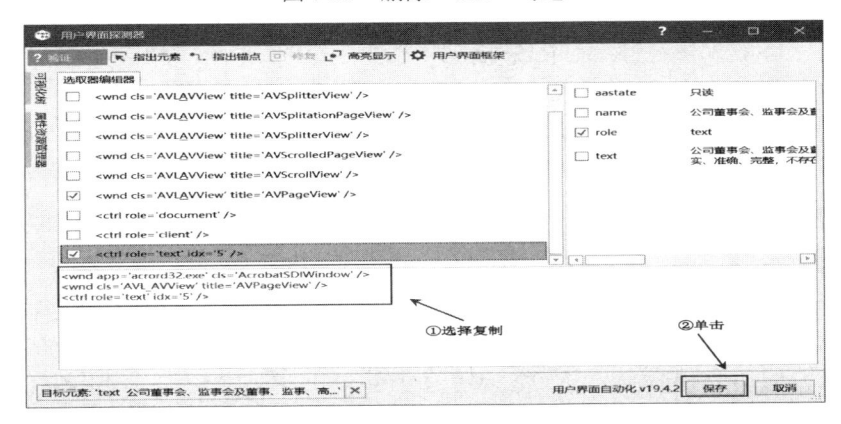

图 7-30　修改代码

步骤九：打开"HD 公司 2018 年第三季度财务报告-2"文档，关闭"HD 公司 2018 年第三季度财务报告"文档，单击【运行】，测试结果仍然是图 7-31 所示的文档识别结果。

图 7-31　替换原选择器中代码

第 7 章　PDF 文本读取自动化　▶　195

7.3 经营状况分析机器人模拟实训

7.3.1 场景描述与业务流程

合上办公桌上的最后一个文件夹,忙碌了一上午的财务分析员胡赛楠终于完成了手头上的一项重要工作,不由得松了一口气。胡赛楠端起咖啡刚送到嘴边,"叮",眼前的"蛮好用"计算机传来一声清脆的提示音,定睛一看是财务总监程平发来的 QQ 新信息,上面显示:

"小胡,有个紧急任务交给你。你从公司专门用于收集同行竞争对手(友商)公司财报信息的专用邮箱去下载 SY 公司 2018 年的财报,将我们公司与 SY 公司的经营情况做一个分析,重点比较两公司的盈利能力。另外,今天下午 4 点公司将召开经营分析工作会议,开会之前请将"友商"分析报告发送到市场部、产品部的负责人和我的邮箱,会议上你来汇报一下对比分析情况。"

胡赛楠赶紧放下刚泡的高能咖啡"蛮好喝",伸出双手在键盘上敲打几下,回复了程总"收到"之后,马上又进入忙碌的工作状态……

时间就这样一分一秒地溜走,胡赛楠沉浸于收集数据、处理数据、计算指标,浑然不觉中已经快过了饭点。

"咚咚咚"，是财务部信息化岗的"大神"余睿来提醒胡赛楠去吃午饭了。

胡赛楠朝余睿诉苦道："本来我可以早早就去吃饭的，却因为程总临时安排的紧急任务耽误了吃饭时间。"说到这里，胡赛楠忍不住向自己的好朋友吐槽起来，"虽然看起来是个很简单的工作，但是，因为 SY 公司的财报是 PDF 文件格式，没办法将里面相关的报表数据直接转换成 Excel 表格，只能来回反复地复制、粘贴、复制、粘贴……，太耗时耗力了，而这样的数据'搬运工'工作，对我们财务人员来说，真是家常便饭，我已经习以为常了。将数据从 PDF 文件搬到 Excel 文件中之后，就是计算财务指标，这也是一个体力活。就拿我刚刚计算的毛利率、营业利润率、销售利润率、销售净利润率等几个财务指标来说，计算方法非常简单，毛利率=（营业收入−营业成本）/营业收入，营业利润率=营业利润/营业收入，销售利润率=利润总额/营业收入，销售净利润率=净利润/营业收入。虽然消耗的脑细胞不多，可用掉的都是宝贵的时间，真希望有大神降临来解救解救我……"

尽管是吐槽，余睿却不得不承认，这确实是许许多多财务工作者目前面临的难题。

"大神会有的，还是先吃饭吧！"余睿说道。

胡赛楠摇摇头："我得先完成组织交给我的任务，赶时间没办法呀，只有"蛮好吃"泡面和我更搭。"

HD 公司与同行竞争对手公司的经营情况对比分析业务流程如图 7-32 所示。

【沙盘模拟推演】

阅读业务场景描述之后，分析案例中涉及的企业情况、人员与岗位，以及业务描述等要点，梳理出详细的业务流程和关键环节的业务痛点分析，并以小组为单位，在 RPA 财务机器人开发模拟沙盘上完成与同行业竞争对手公司经营情况对比分析案例的"机器人分析"模块。

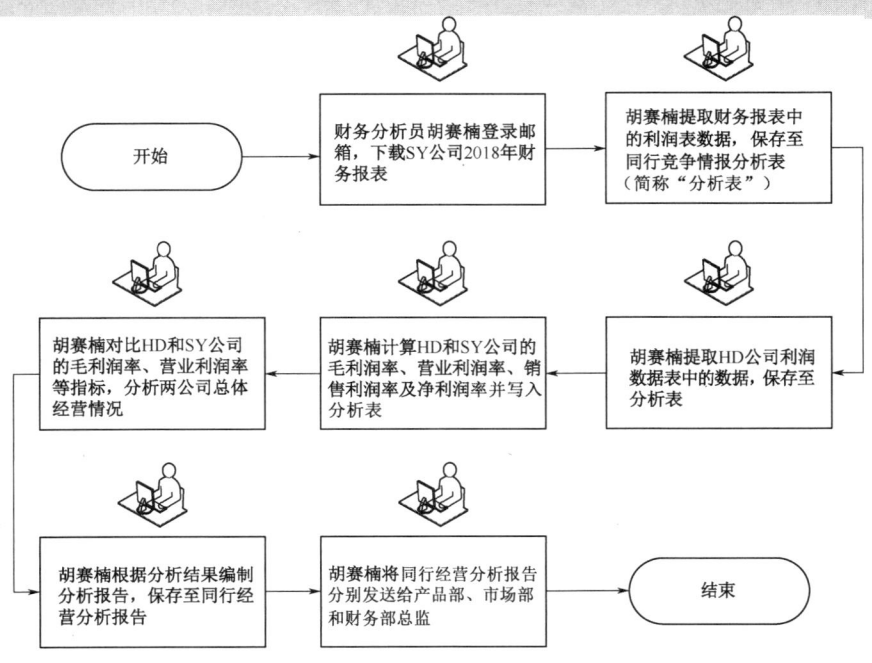

图 7-32 HD 公司与同行竞争对手的公司经营情况对比分析业务流程

7.3.2 自动化流程设计

吃午饭时，余睿灵机一动，心想：这段时间咱们贯彻公司"RPA 助力财务职能转型"战略，正在开发的财务机器人小蛮，不正是胡赛楠需要的"大神"吗？看着一直嘟囔的胡赛楠，余睿笑而不语，心想待会儿给她一个惊喜。

午饭后，余睿没有去公司的"蛮放松"休息区，直接回到自己的办公桌，半小时后给胡赛楠发来了财务机器人小蛮，余睿告诉胡赛楠，小蛮是自己专门为她的同行竞争对手公司经营情况对比分析工作定制的 RPA 机器人。"一旦你启动机器人小蛮，他会自动登录工作邮箱，读取邮件并下载附件中的 SY 公司财务报表 PDF 文件；接着，小蛮会从 PDF 文件中识别、提取出利润表数据，并保存至同行竞争情报分析表 Excel 文件中；然后，小蛮根据 Excel 文件中 SY 公司的利润表数据计算相关财务指标，根据本地文件夹中 HD 公司的 Excel 利润表数据计算对应会计期间的相同财务指标，并将计算结果保存至分析表中；紧接着，小蛮会对比 HD 公司和 SY 公司的毛利润率、营业利润率等财务指标数据，分析两家公司经营情况，然后编制并生成同行经营分析报告 Word 文档；最后小蛮将分析报告分别发送给产品部、市场部及财务部总监。整个工作过程小蛮简直是一气呵成，So easy！"

胡赛楠看着小蛮 10 分钟就搞定了自己平时 3 个小时的工作量，忍不住感叹："只要小蛮在，世界充满爱！"

HD 公司基于 PDF 读取自动化的经营情况对比分析自动化流程设计如图 7-33 所示。

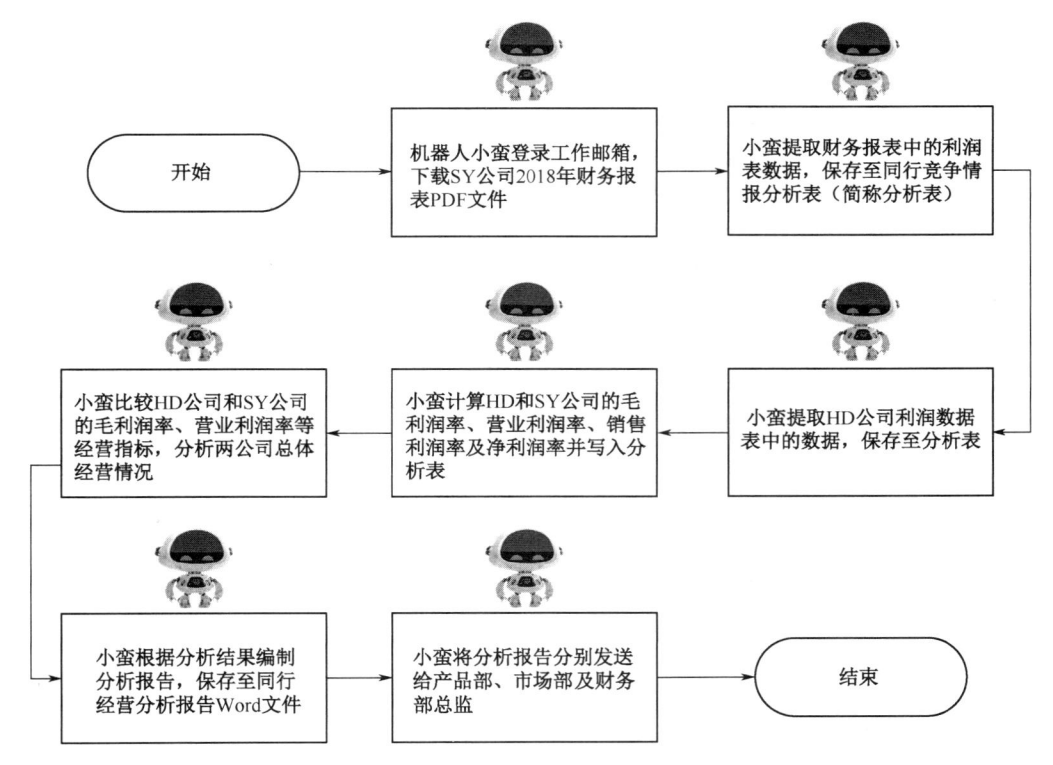

图 7-33 HD 公司基于 PDF 读取自动化的经营情况对比分析自动化流程

在 HD 公司，和胡赛楠做同样工作的员工共有 3 个人，但小蛮上线之后，只需要胡赛楠 1 个人，并且不到 30 分钟即可完成分析工作。

公司每年至少需要进行 12 次同行业经营情况对比分析工作，财务分析岗时薪为 60 元，而同行业经营情况对比分析机器人的开发和维护成本远远低于人力成本，看来有了小蛮，真可以为公司节省一大笔费用呢。ROI 是多少呢？你可以算一算！

【沙盘模拟推演】

基于以上的自动化流程描述进行详细的自动化流程设计；结合案例的业务流程，规范机器人开发过程中所使用的数据，其中所需数据主要来源于邮件和财务报表；确定所需财务指标，如毛利润、营业利润率、净利润率等；思考如何进行数据处理，如对利润表数据的定位筛选，对财务指标的计算问题，以及不同类型数据间的转换等，最后输出经营分析报告至相关负责人邮箱。

以小组为单位，在 RPA 财务机器人开发模拟物理沙盘上推演"机器人设计"和"数据标准与规范化设计"。

7.3.3 技术路线与开发步骤

基于 PDF 读取自动化的经营情况对比分析的财务机器人小蛮开发总体技术路线如下：
（1）添加【获取 Outlook 邮件消息】，并配置活动。
（2）添加【复制文件】，复制数据表模板至同行竞争情报分析表。
（3）添加【读取 PDF 文本】，读取 SY 公司财务报表数据。

（4）添加【分配】，读取利润表数据。

（5）添加【写入单元格】，计算填写财务指标。

（6）添加【读取单元格】，读取计算出的财务指标。

（7）添加【IF】，比较财务指标大小。

（8）添加【分配】，记录分析结果。

（9）添加【Word 应用程序范围】，将分析结果写入同行经营分析报告。

（10）添加【发送 SMTP 邮件消息】，发送电子邮件。

【沙盘模拟推演】

根据自动化流程总体设计，结合以上技术思路，以小组为单位，在 RPA 财务机器人开发模拟物理沙盘上推演“机器人开发”。

在进行机器人开发前，需先新建同行经营分析报告的底版内容的 Word 文件和同行竞争情报分析表 Excel 文件，如表 7-3 和图 7-34 所示。

表 7-3　同行竞争情报分析表

	A	B	C
1	SY公司利润表数据		HD公司利润表数据
2	营业收入		
3	营业成本		
4	营业利润		
5	利润总额		
6	净利润		
7			
8	毛利率		
9	营业利润率		
10	销售利润率		
11	净利润		

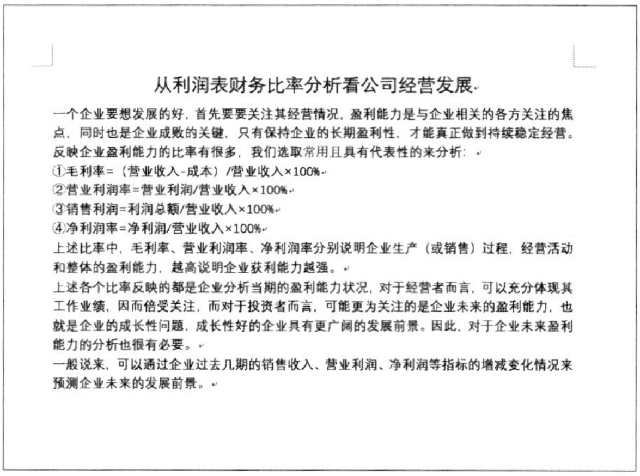
从利润表财务比率分析看公司经营发展

一个企业要想发展的好，首先要要关注其经营情况，盈利能力是与企业相关的各方关注的焦点，同时也是企业成败的关键，只有保持企业的长期盈利性，才能真正做到持续稳定经营。
反映企业盈利能力的比率有很多，我们选取常用且具有代表性的来分析：
①毛利率=（营业收入-成本）/营业收入×100%
②营业利润率=营业利润/营业收入×100%
③销售利润=利润总额/营业收入×100%
④净利润率=净利润/营业收入×100%
上述比率中，毛利率、营业利润率、净利润率分别说明企业生产（或销售）过程，经营活动和整体的盈利能力，越高说明企业获利能力越强。
上述各个比率反映的都是企业分析当期的盈利能力状况，对于经营者而言，可以充分体现其工作业绩，因而倍受关注，而对于投资者而言，可能更为关注的是企业未来的盈利能力，也就是企业的成长性问题，成长性好的企业具有更广阔的发展前景。因此，对于企业未来盈利能力的分析也很有必要。
一般说来，可以通过企业过去几期的销售收入、营业利润、净利润等指标的增减变化情况来预测企业未来的发展前景。

图 7-34　同行经营分析报告的底版内容

下面讲解财务机器人小蛮的具体开发步骤。

1. 登录邮箱并下载报表

小蛮自动登录工作邮箱，并下载 SY 公司 2018 年财务报表。

步骤一：将【获取 IMAP 邮件消息】添加至【登录邮箱下载财务报表】序列中，将“邮箱文件夹”设置为“收件箱”。

步骤二：将【遍历循环】添加至【获取 IMAP 邮件消息】下方，在其属性中设置"TypeArgument"类型为"System.Net.Mail.MailMessage"。

步骤三：在【保存附件】中输入相应文本。具体操作参照第 5 章 E-mail 处理自动化。

2. 读取数据并进行计算

步骤四：添加【序列】，并将其命名为"读取数据并计算"，在序列活动中添加【复制文件】，对属性中的"路径"和"目标"进行设置，输入同行竞争情报分析表的位置，同时勾选属性"选项"中的"覆盖"，如图 7-35 所示。

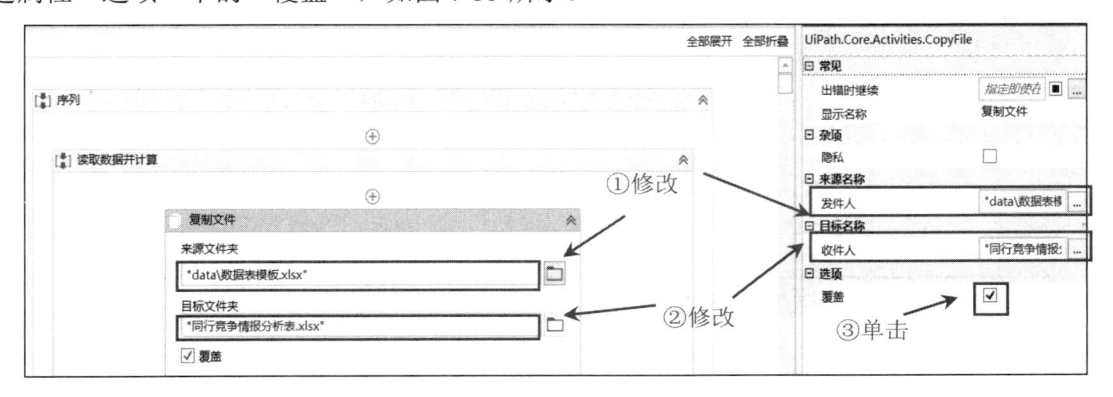

图 7-35 添加【复制文件】并设置相关属性

步骤五：添加【序列】，命名为"读取 SY 公司利润数据表"，在序列中添加【读取 PDF 文本】，并选择需要读取的 SY 公司报表文件，设置变量为"读取数据"。在属性中的"范围"项输入""17-18""，"文本"项输入"读取数据"，如图 7-36 所示。

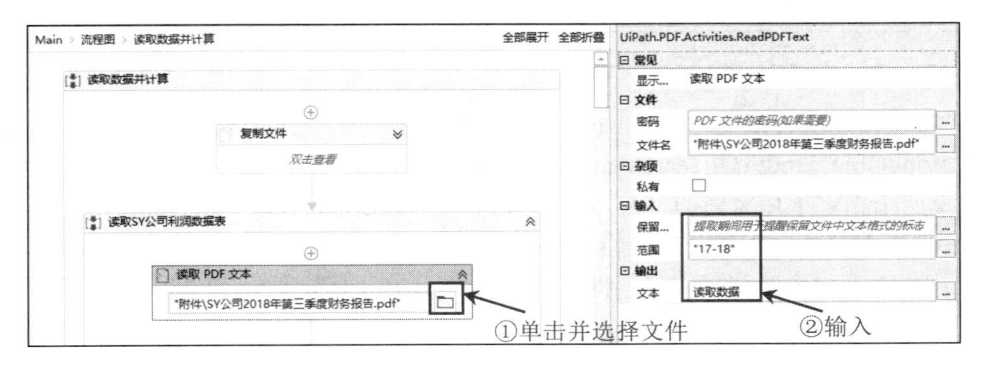

图 7-36 添加【读取 PDF 文本】

步骤六：在【读取 PDF 文本】下方添加【A←B 多重分配】，如图 7-37 所示。同时，新建变量"replacetext"，输入表达式"读取数据.Replace(System.Environment.NewLine,"")"。

步骤七：单击【A←B 多重分配】的添加，添加多个变量分配，同时新建变量"yysrwz""yysr""yycbwz""yycb""yylrwz""yylr""lrzewz""lrze""jlrwz""jlr"，将变量和表达式依次填入【A←B 多重分配】中，如图 7-37 所示，变量具体设置如表 7-4 所示。

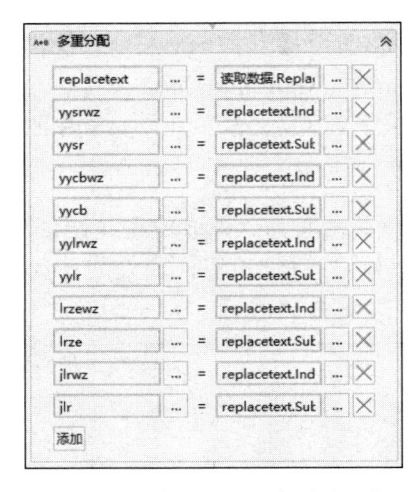

图 7-37 添加【A←B 多重分配】

表 7-4 赋值信息表

【A←B 多重分配】活动序号	TO	VB 表达式
1	yysrwz	replacetext.IndexOf("营业收入")
2	yysr	replacetext.Substring(yysrwz+5,14)
3	yycbwz	replacetext.IndexOf("营业成本")
4	yycb	replacetext.Substring(yycbwz+5,14)
5	yylrwz	replacetext.IndexOf("营业利润")
6	yylr	replacetext.Substring(yylrwz+16,13)
7	lrzewz	replacetext.IndexOf("利润总额")
8	lrze	replacetext.Substring(lrzewz+17,13)
9	jlrwz	replacetext.IndexOf("净利润")
10	jlr	replacetext.Substring(jlrwz+16,13)

注："IndexOf()"方法是用于返回某个指定的字符串值在字符串中首次出现的位置，表达式为"stringObject.IndexOf(searchvalue,fromindex)"，而"Substring()"方法是用于提取字符串中介于两个指定下标之间的字符，表达式为"stringObject.Substring(start,stop)"。

步骤八：添加【Excel 流程作用域】，在执行中添加【使用 Excel 文件】，选择工作簿路径，然后依次添加多个【写入单元格】，将信息依次填入单元格，如图 7-38 所示。【写入单元格】对应填写的信息如表 7-5 所示。

表 7-5 【写入单元格】信息

单元格序号	输入值	工作表名称	范围
1	yysr	"同行竞争情报分析表"	B2
2	yycb	"同行竞争情报分析表"	B3
3	yylr	"同行竞争情报分析表"	B4
4	lrze	"同行竞争情报分析表"	B5
5	jlr	"同行竞争情报分析表"	B6
6	"=(B2-B3)/B2"	"同行竞争情报分析表"	B8
7	"=B4/B2"	"同行竞争情报分析表"	B9
8	"=B5/B2"	"同行竞争情报分析表"	B10
9	"=B6/B2"	"同行竞争情报分析表"	B11

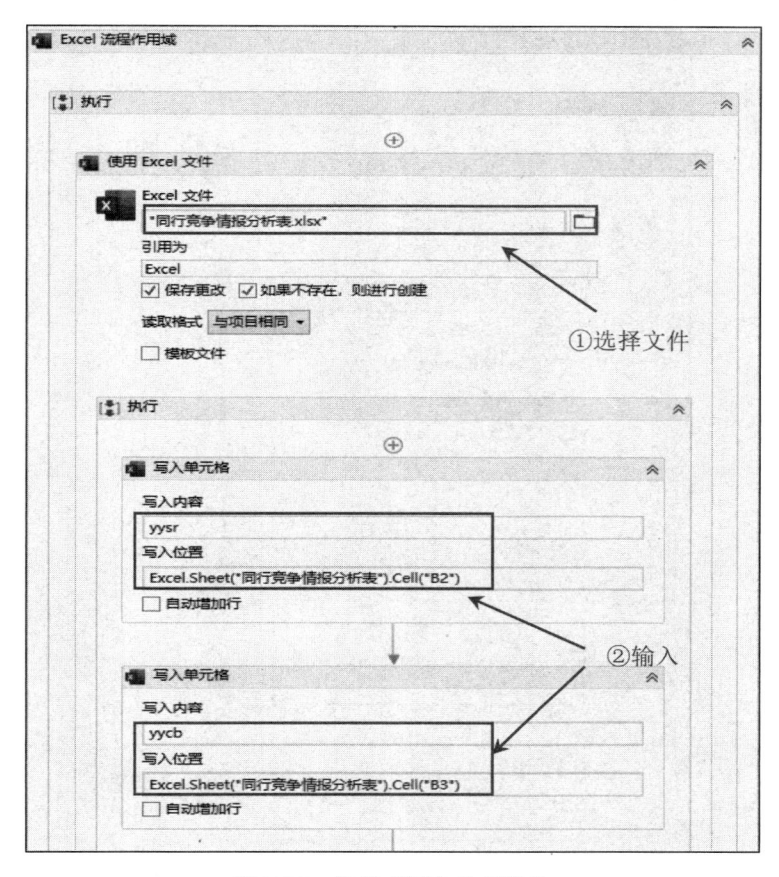

图 7-38 设置【写入单元格】

步骤九：在"读取 SY 公司利润表数据"序列下方添加【读取范围】，选择所要读取的文件，即 HD 公司利润数据表，创建变量"hddata"，然后填入范围值""B2:B6""，如图 7-39 所示。

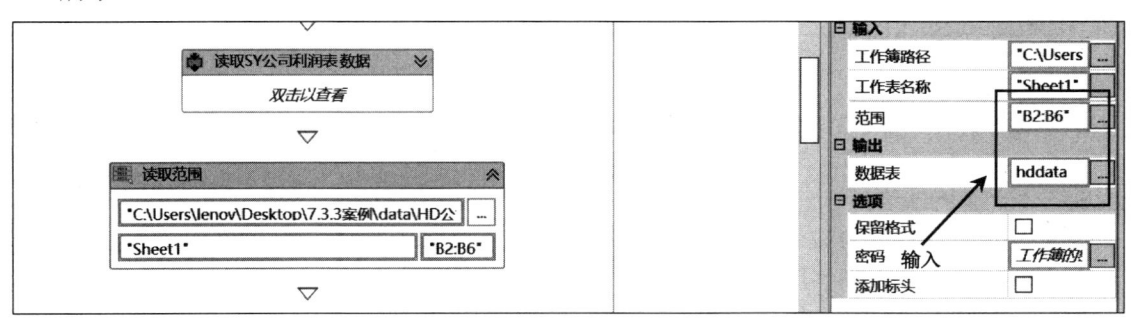

图 7-39 添加【读取范围】并设置变量

步骤十：添加【序列】，命名为"读取 HD 公司利润表数据"，在序列中添加【Excel 流程作用域】，在执行中添加【使用 Excel 文件】，选择工作簿路径，在执行序列中添加【将数据表写入 Excel】，将输出变量"hddata"写入"同行竞争情报分析表"的"C2"单元格中。然后依次添加多个【写入单元格】，将信息依次填入单元格，如图 7-40 所示。【写入单元

第 7 章 PDF 文本读取自动化 ▶ 203

格】对应填写的信息，如表 7-6 所示。

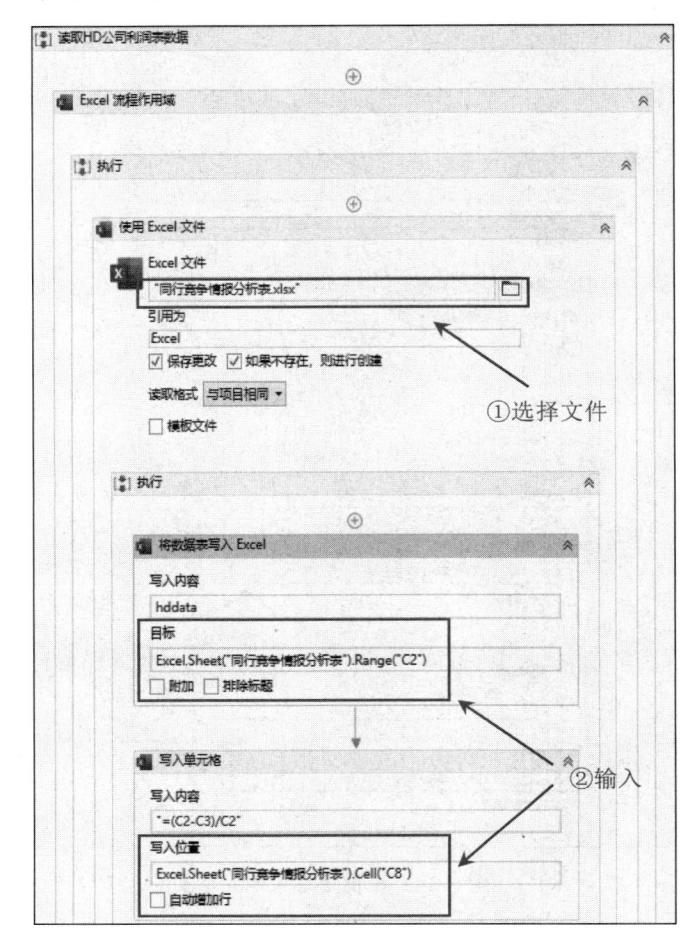

图 7-40 设置【写入单元格】

表 7-6 【写入单元格】信息

单元格序号	输入值	工作表名称	范围
1	hddata	"同行竞争情报分析表"	C2
2	"=(C2-C3)/C2"	"同行竞争情报分析表"	C8
3	"=C4/C2"	"同行竞争情报分析表"	C9
4	"=C5/C2"	"同行竞争情报分析表"	C10
5	"=C6/C2"	"同行竞争情报分析表"	C11

3. 比较并生成报告

步骤十一：添加【序列】，并将其命名为"比较并生成报告"。首先，在序列活动中添加【Excel 流程作用域】，在执行中添加【使用 Excel 文件】，选择工作簿路径。其次，依次添加【读取单元格值】至执行序列中。将读取单元格""B11""的"输出→保存位置"创建为变量"sy"，如图 7-41 所示。将读取单元格""C11""的"输出→保存位置"创建为变量"hd"，如图 7-42 所示。

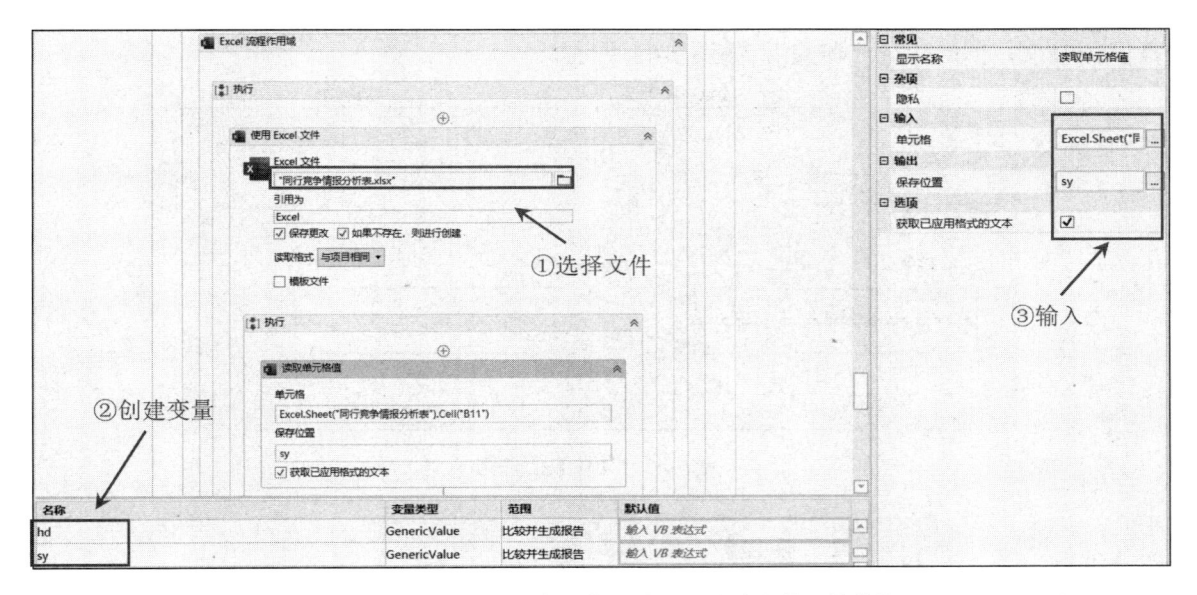

图 7-41 添加【Excel 流程作用域】及【读取单元格值】

图 7-42 设置【读取单元格值】的相关属性

步骤十二：将【IF】添加至【Excel 流程作用域】的下方，在"Condition"处输入表达式"sy.CompareTo(hd) = 1"，在"Then"中添加【A←B 多重分配】，创建变量"NO1、NO2"，令 NO1 的值为""SY""，NO2 的值为""HD""，接着在"Else"中添加【A←B 多重分配】，令 NO1 的值为""HD""，NO2 的值为""SY""。如果条件成立，则执行"Then"；如果条件不成立，则执行"Else"，如图 7-43 所示。

步骤十三：将【分配】添加至【IF】的下方，创建变量"result"，输入""此处我们重点比较 HD 与 SY 公司的毛利润率和净利润率，从表格中的数据可以发现，"+NO1+"公司比"+NO2+"公司的净利润率更高，所以"+NO1+"公司的经营情况以及盈利能力更强，具有较好的发展前景""，将它赋值给变量"result"，主要步骤截图如图 7-44 所示。

步骤十四：在【分配】的下方添加【复制文件】，将同行经营分析报告的底版复制到"同行经营分析报告"中，对属性中的"路径"和"目标"进行设置，输入"同行经营分析报告.docx",同时勾选"覆盖",如图 7-45 所示。

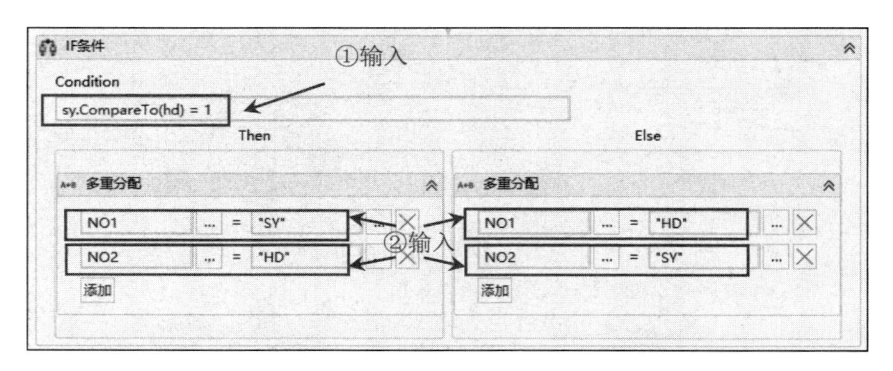

图 7-43 【IF】的使用

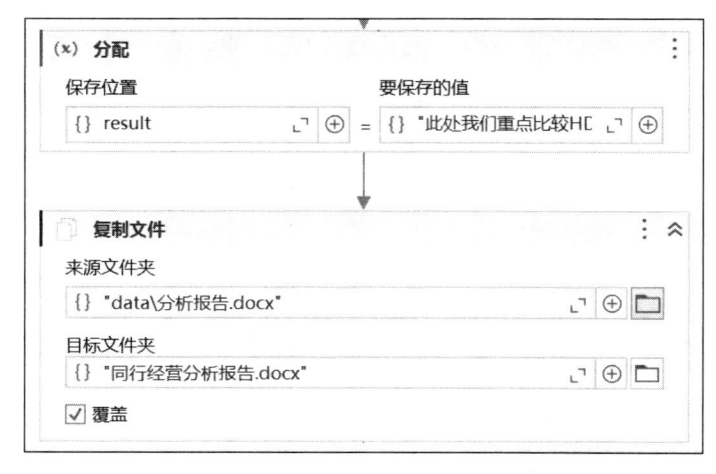

图 7-44 添加【分配】

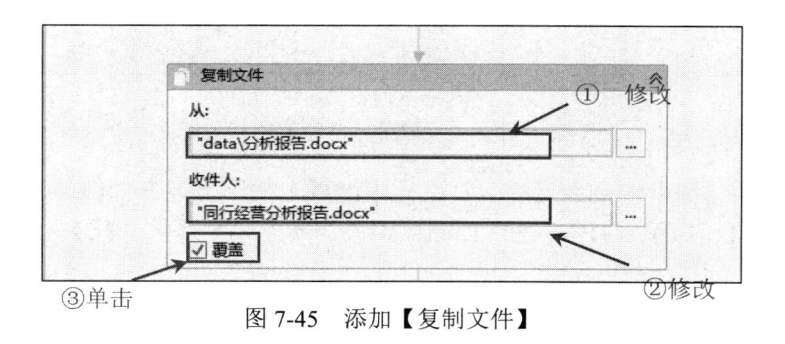

图 7-45 添加【复制文件】

步骤十五：添加【Word 应用程序范围】至【复制文件】的下方，选择工作簿路径。然后在执行活动中添加【附加文本】，在文本中输入变量"result"，如图 7-46 所示。

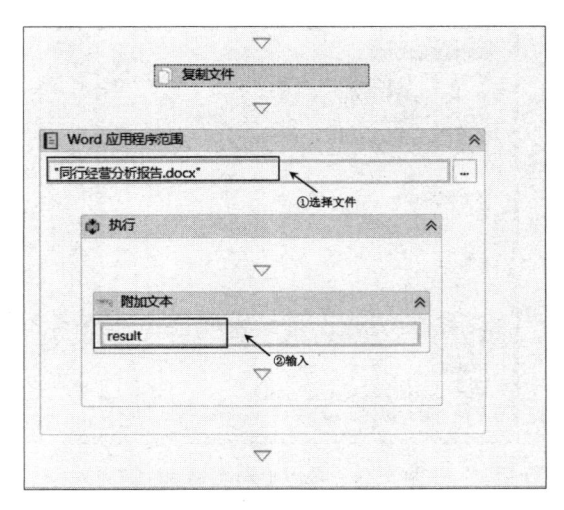

图 7-46 设置并使用【Word 应用程序范围】

4. 自动发送邮件

步骤十六：在【比较生成分析报告】序列下方添加【序列】，并命名为"自动发送邮件"，然后依次添加【发送 SMTP 邮件消息】至【自动发送邮件】序列中，"收件人"地址为需要收到同行经营分析报告的产品部、市场部及财务部总监的邮箱，"主题"为"同行经营分析报告"，"正文"内容为"请查收报告"，最后单击【附加文件】设置要发送的文件，"值"设置为"同行经营分析报告.docx"。具体操作参照第 5 章 E-mail 处理自动化。

最后来看一下完整的程序，如图 7-47 所示。单击【运行】，我们可以看到小蛮自动识别读取数据，然后计算结果，接着写入同行经营分析报告，最后发送邮件。运行结束后可以看到邮件接收提示，如图 7-48 所示。

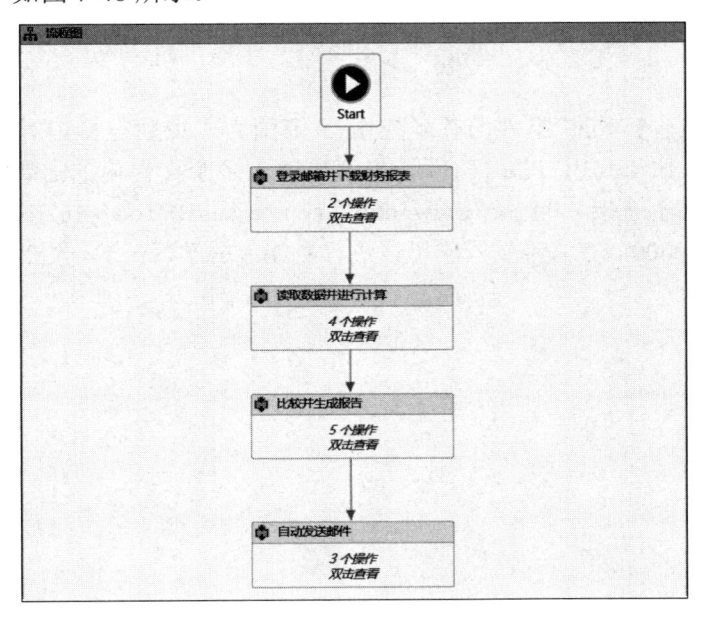

图 7-47 完整程序设计图

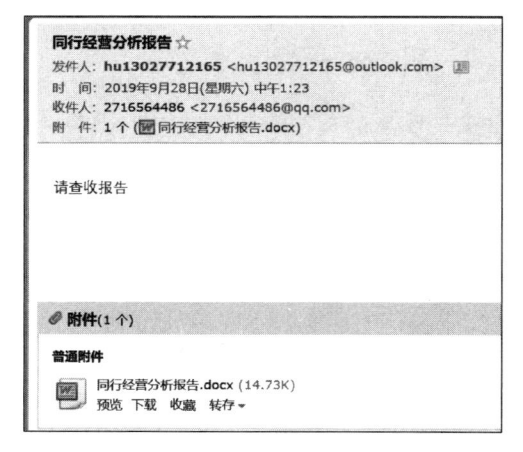

图 7-48 提示邮件发送成功

【沙盘模拟推演】

结合自动化流程设计，分析与梳理机器人开发的技术路线；分析机器人的部署规划方式和运行模式；分析机器人运用在效率、质量等方面带来的价值，但同时要考虑机器人运行过程中可能存在的风险与应对措施，如最后发送经营分析报告时，邮件发送失败，我们该如何解决，又该如何防范？

以小组为单位，在 RPA 财务机器人开发模拟物理沙盘上推演"机器人运用"，包括机器人的部署与运行、价值与风险及人机如何协作共生。

【课后思考】

如果我们需要与多家同行业竞争对手公司做对比分析，数据文件、自动化流程和财务机器人程序该如何修改呢？

【延伸学习】

我们已经学完基于 PDF 组件的基本应用\大范围文本识别与特定对象文本抓取，接下来大家给介绍一下如何利用 PDF 软件，来遍历读取多个文件内的需要数据，写入 Excel 文件，下面是学习链接：https://www.bilibili.com/video/BV1o64y1u7rb?from=search&seid=17987347456834652000，有兴趣的同学可以进行更深入的学习。

第 8 章　图像识别自动化

8.1　功能简介

8.1.1　关于图像识别

　　图像识别是人工智能的一个重要领域。图像识别是指利用计算机对图像进行处理、分析和理解，以识别各种不同模式的目标和对象的技术，是应用深度学习算法的一种实践应用。

　　图像识别的发展经历了三个阶段：文字识别、数字图像处理与识别、物体识别。文字识别的研究是从 1950 年开始的，一般是识别字母、数字和符号，从印刷文字识别到手写文字识别，应用非常广泛。数字图像处理和识别的研究开始于 1965 年。数字图像与模拟图像相比具有存储、传输方便，可压缩，传输过程中不易失真，处理方便等巨大优势，这些都为图像识别技术的发展提供了强大的动力。物体识别主要是指对三维世界的客体及环境的感知和认识，属于高级的计算机视觉范畴。它是以数字图像处理与识别为基础的结合人工智能、系统学等学科的研究领域，其研究成果被广泛应用在各种工业及探测机器人上。

　　目前市场上的图像识别技术有两种。一种比较常见，即 OCR 光学字符识别。其原理是将扫描后的图片进行纠偏、补光等预处理，获取图片上的文字特征，跟字库进行比对，然后进行后期识别矫正，比如词组等，输出识别后数据。另一种被我们定义为智能识别。其用卷积神经网络替代特征提取，输入图片后可以智能识别成文字，无须字库比对。使用深度机器学习识别技术，对图片的要求更低，识别率更高一些。

　　在财务领域，运用计算机视觉和模式识别技术，通过扫描刷卡小票、结账小票、购物小票、发票、车票和网上支付的截图等原始凭证，可以自动识别凭证上的详细信息，包括金额、类别、消费内容等，然后进行会计处理。

【思维拓展】

　　介绍了 OCR 图像识别技术之后，我们知道 OCR 技术可以进行多场景、多语种、高精度的文字检测与识别服务。那么大家思考一下，财务工作中的 OCR 应用目前还存在哪些问题？OCR 技术与深度学习算法相结合的财务工作场景有哪些？如何识别模糊图片、破损图片或者有污渍的图片？

8.1.2　图像识别自动化基本介绍

　　当用户界面为图像时，我们利用 UiPath Studio 来实现基于图像和文本的流程自动化。UiPath Studio 具有模拟键盘和鼠标输入的功能，例如单击、悬停或键入，使用屏幕抓取、识别 UI 元素和 OCR 活动，以及直接用图像来识别 UI 元素。屏幕抓取和图像专业录音向导还可以自动生成每个过程所需要的活动。

8.2 主要功能

8.2.1 基于图像记录

图像识别自动化的应用主要使用两种方式：文本和图像录制。其功能是对可编辑的文本、菜单以及按钮或图像进行自动化记录。下面先来介绍一下基于单击记录的操作步骤。

步骤一：打开应用程序 Expenselt Standalone（该应用程序可以从华信教育资源网中本书的配套资源下载），如图 8-1 所示。

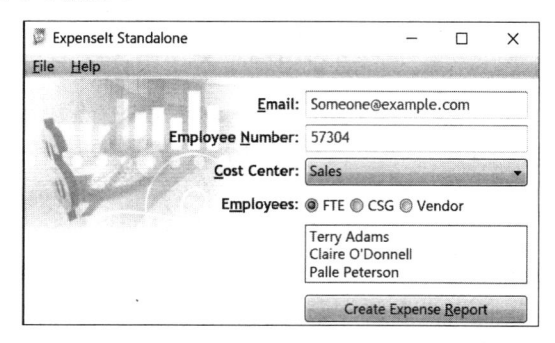

图 8-1　打开应用程序 Expenselt Standalone

步骤二：在序列中，添加【设置文本】，然后单击"指明在屏幕上"，在 Expenselt Standalone 应用程序界面，框选电子邮件"Email"后面的文本编辑框。并在下方文本框中输入""training@uipath.com""，，如图 8-2 所示。

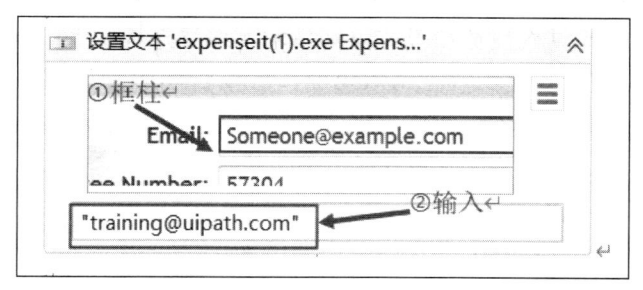

图 8-2　添加【设置文本】

步骤三：同理，在下方添加【设置文本】，再单击"指明在屏幕上"，框选"Employee Number"后的文本框，并在下方文本框中输入""54321""，如图 8-3 所示。

图 8-3　添加【设置文本】

步骤四：在【设置文本】下方添加【使用应用程序/浏览器】，单击"指定应用程序自动化",选中已打开的 Expenselt Standalone 应用程序,再添加【单击】到【使用应用程序/浏览器】活动中"执行"下的活动区域,并单击指定屏幕目标,在 Expenselt Standalone 应用程序界面,选中"Cost Center"后的下拉框,如图 8-4 所示。

步骤五:在【单击】下添加【输入信息】,指定"Cost Center"后的下拉框为目标,在输入项中输入""Marketing"",如图 8-5 所示。添加【选择项目】至【输入信息】下方,指定"Cost Center"后的下拉框为目标,单击"要选择的项目"后的下拉框,并选中""Marketing"",如图 8-6 所示。

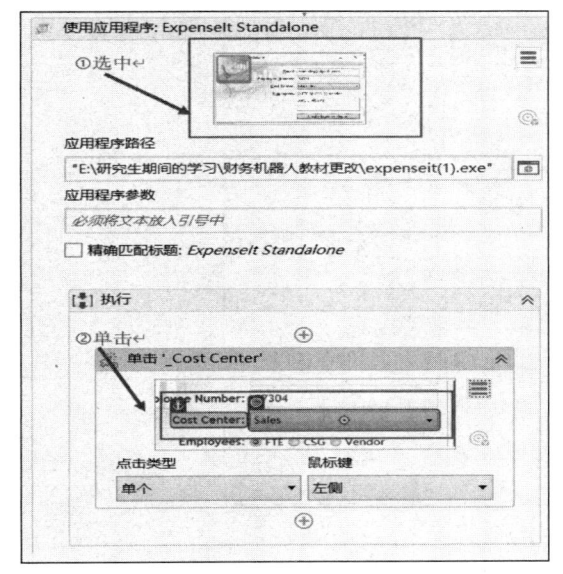

图 8-4 选中 Expenselt Standalone 应用程序  图 8-5 输入"Marketing"

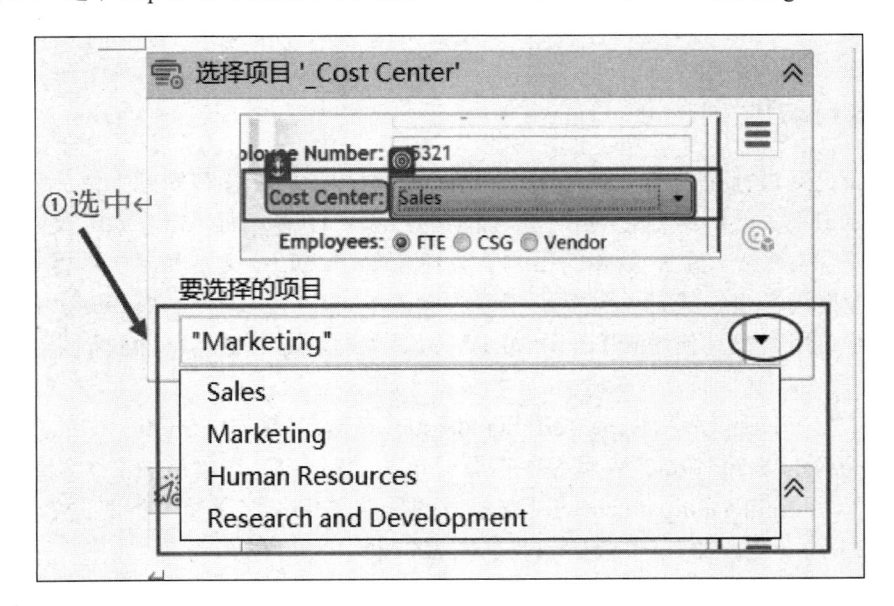

图 8-6 选中"Marketing"

步骤六:在【选择项目】下添加两个【单击】,依次单击指定屏幕为目标,分别单击

第 8 章 图像识别自动化 ▶ 211

"CSG"，"Create Expense Report"，如图 8-7 所示。

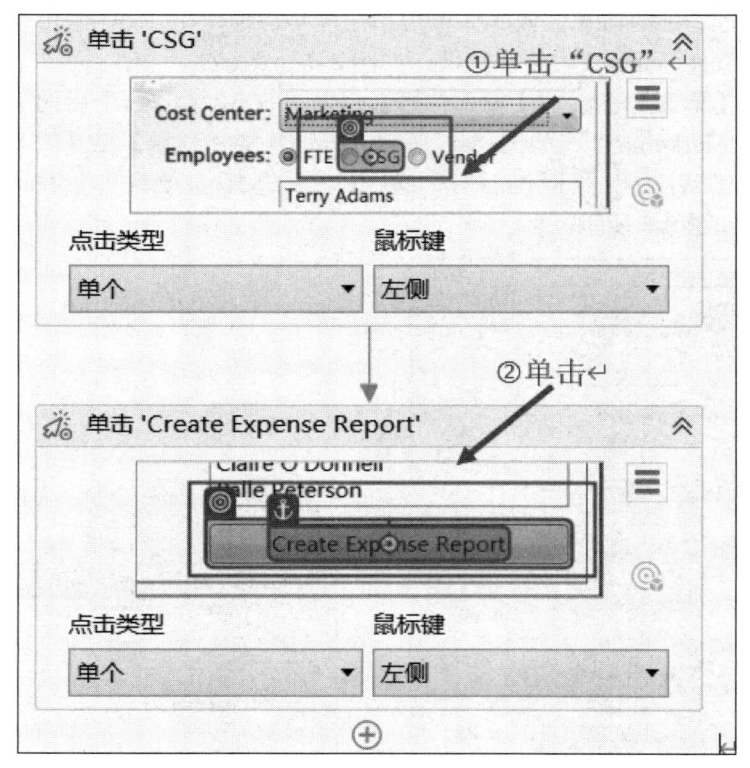

图 8-7 选中目标

要特别指出的是，在图像环境中，选择图像并单击 OCR 文本是输入的最佳方式。可以调整单击图像的 Accuracy 属性以获得所需的结果。该值从 0 到 1，值越高意味着图像之间的相似性越高。

8.2.2 键盘自动化

选择图像记录进行识别的优点是快速可靠，但对图形的变化很敏感，因为颜色或背景变化可能会导致识别失败，所以它更容易在波动的环境中出错。而单击 OCR 文本不受此类变化的影响，但容易受到 OCR 故障的影响。为避免单击 OCR 文本和单击图像带来的问题，用户应尽可能使用键盘快捷键。键盘快捷键更加简单、快速和安全，其诀窍就在于避免使用鼠标交互，并使用键盘动作替换它们，如 tab 键等类型的导航键。下面我们来看看具体操作方法。

步骤一：打开应用程序 Expenselt Standalone，选择 UiPath Studio 中的菜单栏的【录制】，在 Expenselt Standalone 应用程序界面，单击"Email"字段后的文本编辑框，在弹出的窗口中输入"training@uipath.com"，在下方的导航键中勾选"空字段"，按"enter"键结束，如图 8-8 所示，输入的结果会显示在文本编辑框中。

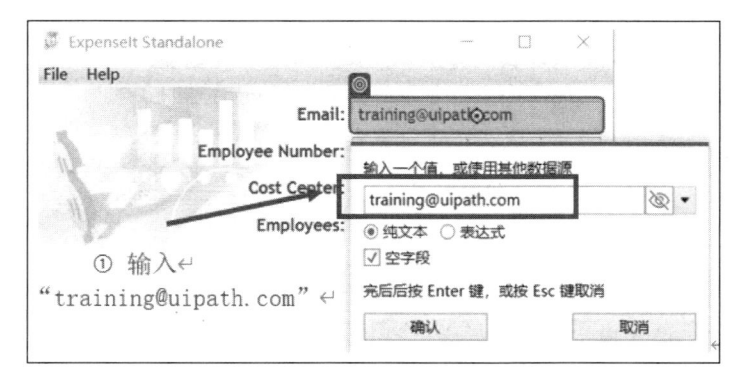

图 8-8 输入"Email"参数

步骤二：单击"Employee Number"字段后的文本编辑框，在"Employee Number"字段中输入"54321"，同样勾选"空字段"，如图 8-9 所示。

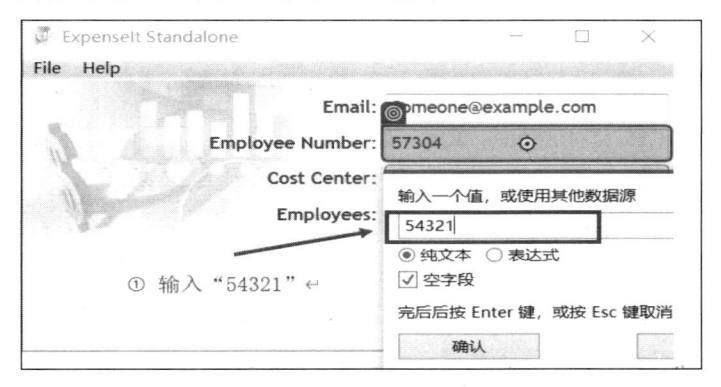

图 8-9 输入"Employee Number"参数

步骤三：单击"Cost Center"字段后的文本编辑框，在弹出的"选择项目"窗口，选中"Marketing"，如图 8-10 所示。

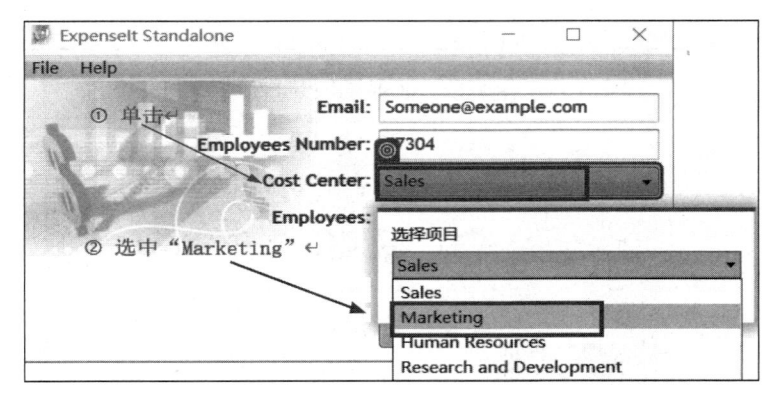

图 8-10 输入"Cost Center"参数

步骤四：单击"Employee"字段后的"CSG"，在弹出的窗口中选中第二个，如图 8-11 所示。

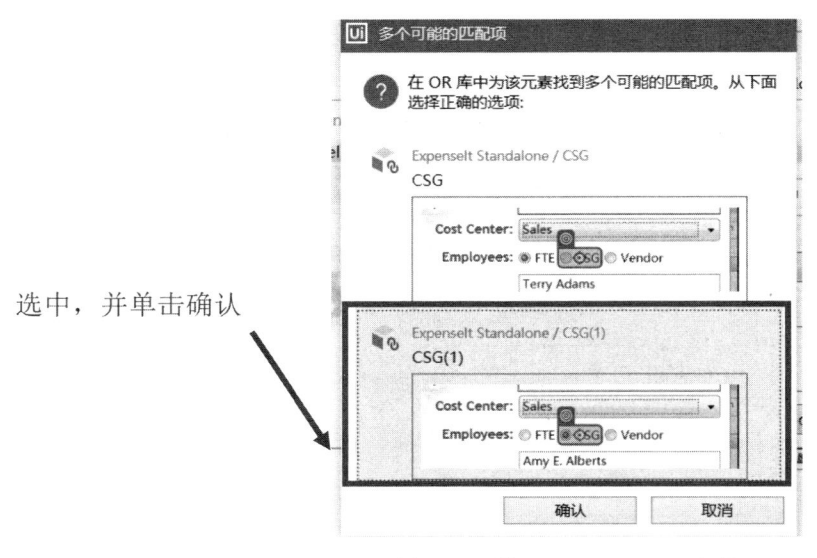

图 8-11　输入"Employee"参数

步骤五：单击"Create Expense Report"，如图 8-12 所示。这样，程序会自动单击"Create Expense Report"，并且打开创建的费用报告，如图 8-13 所示。

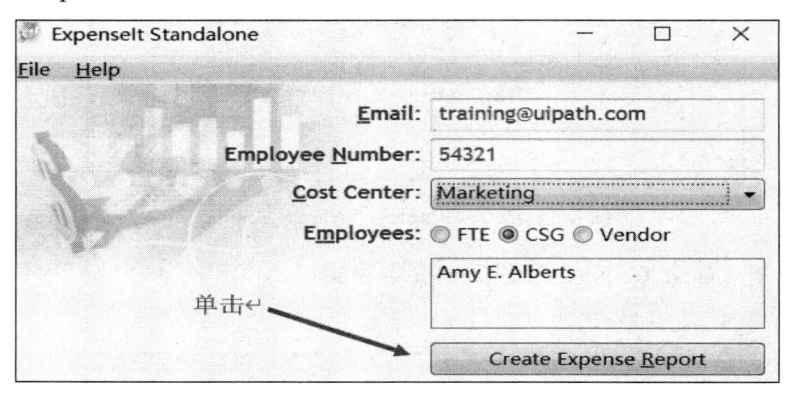

图 8-12　创建费用报告设置

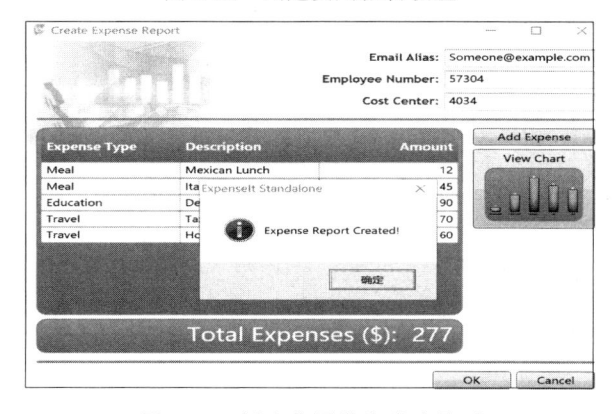

图 8-13　创建费用报告成功界面

8.2.3 检索信息

除了设置文本、录像录制两种方式，获取信息还有一种方法，就是通过 OCR 引擎获取文本。下面我们来看看具体操作方法。

步骤一：在序列中添加【启动进程】，以备打开准备文件中的""营业执照.pdf""，将"属性→输入"中的"参数"设置为本机中谷歌浏览器的所在位置，"文件名"设置为""营业执照.pdf""，如图 8-14、图 8-15 所示。并在【启动进程】下方添加【延迟】，以为后面的文本获取留足时间。

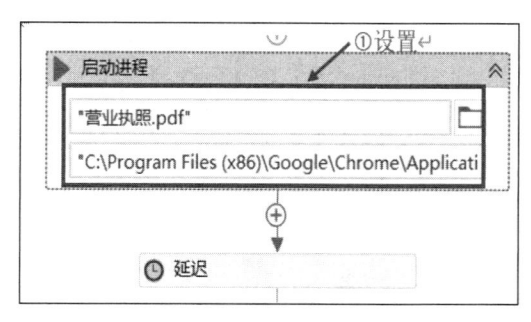

图 8-14 添加【启动进程】

步骤二：在【延迟】下添加【获取 OCR 文本】，单击"指明在屏幕上"，按 F3 抓取"元小蛮"字段，输出文本为字符变量"owner"，如图 8-16 所示。再右键删除"UiPath 屏幕 OCR"引擎，如图 8-16 所示。添加【Microsoft OCR】引擎置于"引擎活动放置处"，如图 8-17 所示。并设置 Microsoft OCR 引擎的属性，在属性栏"语言"的输入框中（见图 8-18）输入英文状态下的双引号，表示字符串的识别，并根据情况设定"缩放比例"的大小。

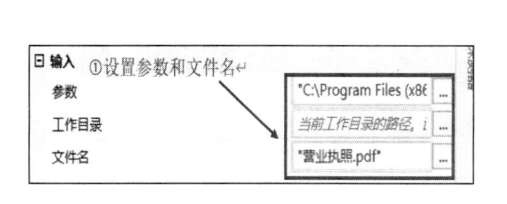

图 8-15 设置【启动进程】的属性　　　　图 8-16 抓取"元小蛮"字段

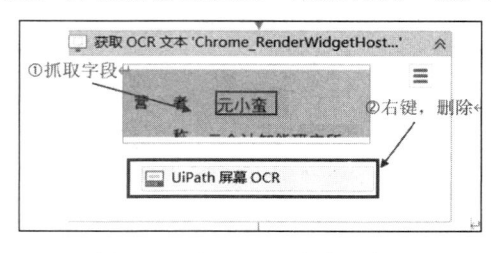

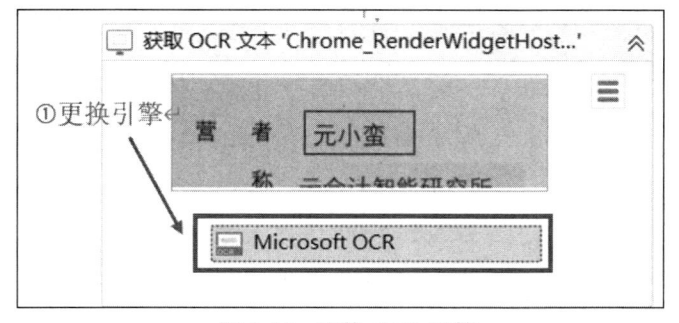

图 8-17 更换 OCR 引擎

第 8 章　图像识别自动化　▶　215

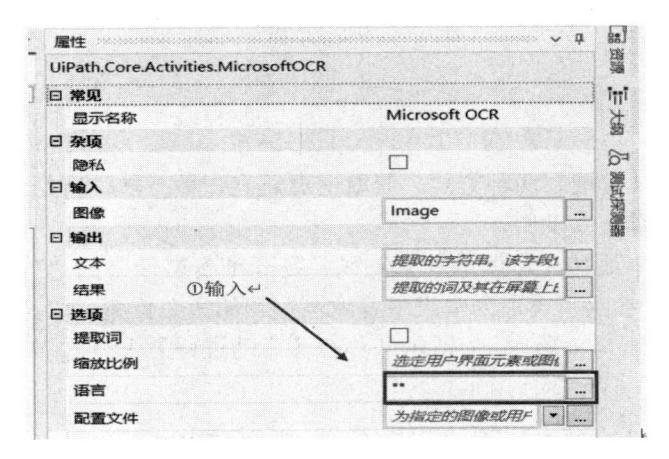

图 8-18 设置 OCR 引擎属性

步骤二：同理，添加【获取 OCR 文本】，可获取营业执照中的公司名称，输出文本为字符变量"companyname"，如图 8-19 所示。可添加【消息框】输出变量，以检验是否抓取成功，如图 8-20 所示。

图 8-19 添加【获取文本】

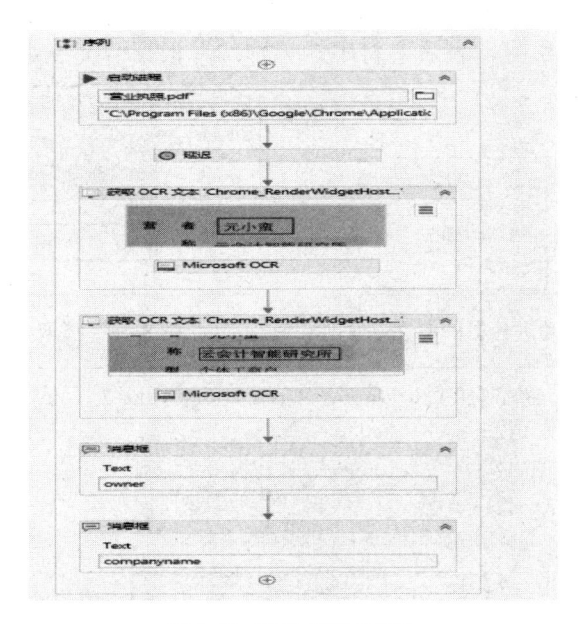

图 8-20 添加【消息框】

8.3 财务报销编制机器人模拟实训

8.3.1 场景描述与业务流程

站在楼下，一抬头就能看见公司的大 LOGO——HD 信息技术股份有限公司（简称"HD 公司"），彭兰雅深吸一口气，发出"唉"的一声长叹，迈着沉重的步伐走向公司大门……

彭兰雅是半年前通过春季校招进入 HD 公司财务部的应届毕业大学生，目前负责报销稽核工作。

"彭兰雅，怎么看着无精打采的呀？难道是昨晚又背着我偷偷熬夜打排位赛了？"与彭兰雅一同进公司的稽核岗同事范洵与她开着玩笑。

"哪来的精力打排位赛啊，每天都要处理大量的费用报销业务，不停地审核。例如，检查发票是真是假？检查发票是否在公司规定的 1 个月有效期之内报销？计算报销单上的金额是否和粘贴发票的累计金额相等……太多太多，就连晚上做梦都是"蛮好用"计算机屏幕上的报销明细表及成堆的报销发票，压得人喘不过气。"彭兰雅说完叹了口气。

"是啊，这待处理的报销单真是没完没了，好不容易搞定了今天的，结果等到明天上班又是一大堆，永远做不完。"范洵感同身受。

"这日复一日、年复一年的机械式工作我简直是受够了，什么时候才能结束这种简单、重复、乏味的工作模式啊？！"彭兰雅一脸生无可恋。

"不知道啊，咱也不敢问，再坚持坚持吧……"范洵同样一脸生无可恋。随后两人齐齐转头，又开始了日常的费用报销处理工作。

HD 公司报销明细表编制业务流程如图 8-21 所示。

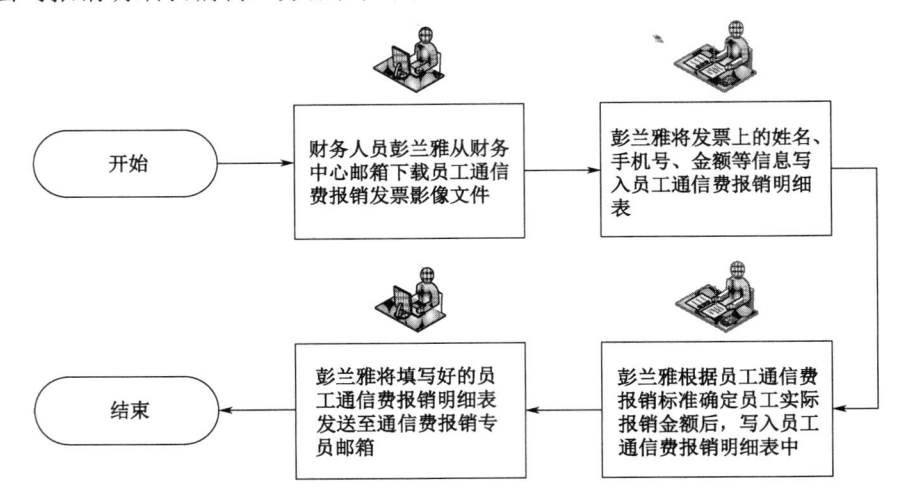

图 8-21 HD 公司报销明细表编制业务流程

【沙盘模拟推演】

阅读业务场景描述之后，分析案例中涉及的企业情况、人员与岗位，以及业务描述等要点，梳理出编制报销明细表工作的业务流程，进行关键环节的业务痛点分析。

以小组为单位，在 RPA 财务机器人开发模拟物理沙盘上推演"机器人分析"。

8.3.2 自动化流程设计

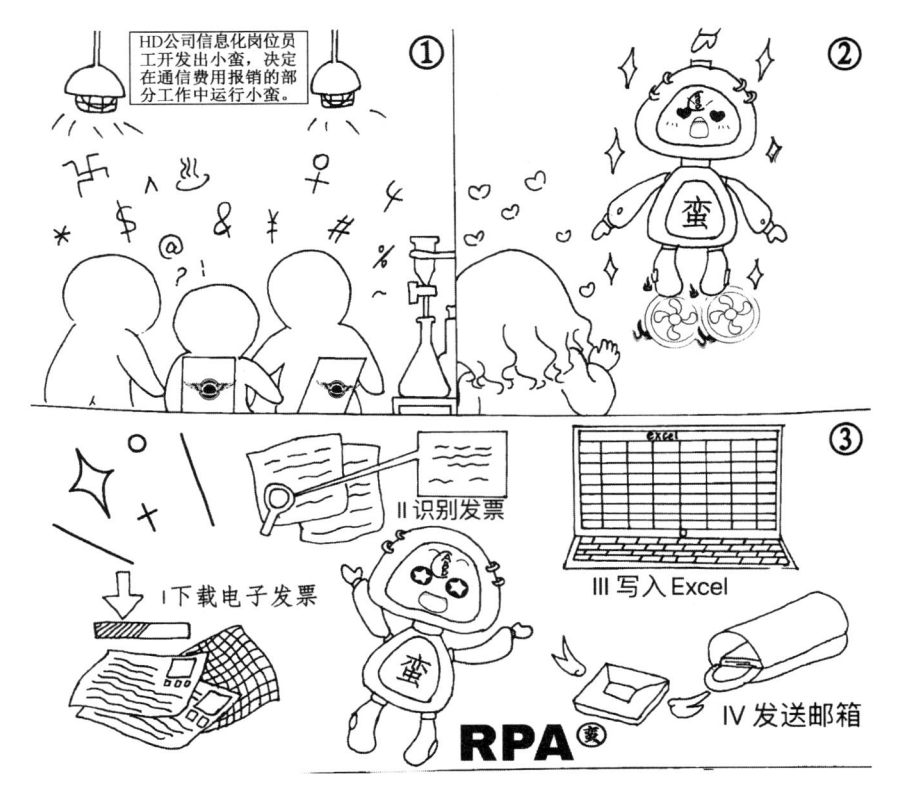

由于越来越多的业务人员向 HD 公司上层反映目前财务工作效率低，对业务工作的顺利开展带来了很大影响，因此财务部组织信息化岗位几名"大神"于年初开始了财务机器人开发，目前已取得初步进展，成功开发出财务机器人——小蛮。公司决定先在通信费用报销的部分工作流程试运行小蛮，就这样，彭兰雅成了第一批幸运儿。

试运行小蛮后，彭兰雅每天背着包、迈着轻快的步伐"蛮轻松"地来到办公室。落座后，左手端着热腾腾的咖啡，右手慢悠悠地打开计算机，启动小蛮。小蛮首先登录费用报销专用邮箱下载通信费报销发票影像文件，然后自动识别发票上的报销人、金额、手机号等信息，接着与公司员工的姓名、通信费报销标准匹配，确定实际的报销金额，最后，将生成的 HD 公司通信费报销明细表的 Excel 文件发送至通信费报销专员邮箱……

彭兰雅得意扬扬地对同事范洵感叹道："这工作真幸福呀！原本要我们两个人加班一周的工作量，有了小蛮，一天就完成了。""是呀！"范洵认同地点点头，"之前我们每人每天要处理 30 笔业务，平均每笔业务耗时 20 分钟，坐得腰酸背疼一刻也不敢停歇，才能勉强赶上经理给的 deadline，小蛮一来直接省了一个人的工作量，这样算来有你一个人就够了哈哈哈……""哎，你别拿我开玩笑了，我还想和你多当两年同事呢！"说着彭兰雅拍了拍范洵圆圆的脑袋，"不过仔细一算，小蛮确实为公司节省了不少成本，不仅每月降低 5000 元人力成本，还只需 2 分钟便能完成一笔业务，直接提升了 9 倍效率，太给力了！"说罢，彭兰雅和范洵为了庆祝提前完成工作，兴冲冲地朝"蛮好吃"重庆火锅店走去……

HD 公司基于图像自动化的报销明细表编制自动化流程设计如图 8-22 所示。

【沙盘模拟推演】

基于以上自动化流程描述进行详细的自动化流程设计；结合报销明细表编制案例的业务流程，规范机器人开发过程中所使用的数据，其中所需数据主要来源于邮件和图像；确定所需发票信息，如手机号、姓名、金额等；思考如何进行数据处理，如对通信费报销影像文件的数据抓取，对发票金额与报销金额的判断，以及不同类型数据间的转换等，最后将报销明细表发送至相关负责人邮箱。

以小组为单位，在 RPA 财务机器人开发模拟物理沙盘上推演"机器人设计"和"数据标准与规范化设计"。

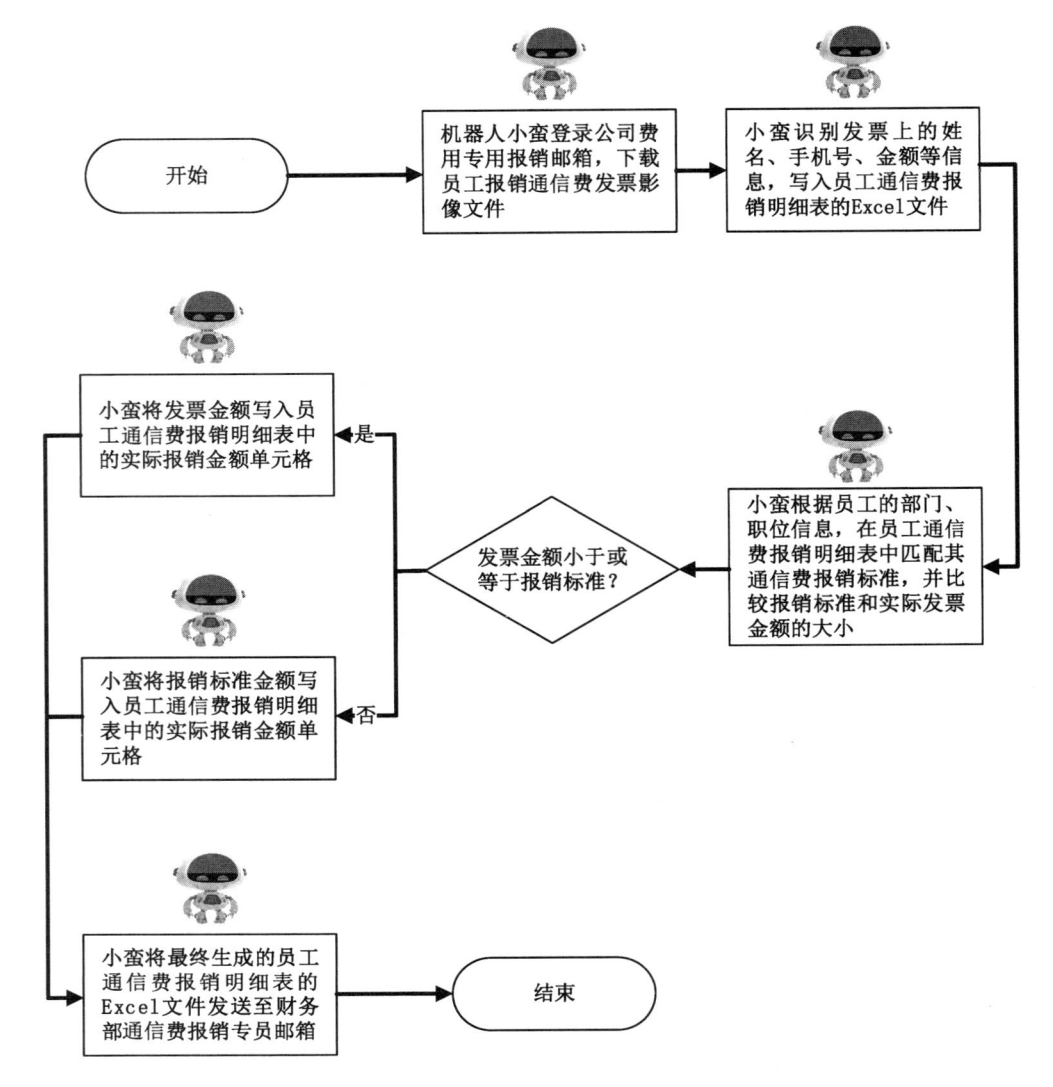

图 8-22 HD 公司基于图像自动化的报销明细表编制自动化流程

8.3.3 技术路线与开发步骤

基于图像自动化的报销文件编制流程开发总体技术路线如下：

（1）使用【获取 IMAP 邮件消息】和【IF】，下载通信费报销附件。

（2）添加【启动进程】，打开通信费报销的发票文件。

（3）使用【获取 OCR 文本】，获取发票中的姓名、金额等信息。

（4）添加【Excel 流程作用域】和【使用 Excel 文件】，读取员工通信费报销标准表中数据。

（5）使用【对于数据表中的每一行】，对员工通信费报销标准中的数据进行循环，获取需要的数据。

（6）添加【IF】，判断员工实际可报销金额。

（7）添加【Excel 流程作用域】和【使用 Excel 文件】，填写员工通信费报销明细表。

（8）使用【发送 SMTP 邮件消息】，将员工通信费报销明细表发送至财务部邮箱。

【沙盘模拟推演】

根据自动化流程总体设计，结合以上技术思路，以小组为单位，在 RPA 财务机器人开发模拟物理沙盘上推演"机器人开发"。

机器人程序的完整视图如图 8-23 所示。

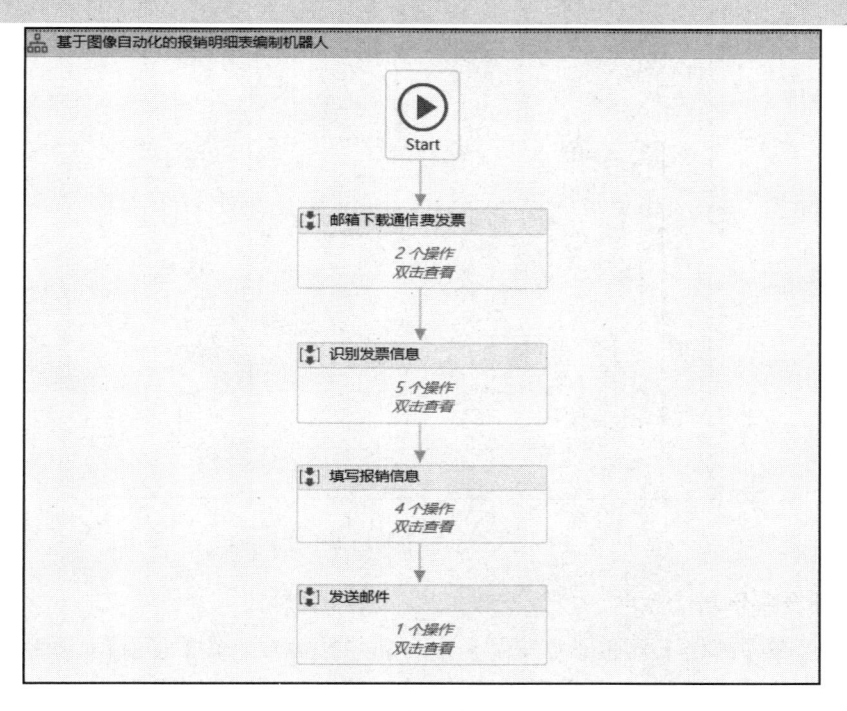

图 8-23　程序完整视图

下面讲解财务机器人小蛮的具体开发步骤。

1. 邮箱下载通信费发票

步骤一：在流程图中添加【序列】，并将其命名为"邮箱下载通信费发票"，然后在序列中添加【获取 IMAP 邮件消息】，如图 8-24 所示。设置属性中的"服务器""端口"等信息，"密码"和"电子邮件"默认填写登录的邮件账号和密码，创建变量"mail"，用于输出获取的邮件消息。具体操作可参照第 5 章 E-mail 自动化处理。

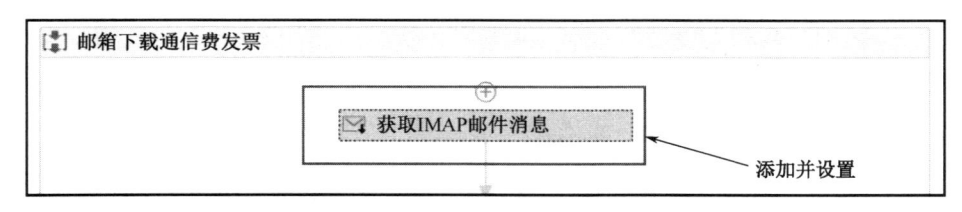

图 8-24　添加【获取 IMAP 邮件消息】

步骤二：在【获取 IMAP 邮件消息】下方添加【遍历循环】，输入变量"currentItem"的表达式"mail"。接着在"正文"中添加【IF】，输入其表达式"currentItem.Subject.Contains("通信费用发票")"。然后在"Then"中添加【保存附件】，条件成立，执行程序"Then"，将"currentItem"保存至文件夹路径，如图 8-25 所示。

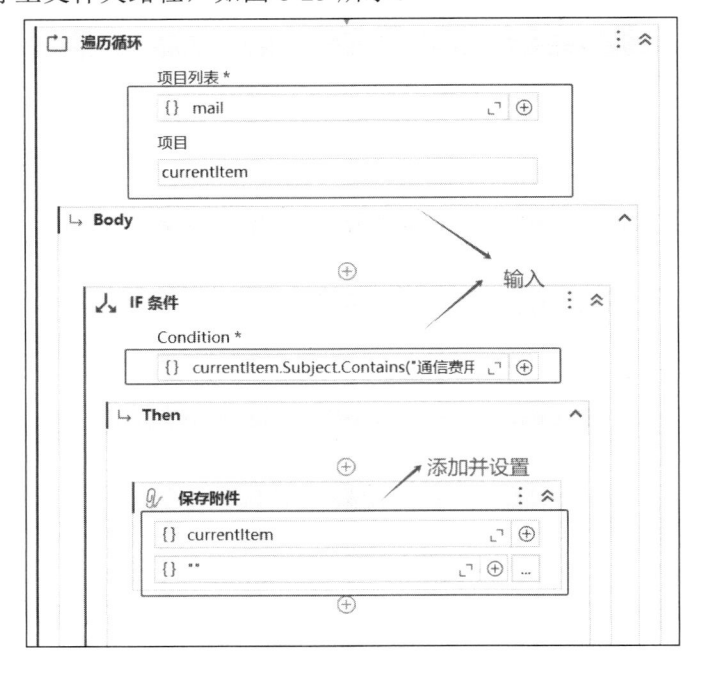

图 8-25　添加【遍历循环】【IF】

2. 识别发票信息

步骤三：在【邮箱下载通信费发票】序列下方再添加一个【序列】，并将其命名为"识别发票信息"，用谷歌浏览器打开下载的通信费发票影像文件，如图 8-26 所示。然后在序列中添加【启动进程】，如图 8-27 所示，将"属性→输入"中的"参数"设置为本机中谷歌浏览器的所在位置 ""C:\Program Files (x86)\Google\Chrome\Application\chrome.exe""，"文件名"设置为报销发票文件的位置 ""8.3 员工通信费报销发票.pdf""，如图 8-28 所示。

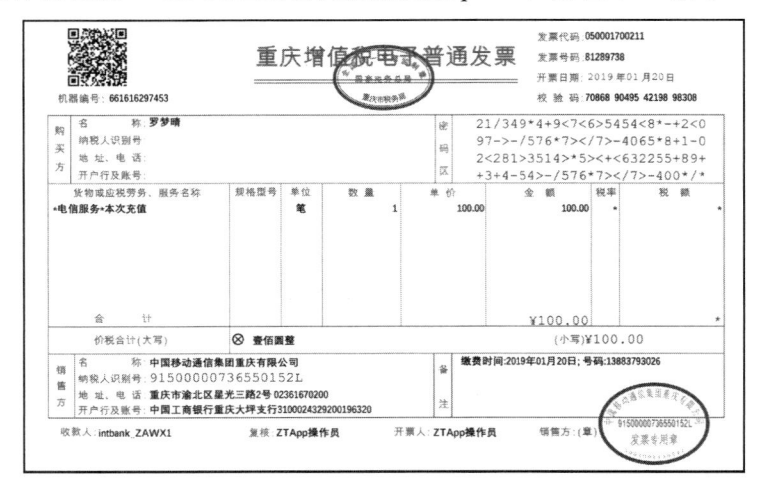

图 8-26　员工通信费发票影像文件

222　◀　RPA 财务机器人开发教程——基于 UiPath（第 2 版）

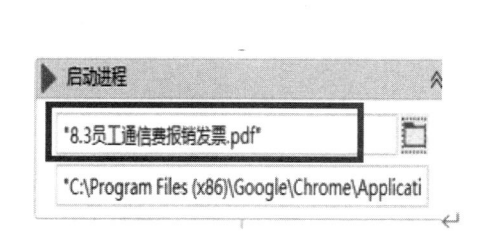

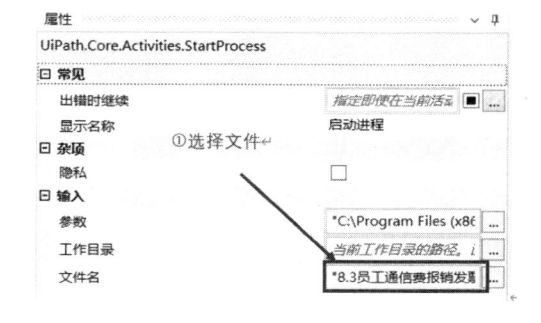

图 8-27 添加【启动进程】　　　　　　　　图 8-28 设置【启动进程】属性

步骤四：在【启动进程】下方添加【获取 OCR 文本】，单击"指明在屏幕上"，按 F3 后抓取"罗梦晴"字段，如图 8-29 所示。再右键删除"UiPath 屏幕 OCR"引擎，如图 8-30 所示。接着添加【Microsoft OCR】引擎置于"引擎活动放置处"，如图 8-31 所示。并设置 Microsoft OCR 引擎的属性，在"属性→选项"的"语言"输入框中输入英文状态下的双引号（""），表示字符串的识别，并根据情况设定"缩放比例"的大小，如图 8-32 所示。

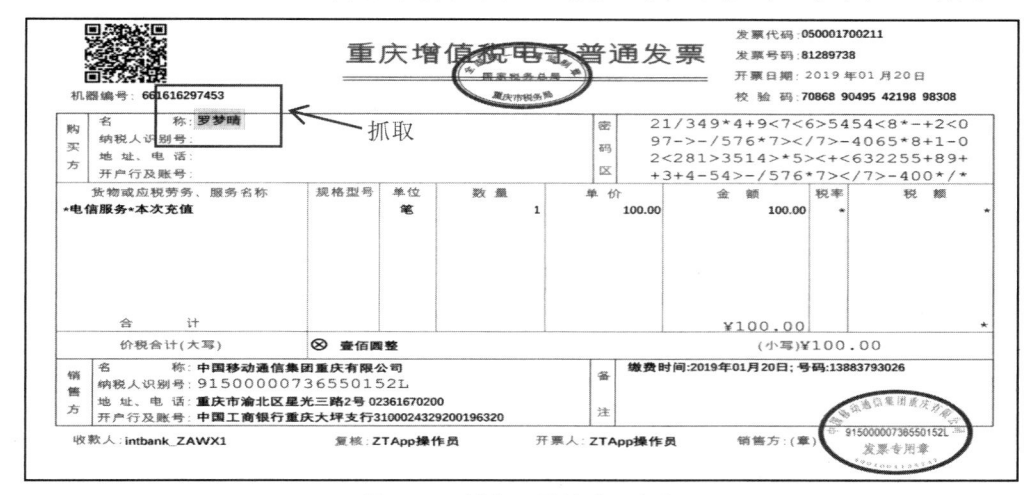

图 8-29 抓取"罗梦晴"字段

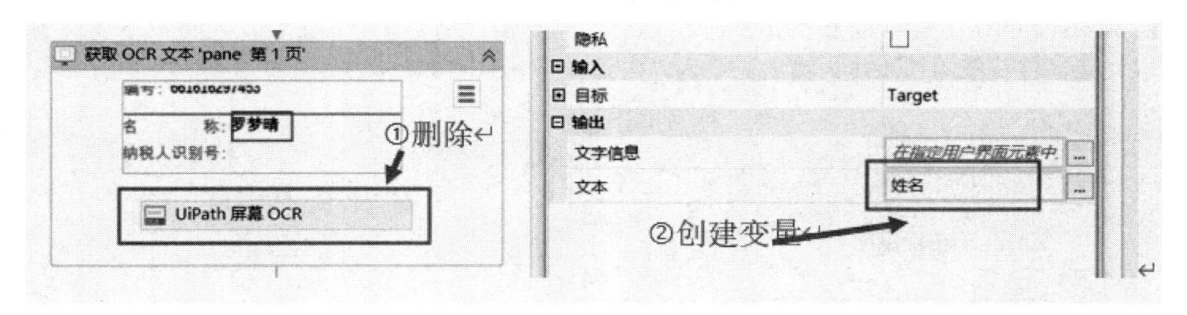

图 8-30 删除引擎并创建变量"姓名"

步骤五：同理，添加【获取 OCR 文本】，右键删除"UiPath 屏幕 OCR"引擎，添加【Tesseract OCR】引擎置于"引擎活动放置处"，单击"指明在屏幕上"后，按下 F3，抓取金额栏下的"100"，将获取的结果作为输出变量为"金额"，如图 8-33 所示。

第 8 章　图像识别自动化　▶　223

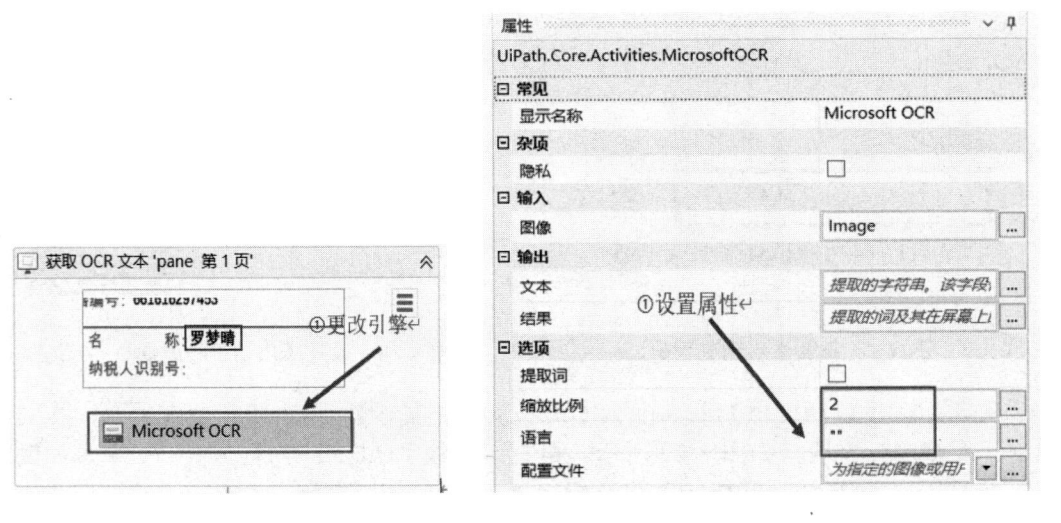

图 8-31 更改 OCR 引擎

图 8-32 设置属性

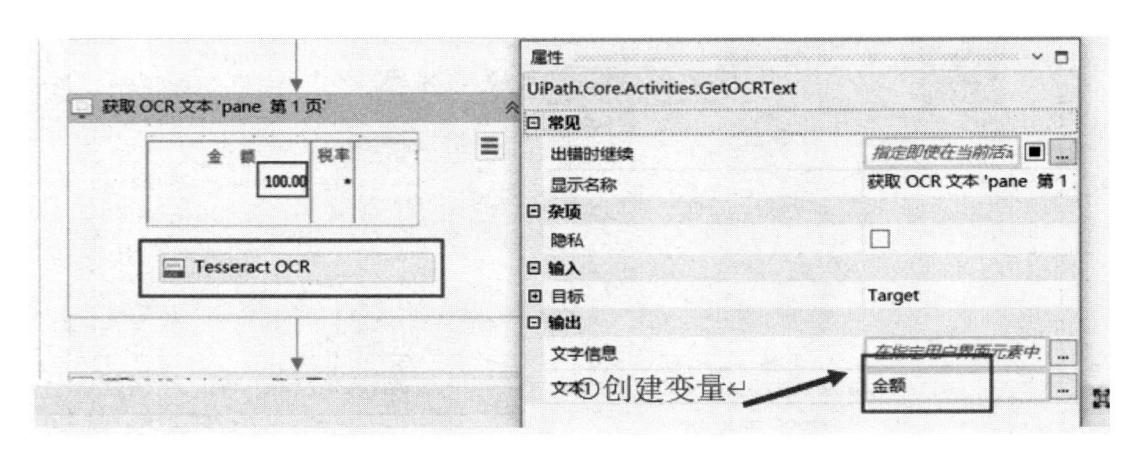

图 8-33 抓取金额并创建变量"金额"

步骤六：同理，添加【获取 OCR 文本】，右键删除"UiPath 屏幕 OCR"引擎，添加【Tesseract OCR】引擎置于"引擎活动放置处"，单击"指明在屏幕上"后，再按下 F3，抓取号码，将获取的结果作为输出变量为"电话"，如图 8-34 所示。

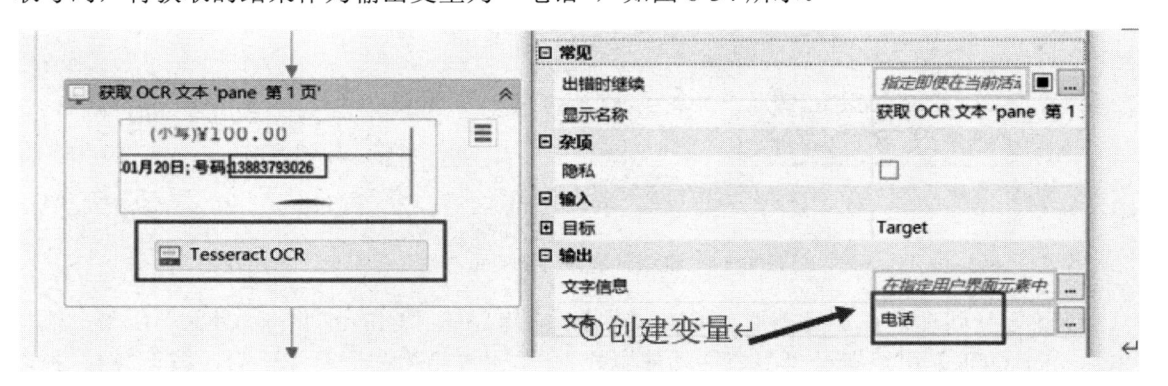

图 8-34 创建变量"电话"

步骤七：添加【分配】至【获取 OCR 文本】下方，"受让人"设置为"姓名"，"值"设置为"姓名.Replace(" ","")"，以去掉抓取姓名时存在的空格，如图 8-35 所示。

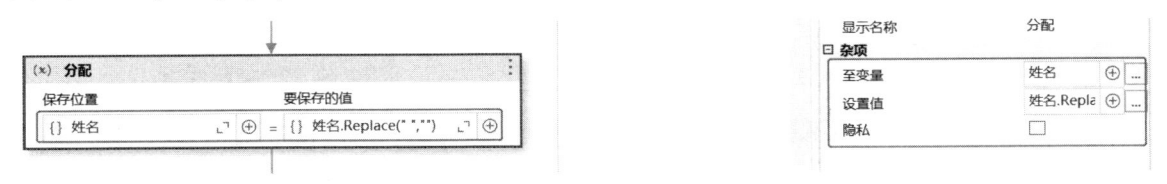

图 8-35　添加并使用【分配】

提示：抓取"金额"与"手机号码"信息时，为确保信息抓取的准确性，可以选择不同的"OCR 引擎"，设置"语言""缩放比例"等，如图 8-36 所示。

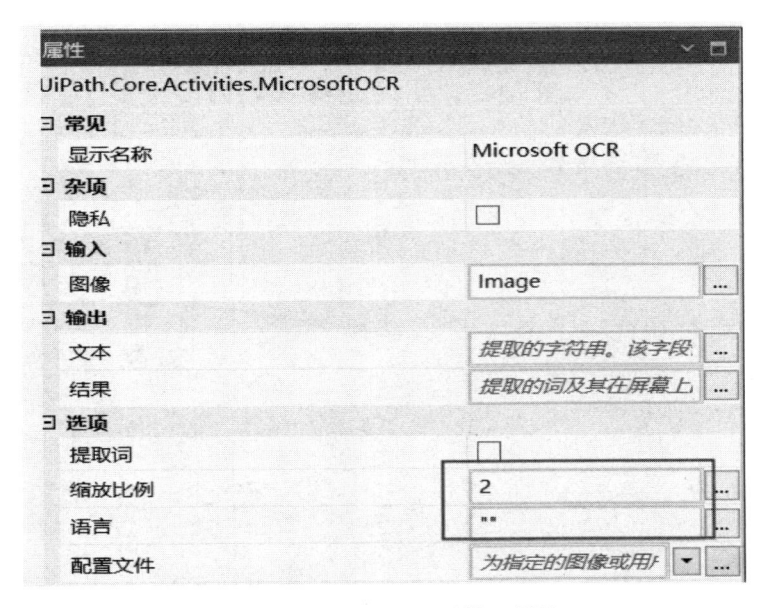

图 8-36　设置"OCR 引擎"属性

3. 填写报销信息

步骤八：在【识别发票信息】序列下方再添加一个【序列】，并将其命名为"填写报销信息"，然后添加【Excel 流程作用域】，在"执行"中添加【使用 Excel 文件】，选择工作簿路径为""员工通信费报销明细表.xlsx""，如图 8-37 所示。紧接着，在"执行"中添加【读取范围】，单击范围后面的"+"号，选择在"Excel 中指明"，选中""员工通信费报销标准[工作表]""，如图 8-38 所示。并在属性"输出"栏创建变量"DT"，用来储存输出数据，如图 8-39 所示。

步骤九：添加【对于数据表中的每一行】至【读取范围】下方，将"遍历循环"设置为"row"，将"项目列表"设置为"DT"；然后，将【IF】添加至"正文"中，条件表达式为"row(0).ToString=姓名"。然后在"Then"中添加【A←B 多重分配】，创建变量"所属部门""职位""报销标准"，如图 8-40 所示。【A←B 多重分配】的具体属性设置如表 8-1 所示。

第 8 章　图像识别自动化　▶　225

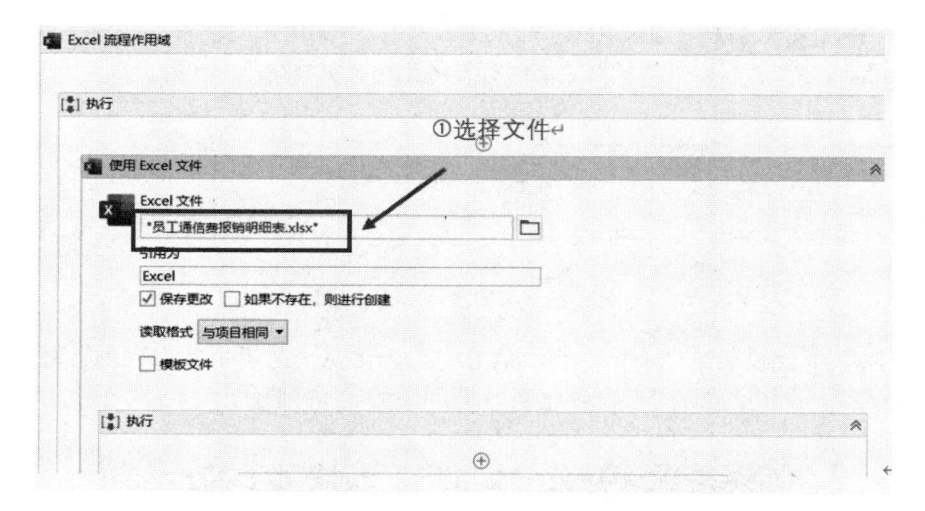

图 8-37 添加【使用 Excel 文件】

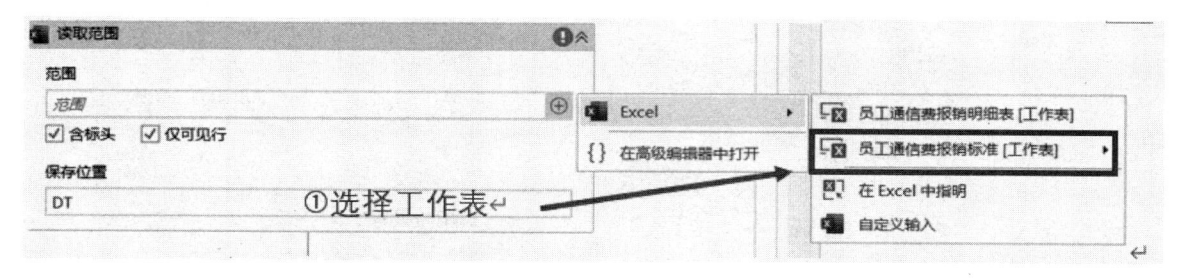

图 8-38 添加【读取范围】

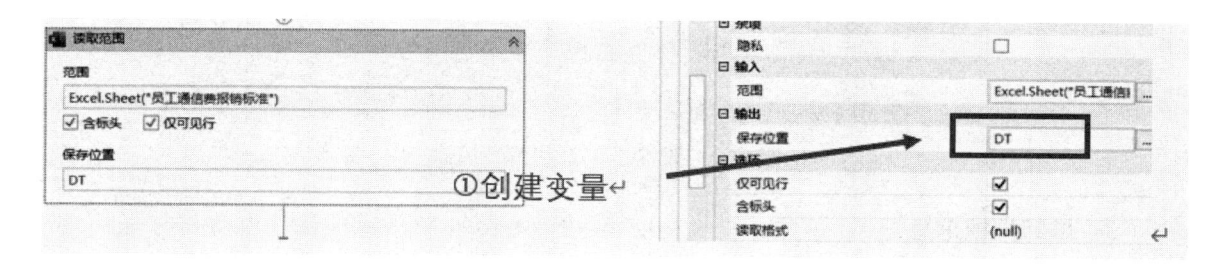

图 8-39 创建变量

表 8-1 【A←B 多重分配】属性设置表

序号	受让人	值
1	所属部门	row(1).ToString
2	职位	row(2).ToString
3	报销标准	row(3).ToString

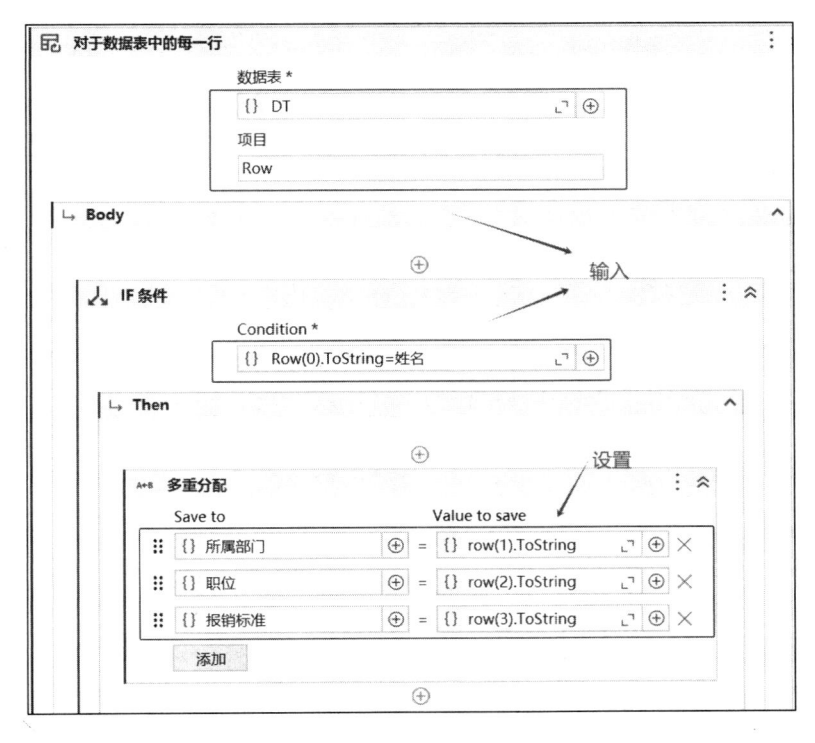

图 8-40 添加并使用【对于数据表中的每一行】

步骤十：在【对于数据表中的每一行】下方添加【IF】，条件表达式为"CDbl(金额)<=CDbl(报销标准)"，然后在"Then"和"Else"中分别添加一个【分配】，创建变量"实际报销"，具体设置如图 8-41 所示。

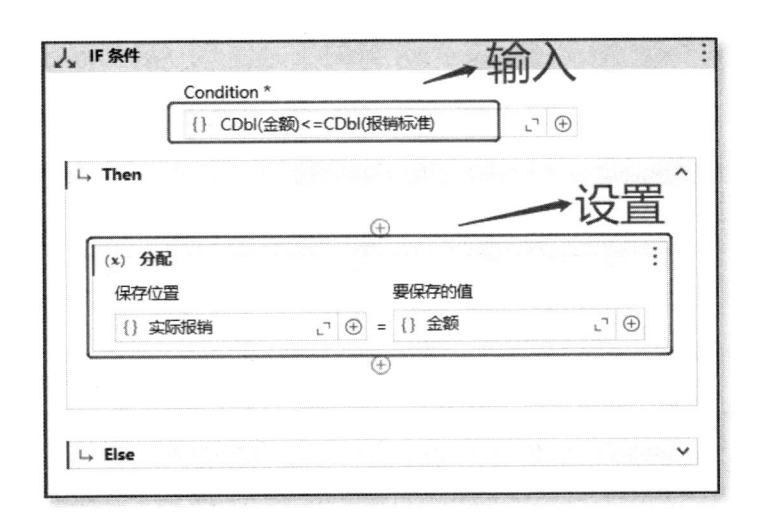

图 8-41 【IF】活动设置

步骤十一：在【IF】下方添加【读取范围】，范围选择"员工通信费报销明细表[工作表]"，如图 8-42 所示。然后在【读取范围】下方添加 3 个【写入单元格】，具体属性设置如表 8-2 所示。

第 8 章 图像识别自动化 ▶ 227

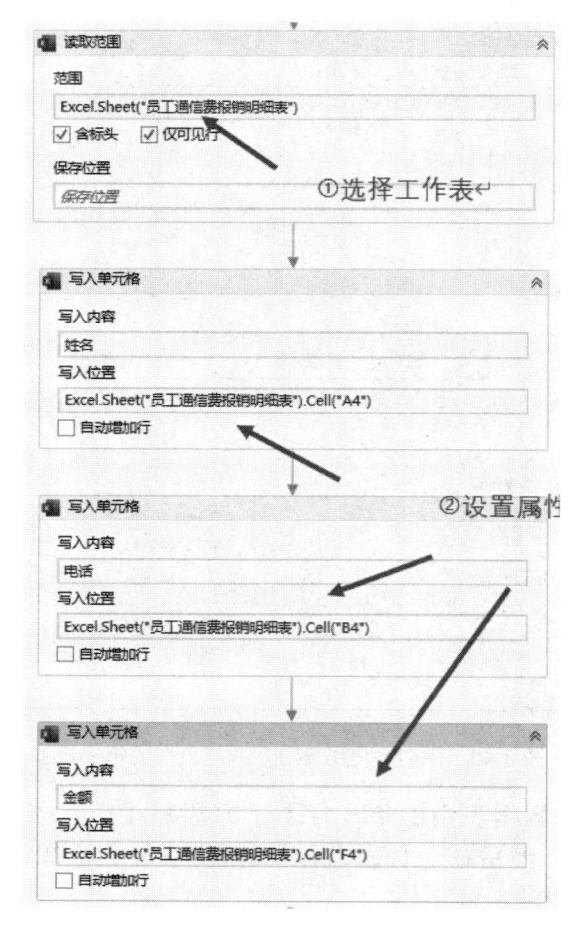

图 8-42 【写入单元格】活动设置

表 8-2 【写入单元格】属性设置表

序号	写入位置	写入内容
1	Excel.Sheet("员工通信费报销明细表").Cell("A4")	姓名
2	Excel.Sheet("员工通信费报销明细表").Cell("B4")	电话
3	Excel.Sheet("员工通信费报销明细表").Cell("F4")	金额

4. 发送邮件

步骤十二：在【填写报销信息】序列下方再添加一个【序列】，并将其命名为"发送邮件"，然后添加【发送 SMTP 邮件消息】，设置其服务器和端口，选择收件人的邮箱地址，设置主题为""员工通信费报销明细表，请查收。""，正文为""您好，这是 xxxx 的员工通信费报销明细表，请查收。""，如图 8-43 所示。单击"附加文件"，设置需要发送的文

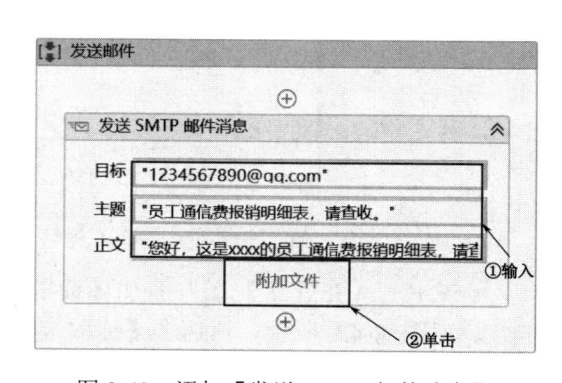

图 8-43 添加【发送 SMTP 邮件消息】

件，如图 8-44 所示。

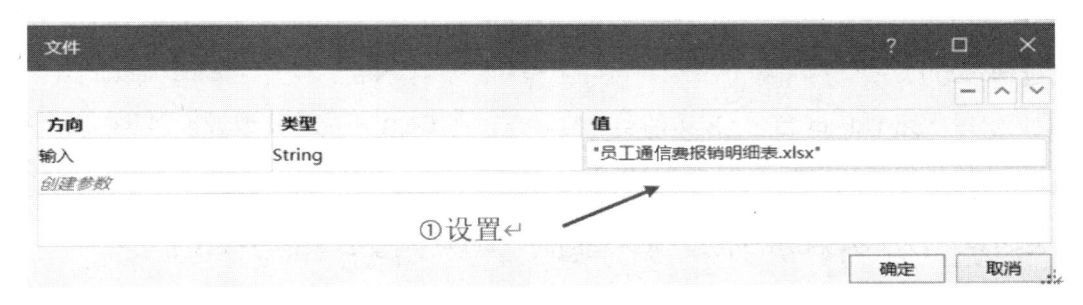

图 8-44 设置"附加文件"

步骤十三：程序完成后，单击【运行】。本案例中"员工通信费报销标准表"的内容如表 8-3 所示。运行后，最终生成的"员工通信费报销明细表"如表 8-4 所示，同时将邮件发送至报销员工的邮箱。

表 8-3 员工通信费报销标准表

员工通信费报销标准			
单位：元			
姓名	所属部门	职位	报销标准
张岳明	销售部	销售经理	300
罗梦晴	办公室	职员	100

表 8-4 员工通信费报销明细表

员工通信费报销信息表					
单位：元					
姓名	手机号	部门	职位	最高报销	实际报销
罗梦晴	13883712345	办公室	职员	100	100

【沙盘模拟推演】

机器人开发完成后，思考机器人的部署方式和运行模式；分析开发报销明细表机器人带来的价值，同时也要考虑机器人运行过程中可能存在的风险与应对措施，如最后文件发送失败，我们该如何解决，又该如何防范呢？

以小组为单位，在 RPA 财务机器人开发模拟物理沙盘上推演"机器人开发"和"机器人运用"，包括机器人的部署与运行、价值与风险及人机如何协作共生。

【课后思考】

做完本章模拟实训，请大家思考一下，如果存在无法识别或者识别有问题的报销文件，如何设计 Excel 表格进行管理？如何形成问题描述并进行邮件反馈？针对以上问题，机器人程序如何修改？

【延伸学习】

我们已经学完 UiPath 自带 OCR 活动，有时候存在 OCR 不能识别或者识别准确度不高的情况，这个时候可以使用外部的专业 OCR 接口解决。接下来给大家介绍一下如何利用外部 OCR 接口进行识别，下面是学习链接：https://www.bilibili.com/video/BV1XJ411w7vK?from=search&seid=2899976945502695481，有兴趣的同学可以进行更深入的学习。

第 9 章　Web 应用自动化

9.1　功能简介

9.1.1　关于 Web

　　Web（World Wide Web）即全球广域网，也称为万维网，它是一种基于超文本和 HTTP 的、全球性的、动态交互的、跨平台的分布式图形信息系统。它是建立在 Internet 上的一种网络服务，为浏览者在 Internet 上查找和浏览信息提供了图形化的、易于访问的直观界面，其中的文档及超级链接将 Internet 上的信息节点组织成一个互为关联的网状结构。

　　随着 Internet 的快速增长，Web 已经对商业、工业、教育、政府和我们的工作、生活产生了极大的影响。因为 Web 能提供支持所有类型的内容链接的信息发布，容易为最终用户存取，更多传统的信息和数据库系统正在被移植到互联网上；电子商务正在迅速增长，范围广泛的、复杂的分布式应用也正在 Web 环境中出现。

　　Web 应用程序是一种可以通过 Web 访问的应用程序，程序的最大好处是用户很容易访问应用程序，用户只需要有浏览器即可，不需要再安装其他软件。一个 Web 应用程序是由完成特定任务的各种Web 组件构成的，并通过 Web 将服务展示给外界。在实际应用中，Web 应用程序是由多个Servlet、JSP 页面、HTML 文件及图像文件等组成的。所有这些组件相互协调为用户提供一组完整的服务。

　　Web 应用程序的真正核心主要是对数据库进行处理，管理信息系统（Management Information System，MIS）就是这种架构最典型的应用。MIS 可以应用于局域网，也可以应用于广域网。基于 Internet 的MIS 系统以其成本低廉、维护简便、覆盖范围广、功能易实现等诸多特性，得到越来越多的应用。

　　随着信息化、互联网、移动化、云计算的不断发展，企业的业务需求越来越多。对 Web 应用来说，扩展能力很重要，随着用户群和工作量的增加，处理器也在增加，它应该能够进行扩展。按需而用的云计算本质使得可扩展的 Web 应用程序融入各种规模的业务中。

【思维拓展】

　　在未来，网络不仅仅是网络，它能对数据进行分析、有思考能力，就像存储了海量数据的超级大脑，为用户提供更贴心的网络服务和更个性化的用户需求。那么大家思考一下，如果能将 Web 应用与自动化、人工智能相结合，企业的业务模式和人类的工作模式会发生什么样的改变呢？

9.1.2　Web 应用自动化基本介绍

　　Web 应用自动化是 UiPath 的一个自动化过程，通过它识别 Web 元素并相应地对其进行操作。这种自动化适用于任何网站，也可以远程部署在网络中的各种机器上。UiPath 提供了一个内置的记录器，可以通过直观的图形工作流编辑器读取和制定基于 Web 的活动。

很多公司都在广泛结构化的基于 Web 的系统上设置应用程序。这些基于网络的系统中存在的信息非常复杂，需要处理后才能阅读、理解和分析。这时，我们就需要机器人过程自动化。在 UiPath Web Automation 的帮助下，我们可以自动执行各种任务，如表单填写、屏幕抓取、数据提取、网站测试等。Web 自动化的用途包括：

（1）数据提取。可以提取大量数据并将其存储到各种网站的文件和数据库中。
（2）记录。可以记录在网站上执行的操作，以便将来进一步实施。
（3）网站测试。您的网站功能可以根据用户的要求进行测试。
（4）报告生成。可以通过提取所有数据，然后在各种参数上对其进行分析来生成报告。
（5）应用程序转移。根据使用要求，可以将应用程序从一个域转到另一个域。

9.2 主要功能

9.2.1 查找信息

步骤一：添加流程图，单击"录制"，如图 9-1 所示。

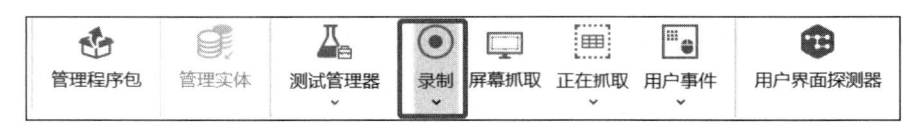

图 9-1 选择"录制"

步骤二：单击浏览器中关键字输入框，弹出文字输入窗口，输入关键字"汉得公司简介"，按下"enter"键，完成关键字的输入。单击搜索图标，开始检索关键字，如图 9-2 所示。

图 9-2 输入搜索内容

步骤三：选择"上海汉得信息技术股份有限公司—百度百科"（见图 9-3），进入相应网页，查看汉得公司简介，单击"保存并退出"。

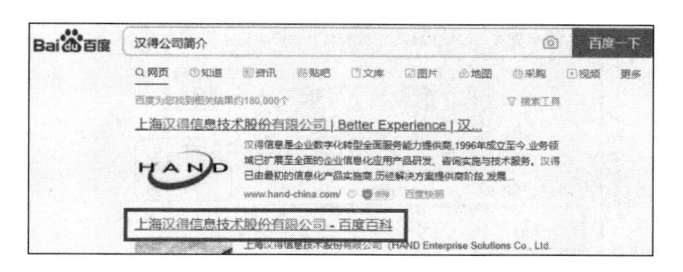

图 9-3　选择词条

9.2.2　获取并导出信息

步骤一：添加【获取文本】并单击"指明在屏幕上"，如图 9-4 所示。选取需要获取的文字，如图 9-5 所示。

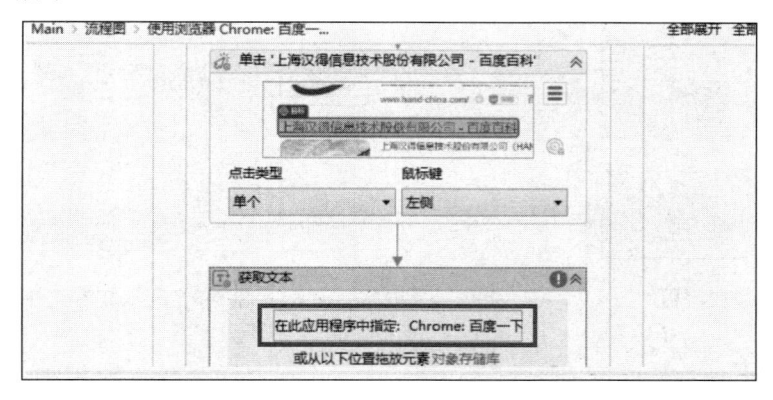

图 9-4　添加【获取文本】

图 9-5　选择需要获取的文字

步骤二：在【获取文本】的"保存位置"中，创建变量"gettext"，如图 9-6 所示。并将该变量范围更改为流程图。

第 9 章　Web 应用自动化　　▶　233

图 9-6 创建变量

步骤三：在使用浏览器后添加【写入文本文件】，如图 9-7 所示。

步骤四：双击打开【写入文本文件】，在"文本"中输入"gettext"，在"写入文件名"中输入""汉得公司简介.docx""，如图 9-8 所示。

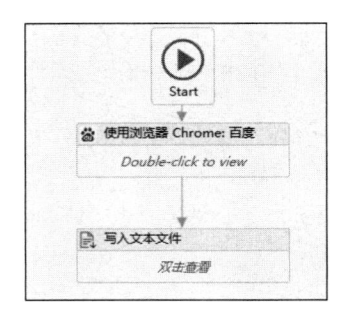

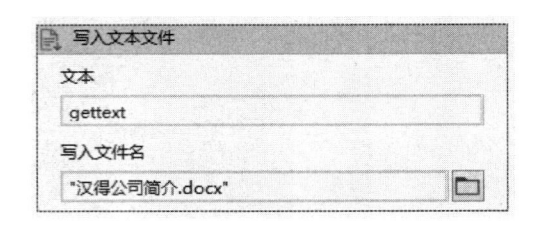

图 9-7 添加流程　　　　　　　　　　　图 9-8 写入文本文件

9.2.3 运行程序

回到 UiPath 主窗口，运行整个程序，将获取的文本信息导入"汉得简介"Word 文档，如图 9-9 所示。

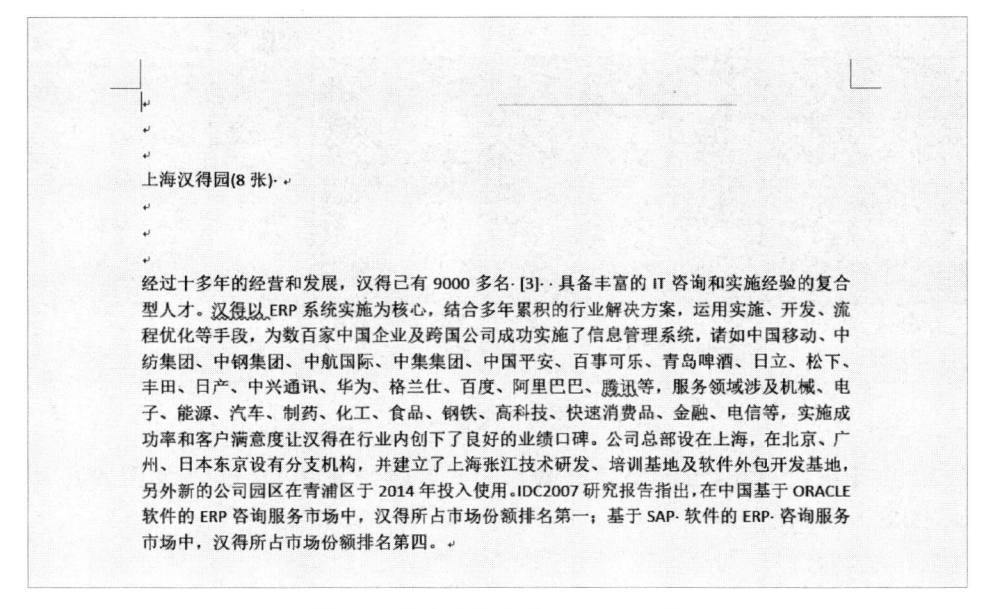

图 9-9 将文本信息导入 Word 文档

整个流程图界面的流程都由上述实验操作而得,现在我们可以大致梳理一下。打开【录制】是进入指定浏览器录制进入网页的过程,保存后 UiPath 会自动帮助我们打开停留录制的最后一张网页;【获取文本】的作用是在网页上获取相关的文本信息;【写入文本文件】是将我们获取的文本信息导入文档中。

9.3 财务预算审核机器人模拟实训

9.3.1 场景描述与业务流程

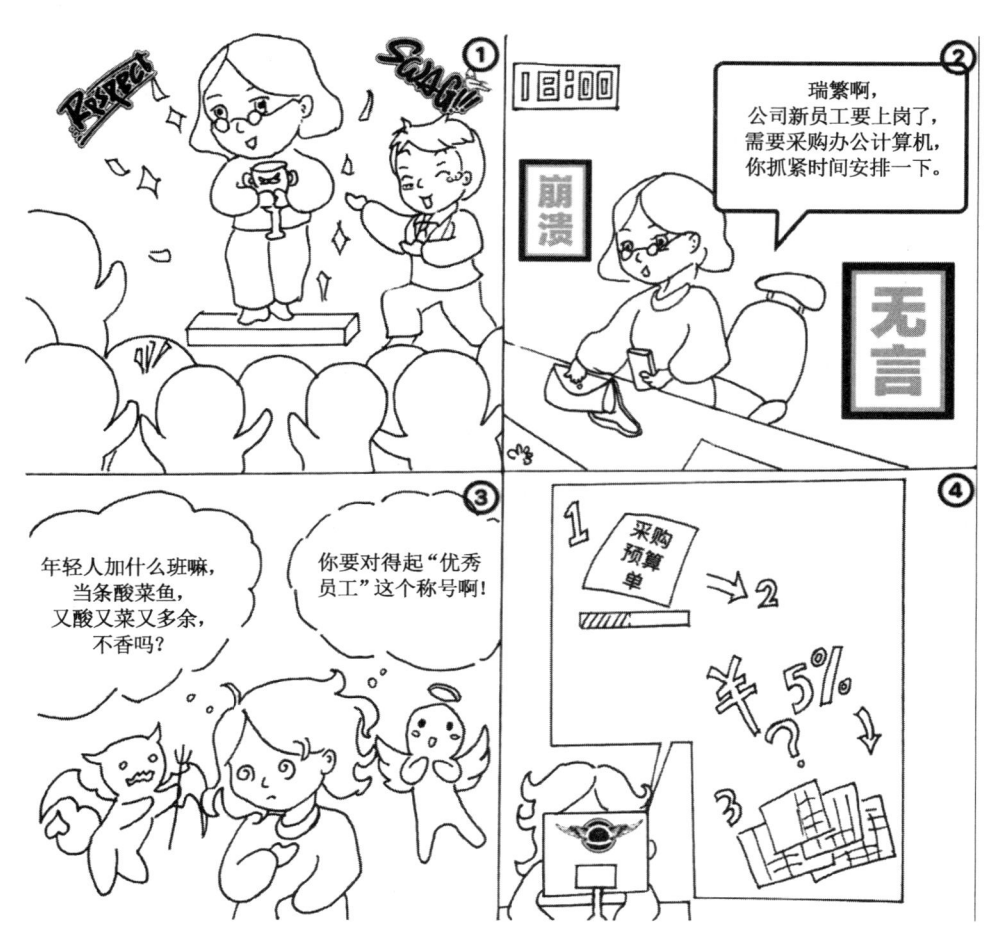

袁瑞繁是 HD 公司财务部内控主管,工作勤勤恳恳,刚刚获得了公司"蛮优秀"员工评选活动的最高等级——"优秀员工"的称号,财务总监程平亲自为她颁发了奖状和奖金,并鼓励大家向袁瑞繁学习。

这天,袁瑞繁刚准备下班,邮箱突然弹出一封邮件,原来是业务部门发来的一封采购预算申请单,随即电话响起,一看是程总打来的。

"瑞繁啊,公司新员工马上要上岗了,得尽快采购他们工作用的计算机,你抓紧时间审核一下采购预算申请,最好明天早上把符合预算要求的商品采购建议明细表发我邮箱。"

袁瑞繁陷入了纠结，加班？还是下班？看着桌上的"HD 公司 2018 年度优秀员工"奖状，袁瑞繁燃起了工作激情，"不行，我不能对不起'优秀员工'的称号，现在马上做！"

袁瑞繁一边吃着外卖，一边开启工作狂模式。不知不觉天都黑了，眼前的"蛮好用"计算机显示已经晚上 10 点了，袁瑞繁还在大海捞针般地筛选、比对网上的计算机商品信息，好不容易遇到一台符合要求的计算机时又会犹豫，或许还有更好的呢？重度强迫症患者不找到最好的不罢休，看来今天得通宵了，袁瑞繁泡了一杯高能"蛮好喝"咖啡继续搜索……

HD 公司采购预算审核业务流程如图 9-10 所示。

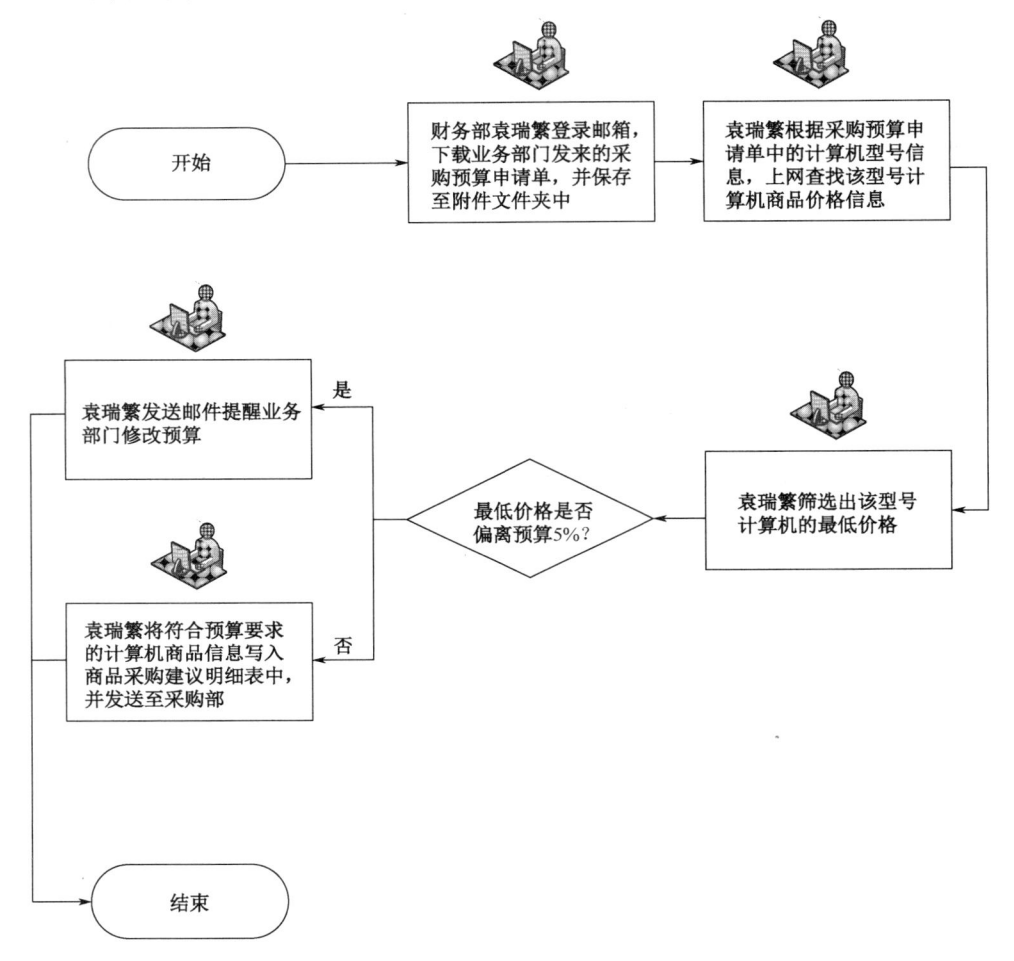

图 9-10 HD 公司采购预算审核业务流程

【沙盘模拟推演】

阅读业务场景描述之后，请结合采购预算审核案例，分析案例中涉及的企业情况、人员与岗位，以及业务描述等要点，梳理出采购预算审核工作的业务流程，进行业务痛点分析。

以小组为单位，在 RPA 财务机器人开发模拟物理沙盘上推演"机器人分析"。

9.3.2 自动化流程设计

发完邮件后本来只想小憩一下，可袁瑞繁趴在桌上迷迷糊糊地睡着了。梦里她看到了一个身形迷你却十分帅气的财务机器人温柔地对她说："有什么难题就交给我吧，很快帮你搞定。"只见那个机器人几分钟便完成了袁瑞繁的工作，她刚想询问它的名字，却感觉身体一阵摇晃。

"瑞繁，瑞繁……上班啦！"袁瑞繁睁开惺忪睡眼，看见公司财务部信息化岗位的同事陶思颖笑眯眯地站在旁边，"昨晚又睡办公室了，你可真是如假包换的'蛮优秀员工'啊。"

"哎呀，我的美梦刚到关键时刻就被你给打断了。对了，你这么早来干啥？"袁瑞繁一脸疑惑。

"我来宣布一个好消息，你听了肯定会很激动的。"陶思颖得意地挑了下眉，"咱们刚开发出的财务机器人叫小蛮，以后有什么重复、烦琐的工作都可以让他帮你们分担了。"

"啊！！！"袁瑞繁大叫一声，"美梦成真啦！小蛮真的来解救我了！咱们先来试试商品信息抓取业务吧，每次只要一有采购申请，我就强迫症发作，总想找到最符合要求的商品，所以总是不自觉地就加班了。"陶思颖点了点头，只见她飞快地设置好流程，轻点启动，小蛮便自动登录邮箱，读取并下载了昨日业务部门发来的预算申请单，并根据申请单中的计算机商品型号，自动登录天猫网站抓取该型号计算机的价格信息，然后筛选出该型号计算机的最低价，判断是否偏离预算 5%：如果偏离，小蛮会发送邮件提醒业务部门"预算不合理，请修改预算"；如果符合要求，小蛮便将符合预算要求的计算机商品信息写入采购建议明细表中，发送至采购部。不到两分钟，小蛮就完成了所有的工作。"哇撒！小蛮也太厉害了，光是查找合适的商品我就要花一整天呢，它 1 分钟就做完了。"袁瑞繁被小蛮的工作效率惊呆了，情不自禁地赞叹起来。"我们的小蛮可真是财务部的救星啊！"陶思颖洋洋得意地说道，"财务部总是人手不够用，小蛮一个顶十个，工作效率成倍上升，本来打算今年再招两名新人，现在有了小蛮和咱俩，搞定这些工作足矣，光是每个月的人工成本就能节省一万余元呢！""何止人工成本，"袁瑞繁说着竖起大拇指，"小蛮 1 分钟就能填完我 1 小时人工整理的预算审定表填报，效率还是我的 60 倍呢，财务部大功臣非他莫属，以后终于可以按时下班咯！"

HD 公司基于 Web 自动化的采购预算审核自动化流程设计如图 9-11 所示。

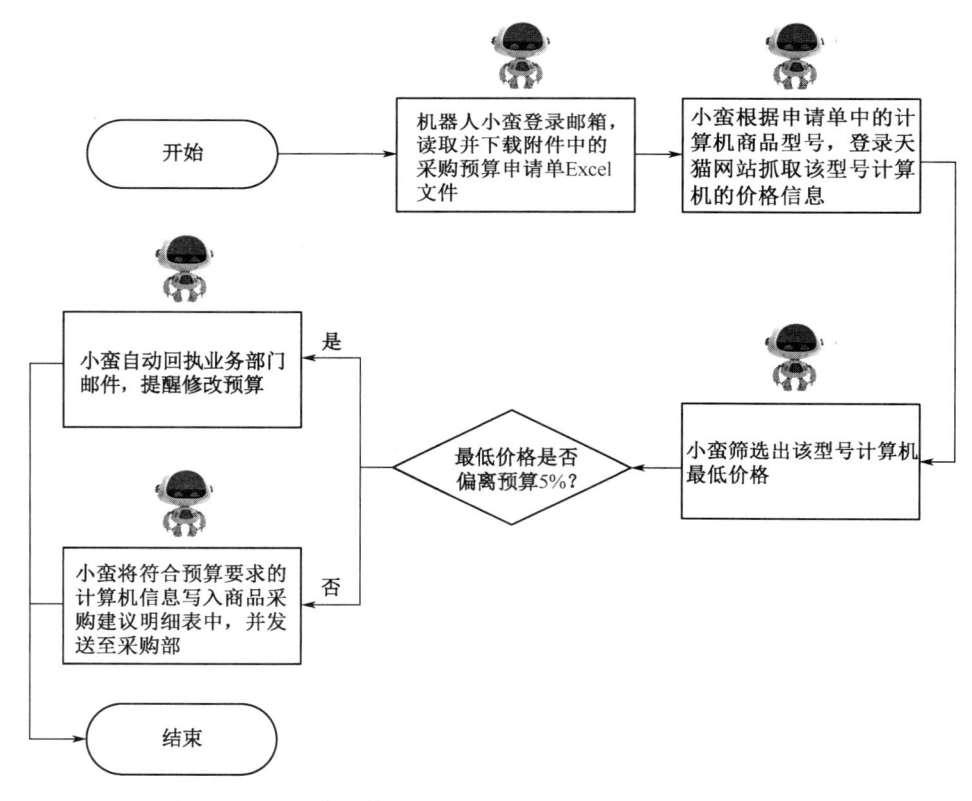

图 9-11　HD 公司基于 Web 应用自动化的采购预算审核流程

【沙盘模拟推演】

基于以上自动化流程描述进行详细的自动化流程设计；结合采购预算审核案例的业务流程，规范机器人开发过程中所使用的数据，其中所需数据主要来源于邮件；确定所需采购商品信息，如商品的价格、型号等；思考如何进行数据处理，例如：如何筛选出商品的最低价格；如何计算商品价格是否偏离预算 5%。最后发送商品采购建议明细表至采购部负责人邮箱。

以小组为单位，在 RPA 财务机器人开发模拟物理沙盘上推演"机器人设计"和"数据标准与规范化设计"。

9.3.3 技术路线与开发步骤

HD 公司基于 Web 应用自动化的采购预算审核机器人小蛮开发总体技术路线如下：

（1）添加【获取 Outlook 邮件消息】并配置活动。
（2）添加【遍历循环】以执行一组操作，并配置活动。
（3）添加【IF】判断邮件信息是否包含"采购预算申请单"关键字。
（4）添加【保存附件】，把收到的"采购预算申请单"文件保存至"附件"文件夹下。
（5）添加【分配】，获取发件人地址。
（6）添加【读取单元格】，输入"文件路径"和"读取范围"。
（7）使用【录制】工具提取网站 URL，并录制搜索商品流程。
（8）使用【表格数据提取】工具并提取商品"型号"和"价格"数据。
（9）添加【写入范围】，将数据表中的信息写入"商品信息表.xlsx"指定范围中。
（10）添加【Excel 流程作用域】。
（11）添加【使用 Excel 文件】，更改工作簿路径为"商品信息表.xlsx"。
（12）添加【范围排序】，对"价格"列进行升序排序。
（13）添加【读取范围】，输入"读取范围"。
（14）添加【读取单元格】，输入"读取单元格"和"结果"。
（15）添加【写入范围】，把读取到的范围写入新的数据表。
（16）添加【IF】，判断商品价格是否在预算标准下。
（17）添加工作簿下的【写入范围】，把新的数据表写入"商品采购建议明细表.xlsx"中。
（18）使用【发送 Outlook 邮件消息】，按照判断要求发送电子邮件。

注：以上【写入范围】【读取范围】【创建表格】【排序表格】都需使用 Excel 下的活动，且都勾选标头。

【沙盘模拟推演】

根据自动化流程总体设计，结合以上技术思路，以小组为单位，在 RPA 财务机器人开发模拟物理沙盘上推演"机器人开发"。

下面讲解机器人小蛮的具体开发步骤。

1. 收取邮件

步骤一：添加【流程图】，然后添加一个序列命名为"收取邮件"，连接在"Start"下，双击打开序列"收取邮件"，添加【获取 Outlook 邮件消息】，在属性的"邮件文件夹"中输入""收件箱""，然后在"输出→消息"中创建变量"messages"（本案例中所有变量范围均为"基于 Web 应用自动化的采购预算审核流程"，下文不再说明），如图 9-12 所示。注意检查"messages"的变量类型是否为"list<MailMessage>"（若计算机上未安装 Outlook 邮箱，可使用【获取 IMAP 邮件消息】，步骤参照第 5 章）。

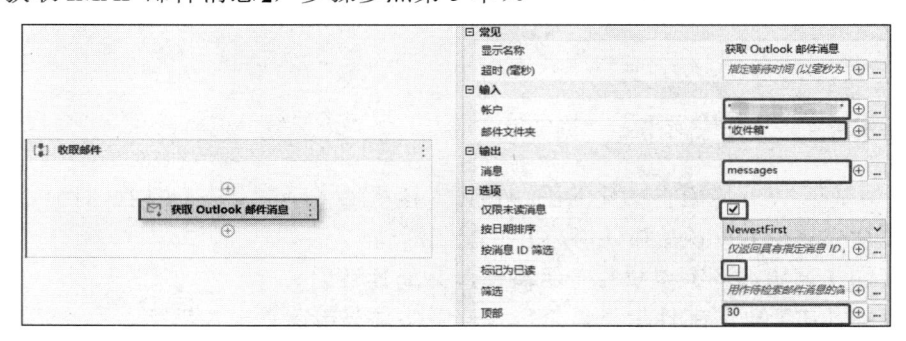

图 9-12　添加【获取 Outlook 邮件信息】

步骤二：添加【遍历循环】到【获取 Outlook 邮件消息】后，把"currentItem"改为"mail"，并在"项目列表"中输入"messages"变量，如图 9-13 所示。注意需要把属性中的"TypeArgument"的类型改为"System.Net.Mail.MailMessage"，如图 9-14 所示。然后添加一个【IF】活动，在"Condition"中输入"mail.Subject.Contains("采购预算申请单")"，表示能够读取主题中包含"采购预算申请单"的邮件，如图 9-15 所示。接着在"Then"中添加【保存附件】活动，在邮件消息框中输入"mail"，再新建一个叫""附件""的文件夹，把收到的采购预算申请单保存在"附件"文件夹中，如图 9-16 所示。最后添加【A←B 多重分配】活动，创建变量"address"，令"address=mail.From.ToString"，获取发件人地址，如图 9-17 所示。

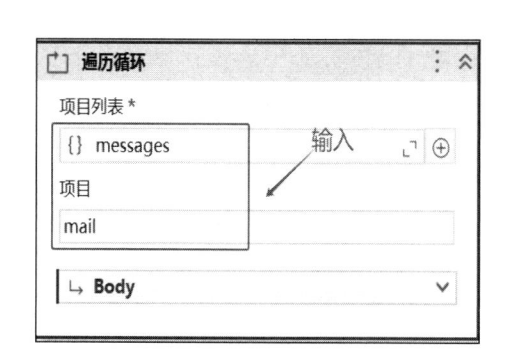

图 9-13　添加【遍历循环】　　图 9-14　设置"TypeArgument"

2. 上网抓取数据

步骤三：在"收取邮件"后添加序列，命名为"上网抓取数据"，添加两个【读取单元格】，分别读取""Sheet1""表单中""B2""和""E2""的值，并输出到变量"type"和

"budget"中，读取采购预算申请表中商品型号和预算金额，如图 9-18、图 9-19 所示。修改 budget 类型为"Double"。

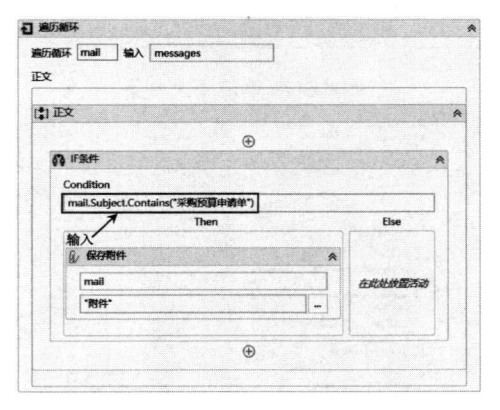

图 9-15 添加【IF】

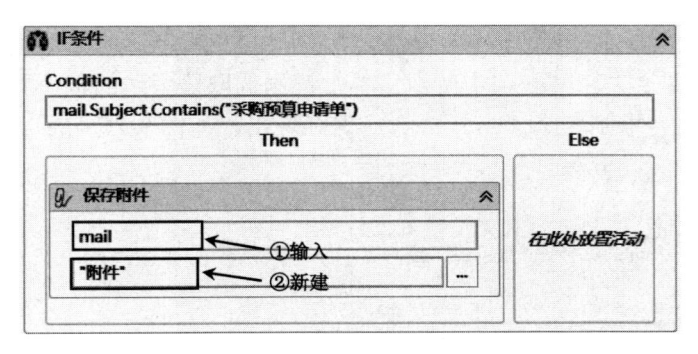

图 9-16 添加【保存附件】

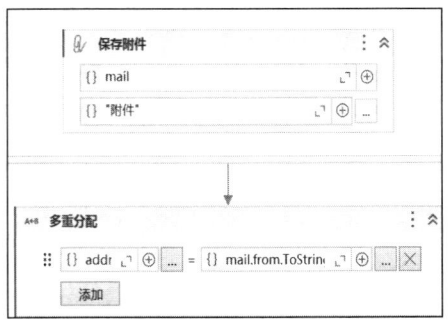

图 9-17 添加【A←B 多重分配】

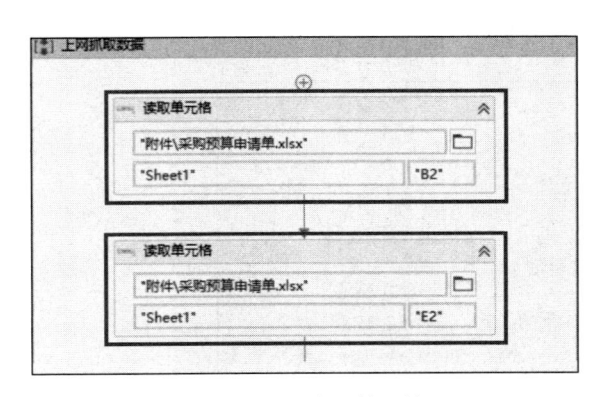

图 9-18 读取单元格

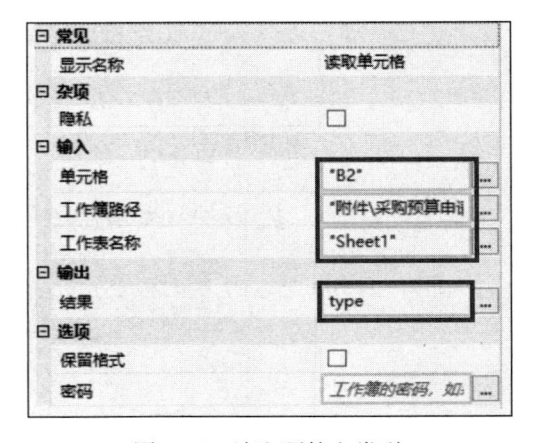

图 9-19 读取预算和类型

步骤四：用谷歌浏览器打开"淘宝商城（https://www.tmall.com/）"，再回到 UiPath Studio 主界面，单击【录制】，开始录制操作流程，如图 9-20 所示。然后单击搜索框，弹出文字输入窗口，输入关键字"联想 ThinkPad"，如图 9-21 所示，单击"确认"，完成关键字的输入，单击搜索图标，开始检索关键字，单击【保存并退出】，保存录制流程并回到 UiPath Studio 主界面。

第 9 章 Web 应用自动化 ▶ 241

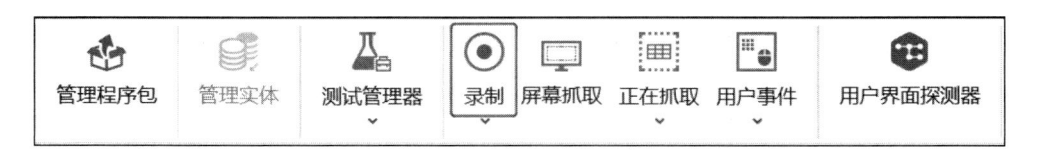

图 9-20 单击【录制】

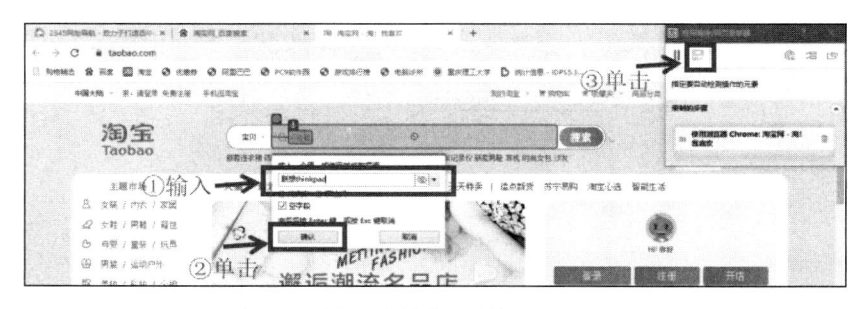

图 9-21 输入关键字"联想 ThinkPad"

步骤五：把【输入信息】活动中的数据改为"type"变量，如图 9-22 所示。打开选项菜单，单击编辑目标，删除锚点，如图 9-23 和图 9-24 所示。单击模糊选取器旁边的蓝色图标（见图 9-25），打开用户界面探测机，取消勾选"aaname"后保存退出，如图 9-26 所示。

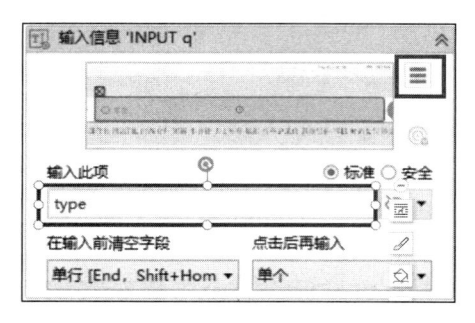

图 9-22 更改变量

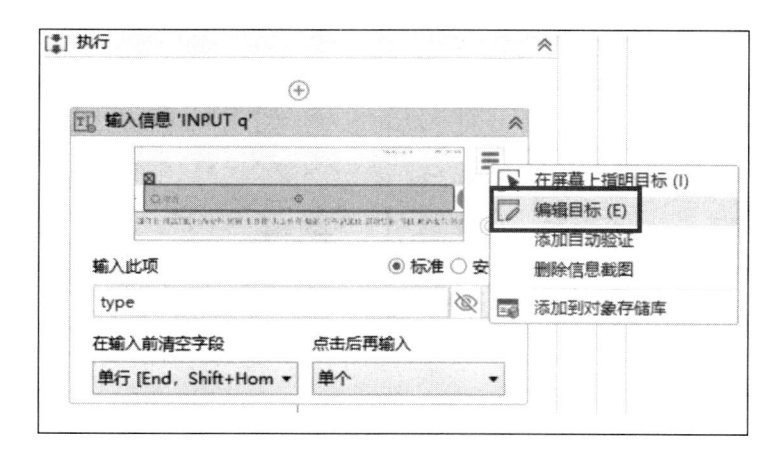

图 9-23 选项菜单

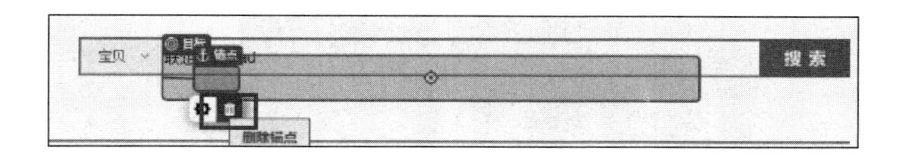

图 9-24 删除锚点

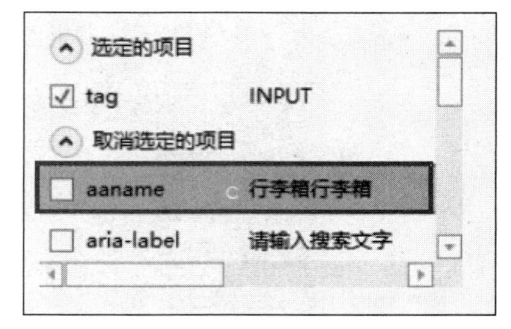

图 9-25 单击用户探测界面　　　　　图 9-26 取消勾选 "aaname"

步骤六：回到 UiPath Studio 主界面，再次单击【录制】，进入录制页面后，单击"搜索"，保存退出，如图 9-27 所示。

图 9-27 单击搜索后【保存并退出】

步骤七：单击【正在抓取】，如图 9-28 所示。单击【添加数据】，如图 9-29 所示。

图 9-28 单击【正在抓取】

步骤七：单击商品信息列表中的商品"型号"区域后，单击"完成选择"。将提取内容限制更改为最大 100 行，然后将列名更改为"类型"，如图 9-30 所示。

第 9 章　Web 应用自动化　　243

图 9-29　弹出"提取向导"窗口

图 9-30　选取数据

步骤八：再次单击添加数据，如图 9-31 所示。选择商品价格区域后，单击"完成选择"，将列名更改为"价格"，将页面滑动至可以看见"下一页"后，选择"从多个页面提取数据"，选取"下一页"，最后单击"保存并关闭"，如图 9-32 所示。

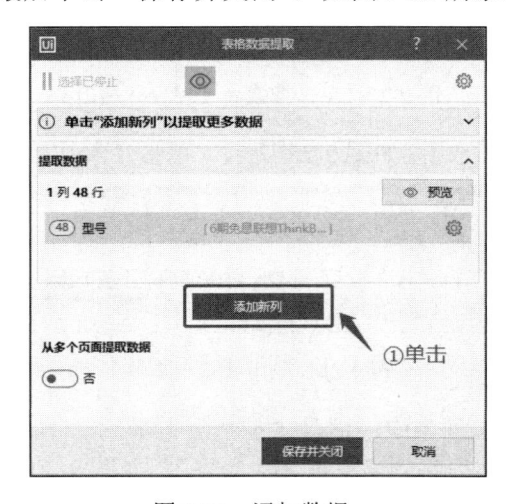

图 9-31　添加数据

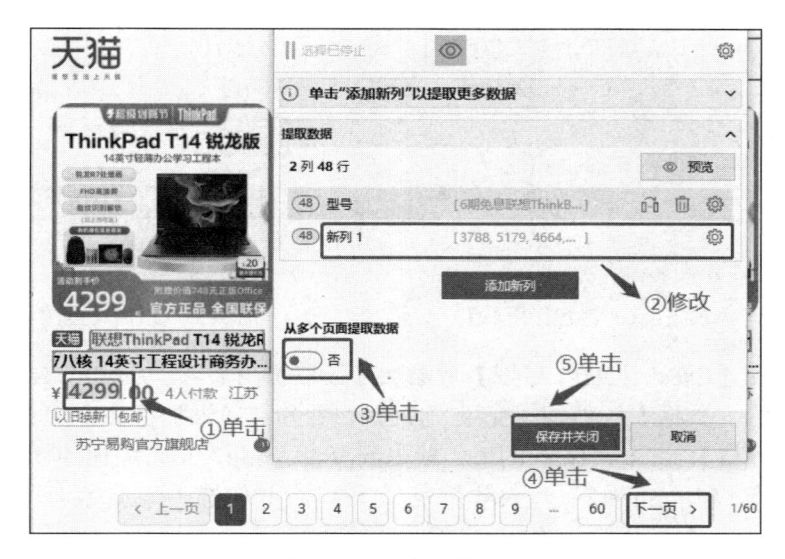

图 9-32　添加价格列

步骤九：修改变量"ExtractDataTable"范围为"流程图"。

3. 处理抓取数据

步骤十：在【上网抓取数据】序列后添加一个新序列，更名为【处理抓取数据】，打开该序列，添加【写入范围】，输入工作簿路径"商品信息表.xlsx"，设置待写入页名（默认""Sheet1""）、单元格（默认""A1""）和数据表"ExtractDataTable"，并勾选"添加标头"，如图 9-33 所示。

图 9-33　添加【写入范围】

步骤十一：添加【Excel 流程作用域】，双击"执行"，在其中添加【使用 Excel 文件】，更改工作簿路径为"商品信息表.xlsx"，如图 9-34 所示。

步骤十二：在【使用 Excel 文件】的执行区域中添加【范围排序】，将范围修改为"Excel.Sheet("Sheet1")"，单击"添加排序列"，在列中输入""价格""，并把"方向"改为"Ascending"，如图 9-35 所示。

第 9 章　Web 应用自动化　　245

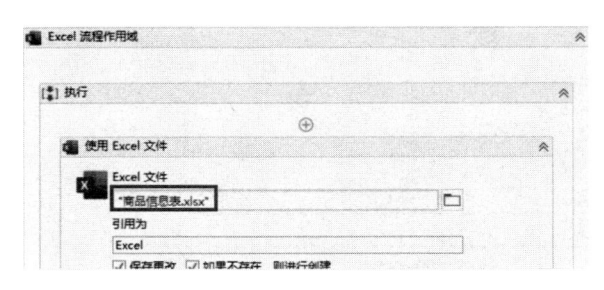

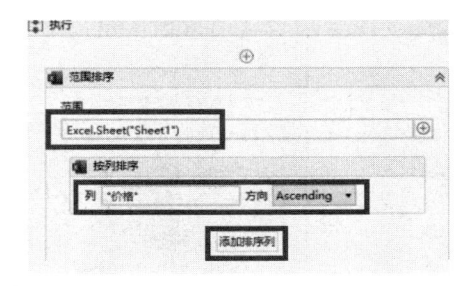

图 9-34 添加【Excel 流程作用域】　　　　图 9-35 添加【范围排序】

步骤十三：在【Excel 流程作用域】后添加【读取范围】，读取 ""A1:B2"" 表格范围，在属性的"输出→数据表"处创建变量"DT1"，并勾选"添加标头"，如图 9-36 所示。添加【读取单元格】，读取"B2"的值，输出到变量"min"中，如图 9-37 所示。最后添加【写入范围】，在"Sheet2"写入数据表"DT1"，并勾选"添加标头"，如图 9-38 所示。修改变量"min"的类型为"Double"。

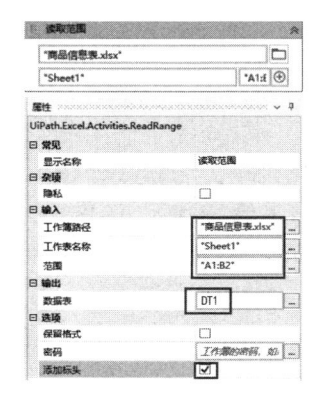

图 9-36 添加【读取范围】　　　　图 9-37 添加【读取单元格】

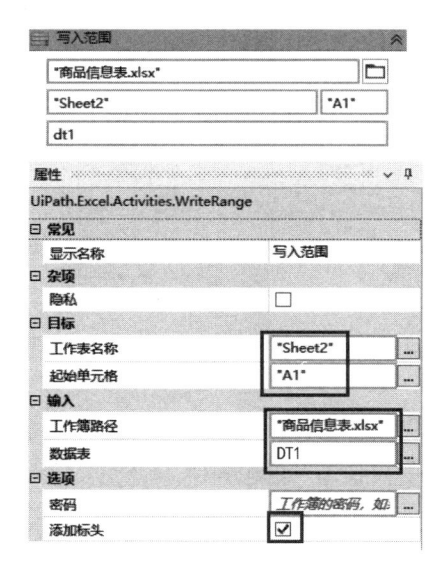

图 9-38 添加【写入范围】

4. 发送预算审核邮件

步骤十四：在"处理抓取数据"后添加序列，命名为"发送审核邮件"。双击打开序列"发送审核邮件"，添加【IF】，在"Condition"中输入"min*0.95<budget and budget<min*1.05"，判断最低价是否偏离预算的 5%，如图 9-39 所示。

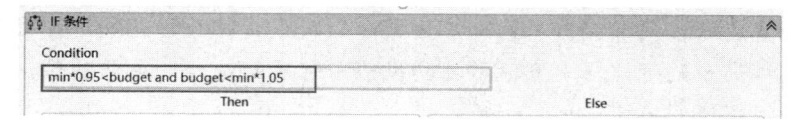

图 9-39　添加并使用【IF】

步骤十五：在【IF】的"Then"中添加【写入范围】，将写入的表格命名为""商品采购建议明细表.xlsx""，然后在"数据表"处输入变量"DT1"，如图 9-40 所示，并勾选"添加标头"。接下来分别在"Then"和"Else"下添加一个【发送 Outlook 邮件消息】，在"目标"处输入"address"，主题和正文按照自己的需求输入文字，如图 9-41 所示。再单击"附加文件"，在值中输入""商品采购建议明细表.xlsx""，如图 9-42 所示。

注：使用【发送 Outlook 邮件消息】，需要计算机安装 Outlook 邮件客户端，具体操作参照第 5 章。

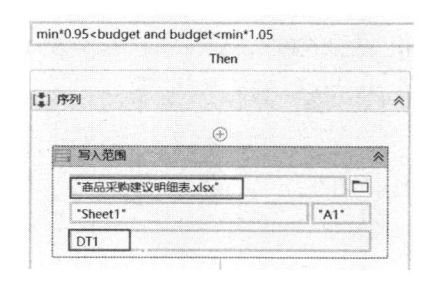

图 9-40　添加【写入范围】

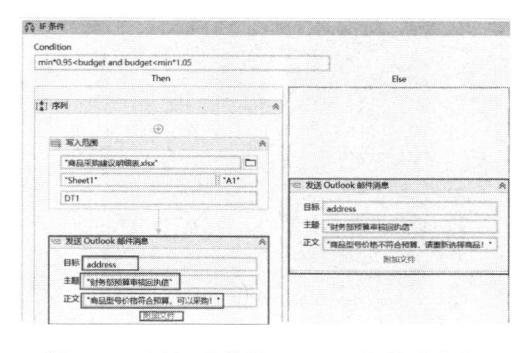

图 9-41　添加【发送 Outlook 邮件消息】

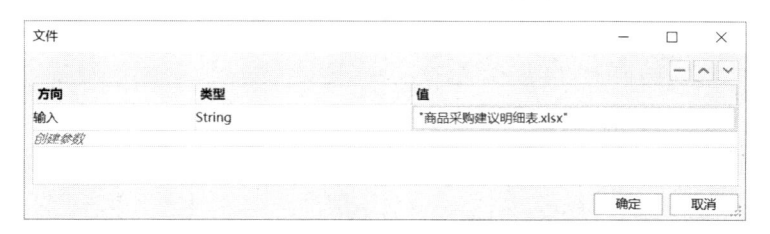

图 9-42　添加附加文件

【沙盘模拟推演】

　　机器人开发完成后，思考机器人的部署方式和运行模式；分析预算审核机器人带来的价值，同时要考虑机器人运行过程中可能存在的风险与应对措施，如抓取的数据格式与需求的不符，我们该如何解决，又该如何防范呢？

　　以小组为单位，在 RPA 财务机器人开发模拟物理沙盘上推演"机器人运用"，包括机器人的部署与运行、价值与风险及人机如何协作共生。

【课后思考】

　　请大家思考，如果申请单上有多个商品，那么如何循环抓取多种商品信息，机器人程序如何修改呢？

【延伸学习】

　　我们已经学完 UiPath 抓取网页数据，接下来给大家介绍一个实操小案例，下面是学习链接：https://blog.csdn.net/weixin_39206293/article/details/86591432，有兴趣的同学可以进行更深入的学习。

第 10 章　应用程序交互自动化

10.1　功能简介

10.1.1　关于应用程序交互

应用程序交互自动化，是指为达到使用者的某种应用目的所撰写的软件之间完成指令、数据的相互传输，使一个应用程序可以对另一个应用程序中实现的对象进行操作，这可以极大地解放操作人员的工作量，提高操作人员的工作效率。

现有应用程序交互模型：

（1）客户——服务器模型。在分布式计算中，一个应用程序被动等待，而另一个应用程序通过请求启动通信。客户向服务器发出服务请求，服务器对客户的请求做出响应。

（2）对等计算模型。交互双方为达到一定目的而进行的直接的、双向的信息或服务交换，是一种点对点的对等计算模型。对等计算机中每个节点的地位平等，既充当服务器，为其他节点提供服务，同时又是客户机，享受其他节点提供的服务。

10.1.2　应用程序交互自动化基本介绍

UiPath 使用机器人作为虚拟劳动力，依据预先设定的程序与现有用户系统进行交互，以实现对应用程序的控制，完成预期的任务，适用于重复性高、逻辑确定并且稳定性要求相对较低的流程。我们可以借助这个软件，打开应用程序，通过屏幕录制和键入键盘动作的方式，替代人工进行应用程序操作。

【思维拓展】

介绍了应用程序交互之后，大家思考一下，集团企业和中小企业的财务工作会涉及哪些软件应用程序？财务人员在日常工作中与应用程序有哪些操作交互？

10.2　主要功能

10.2.1　录入与处理数据

步骤一：打开个税精灵网页版（www.taxspirit.com），如图 10-1 所示。回到 UiPath Studio 主界面，在功能栏中选择【录制】，如图 10-2 所示。

步骤二：将鼠标移动到"当前月份"下拉列表，待下方出现"十字"符号后，将鼠标移动到该符号上，接着在出现的选取器中选择"选择项目"，并在弹出的项目列表中选择"1"。

步骤三：将鼠标移动到"本月税前工资"输入框中输入数字"35000"，按"enter"键确定输入，如图 10-3 所示。

步骤四：单击"计算"，如图 10-4 所示。个税精灵会自动计算出"当月个税（应补税额）"和"税后工资"，如图 10-5 所示。

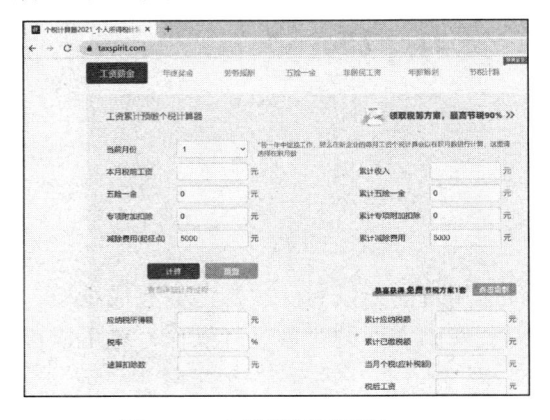

图 10-1　个税精灵网页版

图 10-2　单击【录制】

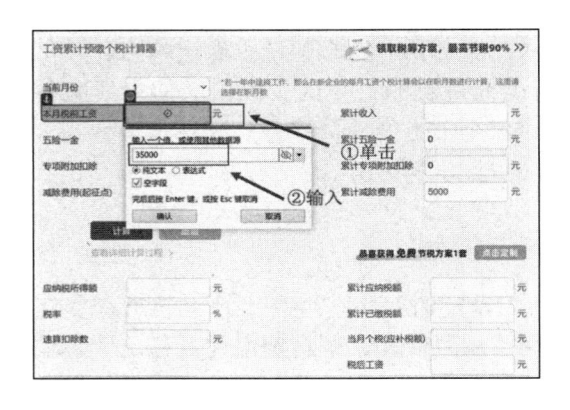

图 10-3　输入税前工资

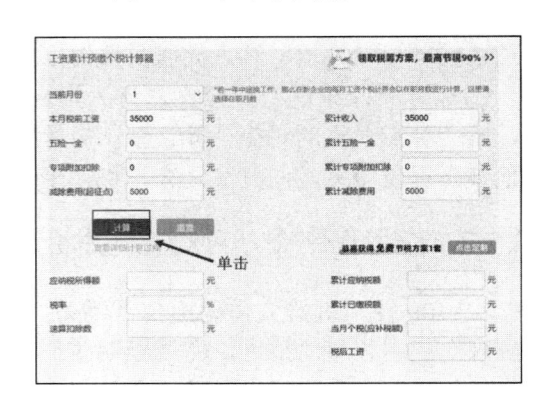

图 10-4　单击"计算"

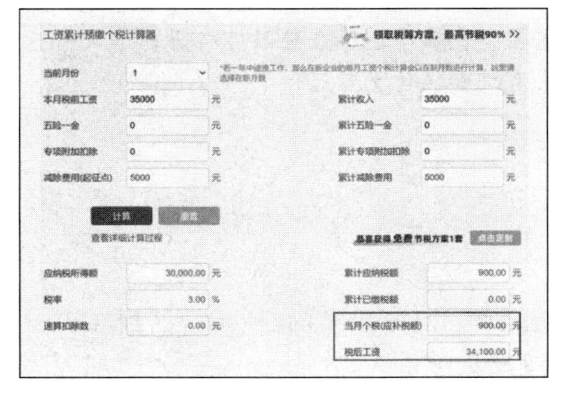

图 10-5　自动计算出的当月个税与实发工资

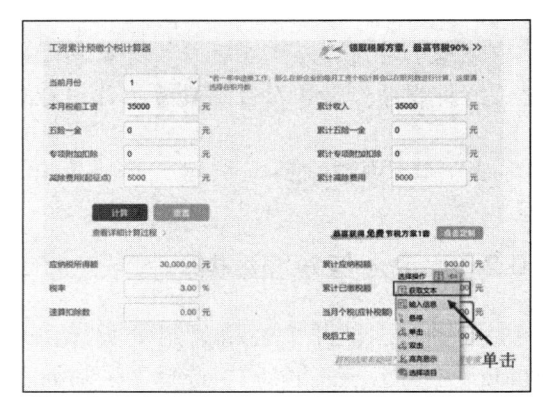

图 10-6　选择【获取文本】

步骤五：按下"Esc"键，暂停录制，在【录制】中选中【获取文本】，如图 10-6 所示。在【保存位置】处通过快捷键 Ctrl+k 创建变量"dygs"，用于存储获取到的文本；重复操作，在第二个【获取文本】活动中创建变量"shgz"，如图 10-7 所示。

步骤六：在【录制】浮窗中单击"保存并返回 Studio"，如图 10-8 所示。此时会结束录制并返回 UiPath Studio 主界面，自动生成【序列】界面，如图 10-9 所示。

步骤七：选中【获取文本】活动，在开发区【变量】处找到前面创建的变量"dygs"，将其变量范围修改为"序列"；重复操作，将变量"shgz"的范围改为"序列"，如图 10-10 所示。

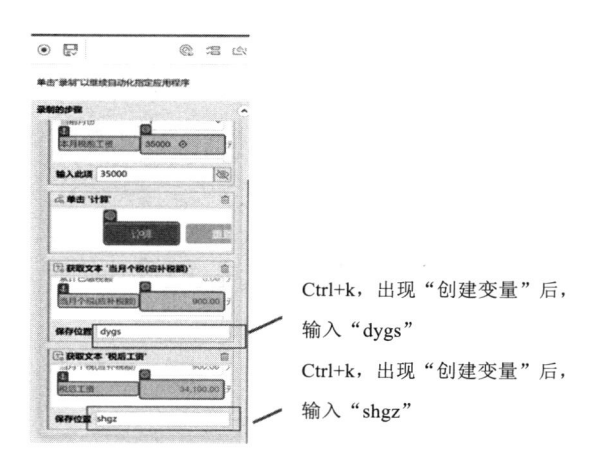

图 10-7　创建变量

图 10-8　保存录制

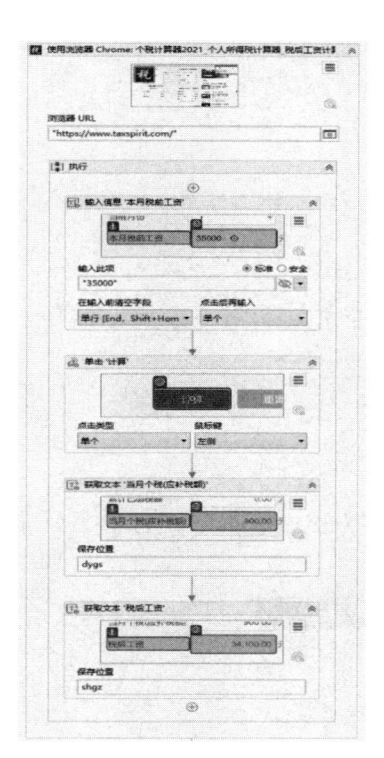

图 10-9　【序列】界面

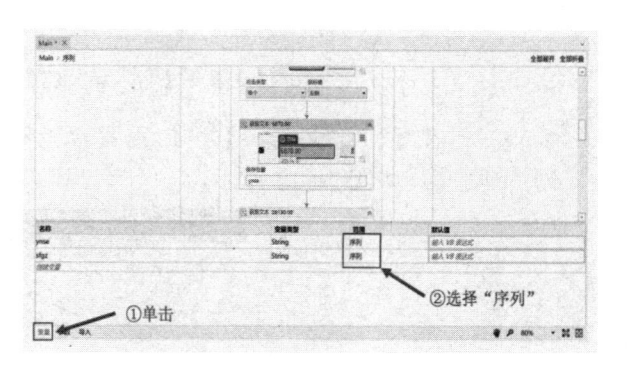

图 10-10　更改变量范围

第 10 章　应用程序交互自动化　▶　251

10.2.2 导出数据

步骤一：添加【Excel 流程作用域】，在其【执行】中添加【使用 Excel 文件】，工作簿路径输入""个人所得税.xlsx""，如图 10-11 所示。

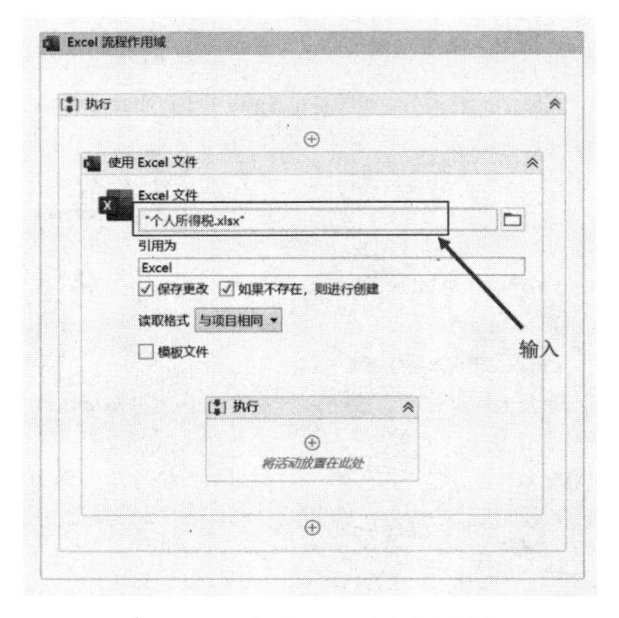

图 10-11 添加【Excel 流程作用域】

步骤二：添加一个【写入单元格】，设置"写入内容"为""当月个税""，"写入位置"选择"自定义输入"，如图 10-12 所示。

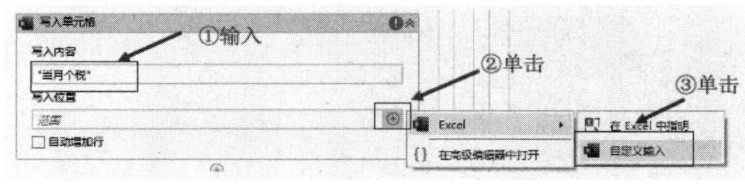

图 10-12 添加【写入单元格】，并选择"自定义输入"

步骤三：在【自定义输入】窗口设置"工作表名称"为""Sheet1""，设置"单元格地址"为""A1""，如图 10-13 所示。

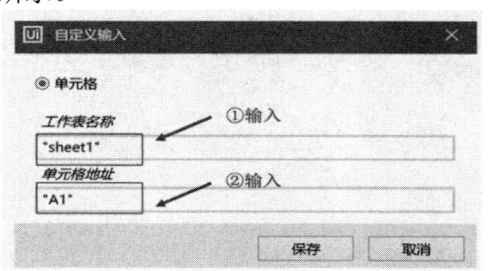

图 10-13 自定义工作表名称与单元格地址

步骤四：再添加三个【写入单元格】，操作同步骤二、三，"写入内容"分别为""税后工资""" "dygs" "shgz"，"工作表名称"均为""Sheet1""，"单元格地址"分别为""B1""" ""A2""" ""B2""，如图 10-14 所示。

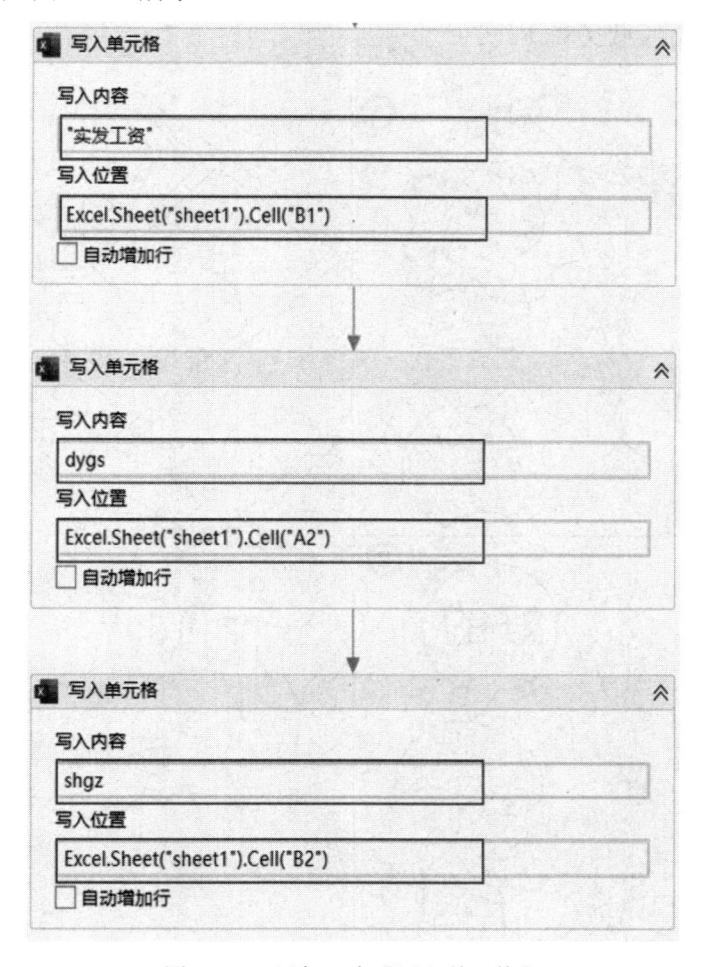

图 10-14　添加三个【写入单元格】

完成所有流程，单击运行，将自动创建"个人所得税"Excel 文件并写入数据，个税数据如表 10-1 所示。

表 10-1　个税数据

当月个税	税后工资
900	34100

10.3 资产卡片录入机器人模拟实训

10.3.1 场景描述与业务流程

"何昱衡,今天你又是第一个到公司啊!"信息化岗同事詹凯棋刚到公司就看见何昱衡目不转睛地盯着"蛮好用"计算机。

何昱衡愁眉苦脸道:"可不是嘛,7点半就来了。"

"真是敬业啊,先别忙活了,我给你介绍一下我们信息化岗新来的潜力股——杜姗。杜姗,说起来这个何昱衡可是你亲学长啊,他也毕业于本市会计专业最具特色的某理工大学,比你早一年进入公司。"谈话间,只见从詹凯棋背后探出了一个圆圆的脑袋。

"何学长好,我叫杜姗,来自重庆璧山,是信息化岗新进员工,以后请多多指教。"

"这么巧,我也是重庆璧山人,你好啊老乡,我叫何昱衡,现在负责公司财务部的资产管理。"说着,何昱衡便起身同杜姗握手。

"学长你刚刚说7点半就到公司了,你这么早来干嘛啊?"杜姗好奇地问道。

"别提了,最近公司遵循'工欲善其事,必先利其器'的宗旨,集体更新换代了一批激光打印机和笔记本电脑等办公设备,我忙着在金蝶精斗云财务系统上做资产卡片录入呢。这些资产所属组织、使用部门和费用项目都不同，我已经马不停蹄地录了两天了，却只完成了一半都不到，唉……"短暂问候之后，何昱衡又投入了紧张的工作中。

怀着满腔热情、兢兢业业工作的何昱衡，日复一日地做着这些重复性工作，渐渐地开始觉得工作"乏味"。他本期待着能够在 HD 这家大型上市公司学到很多东西，不断提升自己的专业技能，以后能有一个更好的发展。但是，他感觉自己并没有学到多少。何昱衡对待工作开始有些懈怠，上班经常无精打采，交代的任务也能拖则拖，每天都在想：我天天做这种靠人工录入资产卡片信息的工作能产生多大价值呢？我是不是应该考虑换一个工作？

HD 公司资产卡片录入业务流程如图 10-15 所示。

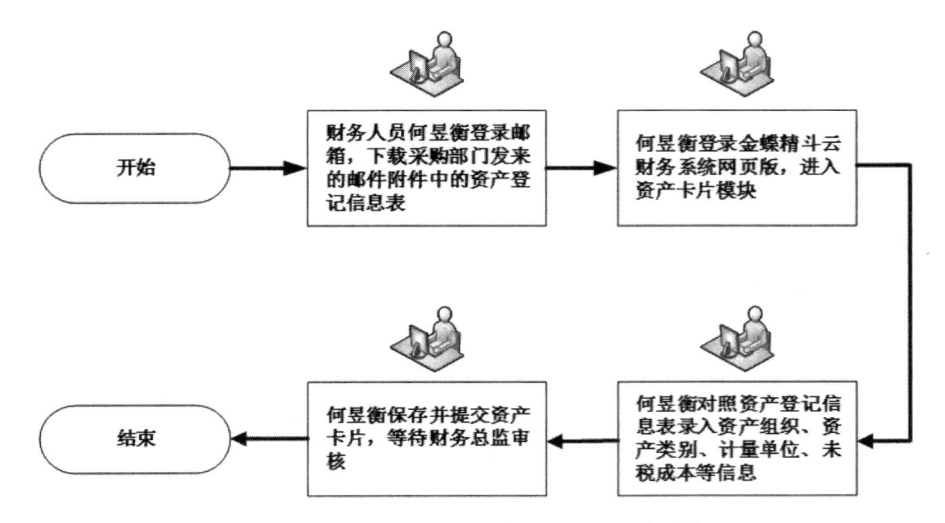

图 10-15　HD 公司资产卡片录入业务流程

【沙盘模拟推演】

阅读业务场景描述之后，请结合资产卡片录入案例，思考案例中涉及的资产信息、人员与岗位，以及业务描述等要点，并梳理出资产卡片录入的业务流程，进行业务痛点分析。以小组为单位，在 RPA 财务机器人开发模拟物理沙盘上推演"机器人分析"。

10.3.2　自动化流程设计

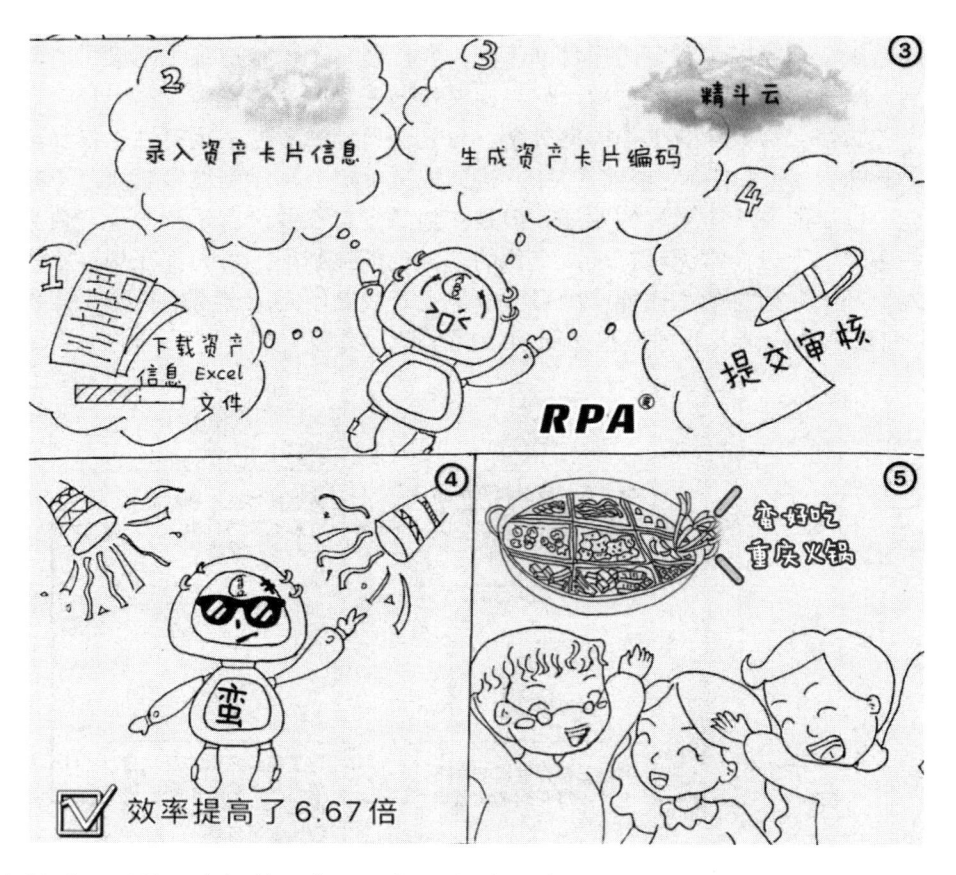

两个月后，又是一个新的工作日，何昱衡边打着哈欠边打开办公桌前的计算机。

"詹凯棋呀，多亏你让我见识了机器人小蛮，给我节省太多时间了，我们部门一个星期的工作量一天就搞定了，这个小蛮，真厉害！"财务总监程平笑容满面地说道。

何昱衡听着程总和詹凯棋的对话，心里纳闷这个小蛮是何方神圣。不一会儿，詹凯棋走进办公室，"何昱衡，我们信息化办公室研发出了一个财务机器人小蛮，上次听你抱怨工作重复枯燥，我第一个就想到了你，来，我给你展示一下。"

只见詹凯棋单击启动，小蛮自动登录金蝶精斗云财务系统，同时打开资产登记信息表，将表中的资产卡片信息录入系统后，系统就自动保存了资产卡片并生成资产卡片编码。

"这个小蛮，果然厉害啊！我明天就用起来。"何昱衡乐呵起来，但是又疑惑道，"这样的话，我们办公室就可以减少1个人了。"于是向杜姗打趣道，"那是你走还是我走呢？"又说，"咱俩平均月收入5000元，原来每天大约需要录入80张卡片，每张耗时5分钟，现在只需40分钟即可完成全部录入工作，效率提升了6.67倍，开心开心！"

新生活新希望，从一顿"蛮好吃"重庆火锅开始，吃完火锅，再去看一场"蛮不讲力"情景剧，晚上再打一把"蛮好玩"游戏，人生岂不是美哉妙哉！

HD公司基于应用程序自动化的资产卡片录入自动化流程设计如图10-16所示。

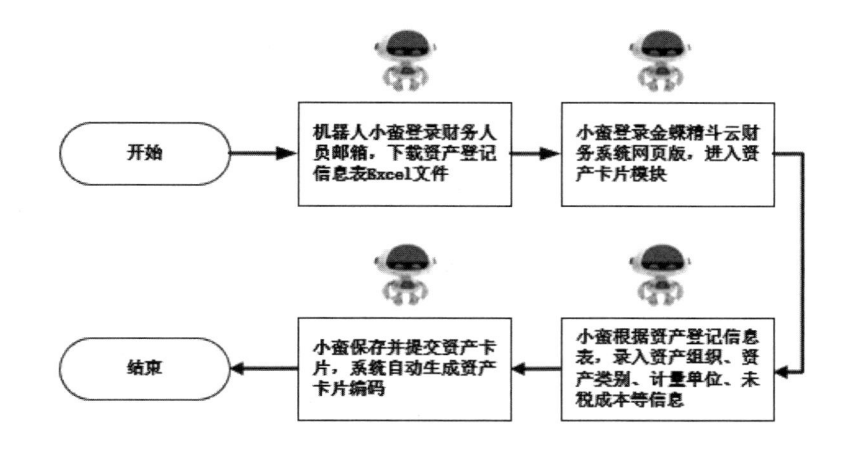

图10-16　HD公司基于应用程序自动化的资产卡片录入自动化流程

【沙盘模拟推演】

基于以上自动化流程描述进行详细的自动化流程设计；结合资产卡片录入案例的业务流程，规范机器人开发过程中所使用的数据，其中所需数据主要来源于资产信息登记表；确定所要登记的信息，如资产类别、资产录入组织、计量单位等。

以小组为单位，在RPA财务机器人开发模拟物理沙盘上推演"机器人设计"和"数据标准与规范化设计"。

10.3.3　技术路线与开发步骤

基于应用程序自动化的资产录入机器人小蛮开发总体技术路线如下：
（1）添加【获取IMAP邮件消息】，下载资产登记信息表附件。
（2）添加【Excel流程作用域】，读取资产登记信息。
（3）添加【录制】，录制登录金蝶精斗云网页版的过程。
（4）添加【输入信息】，抓取界面元素并填入数据。
（5）添加【单击】，用于单击指定的界面元素。
注：使用金蝶精斗云之前需要先进行注册并建立账套。
该实训所用资产登记信息表格式如表10-2所示。

表10-2　资产登记信息

固定资产编码	固定资产名称	固定资产类别	使用部门	开始使用日期	折旧方法	预计使用期限	预计净残率	固定资产科目	累计折旧科目	折旧费用分摊科目	税金科目	资产购入对方科目	资产清理科目	资产原值	税额	减值准备	己折旧期间期初累计折旧
ZCLB	惠普激光打印机	005_电子设备	营销部	2020-04-27	平均年限法	36	0.05	1601 固定资产	1602 累计折旧	212 管理费用_累计折旧	应交税费_应交增值税	1002 银行存款	1606 固定资产清理	4399	0	0	0

【沙盘模拟推演】

根据自动化流程总体设计，结合以上技术思路，以小组为单位，在RPA财务机器人开发模拟物理沙盘上推演"机器人开发"。

下面讲解财务机器人小蛮的具体开发步骤。

1. 登录邮箱并下载资产登记信息表

步骤一：首先在【活动】中搜索【序列】，拖动到开发区，如图 10-17 所示。将序列重命名为【资产卡片录入】；重复操作，在【资产卡片录入】中再添加一个【序列】，命名为"登录邮箱并下载资产登记信息表"，如图 10-18 所示。

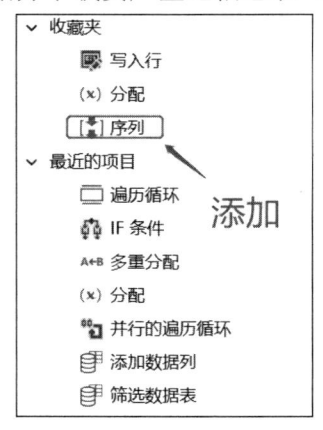

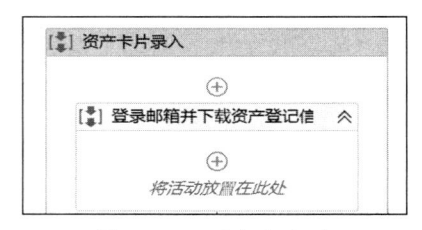

图 10-17　添加序列　　　　　　　　　图 10-18　重命名序列

步骤二：在【活动】中搜索【获取 IMAP 邮件消息】，将此活动添加至【登录邮箱并下载资产登记信息表】中。在该活动的属性中依次填写"服务器""端口""密码""电子邮件"等信息，其中"密码"和"电子邮件"默认填写登录邮箱的账号和密码，输出变量创建为"message"，如图 10-19 所示。

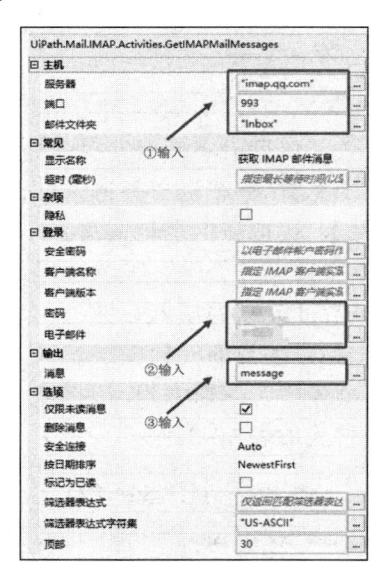

图 10-19　设置活动属性

步骤三：添加【遍历循环】，"遍历循环"设置为"mail"，"项目列表"设置为"message"，在其属性中设置"TypeArgument"类型为"System.Net.Mail.MailMessage"。在【遍历循环】的正文中添加【IF】，条件设置为"mail.Subject.Contains("资产登记信息表")"，在【IF】的"Then"中添加【保存附件】，设置其变量属性为"mail"，选取保存路径为""附件""，并在属性中勾选"覆盖现有文件"，结果如图 10-20 所示。具体操作参照第 5 章 E-mail 处理自动化。

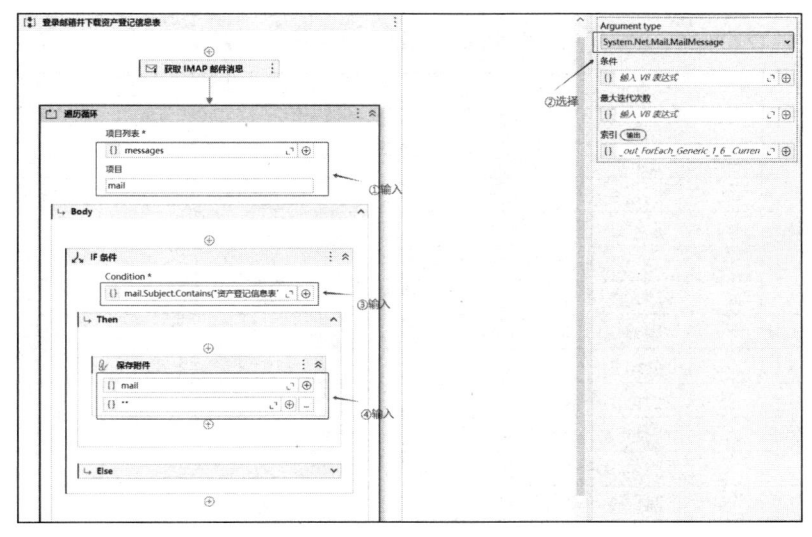

图 10-20 读取邮件、下载附件

2. 读取新增资产卡片信息

步骤四：单击【登录邮箱并下载资产登记信息表】序列右上角的三角，将其折叠。在【登录邮箱并下载资产登记信息表】下方添加【序列】，并重命名为"读取新增资产卡片信息"，如图 10-21 所示。在该序列中添加【Excel 流程作用域】活动，在其执行序列中添加【使用 Excel 文件】活动，选择附件中的"资产登记信息表-新增卡片.xls"文件，再在【使用 Excel 文件】的执行序列中添加 13 个【读取单元格】活动，如图 10-22 所示，属性设置如表 10-3 所示。变量面板如图 10-23 所示。

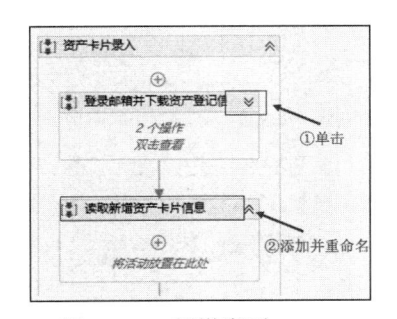

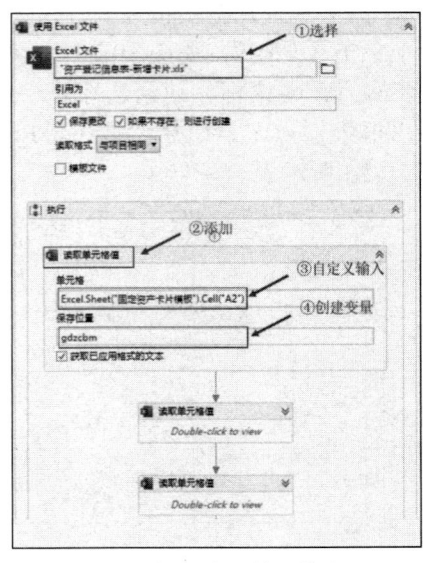

图 10-21 新增序列   图 10-22 添加【读取单元格】

图 10-23 变量面板

第 10 章 应用程序交互自动化 ➤ 259

表 10-3 读取单元格属性值列表

序号	工作表名称	单元格	输出变量
1	"固定资产卡片模板"	"A2"	gdzcbm
2	"固定资产卡片模板"	"B2"	gdzcmc
3	"固定资产卡片模板"	"C2"	gdzclb
4	"固定资产卡片模板"	"D2"	sybm
5	"固定资产卡片模板"	"E2"	kssyrq
6	"固定资产卡片模板"	"I2"	yjsyqx
7	"固定资产卡片模板"	"J2"	yjczl
8	"固定资产卡片模板"	"W2"	zcyz
9	"固定资产卡片模板"	"O2"	zjfykm
10	"固定资产卡片模板"	"X2"	se
11	"固定资产卡片模板"	"Y2"	jzzb
12	"固定资产卡片模板"	"Z2"	yzjqj
13	"固定资产卡片模板"	"AA2"	qcljzj

3. 登录系统与账套

步骤五：折叠【读取新增资产卡片信息】，在其下方添加序列【登录系统与账套】。用 Chrome 浏览器打开金蝶精斗云登录界面（https://www.jdy.com/login/），切换到 UiPath，在功能栏中单击【录制】，如图 10-24 所示。

步骤六：将鼠标移动到金蝶精斗云网页版登录页面的账号框处，待边框变色后单击，并在弹出框中输入账号信息，按下"Enter"键完成输入。重复操作，在密码框处输入密码。如图 10-25 所示。

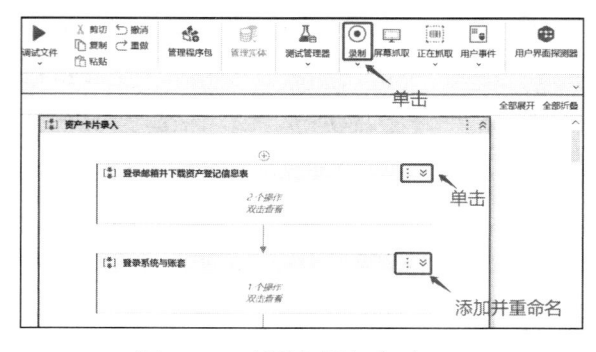

图 10-24 折叠与添加序列

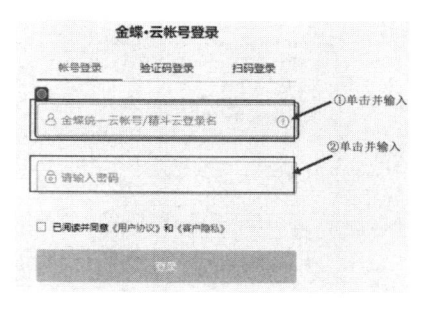

图 10-25 输入登录账号

步骤七：勾选"已阅读并同意《用户协议》和《客户隐私》"，最后单击"登录"，如图 10-26 所示。如果新注册的账号在登录后出现了欢迎弹窗，可单击"关闭"，操作参考"关闭验证窗口"。

步骤八：按下"Esc"键，在【录制】浮窗中单击"保存并返回 Studio"，如图 10-27 所示。在自动生成的"序列"中添加序列，并命名为【登录系统】，将登录操作的 6 个活动拖入【登录系统】，如图 10-28 所示。

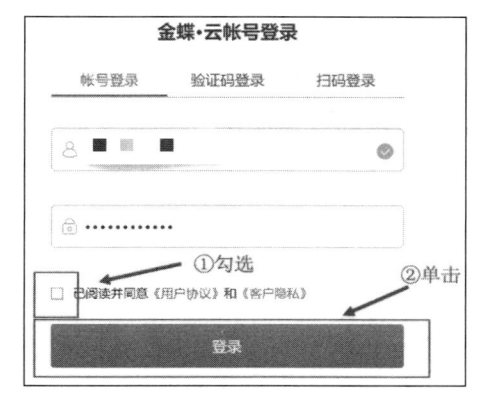

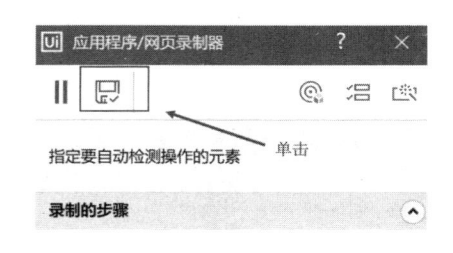

图 10-26　单击登录图　　　　　　　　　　　　图 10-27　保存并返回 Studio

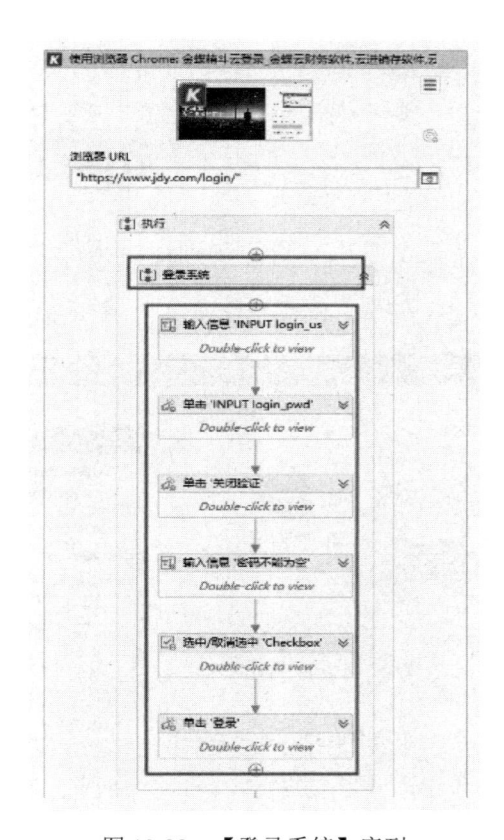

图 10-28　【登录系统】序列

步骤九：在【登录系统】下方新建一个序列，命名为【登录账套】。选中该序列，单击【录制】，在金蝶精斗云个人中心主界面的账套处单击"进入使用"，如图 10-29 所示。按下"保存并返回 Studio"，退出录制。

步骤十：添加【悬停】活动，单击"在此应用程序中指定"，如图 10-30 所示。在账套页面选中自己新建账套的名称，待选中位置变为绿色后，按下"Enter"键完成选择，如图 10-31 所示。添加【单击】活动，单击"在此应用程序中指定"，按下"fn"+"F6"（或"F6"），将鼠标移动到账套处，单击"记账"，按下"Enter"键完成选择，如图 10-32 所示。

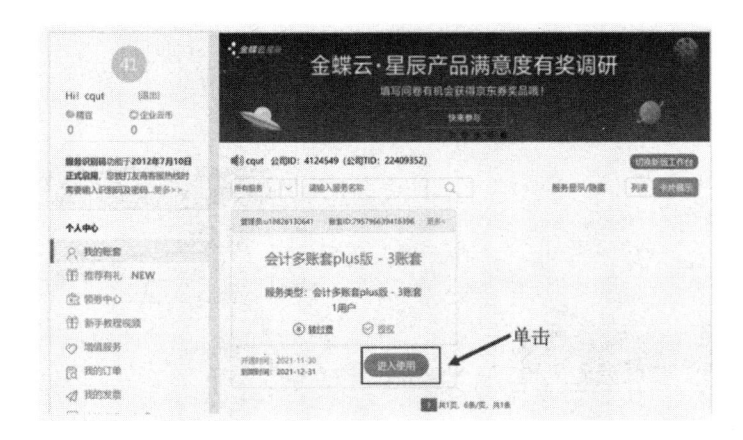

图 10-29　进入新建的账套

图 10-30　指定应用程序　　　　　　　　　图 10-31　设置悬停目标

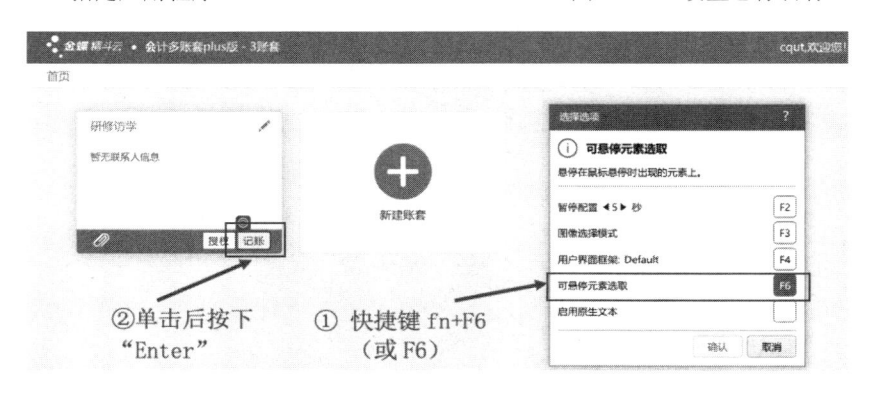

图 10-32　单击"记账"

4.填入卡片信息

步骤十一：在【登录系统与账套】下方添加序列，并重命名为"填入卡片信息"。将【使用应用程序/浏览器】活动添加到该序列，指定"精斗云云会计"页面，如图 10-33 所示。在执行中添加【悬停""资产""】活动，单击"在此应用程序中指定"，选中"资产"，待选中位置变为绿色框后，按下"Enter"键完成选择，如图 10-34 所示。然后添加【单击】活动，单击"卡片"，按下"Enter"键完成选择，如图 10-35 所示。最后单击"新增"，如图 10-36 所示。

步骤十二：在单击"新增"后添加 12 个【输入信息】活动，依次单击"在此应用程序中指定"，抓取"新增卡片"页面的固定资产编码、固定资产名称、固定资产类别、开始使用日期、预计使用期限、预计残值率、折旧费用分摊科目、资产原值、税额、减值准备、已折旧期间数、期初累计折旧等，并在文本中输入对应变量，如图 10-37 所示。

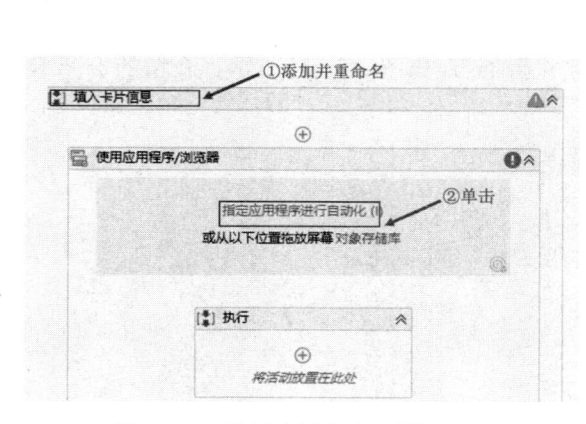

图 10-33　使用应用程序/浏览器

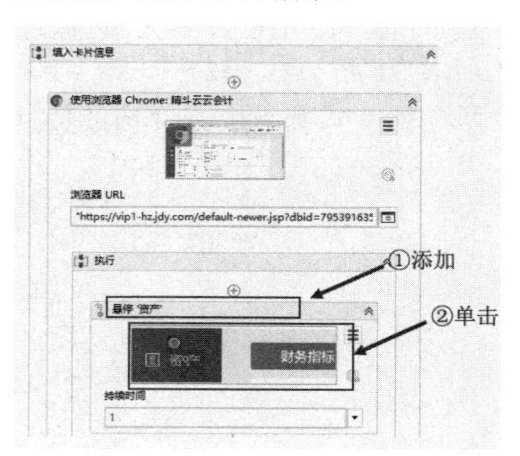

图 10-34　在"资产"处悬停

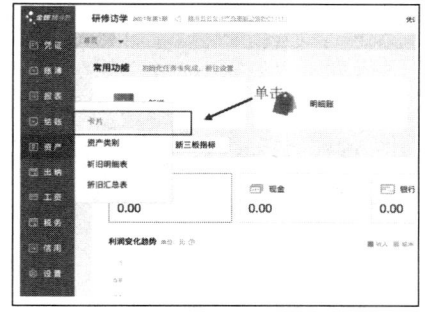

图 10-35　单击"卡片"

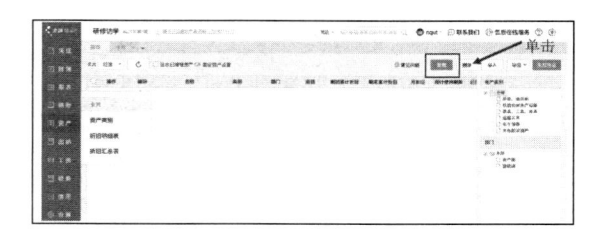

图 10-36　单击"新增"

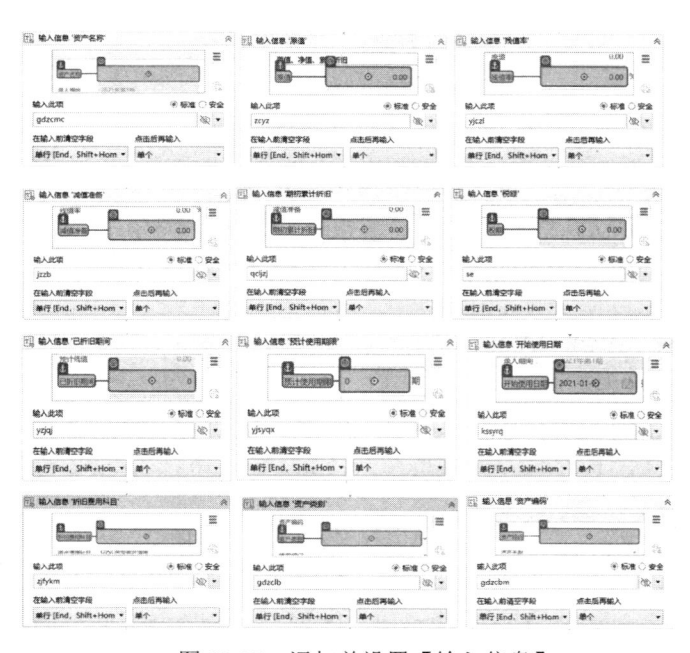

图 10-37　添加并设置【输入信息】

第 10 章　应用程序交互自动化　▶　263

步骤十三：添加【单击】活动，单击"使用部门"的下拉标志，如图 10-38 所示。单击"新增"，如图 10-39 所示。输入部门编码"002"（可任意输入）与名称"sybm"，单击"确定"，如图 10-40 所示。按下"保存并返回 Studio"，退出录制。在【输入信息"名称"】活动中删除"sybm"的双引号。最后单击"保存并新增"，如图 10-41 所示。新增的资产卡片如图 10-42 所示。

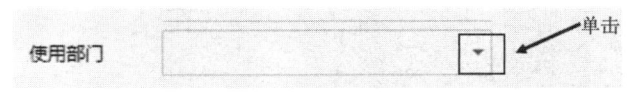

图 10-38　单击"使用部门"下拉标志

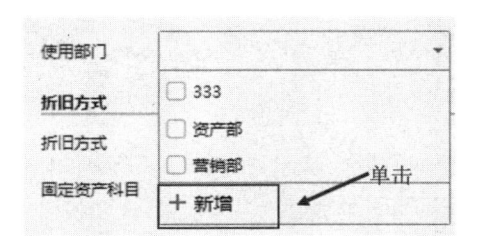

图 10-39　单击"新增"

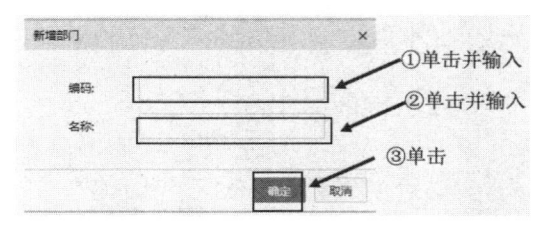

图 10-40　输入编码、名称并单击"确定"

图 10-41　单击"保存并新增"

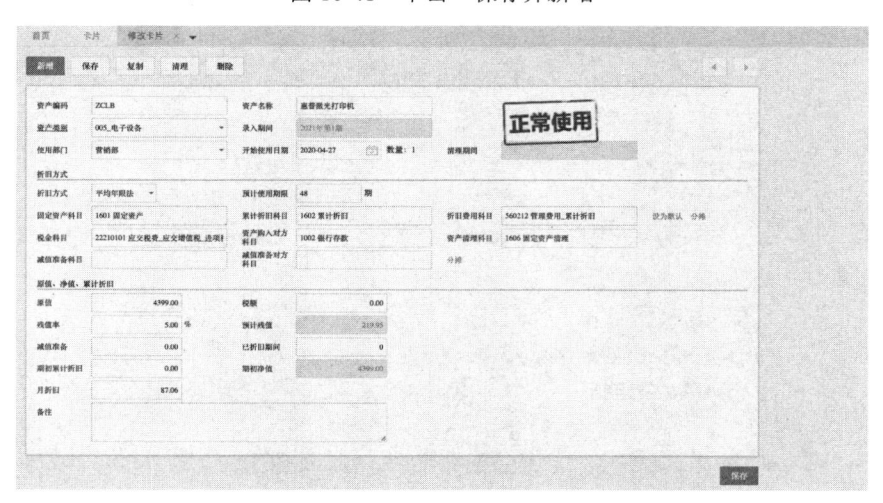

图 10-42　新增的资产卡片

【沙盘模拟推演】

机器人开发完成后，思考机器人的部署方式和运行模式；分析资产卡片录入机器人带来的价值，同时考虑机器人运行过程中可能存在的风险与应对措施。

以小组为单位，在 RPA 财务机器人开发模拟物理沙盘上推演"机器人运用"，包括机器人的部署与运行、价值与风险及人机如何协作共生。

【课后思考】

为什么有时候机器人运行会提示界面元素找不到的错误？可以采取哪些措施最大限度地减少此类情况的发生呢？程序如何修改？

【延伸学习】

学完使用 UiPath 进行网页端的资产卡片录入后，如果需要对某个资产卡片信息进行修改，数据文件和机器人程序应该如何完善呢？有兴趣的同学可以进行更深入的学习和实践。

第三部分

UiPath 财务机器人开发

第 11 章 会计记账处理机器人

11.1 场景描述与业务流程

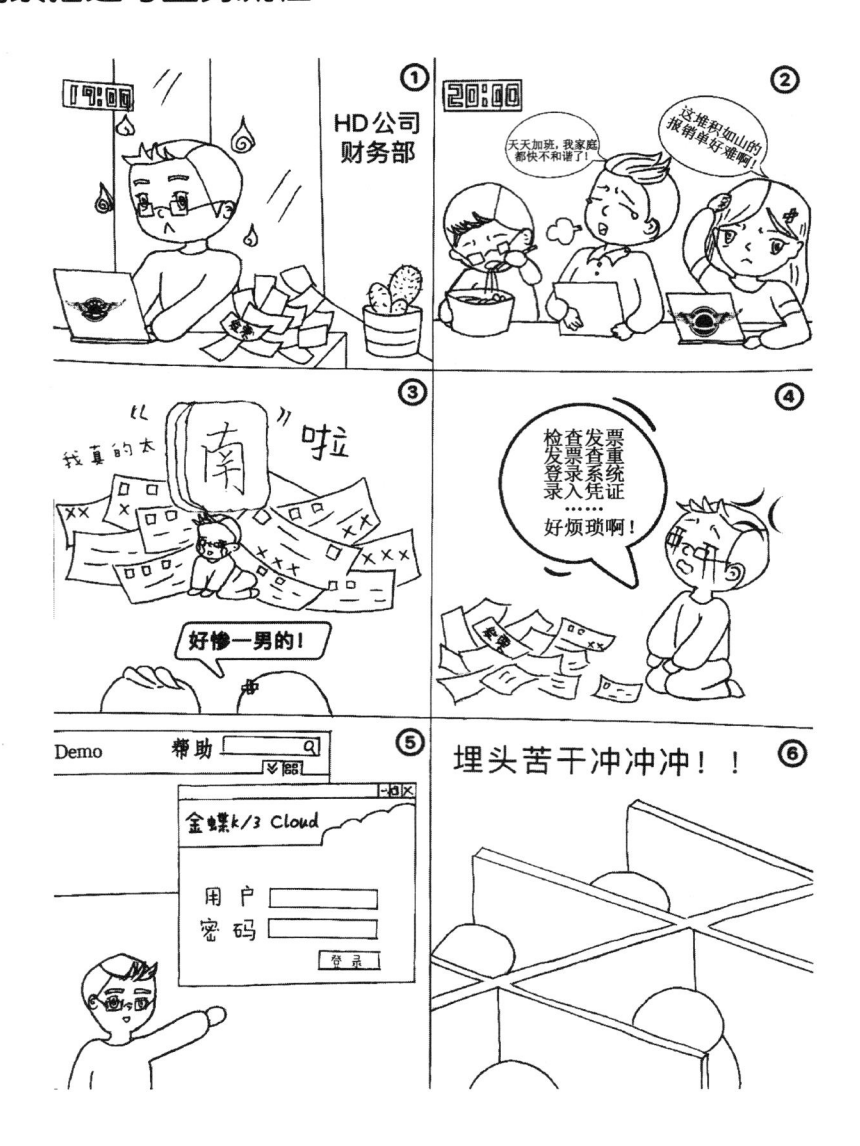

周五晚七点，穿着黄色马甲的外卖小哥拎着外卖盒赶到了 HD 公司财务部办公区，"陈奕竹，你的外卖到了，麻烦来取一下。"没有人回答。外卖小哥一眼望去，数颗脑袋被计算机屏幕照得发亮，认真敲打键盘发出的清脆声音响彻着整个办公区。"谁是陈奕竹，你的外卖到了！"外卖小哥又扯着嗓子喊道。这时，只见一堆凭证后幽幽地升起了一颗脑袋，"我的！我的！你先放在那里吧，我现在手头忙。"说完，头又低了下去。外卖小哥也不再说什么，放下外卖盒转身走了……

办公室墙上时钟的时针指向了"8"，陈奕竹才伸直了腰，抬头看了看时间，"怎么这么快就八点了，哎呀，我的外卖快餐都忘记吃了！"

这时，只见计算机后又缓缓露出了几个脑袋，"居然都八点了，你们看看这堆报销单，即使是有'蛮好用'计算机的帮助，可这什么时候能结束还是个未知数！"罗梦晴指着面前堆积如山的单据说道。

"是啊，工作日加班，周末加班，我妈天天念叨我很久都没有回家陪她吃晚饭了。"聂琦叹了叹气。

"哎，你这算什么，我们公司'蛮'帅的高管、分管市场的姚斌星副总上个月组织了一次'大数据智能化时代的财务转型'会议，300 多人参会，他垫付的好多费用我都还没给他报下来。还有公司的首席科学家，同时分管公司技术研发的徐明泉副总上周带领十几名技术骨干去国外考察，昨天刚回公司就让秘书送过来这么厚一叠报销单。"陈奕竹边比画边说道，"堆积的事情真的太多了。你说说，一张差旅费报销单后面有时候附了十几张发票，多的就不说了，最少也有好几张吧，公司规定每张发票都要查验是否重复报销，输代码、号码、金额、日期都要好一会儿，更何况这么几千人的大公司呢！查验完了还要登录金蝶精斗云财务系统做账、录入凭证，唉，不提了！目前也没有办法能够有效地提高这些会计基础工作的效率，每一件都需要人来做，只能希望公司赶紧再招几个财务人员吧。"陈奕竹摇摇头说道，"吐槽完了还是快点工作吧，不然今晚又不知道得多晚才能回家了。"说完大家都埋下头接着工作……

HD 公司会计记账处理业务流程如图 11-1 所示。

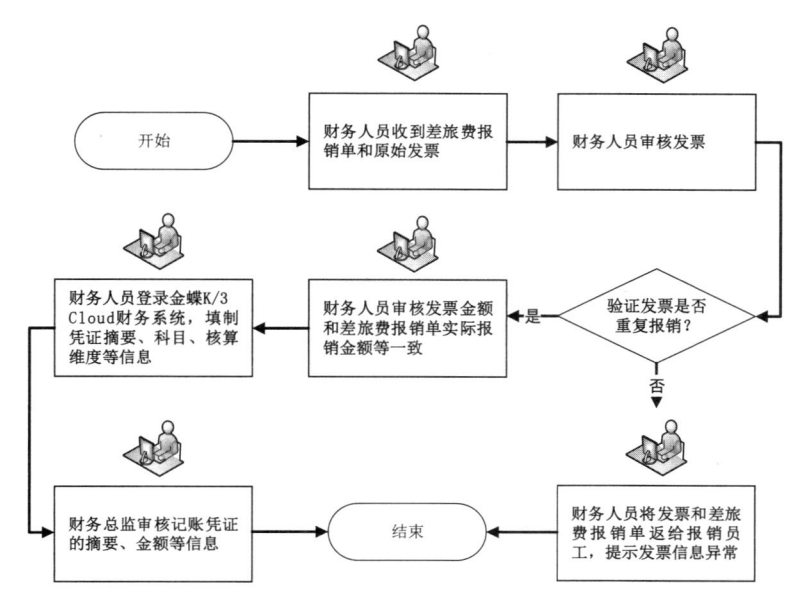

图 11-1　HD 公司会计记账处理业务流程

11.2 自动化流程设计

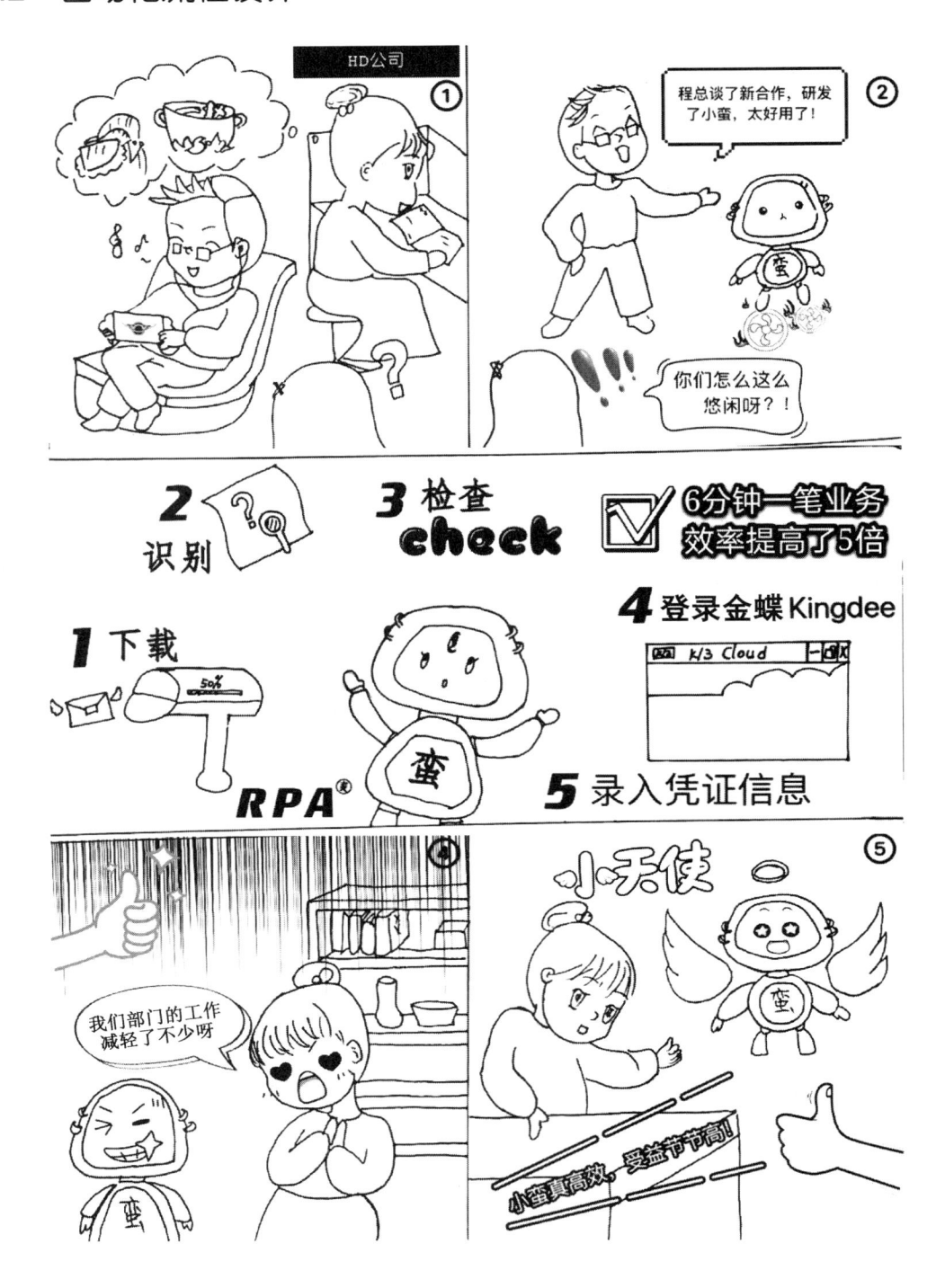

罗梦晴出差半个月回来，惊讶地发现大家在公司都变得"游手好闲"起来。平时午休时间也依旧忙碌的财务部办公区现在竟然是这番景象：陈奕竹戴着耳机正在玩火爆的新款游戏"蛮好玩"，徐涵璐翻着食谱研究养生十全大补汤，聂琦跟着计算机上的舞蹈视频在那比比画画。"你们怎么了？是老板布置的任务太少了吗？为什么不忙了呢？"罗梦晴诧异道。

陈奕竹："这你就不知道了吧。程总现在非常重视财务工作的 RPA 数字化转型，已经与×××公司签订合作协议。合作公司的章聂琳副总安排了经验丰富的 RPA 技术团队，正在全力研发用于会计记账处理的财务机器人小蛮，目前研发工作已经取得了突破性进展，正在我们部门试运行呢。你别说，这个小蛮还真高效，凭一己之力，短短两天就解决了我们几个人大半个月的工作量。"

罗梦晴："真的吗？这个小蛮听起来很厉害的样子，赶紧给我介绍一下吧。"

陈奕竹："那我先给你讲讲我们公司现在基于财务机器人的自动化流程设计吧。首先要在服务器上部署财务机器人小蛮，设定好他的运行模式后，小蛮会登录公司财务中心费用报销专属邮箱，自动下载交通运输与餐饮服务增值税电子发票，将其保存到电子发票档案管理文件夹。然后小蛮将下载的发票代码和已报销的发票代码进行比对，看发票是否已经报销。若发票查验已经报销，小蛮则将已报销发票信息写入发票登记信息表，同时将其查验结果登记为"该发票重复报销"，并发送邮件至报销员工邮箱提示该发票重复报销；若发票查验未报销，小蛮则将识别、抓取的发票号码、代码、纳税人识别号、类型、单价、税率等信息，写入增值税发票登记信息表，同时记录工作状态。随后，小蛮根据增值税发票登记信息表、公司员工信息表，将摘要、金额、报销人等信息写入记账凭证信息表，并根据科目转换表中的关键词搜索记账凭证信息表中的摘要信息，若搜索失败，小蛮会提示财务人员更新科目转换表，记录工作状态；若搜索成功，小蛮会将每笔业务对应的借贷方科目写入记账凭证信息表，同时记录工作状态。接下来，小蛮登录金蝶 K/3 Cloud 财务系统，打开凭证录入窗口，逐条录入记账凭证信息表中的凭证信息，同时记录凭证号和对应的工作状态。最后，小蛮在完成所有的凭证录入工作后，将工作完成情况状态表发送至财务部报销小组负责人邮箱。"

罗梦晴激动地拍拍小手，说道，"咦？那我们部门原本有 4 个人从事会计记账处理工作，现在恐怕得'裁员' 2 个人去财务经理岗位一直空缺的子公司哟，话说这到底是坏事还是好事呢？"

HD 公司会计记账处理机器人的自动化流程设计如图 11-2 所示。

小蛮上线后，它的价值在哪里呢？

我们来算一下。有了它，每个月至少可以节约 16 000 余元的人工成本！原来每张凭证从收到发票、验证发票到登记入账的平均时间大约为 8 分钟，每天至少需要处理 150 余张凭证，现在每张凭证的处理时间缩短为 1 分钟左右，据程总透露，咱们这个小蛮每个月投入成本也不过 1000 余元，收益真是棒棒哒！"

【思维拓展】

本章节案例中的发票是指电子发票，其信息的获取采取的是 PDF 文本识别方法，现在我们思考一下，如果遇到了影像格式的发票怎么处理呢？另外，本案例中没有进行电子发票的真伪查验，有哪些途径和方法可以实现这个功能？程序应该如何修改实现呢？

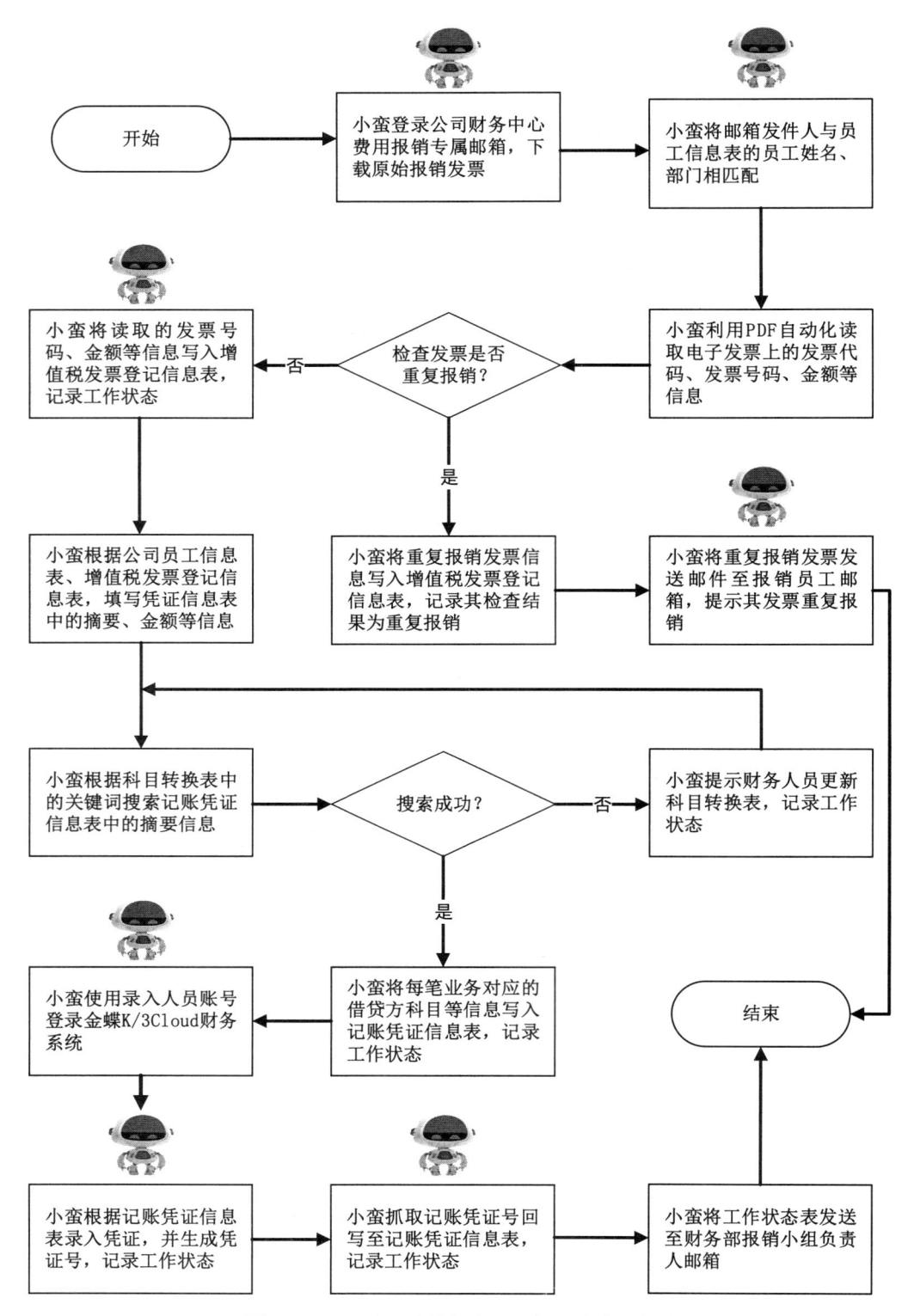

图 11-2　HD 公司会计记账处理机器人自动化流程

11.3 机器人开发

11.3.1 技术路线

会计记账处理机器人基于 UiPath Studio 软件进行开发，其总体技术路线如下：
（1）添加【获取 IMAP 邮件消息】，并配置活动。
（2）添加【读取 PDF 文本】，读取增值税发票信息。
（3）添加【读取范围】和【对于数据表中的每一行】，获取数据。
（4）添加【Excel 流程作用域】和【使用 Excel 文件】，读取和写入结果。
（5）添加【IF】，判断条件成立，执行程序。
（6）添加【Try Catch 处理】活动处理信息。
（7）添加【录制】活动，自动登录金蝶精斗云财务系统录入凭证。
（8）添加【发送 SMTP 邮件消息】，发送电子邮件。

11.3.2 开发步骤

1. 邮箱下载报销发票

步骤一：添加【序列】，命名为"会计记账机器人"，并在其中添加一个序列命名为"邮箱下载报销发票"。双击打开【邮箱下载报销发票】，在其中添加【获取 IMAP 邮件消息】，然后依次填写其属性中的"服务器""端口""邮件文件夹"等信息，"密码"和"电子邮件"默认填写登录的邮件账号和密码，最后创建输出变量"mail"，如图 11-5 所示。

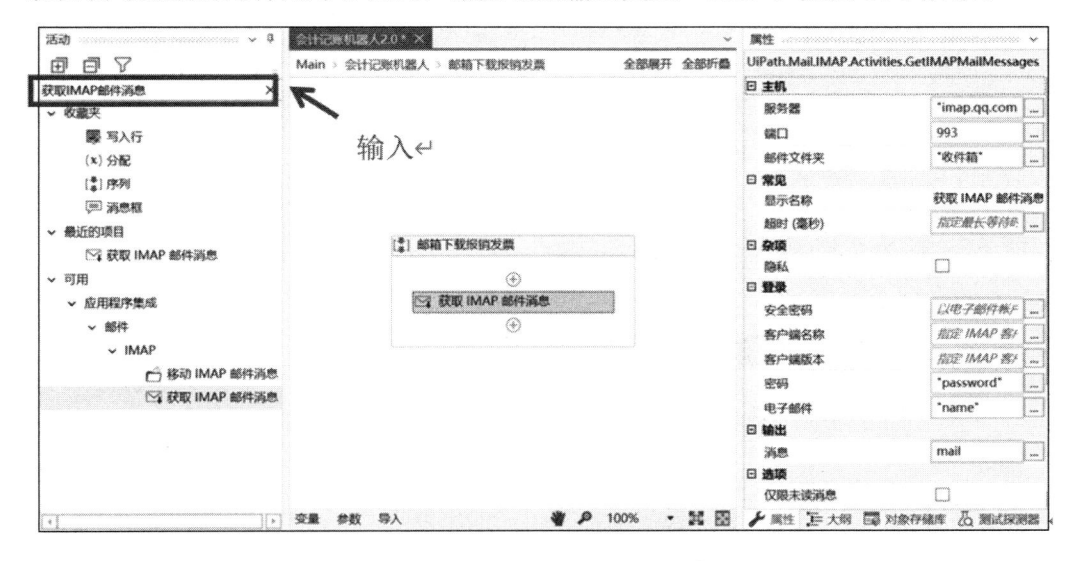

图 11-5 【获取 IMAP 邮件消息】属性设置

步骤二：将【遍历循环】添加至【获取 IMAP 邮件消息】下方，将"项目列表"设置为"mail"，并在其属性中设置"TypeArgument"类型为"System.Net.Mail.MailMessage"，如图 11-6 所示。（若列表中没有该类型，可单击"浏览类型"，输入"mailmessage"查找。）

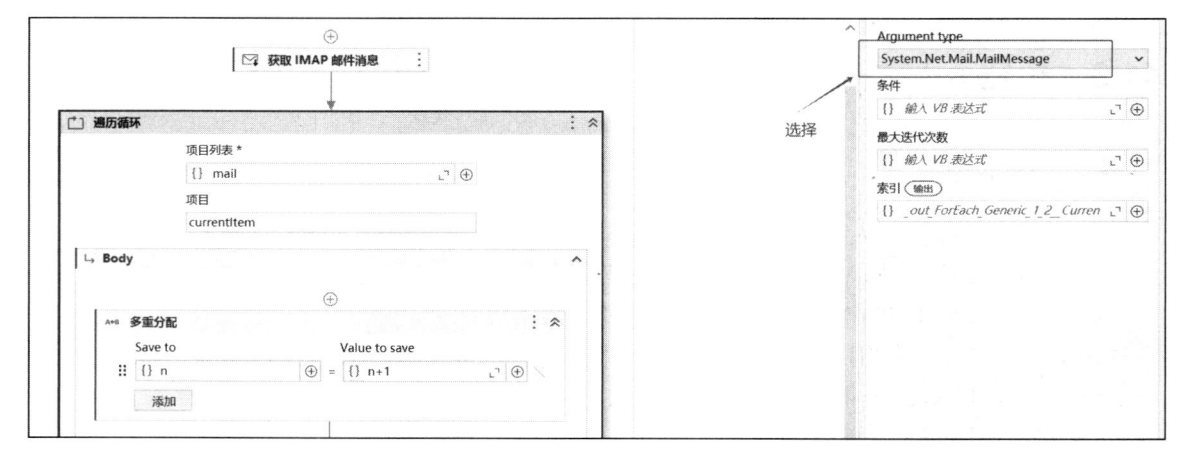

图 11-6 设置【遍历循环】的"TypeArgument"类型

步骤三:把【A←B 多重分配】和【写入单元格】(工作簿)添加至"正文"中。然后在【A←B 多重分配】中新建变量"n",值为"n+1",在变量面板中设置其数据类型为"Int32",默认值为"1",如图 11-7 所示。接下来,在【写入单元格】中,工作簿路径设置为""会计记账信息表.xlsx"",工作表名称为""邮件信息表"",单元格为""A"+n.ToString",单元格内容为"currentItem.From.Tostring",如图 11-8 所示。

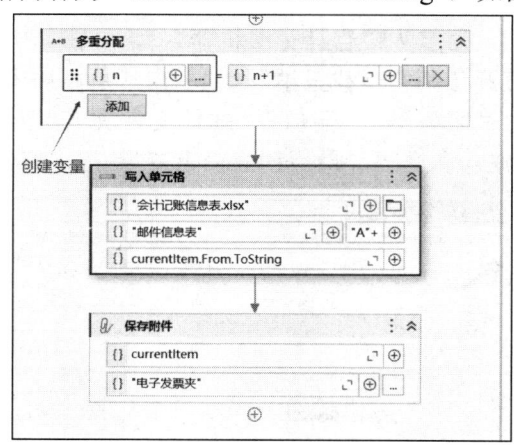

图 11-7 创建变量"n"

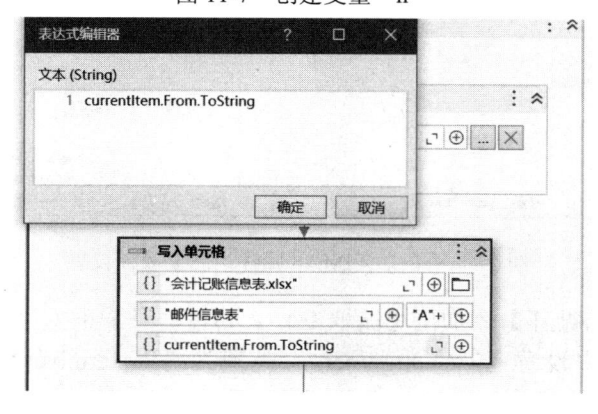

图 11-8 设置【写入单元格】属性

步骤四：将【保存附件】添加至【写入单元格】下方，依次将"currentItem"和附件保存路径填入其活动中，如图 11-9 所示。

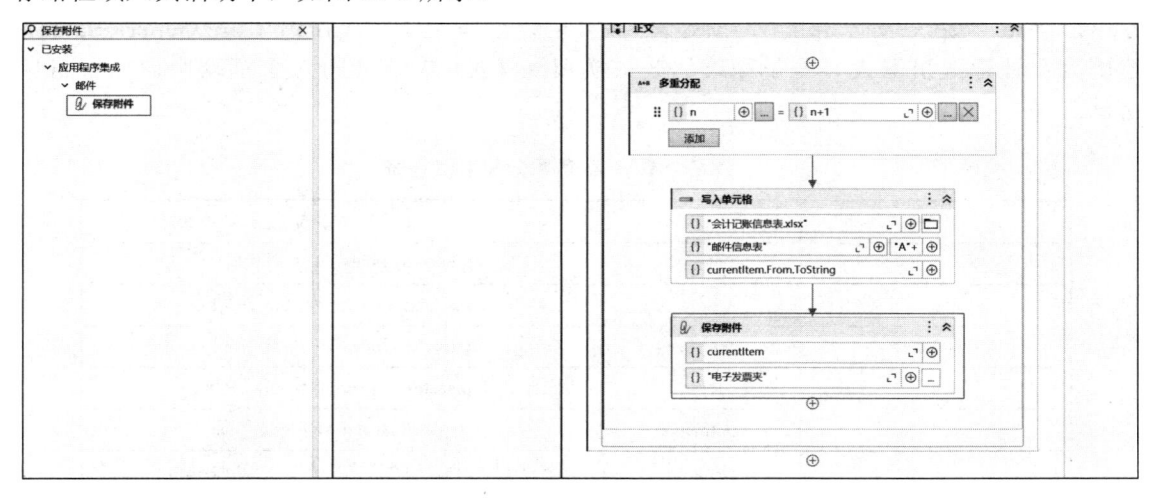

图 11-9　添加【保存附件】并设置

2. 识别发票信息

步骤五：折叠【邮箱下载报销发票】，在其下方添加【序列】，并重命名为"识别发票信息"。将【读取 PDF 文本】添加至【识别发票信息】中，选择文件的存放路径"电子发票夹\餐饮费报销发票.pdf"，并新建输出变量"text"，如图 11-10 所示。

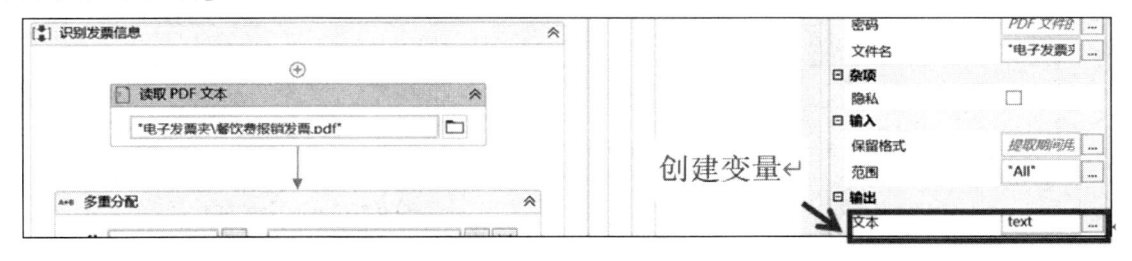

图 11-10　将读取的 PDF 文本设置为变量"text"

步骤六：在【读取 PDF 文本】下方添加【A←B 多重分配】活动，同时，新建变量"replacetext"，输入表达式"text.Replace(System.Environment.NewLine,"")"，如图 11-11 所示。

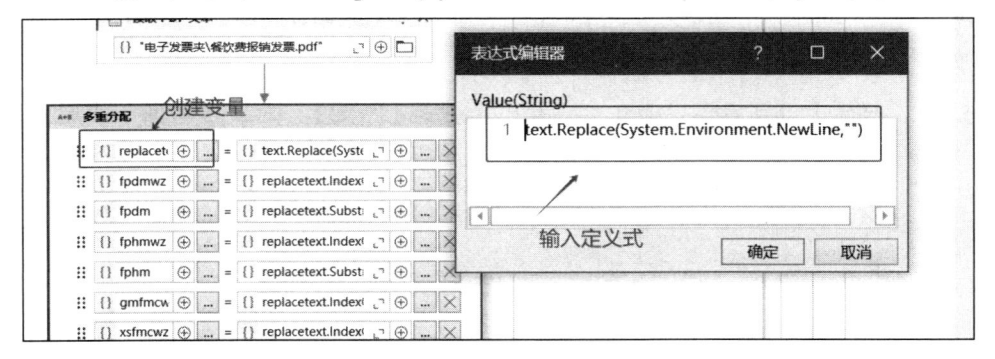

图 11-11　新建变量"replacetext"，同时输入表达式

第 11 章　会计记账处理机器人　▶　273

步骤七：在【A←B 多重分配】中单击"添加"，同时新建变量"fpdmwz""fpdm""fmhmwz""fphm""gmfmcwz""xsfmcwz""xsfmc""nsrsbhwz""nsrsbh""jewz""je""sewz""se""fplxwz""fplx""fwwz"和"fw"，变量类型为UiPath.Core.GenericValue，范围为会计记账机器人，变量和表达式依次填入【A←B 多重分配】活动中，如表 11-7 所示。

表 11-7 【A←B 多重分配】信息表

序号	To	VB 表达式
1	fpdmwz	replacetext.IndexOf("发票代码:")
2	fpdm	replacetext.Substring(fpdmwz+5,12)
3	fphmwz	replacetext.IndexOf("发票号码:")
4	fphm	replacetext.Substring(fphmwz+5,8)
5	gmfmcwz	replacetext.IndexOf("名 称")
6	xsfmcwz	replacetext.IndexOf("名 称"，gmfmcwz+1)
7	xsfmc	replacetext.Substring(xsfmcwz+5,12)
8	nsrsbhwz	replacetext.IndexOf("纳税人识别号")
9	nsrsbh	replacetext.Substring(nsrsbhwz+8,18)
10	jewz	replacetext.IndexOf("合 计")
11	je	replacetext.Substring(jewz+4,6)
12	sewz	replacetext.IndexOf("价税合计")
13	se	replacetext.Substring(sewz-4,4)
14	fplxwz	replacetext.IndexOf("电子")
15	fplx	replacetext.Substring(fplxwz+2,4)
16	fwwz	replacetext.IndexOf("税 额")
17	fw	replacetext.Substring(fwwz+4,4)

"IndexOf()"是用于返回某个指定的字符串值在字符串中首次出现的位置，表达式为"stringObject.IndexOf(searchvalue,fromindex)"，而"Substring()"是用于提取字符串中介于两个指定下标之间的字符，表达式为"stringObject.Substring(start,stop)"。

步骤八："汽油票报销发票"的关键信息识别如上述步骤五至步骤七所述。

3. 发票查验

步骤九：折叠【识别发票信息】，在其下方添加【序列】，并重命名为"发票查验"。在【活动】中搜索【读取范围】，同时将其添加至【发票查验】中，如图 11-12 所示。

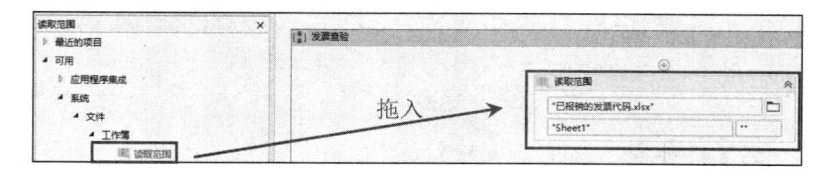

图 11-12 添加【读取范围】

步骤十：修改【读取范围】的"工作簿路径"为""已报销的发票代码.xlsx"","工作表名称"为""Sheet1"","范围"为""""，在"输出→数据表"处创建变量"bxfp"，范围为会计记账机器人。如图11-13所示。

图 11-13　修改【读取范围】

步骤十一：在【读取范围】下添加活动【对于数据表中的每一行】，在【对于数据表中的每一行】的"输入"中输入"bxfp"，如图11-14所示。

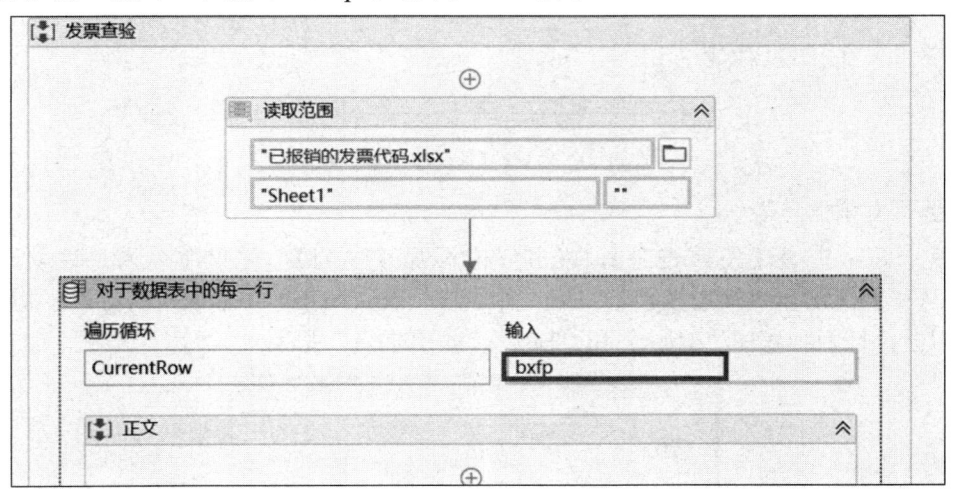

图 11-14　修改【对于数据表中的每一行】

步骤十二：添加活动【IF】，在【IF】的"condition"中输入"fpdm= CurrentRow("已报销（发票代码）").ToString"，如图11-15所示。

步骤十三：在 IF 条件的"Then"中添加活动【A←B 多重分配】，在【A←B 多重分配】的"受让人"处创建变量"cyjg"，范围为会计记账机器人，在"值"中输入"已报销"，如图11-16所示。

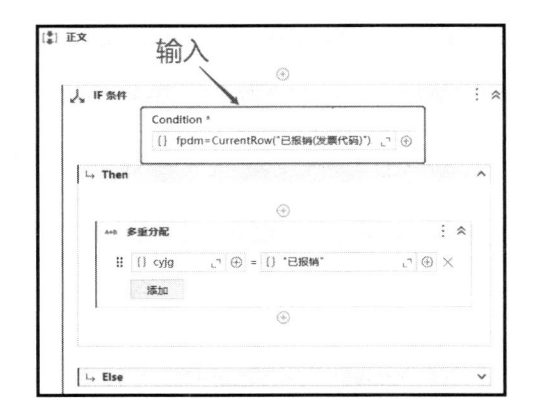

图 11-15　添加【IF】

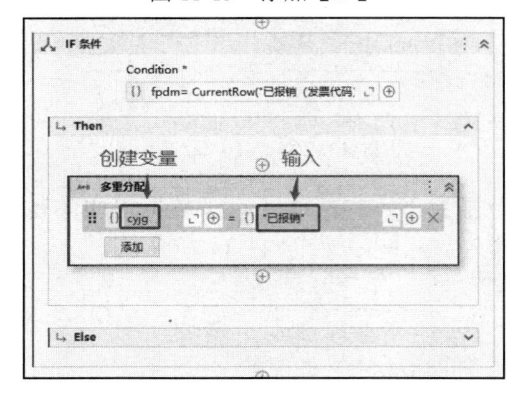

图 11-16　修改【A←B 多重分配】

4. 填写发票信息表

步骤十四：折叠【发票查验】，在其下方添加【序列】，并重命名为"读取发票信息表"。将【IF】添加至"读取发票信息表"中，在"condition"中输入"cyjg="已报销""，判断条件后会执行两种程序"Then"和"Else"，如图 11-17 所示。

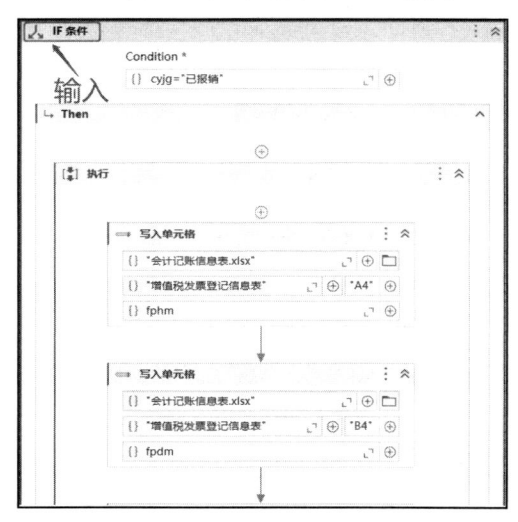

图 11-17　添加【IF】

步骤十五：在"Then"下添加多个【写入单元格】，【写入单元格】对应填写的信息如图 11-18 和表 11-8 所示。然后添加【发送 SMTP 邮件消息】至【写入单元格】下方，"收件人"地址为需要反馈查验结果的员工邮箱，"主题"为"fphm+"发票查验异常""，"正文"内容为""该发票已经报销，请勿重复报销""，如图 11-19 所示。

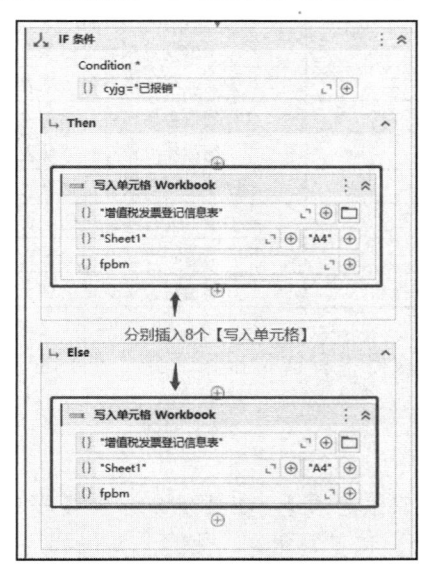

图 11-18 添加【写入单元格】

表 11-8 【写入单元格】填写的信息

单元格序号	输入值	工作表名称	范围
1	fphm	"增值税发票登记信息表"	A4
2	fpdm	"增值税发票登记信息表"	B4
3	fplx	"增值税发票登记信息表"	C4
4	xsfmc	"增值税发票登记信息表"	D4
5	nsrsbh	"增值税发票登记信息表"	E4
6	je	"增值税发票登记信息表"	F4
7	se	"增值税发票登记信息表"	G4
8	"该发票重复报销"	"增值税发票登记信息表"	J4

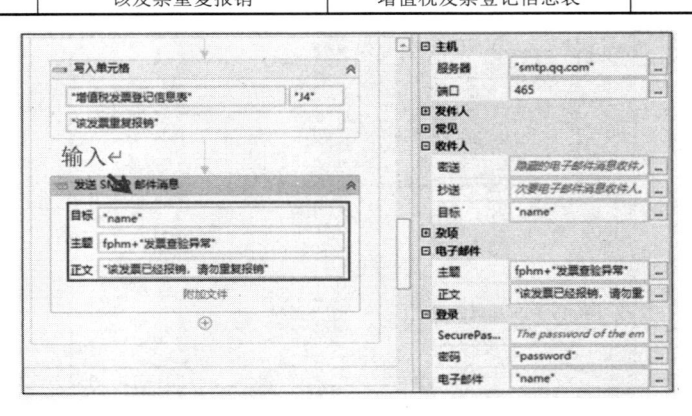

图 11-19 发送邮件消息

第 11 章 会计记账处理机器人

步骤十六：在"Else"下添加多个【写入单元格】，【写入单元格】对应填写的信息如表11-9所示。

表 11-9 【写入单元格】填写的信息

单元格序号	输入值	工作表名称	范围
1	fphm	"增值税发票登记信息表"	A4
2	fpdm	"增值税发票登记信息表"	B4
3	fplx	"增值税发票登记信息表"	C4
4	xsfmc	"增值税发票登记信息表"	D4
5	nsrsbh	"增值税发票登记信息表"	E4
6	je	"增值税发票登记信息表"	F4
7	se	"增值税发票登记信息表"	G4
8	"该发票首次报销"	"增值税发票登记信息表"	J4

步骤十七：按上述三个步骤将"餐饮费报销发票"的信息填写到"增值税发票登记信息表"中。

5. 填写凭证信息表

步骤十八：折叠【读取发票信息表】，在其下方添加【序列】，并重命名为"摘要"，并在其中依次添加【读取单元格】和【写入单元格】，并选择工作簿路径。将""邮件信息表""中的""D2""和""C2""单元格的输出结果分别设置为变量"bm"和"p"，范围为会计记账机器人，最后写入""凭证信息表""的""B2""单元格。""B2""单元格内容为""报销"+bm+p+fw+"费""，如图11-20所示。

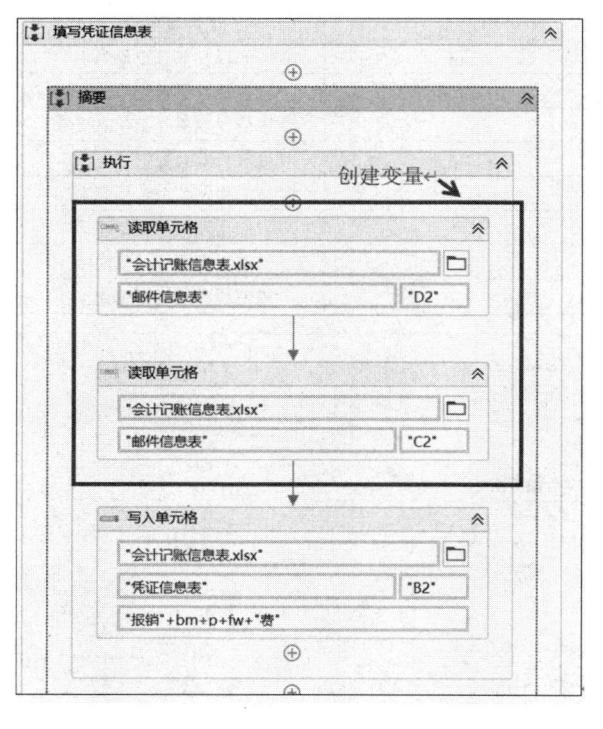

图 11-20 【摘要】设置

步骤十九：在【摘要】下方添加【序列】"借贷科目"，再添加【读取单元格】，选择工作簿路径，读取工作簿中""凭证信息表""的""B2""单元格，将结果设置为新建变量"zy"，将变量范围改为会计记账机器人，范围为会计记账机器人，如图 11-21 所示。

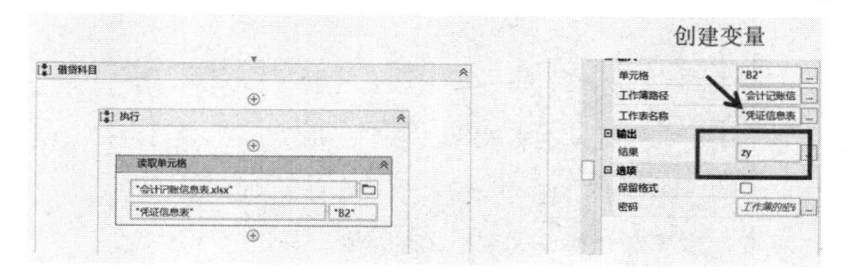

图 11-21　设置【读取单元格】

步骤二十：添加【IF】，在"condition"处输入表达式"zy.Contains(bm)"。如果包含，则执行程序，在"Then"中添加两个【读取单元格】和【写入单元格】，选择工作簿路径。分别将""科目转换表""中的""A2""和""B2""单元格的读取结果新建为变量"jf"和"df"，将变量范围改为会计记账机器人，最后写入需要填写的工作表的单元格中，并添加【读取单元格】，将凭证信息表的"C2"单元格输出为"kmjg"，如图 11-22 所示。

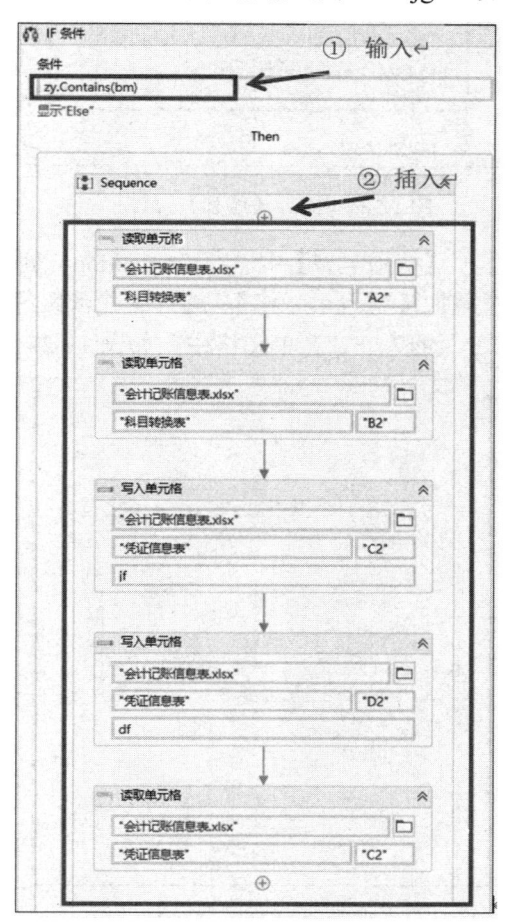

图 11-22　设置【读取单元格】和【写入单元格】

步骤二十一：添加【序列】"部门"，添加【Excel 流程作用域】和【使用 Excel 文件】，选择工作簿路径，添加【写入单元格】，将输出变量"bm"写入""凭证信息表""的""E2""单元格中，如图 11-23 所示。

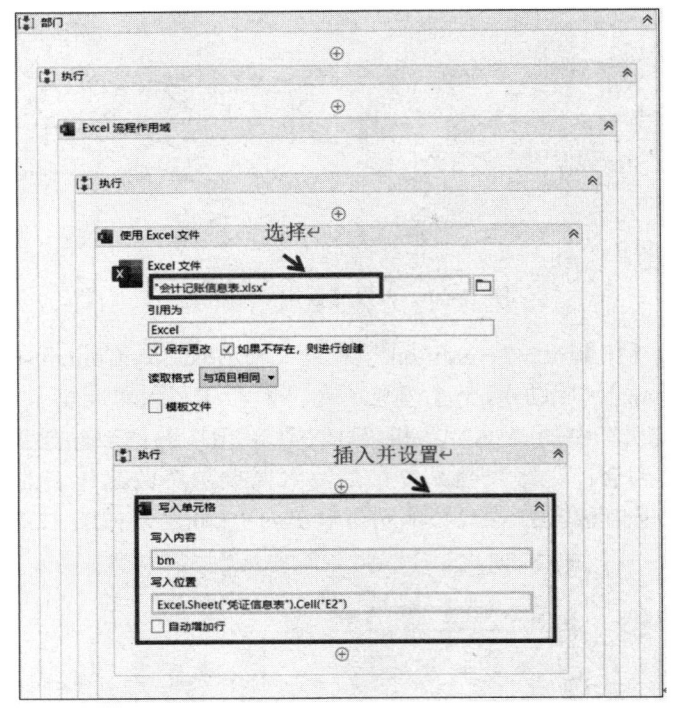

图 11-23　添加【序列】"部门"

步骤二十二：添加【IF】至【费用类型】中，在"condition"处输入表达式"zy.Contains ("餐饮服务")"，在"Then"中添加【写入单元格】，选择工作簿路径。如果条件成立，则把变量"fw"写入""凭证信息表""的""F2""单元格中，如图 11-24 所示。

图 11-24　添加【IF】

步骤二十三：添加【序列】"金额"，添加【Excel 流程作用域】和【使用 Excel 文件】，选择工作簿路径，添加【读取单元格值】，将读取的""增值税发票登记信息表""中的""I4""单元格的输出结果写入""凭证信息表""的""G2""单元格中，并读取为新建变量"jejg"，将变量范围改为会计记账机器人，如图 11-25 所示。

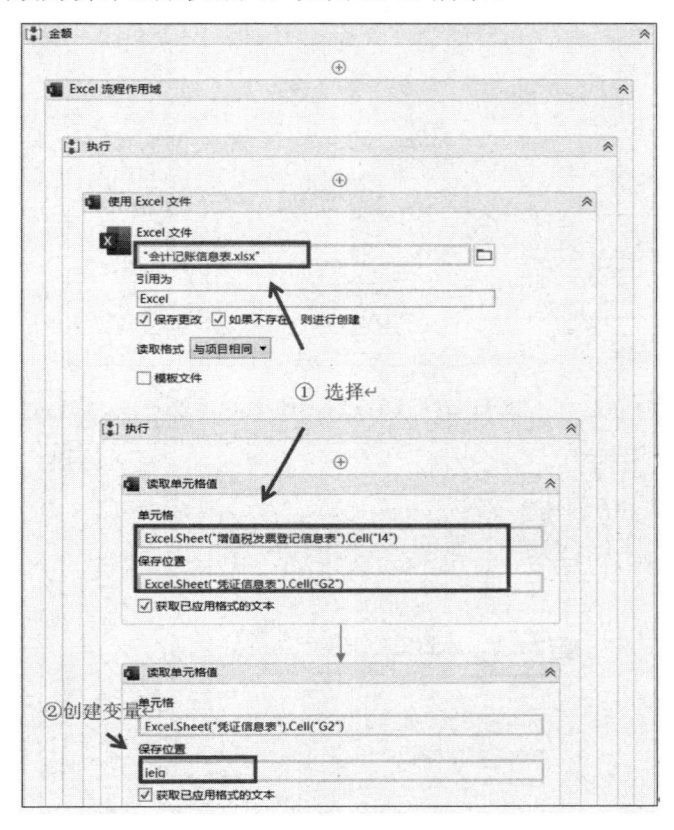

图 11-25 添加【序列】"金额"

步骤二十四：在【序列】"邮箱下载报销发票"外添加【Try Catch 处理】，将步骤五～步骤二十三的操作完成的流程放入【Try】。单击【Catches】下"添加新捕获"，在下拉框中选择"System.ArgumentException"。然后，在【Catches】中添加【A←B 多重分配】，新建变量"zt"，将变量范围改为会计记账机器人，设置其属性为"zt = "失败"+(时间："+ now.ToString+")""。然后在【Try Catch 处理】上添加【A←B 多重分配】，设置属性为"zt = "成功"+(时间："+ now.ToString+")""。最后在【Try Catch 处理】下，添加【写入单元格】，选择工作簿路径，输入工作簿名称为""机器人工作状态表""，单元格属性为"B2"，文本属性为"zt"，如图 11-26 所示。

6. 凭证录入

步骤二十五：添加【序列】"网页录制"，添加【Excel 流程作用域】和【使用 Excel 文件】，选择工作簿路径，添加【读取单元格值】，将读取的""sheet1""中的""B2""单元格新建变量为"zh"，"B3"单元格为"mm"，将变量范围改为会计记账机器人，如图 11-27 所示。

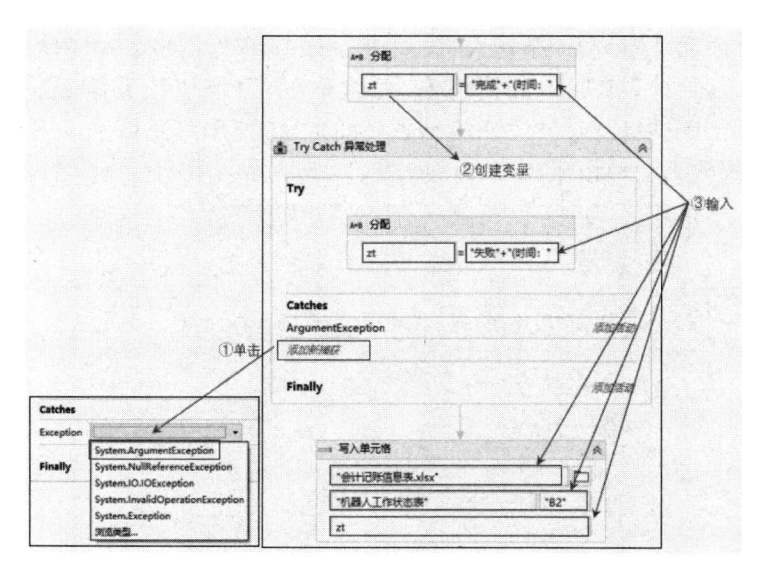

图 11-26 【Try Catch】属性设置

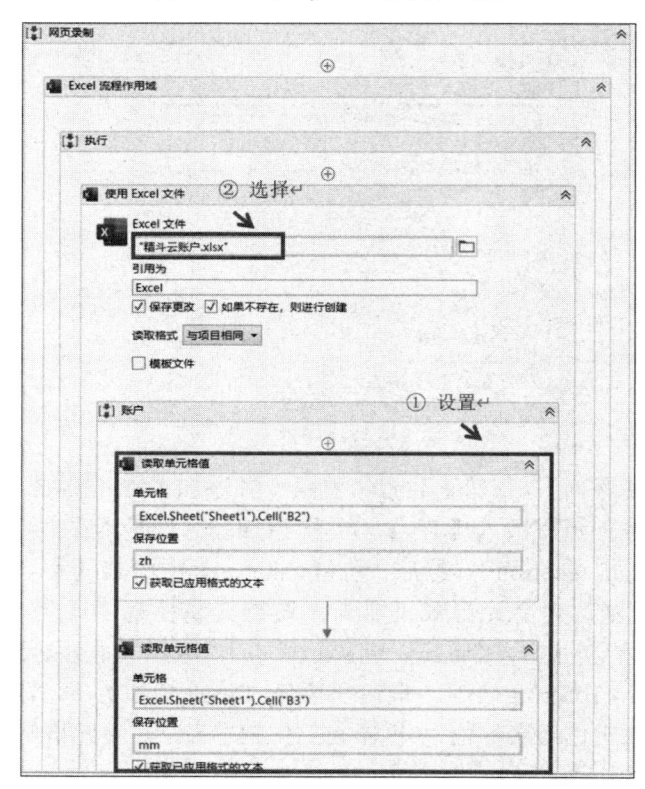

图 11-27 读取账户数据

步骤二十六：进入精斗云登录网址"https://www.jdy.com/login/"，回到 UiPath，单击【录制】，鼠标移至精斗云的账户输入框并单击，单击确认，输入表达式变量"zh"，然后鼠标移至精斗云的密码输入框并单击，单击确认，输入表达式变量"mm"，并在输入账户流程前，添加浏览器活动【最大化窗口】，如图 11-28 所示。

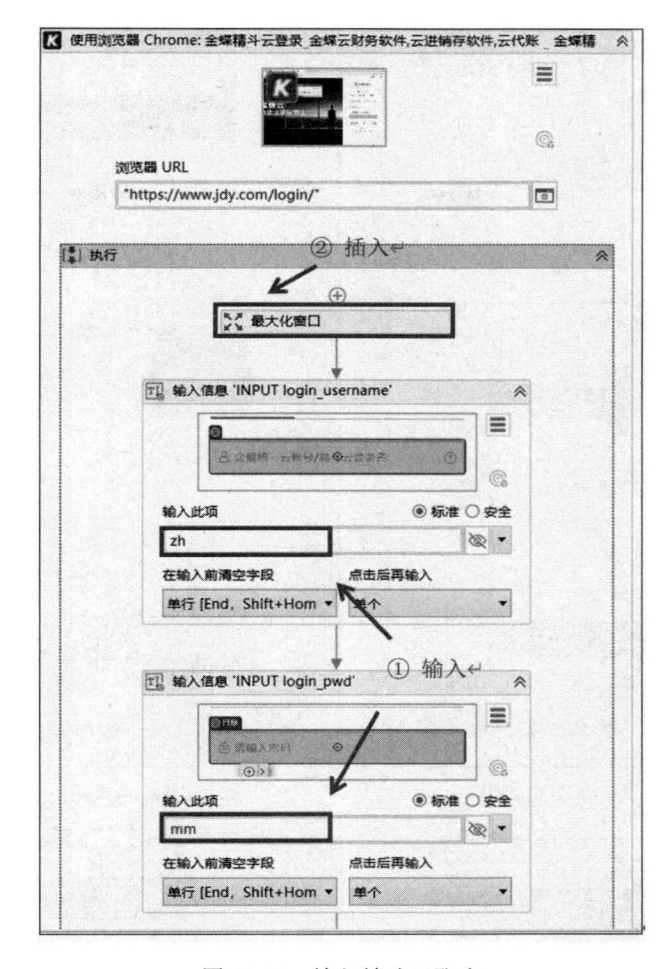

图 11-28 输入精斗云账户

步骤二十七：在【录制】活动中，输入账户密码后，勾选"已阅读并同意《用户协议》"，单击确认，然后单击按钮"登录"，单击确认。如图 11-29 所示。

步骤二十八：在【录制】活动中，登录账户后，会有弹窗提示账套使用，使用鼠标单击"进入使用"按钮。在左方工具栏中的"凭证"处悬停，弹出子功能后，单击"录凭证"。注意，在设置悬停时，在"属性"—"选项"—"输入模式"里，选择"模拟"，进入凭证录入环节，如图 11-30 所示。

步骤二十九：在【录制】活动中，进入录凭证功能后，鼠标移至第一行摘要输入框并单击，单击确认（若抓取为红色域则确认后再次抓取该区域），输入表达式变量"zy"，然后鼠标移至第一行科目输入框并单击，单击确认，输入表达式变量"kmjg"，鼠标再移至第一行借方金额输入框并单击，单击确认，输入表达式变量"jejg"，如图 11-31 所示。

步骤三十：在【录制】活动中，鼠标移至第二行摘要输入框并单击，单击确认，输入表达式变量"zy"，然后鼠标移至第二行科目输入框并单击，单击确认，输入文字"银行存款"，鼠标再移至第二行贷方金额输入框并单击，单击确认，输入表达式变量"jejg"，如图 11-32 所示。

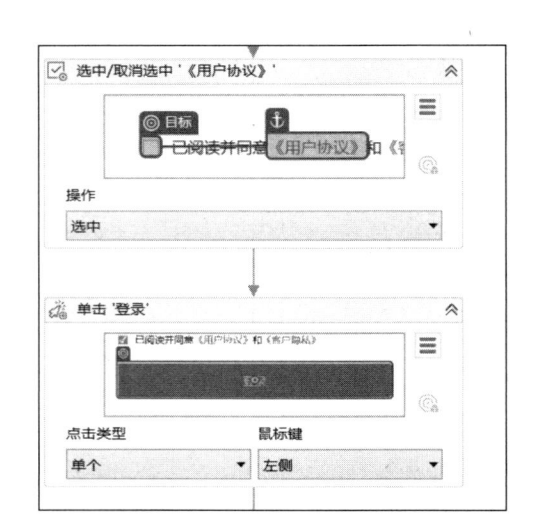

图 11-29　进入精斗云

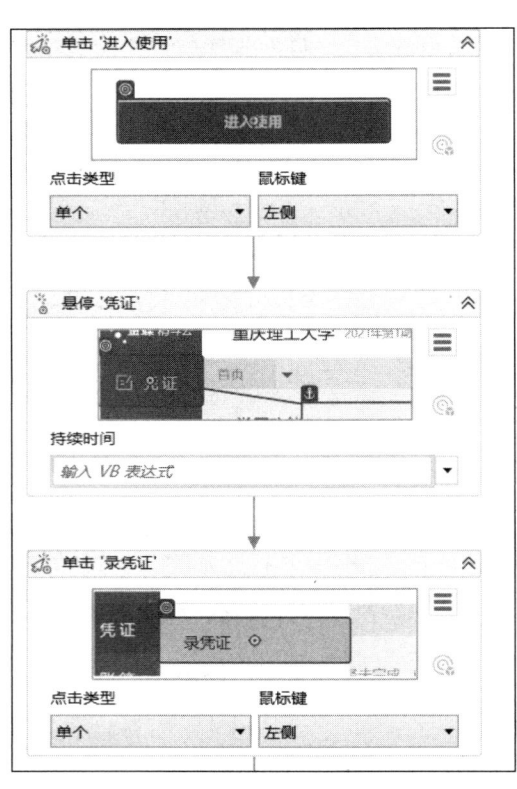

图 11-30　选择录凭证功能

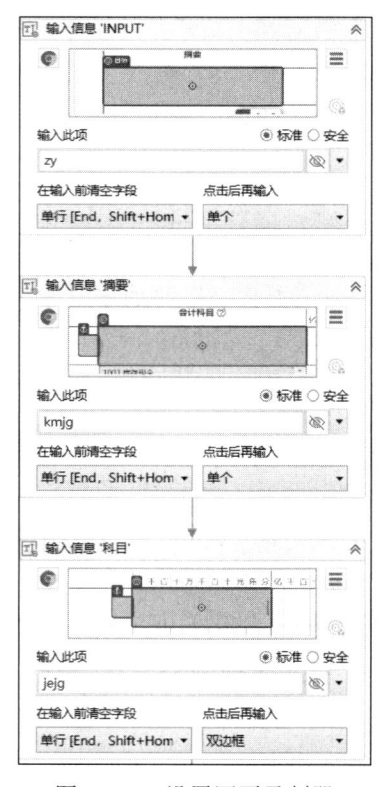

图 11-31　设置网页录制器

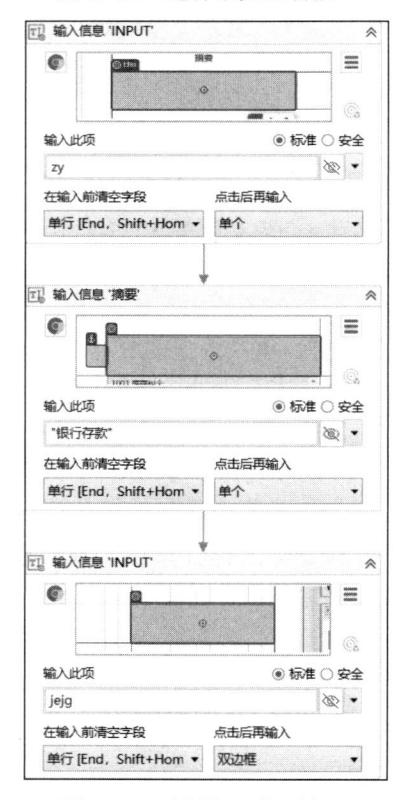

图 11-32　设置网页录制器

步骤三十一：在【录制】活动中，鼠标移至凭证下方的"保存并新增"按钮并单击，如图 11-33 所示。

步骤三十二：由于录入凭证时，输入框会出现随鼠标悬停的变动，使得抓取输入框的流程容易报错，所以在录入凭证中的每一步输入框的操作后添加一个活动【键盘快捷方式】，将快捷键设置为"Enter"，可以使得输入操作后，光标精确地跳转到下一个需要的输入框内。注意，对于第二行科目输入框完成后的键盘方式，需要进行两次"Enter"操作，如图 11-34 和图 11-35 所示。

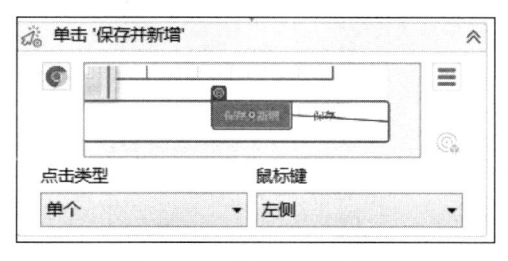

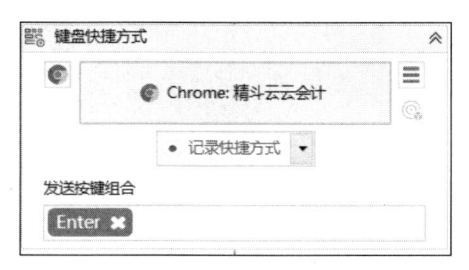

图 11-33　单击保存并新增　　　　　图 11-34　设置【键盘快捷方式】

图 11-35　设置【键盘快捷方式】

7. 发送会计记账信息表等至财务部报销小组负责人邮箱

步骤三十三：添加活动【发送 SMTP 邮件消息】，配置服务器和端口，输入相应的邮箱和通信码，在附加文件中，在值中输入"会计记账信息表.xlsx"，将生成更新的信息表发送给财务部报销小组负责人邮箱，如图 11-36 所示。

【课后思考】

模拟实训结束，请大家思考一下，全国各地的不同类型的电子发票可能在发票模板和内容上存在差异，如何解决发票识别的准确性问题？

【延伸学习】

我们已经学完机器人会计记账，当发票要进行真伪查验时，需要在税务局网站输入验证证。下面是超级鹰验证码识别的键接：https://www.bilibili.com/video/BV1PC4y1Y71w/?spm_id_from=333.788.videocard.7 有关资料，有兴趣的同学可以学习一下，思考如何改进机器人功能。

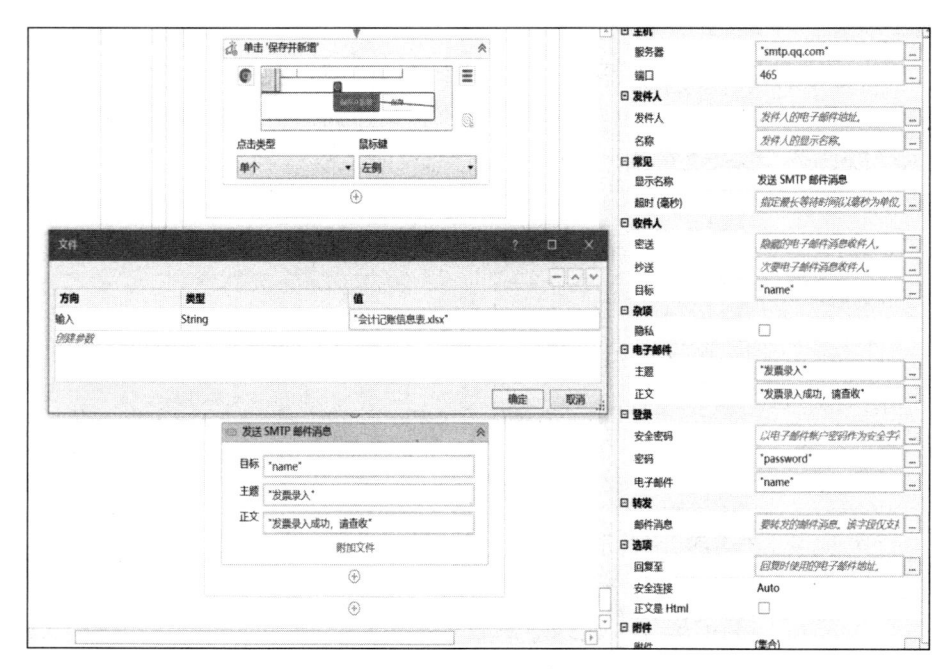

图 11-36　发送邮件

第 12 章　杜邦财务分析机器人

12.1　场景描述与业务流程

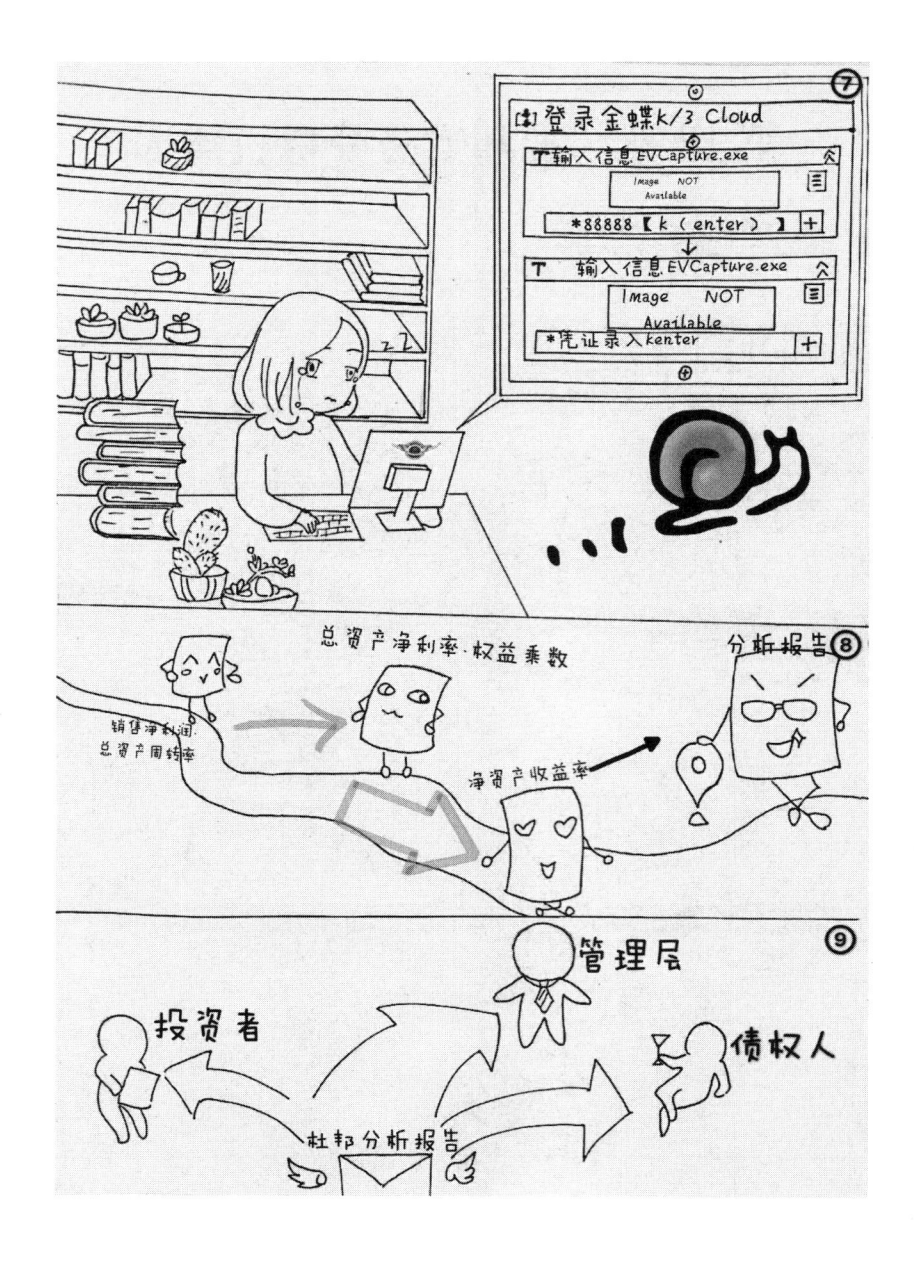

财务分析岗的钱涂一大早就在喃喃自语："来 HD 公司 4 年了，每天都是重复一些琐碎的工作，从早到晚都在做这些越来越觉得没有意义的事情，加班更是家常便饭。现在啥都涨了，就工资没涨，刚进公司的雄心斗志都被这些琐事一天天消磨光了，也不知何时是个头，唉……只能熬着吧。"这时，刚好路过的财务部信息化岗同事徐涵璐看到钱涂情绪很低落，连忙走过去安慰她。

突然，从会议室那边传来很大的喧哗声，两人探头一看，原来是在开总经理办公会，都不约而同地止声聆听会议室的动静。

只听会议室传来公司实际控制人、董事长兼总经理王宏波的发言声："这两年来，受中美贸易摩擦及其宏观环境政策变化的影响，公司经营业绩不太好，股价下跌严重，而财务部门对公司财务状况、经营成果和现金流量的反映既不及时，也不充分。另外，对公司的产品研发、市场开拓和战略政策制定的支持力度也不够，现在公司股东中的几个财务投资者和管理咨询公司机构投资者对此特别有怨言。下面请各位高管针对公司的财务工作发表意见。"

会议室里的高管们立刻开始七嘴八舌地讨论，语气中似乎带着一丝指责和埋怨，但是，由于王董事长在公司有着至高无上的权威，大家在发言的"度"上都把握得惊人的一致。

看到高管们畅所欲言的场景，作为战斗在一线的财务人，今天专门列席总经理办公会的财务经理王文怡也积极发言："首先非常感谢各位高管对公司财务工作的重视。财务部人手虽不少，但是天天都忙于会计核算。公司把我们部门作为成本中心，对人员编制做出了严格限制，所以，我们很难抽出多余的人手去做一些业务财务和战略财务方面的工作。不过，最近程总已经多次召集财务部同事讨论公司的财务转型问题，我相信以后我们财务部门的工作一定会越来越让大家满意的。"王经理话音刚落，财务总监程平立即接着说道："是呀，目前财务部正在思考如何通过建设财务共享服务中心和财务机器人应用来提高财务工作的效率和质量，同时调整财务人员结构。这样就能够在满足公司对财务人员总体成本的控制下，解放出一些财务人员来专门从事服务于市场、研发、采购、销售等部门的业务财务工作。我想这些措施应该能够很好地解决公司目前发展过程中的财务转型问题。另外，上个月我们已经和重庆迪数享腾科技公司签订合作协议，准备开发一些财务机器人。比如，我们正在探索能不能开发一个财务机器人，定期形成业务财务一体化的分析报告，每个月定时发给各位管理层、投资人和债权人看，让相关干系人及时掌握公司的经营发展情况，以更好地服务于公司的经营管理决策。"

听到这里，王董事长发言了："公司的战略发展和经营管理与财务部门的工作是息息相关的，财务部门应该发挥更重要的作用，只有当财务融入业务，财务部门和其他部门协同起来，公司才能实现可持续的、长远的、健康的发展。在平时的工作过程中，管理层要全面、及时地了解公司的运营情况，财务部在做好会计核算合规性、防范财务风险的同时，要开展管理会计应用，这也是财政部的要求。刚才，程总发言说到关于定期形成并共享业务财务一体化的分析报告，这是个很不错的想法，我希望能尽快实施起来。对此，程总能不能先谈一下你对业务财务一体化分析的思路？"

程平思考了一下说道："业务财务一体化分析涉及面广，需要业务系统和财务系统有很好的数据积累基础，对资源的投入和人员的数据分析思维要求也很高。如果要尽快开展这项工作，我想第一阶段以杜邦分析为主，因为杜邦模型能将若干个用以评价企业经营效率和财务状况的比率按其内在联系有机地结合起来，形成一个完整的指标体系，并最终通过权益收益率来综合反映企业效益。采用杜邦分析这种财务分析方法，可使财务比率分析的层次更清晰、条理更突出，能够比较直观、全面、详细地了解企业的经营和盈利状况，有助于向公司管理层呈现更清晰的权益资本收益率相关决定因素。此外，杜邦分析还能够反映销售净利润率与总资产周转率、债务比率相互之间的关联关系，给管理层提供一张明晰的路线图，以考察公司资产管理效率和是否最大化股东投资回报。"

听完程总的发言，大家都纷纷点头，董事长露出赞许的目光："嗯，只要管理层有了这张路线图，公司的很多问题都能迎刃而解，你们财务部也不会再是矛盾的焦点了，程平你要认真负责这项工作的具体落实。"

会议结束后，程总立马找到钱涂，给她布置了一项工作：每个月做杜邦分析，编制分析报告后发给管理层、投资人和债权人。

接到工作后，钱涂泪流满面："天啊！本来手上就堆了一大堆工作，现在每个月还要做杜邦分析，需要收集一大堆数据不说，还得计算分析，真是要了命了。你们不是说要开发财务机器人吗？怎么又是我来做啊……"

虽然整个人处在崩溃的边缘，但是，作为 HD 公司 2018 年度的"优秀财务工作者"，钱涂的基本思想觉悟还是有的。她一边打开公司给优秀员工新配置的"蛮好用"计算机，一边思考如何具体开展杜邦分析："首先我需要知道净利润、销售收入、资产总额、股东权益总额这些数据；其次是用净利润/销售收入计算出销售净利率，用销售收入/资产总额计算出总资产周转率；接着用销售净利率×总资产周转率计算出总资产净利率，用资产总额/股东权益总额计算出权益乘数；再用总资产净利率×权益乘数计算出净资产收益率；最后将计算出来的财务指标和行业平均指标进行对比，深入分析公司的盈利能力、营运能力、偿还能力。"

看着钱涂自言自语的样子，徐涵璐冲她眨眨眼："其实你也不用这么崩溃，听你说半天杜邦分析，我已经有点眉目了，咱公司不是和 RPA 公司在合作吗？我们财务部信息化小组也在配合开发财务机器人，虽然只是初具雏形，但解决杜邦分析绰绰有余，这项任务包在我身上。现在，你先给我详细讲一下你做杜邦分析工作的流程吧。"

钱涂黯淡的眼神一下明亮起来，激动地抓住徐涵璐这根救命稻草："救人一命胜造七级浮屠，及时雨宋江都没你及时，你是公司最帅的，没有之一！听我讲，这个流程就是报表岗位负责人首先登录金蝶 K/3 Cloud 财务系统，导出报表并生成 Excel 文件后通过邮件发给我，我收到之后，计算杜邦分析涉及的一些财务指标，然后根据计算结果编制分析报告后，再通过邮件发送给公司管理层、投资人和债权人。大致流程就这样，我再给你详细讲一讲各部分……"

HD 公司杜邦财务分析业务流程如图 12-1 所示。

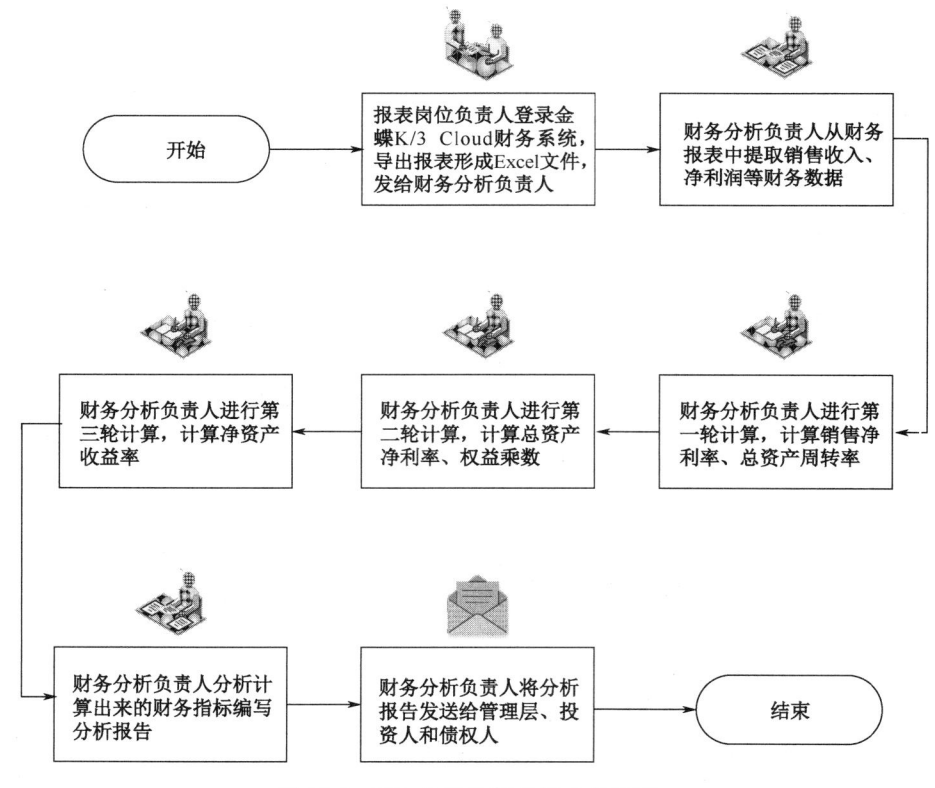

图 12-1　HD 公司杜邦分析业务流程

【沙盘模拟推演】

阅读业务场景描述之后，请结合杜邦分析编制案例，思考案例中涉及的企业情况、所需人物与岗位以及业务描述等要点，并梳理出编制杜邦分析表的业务流程，进行业务痛点分析。

以小组为单位，在 RPA 财务机器人开发模拟物理沙盘上推演"机器人分析"。

12.2　自动化流程设计

钱涂滔滔不绝地讲了十分钟后，终于讲完了整个杜邦分析工作流程。"得嘞，你就等着我的好消息吧！"说完，徐涵璐就回去研究如何开发杜邦财务分析机器人了。

两个小时后，杜邦财务分析机器人小蛮闪亮登场，看着钱涂小小的眼睛里表现出的大大的疑惑，徐涵璐缓缓道出小蛮的流程设计："我给小蛮设计了两种财务报表获取方式，一种是由报表岗位负责人将财务报表发送到财务分析中心指定邮箱，然后小蛮登录邮箱下载财务

第 12 章　杜邦财务分析机器人　▶ 291

报表;另一种是小蛮直接登录金蝶 K/3 Cloud 财务系统,导出报表并形成 Excel 文件后,保存到本地文件夹中。小蛮获取财务报表之后,就开始进行杜邦分析并生成分析报告,最后小蛮将分析报告通过邮箱发给管理层、投资人和债权人,整个自动化流程就完成啦!这里的杜邦财务分析报告只是我的初步设计,接下来可以针对高管做个问卷调查,根据反馈的分析需求和目标对机器人做进一步的修改及完善,小蛮可是会越来越聪明哟。"

神奇小蛮的出现,给钱涂节省了大量的时间和精力,钱涂终于可以从杜邦分析工作的传统模式中解脱出来。钱涂由衷地感慨道:之前每个月都要从财务报表中提取数据,计算杜邦分析指标,然后逐个分析指标,一次少说也得做 5 个小时,现在小蛮只要两分钟就能完成,这效率至少提升了 150 倍,我们部门不用扩招人员就能完成工作了,这每个月可省了 5000 多元的人力成本呢,而且小蛮运行稳定,一次投入,持续收益,摊销下来一次的投入成本不过几毛钱,相较于人工,简直可以忽略不记,看来财务人员还是要懂得一些信息技术的运用,现在大数据、人工智能和 RPA 对财务工作的影响太大了,我相信机器逐渐代替人工的趋势是不可阻挡的,所以我们财务人员也必须要及时转型。对了,听说重庆理工大学的 MPAcc 会计专业硕士是专门培养"互联网+会计"人才的,开设了很多大数据、人工智能、RPA 技术与财务结合的课程,好像有一门"RPA、NPL 与会审模式识别"课程包含了财务机器人的开发,内容似乎很高大上。看来我得抓紧时间备考,争取能有机会攻读他们的在职研究生,要不然未来不但会让自己深陷重复单调的工作沼泽中,而且可能会面临越来越大的职业风险。

HD 公司杜邦财务分析机器人自动化流程设计如图 12-2 所示。

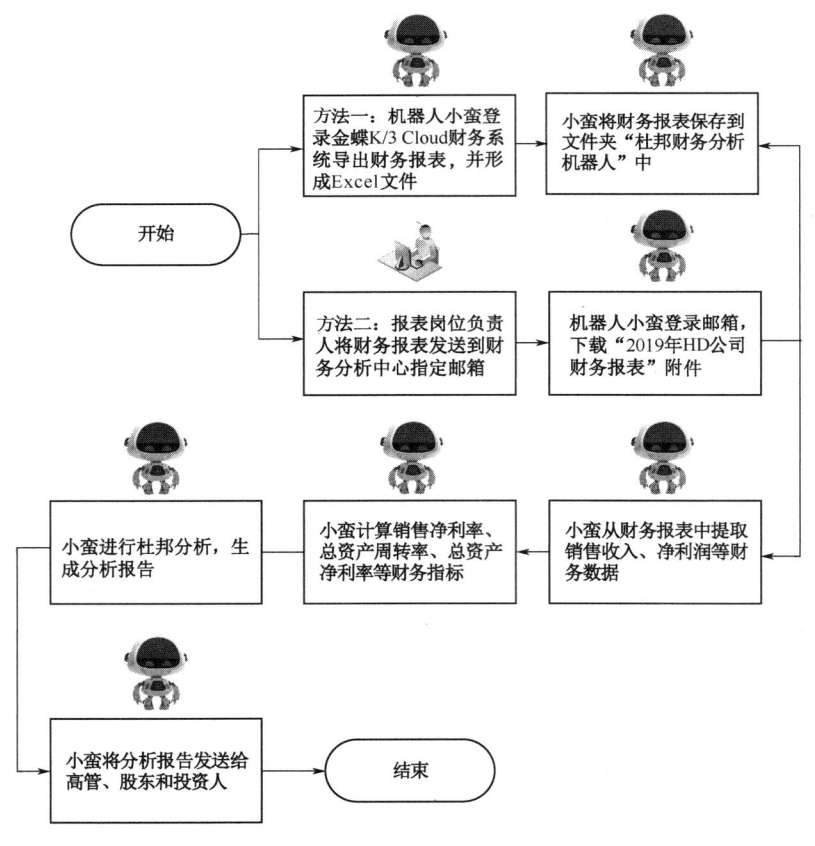

图 12-2 HD 公司杜邦财务分析机器人自动化流程

【沙盘模拟推演】

基于以上自动化流程描述进行详细的自动化流程设计；结合杜邦分析案例的业务流程，规范机器人开发过程中所使用的数据，其中所需数据主要来源于邮件和 Excel 文件；确定所需信息，如收入、净利润等；思考如何进行数据处理，如读取收入和净利润后计算销售净利率，最后将计算结果写入杜邦分析表中。

以小组为单位，在 RPA 财务机器人开发模拟物理沙盘上推演"机器人设计"和"数据标准与规范化设计"。

12.3 机器人开发

12.3.1 技术路线

杜邦分析是利用几种主要的财务比率之间的关系来综合地评价公司盈利能力和股东权益回报水平，从财务角度评价企业绩效的一种经典方法，如图 12-3 所示。采用这个方法，可使财务比率分析的层次更清晰、条理更突出，为财务报表分析者全面仔细地了解企业的经营和盈利状况提供方便。

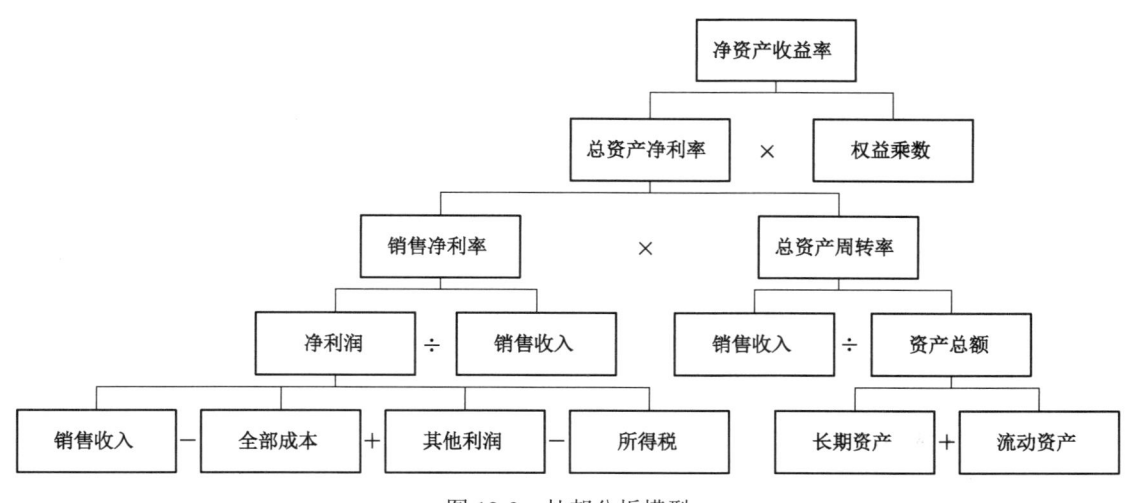

图 12-3 杜邦分析模型

在杜邦分析指标体系中，包括以下几种主要的指标关系：

（1）净资产收益率是整个分析系统的起点和核心，该指标的高低反映了投资者的净资产获利能力的大小。净资产收益率是由销售净利率、总资产周转率和权益乘数决定的。

（2）权益乘数表明了企业的负债程度。该指标越大，企业的负债程度越高，它是资产权益率的倒数。

（3）总资产净利率是销售净利率和总资产周转率的乘积，是企业经营成果和资产运营的综合反应，要提高总资产净利率，必须增加净利润，降低资金占用额。

杜邦财务分析机器人基于 UiPath Studio 软件进行开发，其总体技术路线如下：

（1）添加【获取 IMAP 邮件消息】，读取邮件内容。

（2）添加【遍历循环】，循环执行（3）（4）操作。

（3）添加【IF】，判断财务报表主题是否符合条件。

（4）添加【保存附件】，保存"财务报表"附件。

（5）添加【分配】活动，记录财务报表的路径。

（6）添加【写入单元格】，计算填写财务指标。

（7）添加【读取单元格值】，读取计算出的财务指标。

（8）添加【IF】，判断读取到的财务指标是否高于行业平均水平。

（9）添加【分配】，记录分析结果。

（10）添加【附加文本】，将分析结果写入分析报告。

（11）添加【读取范围】，读取收件人信息。

（12）添加【对于每一个行】，循环执行（13）操作。

（13）添加【发送 SMTP 邮件消息】，发送电子邮件。

【沙盘模拟推演】

根据自动化流程总体设计，结合以上技术思路，以小组为单位，在 RPA 财务机器人开发模拟物理沙盘上推演"机器人开发"。

12.3.2 开发步骤

1. 创建新流程

步骤一：打开 UiPath Studio 软件，单击"启动"，再单击"流程"，创建一个新流程，如图 12-4 所示。

步骤二：将创建的新流程命名为"杜邦财务分析机器人"，然后单击"创建"，如图 12-5 所示。

步骤三：在 UiPath Studio 主界面中添加【流程图】，如图 12-6 所示。

步骤四：在【流程图】中添加 4 个【序列】，将其分别命名为"登录邮箱下载财务报表""计算杜邦分析财务指标""生成分析报告""发送邮件"，如图 12-7 所示。

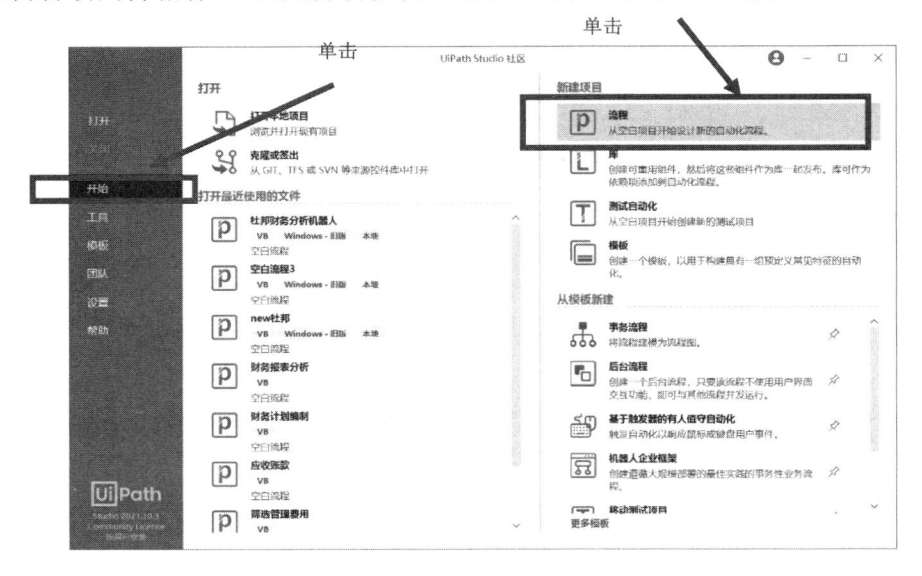

图 12-4 创建新流程

图 12-5　给新流程命名

图 12-6　添加【流程图】

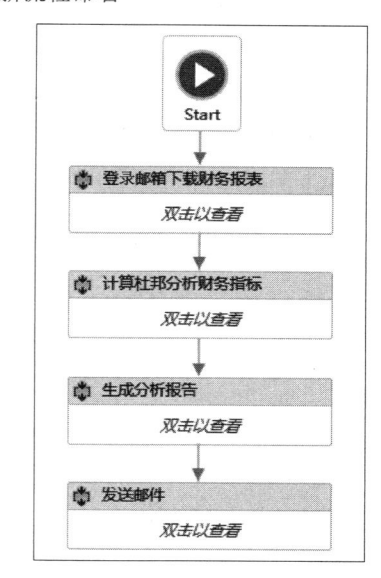

图 12-7　杜邦财务分析流程图

2. 获取财务报表

步骤五：获取"财务报表"有两种方法。方法一：登录金蝶 K/3 Cloud 财务系统，导出财务报表，形成 Excel 文件，将导出的财务报表命名为"2019 年 HD 公司财务报表"，保存至文件夹"杜邦财务分析机器人"中，参照第 10 章应用程序交互。方法二：将财务报表命名为"2019 年 HD 公司财务报表.xlsx"后发送到指定邮箱（与图 12-9 中填写邮箱信息时的邮箱为同一个邮箱），然后双击"登录邮箱下载财务报表"，接着添加【获取 IMAP 邮件消息】，如图 12-8 所示。在其属性面板的"服务器""端口""密码"和"电子邮件"中填写信息，在"消息"中创建变量"mail"，如图 12-9 所示。

步骤六：在【获取 IMAP 邮件消息】下方添加【遍历循环】，单击"TypeArgument"处的下拉框，然后单击浏览类型，在弹出的对话框中输入"System.Net.Mail.MailMessage"，最后双击"MailMessage"，如图 12-10 所示。

步骤七：在【遍历循环】的"项目列表"处输入变量"mail"，在"正文"中添加【IF】，在"Condition"处输入"currentItem.Subject.Contains("2019 年 HD 公司财务报表")"，在"Then"中添加【保存附件】，在"消息"中输入"currentItem"，然后输入""""，默认

第 12 章　杜邦财务分析机器人　➤　295

下载的"财务报表"保存到程序的文件夹中，如图 12-11 所示。

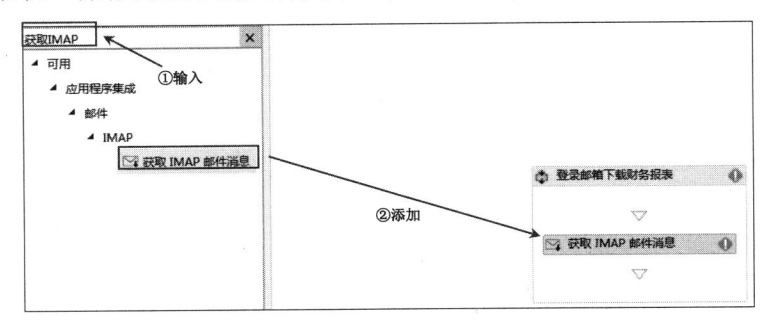

图 12-8　添加【获取 IMAP 邮件消息】

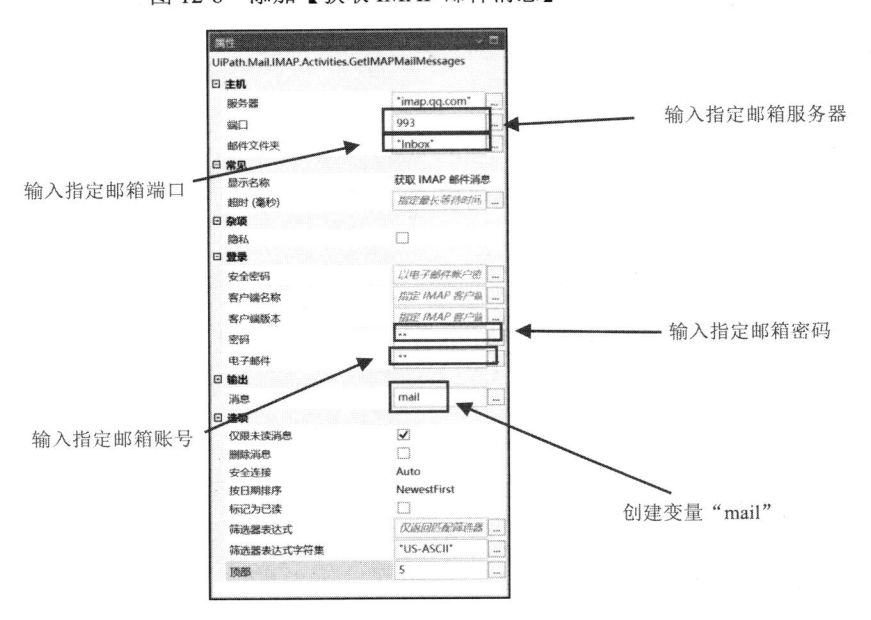

图 12-9　设置【获取 IMAP 邮件消息】属性

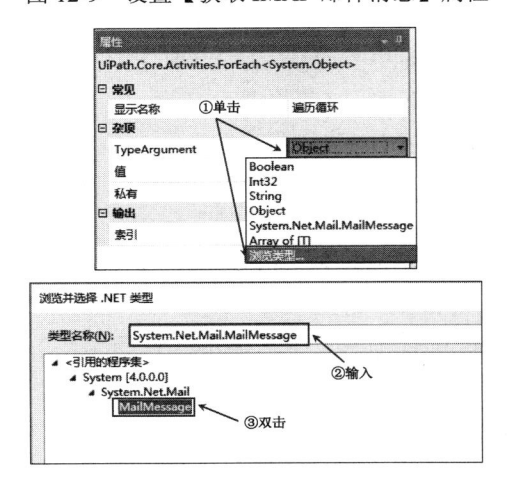

图 12-10　设置属性"TypeArgument"的类型

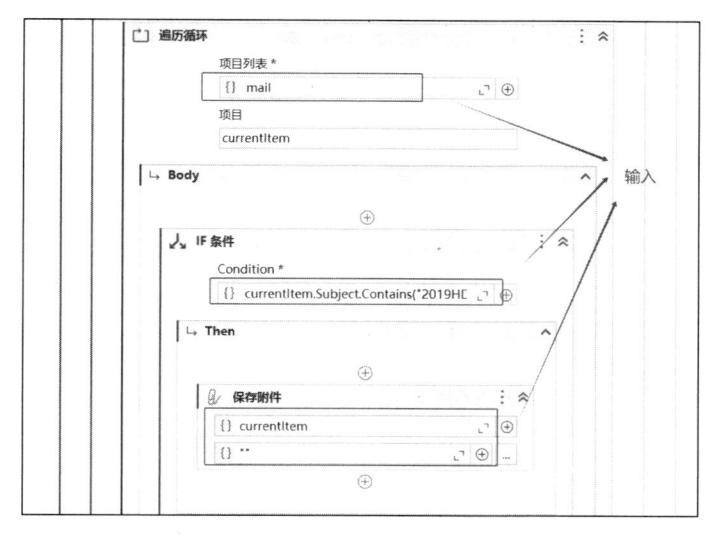

图 12-11 保存财务报表

步骤八：在【遍历循环】下方添加【写入单元格】，单击文件图标，新建 Excel 文件，将其命名为"程序运行记录.xlsx"，选择该 Excel 文件，设置"单元格"参数为""A2""，在"文本"中输入""财务报表下载完成""，如图 12-12 所示。

图 12-12 记录执行状态

步骤九：打开 Excel 文件——"程序运行记录.xlsx"，在"A1"单元格中填写"执行状态"，"B1"单元格中填写"执行时间"，如图 12-13 所示。

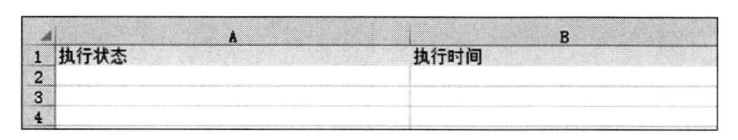

图 12-13 填写程序运行记录表

步骤十：在【写入单元格】下方添加【分配】，并在"To"中创建变量"time"，"输入 VB 表达式"中输入"Now()"，如图 12-14 所示。修改"time"的变量范围为"流程图"、变量类型为 GenericValue,如图 12-15 所示。

图 12-14 添加并使用【分配】

第12章 杜邦财务分析机器人 ▶ 297

名称	变量类型	范围	默认值
time	GenericValue	流程图	输入 VB 表达式

变量 参数 导入

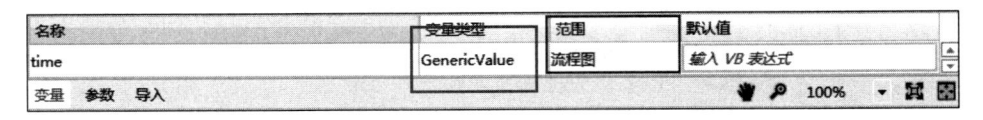

图 12-15 修改变量范围和变量类型

步骤十一：在【分配】下方添加【写入单元格】，单击文件图标，选择"程序运行记录.xlsx"文件，设置"单元格"参数为""B2""，在"文本"中输入变量"time"，如图 12-16 所示。

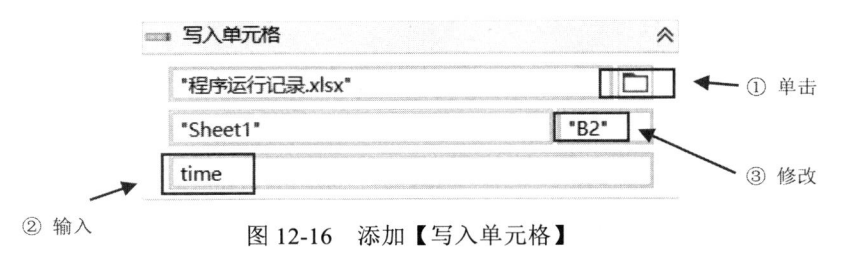

图 12-16 添加【写入单元格】

3. 计算杜邦分析财务指标

步骤十二：双击"计算杜邦分析财务指标"，添加【Excel 流程作用域】，并在"执行"中添加【使用 Excel 文件】，单击文件图标，新建 Excel 文件，将其命名为"杜邦分析表.xlsx"，选择该 Excel 文件，如图 12-17 所示。

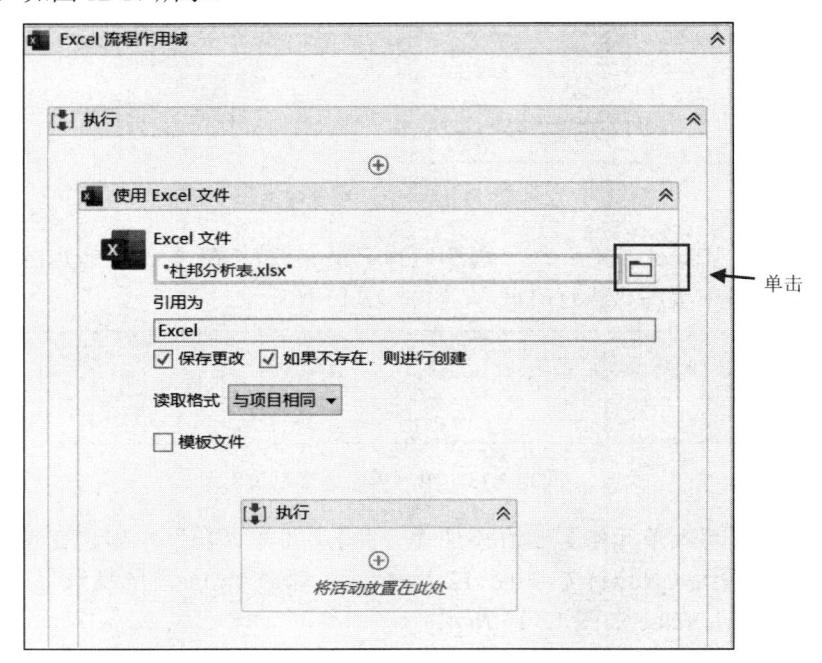

图 12-17 添加【Excel 流程作用域】【使用 Excel 文件】

步骤十三：从本地文件夹打开 Excel 文件——"杜邦分析表.xlsx"，该文件用于保存杜邦分析的计算结果，其结构如图 12-18 所示。

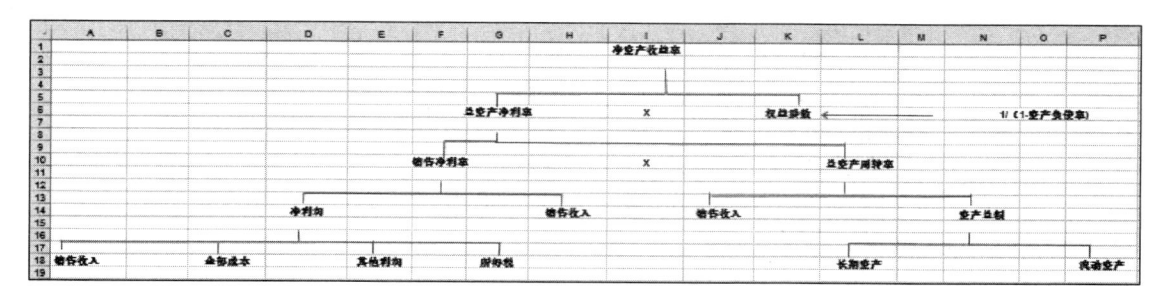

图 12-18 杜邦分析表

步骤十四：创建变量"str1"和"str2"，类型为"String"，如图 12-19 所示。在【使用 Excel 文件】的"执行"中，添加一个【A←B 多重分配】。在【A←B 多重分配】的第一个"目标"中输入"str1"，在"值"中输入财务报表中"资产负债表"的读取路径""""+System.Environment.CurrentDirectory+"\[2019 年 HD 公司财务报表.xlsx]资产负债表'! ""。在【A←B 多重分配】的第二个"目标"中输入"str2"，在"值"中输入该财务报表中"利润表"的读取路径""""+System.Environment.CurrentDirectory+"\[2019 年 HD 公司财务报表.xlsx]利润表'! ""，如图 12-20 所示。

图 12-19 创建变量"str1"和"str2"

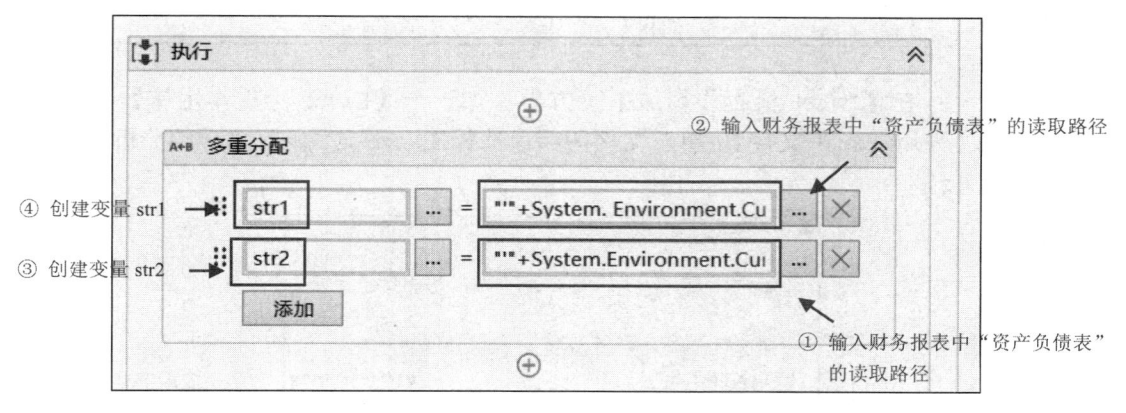

图 12-20 添加并使用【A←B 多重分配】活动

步骤十五：在【A←B 多重分配】下方添加【写入单元格】，在"写入位置"中输入"Excel.Sheet("Sheet1").Cell("A19")"（销售收入下的单元格），在其属性"写入内容"中输入""="+str2+"B2""（利润表里销售收入数据），如图 12-21 所示。

步骤十六：同步骤十五，再添加 14 个【写入单元格】，其属性设置见表 12-1（注意："写入位置"和"写入内容"应该分别对应"杜邦分析表"和"财务报表"里的单元格位置来填写）。

第 12 章 杜邦财务分析机器人 ▶ 299

① 输入 `""="+str2+"B2"`

② 输入 `"Excel.Sheet("Sheet1").Cell("A19")"`

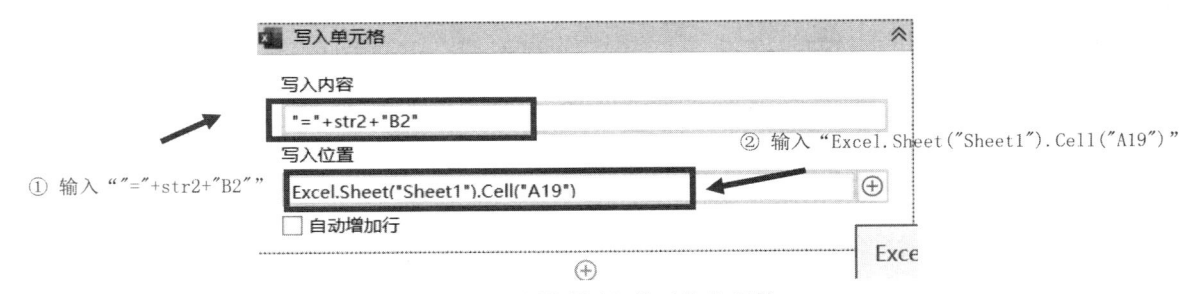

图 12-21　设置【写入单元格】属性

表 12-1　【写入单元格】属性设置对照表

属性设置对照表	
写入位置	写入内容
" Excel.Sheet("Sheet1").Cell("A19")"	"=SUM("+str2+"B3:B9)–"+str2+"B10"
" Excel.Sheet("Sheet1").Cell("E19")"	"="+str2+"B11+"+str2+"B13+"+str2+"B15–"+str2+"B16"
" Excel.Sheet("Sheet1").Cell("G19")"	"="+str2+"B18"
" Excel.Sheet("Sheet1").Cell("L19")"	"="+str1+"B33"
" Excel.Sheet("Sheet1").Cell("P19")"	"="+str1+"B14"
" Excel.Sheet("Sheet1").Cell("D15")"	"=A19-C19+E19–G19"
" Excel.Sheet("Sheet1").Cell("H15")"	"="+str2+"B2"
" Excel.Sheet("Sheet1").Cell("J15")"	"="+str2+"B2"
" Excel.Sheet("Sheet1").Cell("N15")"	"="+str1+"B34"
" Excel.Sheet("Sheet1").Cell("F11")"	"=D15/H15"
" Excel.Sheet("Sheet1").Cell("L11")"	"=J15/N15"
" Excel.Sheet("Sheet1").Cell("G7")"	"=F11*L11"
" Excel.Sheet("Sheet1").Cell("K7")"	"=1/(1–("+str1+"E25+"/N15))"
" Excel.Sheet("Sheet1").Cell("I2")"	"=G7*K7"

步骤十七：在【Excel 流程作用域】下方再添加一个【Excel 流程作用域】，并在"执行"中添加【使用 Excel 文件】；单击文件图标，选择 Excel 文件——"杜邦分析表.xlsx"，如图 12-22 所示。

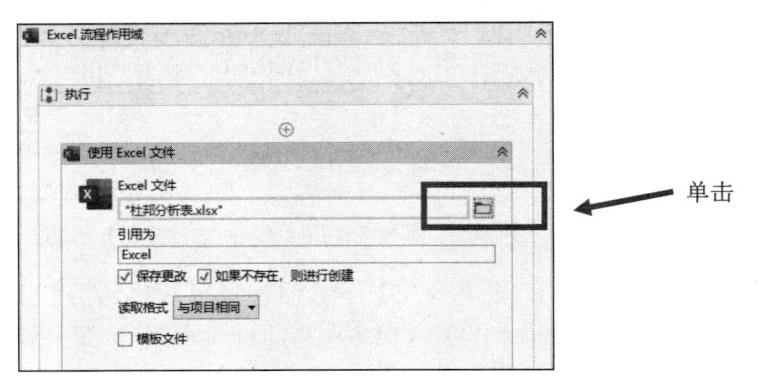

图 12-22　选择杜邦分析表

步骤十八：在【使用 Excel 文件】的"执行"中，添加【读取单元格值】，在其属性面板的"输入→单元格"中输入参数 `" Excel.Sheet("Sheet1").Cell("F11")"`，在"输出→保存位置"中创建变量"xsjll"，修改变量类型为"GenericValue"，如图 12-23 所示。

图 12-23　设置【读取单元格值】属性

步骤十九：在【读取单元格值】下方添加【IF】，在其"条件"处输入"xsjll>0.0992"，在其"Then"中添加【分配】，在其"To"中创建变量"txt1"，在其"输入 VB 表达式"中输入""1、我公司销售净利率是："+xsjll+vbCr+vbTab+"同行业平均指标是：0.0992"+vbCr+vbTab+"指标评价：我公司销售净利率高于同行业平均水平，公司管理能力和盈利能力好，企业经营者能够创造足够多的销售收入或能够控制好成本费用，或者两方面兼而有之。""。在【IF】的"Else"中添加【分配】，在其"To"中输入变量"txt1"，修改变量类型为"GenericValue"，在其"输入 VB 表达式"中输入""1、我公司销售净利率是："+xsjll+vbCr+vbTab+"同行业平均指标是：0.0992"+vbCr+vbTab+"指标评价：我公司销售净利率低于同行业平均水平，公司管理能力和盈利能力差，企业经营者未能创造足够多的销售收入或未能控制好成本费用，或者两方面兼而有之。""如图 12-24 所示。

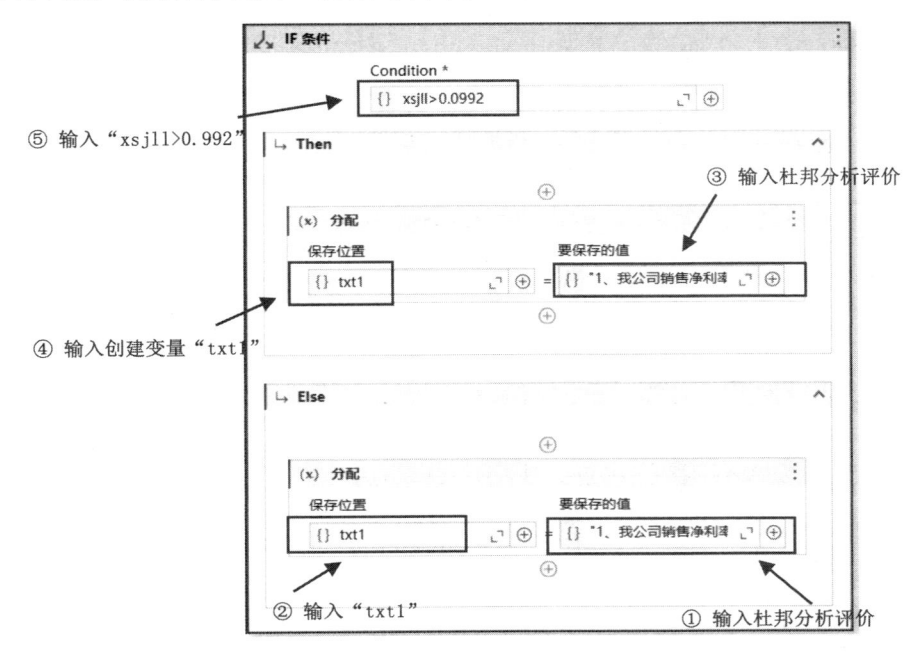

图 12-24　设置【IF】和【分配】的属性

第 12 章　杜邦财务分析机器人　▶　301

步骤二十：在【IF】下方添加 4 个【读取单元格值】、4 个【IF】、8 个【分配】，将【IF】放在【读取单元格值】下方，将【分配】分别放在【IF】的"Then"和"Else"中，如图 12-25 所示。重复步骤十八和步骤十九，修改数据，所需数据见表 12-2 和表 12-3。（注意：在第一个赋值的"To"中创建变量，在第二个赋值的"To"中输入方才创建的变量，"单元格"应根据所需财务数据在"杜邦分析表"中的单元格位置填写）。

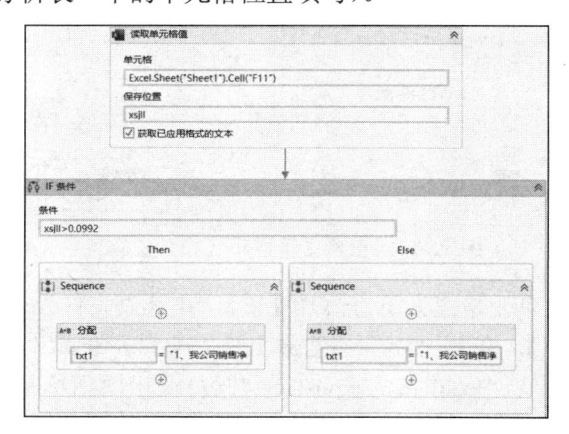

图 12-25　活动排列示意图

表 12-2　数据一览表

数据一览表					
单元格	结果（创建变量）	变量类型	Condition	To	变量类型
Excel.Sheet("Sheet1").Cell("L11")	zzczzl	GenericValue	zzczzl>0.04	txt2	GenericValue
Excel.Sheet("Sheet1").Cell("G7")	zzcjll	GenericValue	zzcjll>0.0038	txt3	GenericValue
Excel.Sheet("Sheet1").Cell("K7")	qycs	GenericValue	qycs>1.1508	txt4	GenericValue
Excel.Sheet("Sheet1").Cell("I2")	jzcsyl	GenericValue	jzcsyl>0.0051	txt5	GenericValue

表 12-3　赋值表

赋　值　表		
To	Then"输入 VB 表达式"	Else"输入 VB 表达式"
txt2	"2、我公司总资产周转率为:"+zzczzl+vbCr+vbTab+"同行业平均指标是：0.04"+vbCr+vbTab+"指标评价：我公司总资产周转率高于同行业平均水平，企业资产周转快，资产运营效率高。"	"2、我公司总资产周转率为:"+zzczzl+vbCr+vbTab+"同行业平均指标是：0.04"+vbCr+vbTab+"指标评价：我公司总资产周转率低于同行业平均水平，企业资产周转慢，资产运营效率低。"
txt3	"3、我公司总资产净利率为："+zzcjll+vbCr+vbTab+"同行业平均指标是：0.0038"+vbCr+vbTab+"指标评价：我公司总资产净利率高于同行业平均水平，公司全部资产的管理水平和获利能力好。"	"3、我公司总资产净利率为："+zzcjll+vbCr+vbTab+"同行业平均指标是：0.0038"+vbCr+vbTab+"指标评价：我公司总资产净利率低于同行业平均水平，公司全部资产的管理水平和获利能力差。"
txt4	"4、我公司权益乘数为："+qycs+vbCr+vbTab+"同行业平均指标是：1.1508"+vbCr+vbTab+"指标评价：我公司权益乘数高于同行业平均水平，权益乘数偏大，企业负债偏多，财务风险大。"	"4、我公司权益乘数为："+qycs+vbCr+vbTab+"同行业平均指标是：1.1508"+vbCr+vbTab+"指标评价：我公司权益乘数低于同行业平均水平，权益乘数偏小，企业负债偏少，财务风险小，获利能力偏低。"
txt5	"5、我公司净资产收益率为："+jzcsyl+vbCr+vbTab+"同行业平均指标是：0.0051"+vbCr+vbTab+"指标评价：我公司净资产收益率高于同行业平均水平，公司运用自有资本的效率较高，盈利能力强，经营能力强，所有者投资的收益水平高。"	"5、我公司净资产收益率为："+jzcsyl+vbCr+vbTab+"同行业平均指标是：0.0051"+vbCr+vbTab+"指标评价：我公司净资产收益率低于同行业平均水平，公司运用自有资本的效率较低，盈利能力弱，经营能力弱，所有者投资的收益水平低。"

步骤二十一：修改"txt1""txt2""txt3""txt4""txt5"的范围变量为"流程图"，如图12-26所示。

名称	变量类型	范围	默认值
txt1	GenericValue	流程图	输入 VB 表达式
txt2	GenericValue	流程图	输入 VB 表达式
txt3	GenericValue	流程图	输入 VB 表达式
txt4	GenericValue	流程图	输入 VB 表达式
txt5	GenericValue	流程图	输入 VB 表达式

图 12-26　修改范围变量

步骤二十二：在【Excel 流程作用域】下方添加两个【写入单元格】和一个【分配】，修改其属性，如图 12-27 所示。操作步骤参照步骤十和步骤十一。（注意：单元格""A3""""B3""对应"程序运行记录"表中的位置，变量"time"可以直接输入，不需要重新创建。）

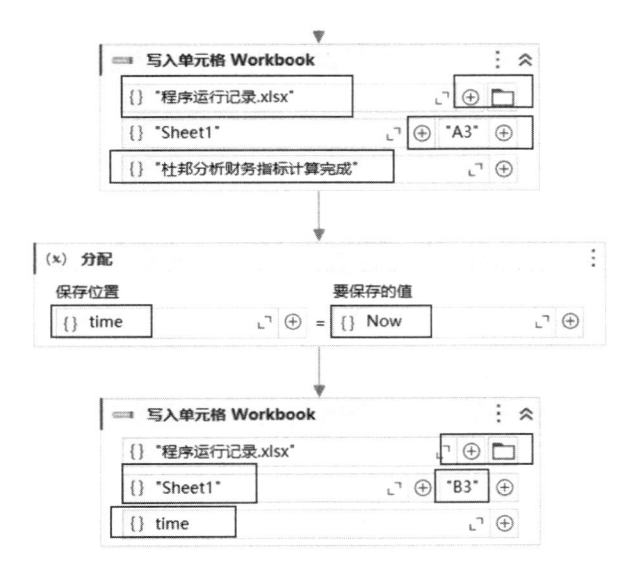

图 12-27　记录程序运行状态和时间

4．生成分析报告

步骤二十三：单击【管理程序包】，再单击管理程序包中的"所有包"，在搜索框中输入"UiPath.Word"进行搜索，搜索完成后单击 Word 程序包，再单击"安装"，安装完成后单击"保存"，如图 12-28 所示。

步骤二十四：双击打开"生成分析报告"，添加【Word 应用程序范围】，单击文件图标，新建 Word 文件，将其命名为"杜邦分析报告.docx"，选择该 Word 文件，如图 12-29 所示。

步骤二十五：打开"杜邦分析报告.docx"文件，填写其首页内容，如图 12-30 所示。

步骤二十六：在【Word 应用程序范围】的"执行"中添加【附加文本】，在其属性的"文本"中输入"vbTab+"对比杜邦分析表中的财务指标与同行业平均指标，形成的杜邦分析报告如下: "+vbCr+"一、主要财务指标情况: "+vbCr+txt1+vbCr+txt2+ vbCr+txt3+vbCr+txt4+ vbCr+txt5+vbCr+"二、年度报表分析情况"+vbCr+vbTab+"HD 公司 2019 年度财务报表杜邦分

第 12 章　杜邦财务分析机器人　　303

析报告由 HD 公司财务分析中心出具。"+vbCr+vbCr+vbTab+vbTab+vbTab+vbTab+vbTab+vbTab+vbTab+vbTab+vbTab+vbTab+vbTab+vbTab+vbTab+vbTab+vbTab+"签字人：刘明""，主要步骤截图如图 12-31 所示。

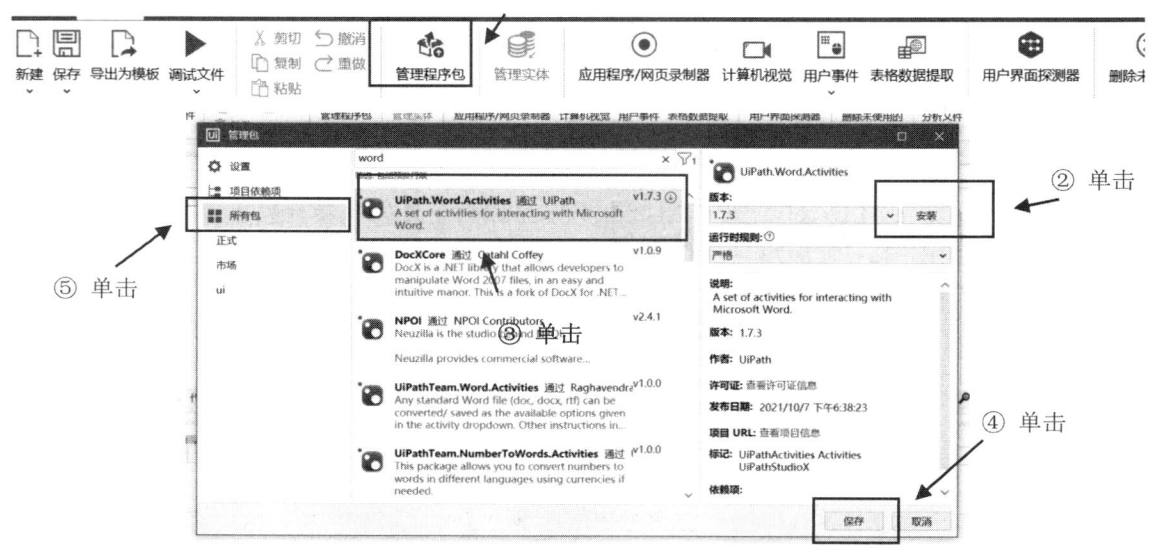

图 12-28 安装 Word 程序包

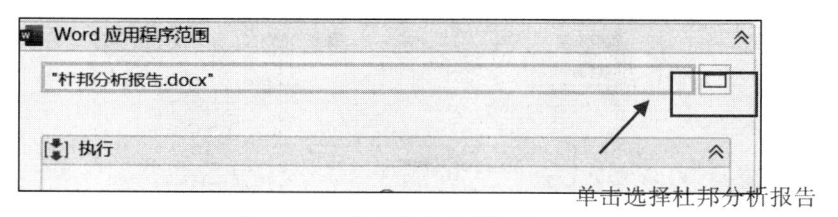

图 12-29 选择杜邦分析报告

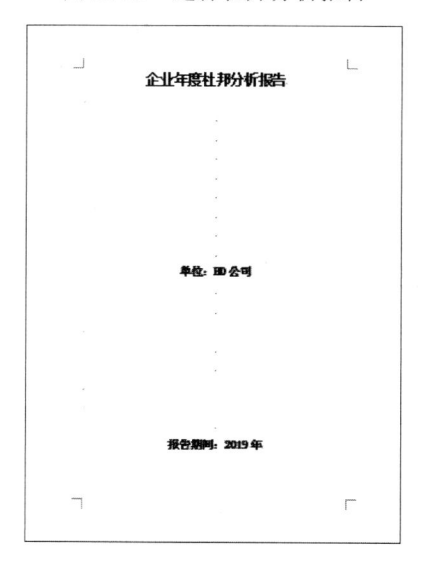

图 12-30 杜邦分析报告首页

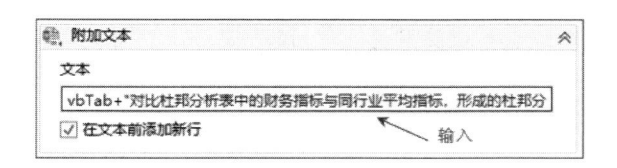

图 12-31 填写附加文本内容

步骤二十七：在【Word 应用程序范围】下方添加两个【写入单元格】和一个【分配】，修改其属性，如图 12-32 所示。操作步骤参照步骤十和步骤十一。（注意：单元格""A4""""B4""对应"程序运行记录"表中的位置，变量"time"可以直接输入，不需要重新创建。）

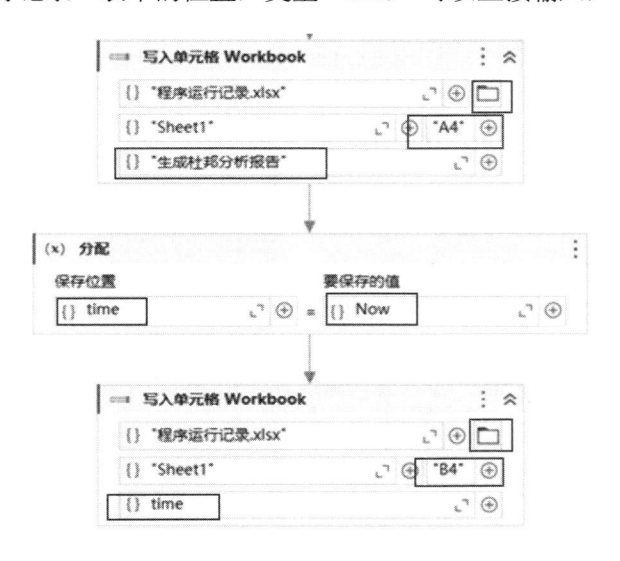

图 12-32 记录程序运行状态和时间

5. 发送邮件

步骤二十八：双击打开"发送邮件"，添加【读取范围】，单击文件图标，新建 Excel 文件，将其命名为"管理层和投资者通信录.xlsx"，选择该 Excel 文件，打开该活动的属性面板，在"范围"中输入""""，在"输出→数据表"中创建变量"data"，如图 12-33 所示。

图 12-33 设置【读取范围】属性

步骤二十九：打开"管理层和投资者通信录.xlsx"文件，填写收件人信息，如图 12-34 所示。

步骤三十：在【读取范围】下方添加【对于数据表中的每一行】，在"数据表"中输入"data"，如图 12-35 所示。

图 12-34 管理层和投资者通信录   图 12-35 设置【对于数据表中的每一行】的参数

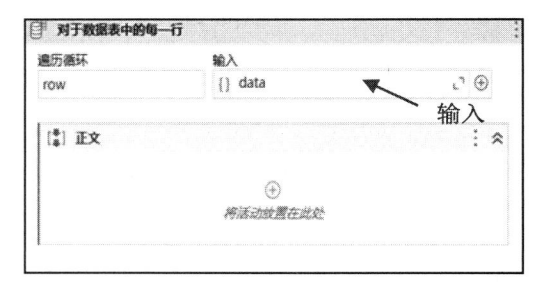

步骤三十一：在【对于数据表中的每一行】的"正文"中添加【发送 SMTP 邮件消息】，在其属性的"服务器"中输入""smtp.qq.com""，在"端口"中输入"465"，在"名称"中输入""财务分析中心""，在"目标"中输入"row("邮件地址").ToString"，在"主题"中输入""杜邦分析报告""，在"正文"中输入""请及时下载附件""，在"密码"和"电子邮件"中填写登录邮箱的密码和邮箱地址，如图 12-36 所示。

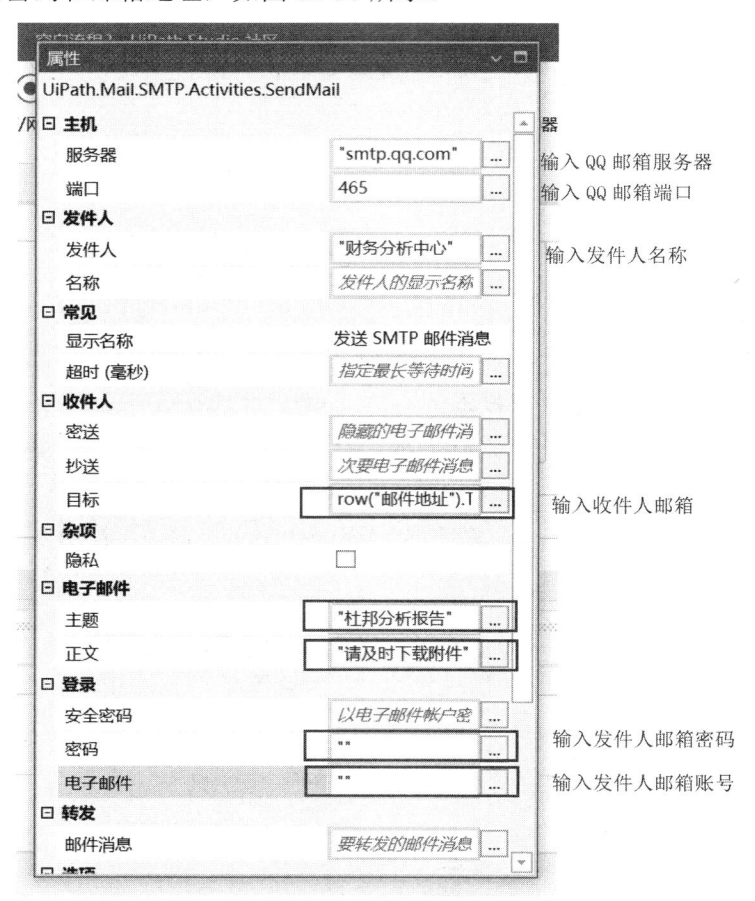

图 12-36 【发送 SMTP 邮件消息】属性面板

步骤三十二：单击【发送 SMTP 邮件消息】的"附加文件"，如图 12-37 所示。单击"创建参数"创建两个参数，并在"值"中分别输入""杜邦分析报告.docx""和""杜邦分析表.xlsx""，如图 12-38 所示。

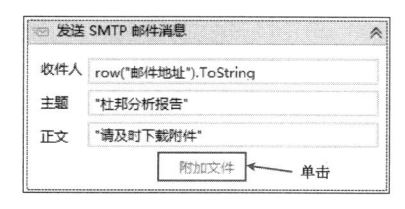

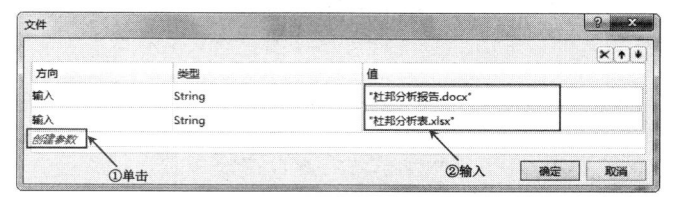

图 12-37　添加附加文件　　　　　　　图 12-38　设置"值"属性

步骤三十三：在【对于数据表中的每一行】下方添加两个【写入单元格】和一个【分配】，修改其属性，如图 12-39 所示。操作步骤参照步骤十和步骤十一。（注意：单元格""A5""""B5""对应"程序运行记录"表中的位置，变量"time"可以直接输入，不需要重新创建。）

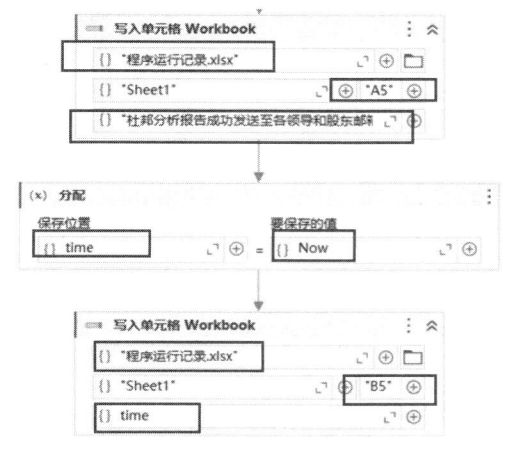

图 12-39　记录程序运行状态和时间

【沙盘模拟推演】

结合自动化流程设计，分析与梳理机器人开发的技术路线；分析机器人的部署规划方式和运行模式；分析机器人运用在效率、质量等方面带来的价值，但同时也要考虑机器人运行过程中可能存在的风险与应对措施。

以小组为单位，在 RPA 财务机器人开发模拟物理沙盘上推演"机器人运用"，包括机器人的部署与运行、价值与风险及人机如何协作共生。

【课后思考】

做完本章模拟实训，请大家思考一份专业的财务分析报告应包括什么内容，财务分析的方法和可视化图形展示。程序如何实现面向不同对象生成专门的分析报告？

第 13 章　股票投资分析机器人

13.1　场景描述与业务流程

HD 公司销售部"蛮轻松"茶歇间。

"鑫姐，本月的业绩突出奖又被您拿走了，我们再怎么努力也追不上您啊，您可得请我们好好撮一顿哦！"在 HD 公司已经工作 3 年的销售代表赵新星笑嘻嘻地说道。

"今年业绩好，主要还是受中美贸易战影响，产品出口额严重下降，我跟踪多年的那些行业客户现在面临业务转型的数字化需求，刚好我们公司研发的产品能够助他们一臂之力，所以纯属是我的运气好，只要运气来了，相信你的业绩也会好起来的！对了，说到请吃饭，择日不如撞日，就今天吧，待会我微信部门的兄弟姐妹们，下班就去，地点随你们定！"高级客户经理黄鑫爽快地答应道。

"耶！鑫姐万岁！鑫姐，您看看您自己，长得帅气就罢了，业务能力还强，短短几年时间的打拼，在上海就已经有车有房了，简直就是人生赢家！"

"去去去，少来拍马屁。问你个正经事，这不我刚领了一笔奖金嘛，存银行利息太低了，楼市目前又不被看好，想跟你打听打听有没有什么好的投资渠道啊？"黄鑫压低了声音问道。

"鑫姐，您看，我平时的工资除了交房租也只够养活自己了，哪来的钱投资啊！真不好意思，这我可帮不了您。"赵新星耸了耸肩。

"没事，走吧，继续工作去。"

……

这周五上午，黄鑫正好不用到外地出差，在拜访完南京路一个客户后准备回公司，路过一家证券营业厅时，突然听到一阵闹哄哄的声音："涨停了！涨停了……"黄鑫心想，不就是炒股嘛，有这么大的吸引力吗？闹得这么厉害，我也瞧瞧去。于是快步走过去，进入大厅后，和一大群人一样，抬头仔细地看着股市行情大屏幕，目不转睛地观察半个小时后，黄鑫宣告放弃，看着满屏花花绿绿的各种证券指标数据，真是一个头两个大。

黄鑫很沮丧，转身正准备离开，结果不小心撞上了一位中年男子。

"真不好意思，撞到您了！"

"没事的，小姑娘，来看大盘行情啊！"

"嗯……是的。"

"一看你就是新手，我可是有双火眼金睛！"

……

原来，这个中年男子叫黎明，是一位资深的专业股民，具体工作不详，听说是这一带股民心中的传奇人物，大家都亲切地尊称他为"黎叔"。一番交谈下来，黄鑫真是受益匪浅。

"要炒股，第一点，就是要关注国内外时事新闻、国家的一举一动，尤其是新出台的政策变化要密切关注。像这次中美贸易战初期，对股市的影响比对经济的影响来得更快、更猛。但俗话说，'一而再，再而三，三而竭'，打了将近一年半的贸易战，其目前对股市的影响，已经到了三而竭的程度，所以未来股市的波动很大程度上和中美贸易战关系不大了。"

"是吗？原来还有这样的学问。"

"那当然了，我可是20年的老股民了，这点股市大势行情把握度还是有的。这第二点呢，就是要选好行业、产业。你看，今年中国的通信方案入选世界5G标准，打破了欧美一直以来的垄断局面，这将有助于中国企业在5G发展中获得更强的竞争能力和更大的市场份额，对股市的影响是正面的，你可以逢低关注5G相关产业链个股。但是……"黎叔停了停，卖了个关子。

"但是什么？"黄鑫正听得津津有味，忍不住追问道。

"但也要擦亮眼睛，5G产业的爆发会出现很多陷阱和骗子，比如打着5G的幌子建设基站或招代理商圈钱、骗钱的传销公司，一定要谨慎、谨慎、再谨慎呐。这第三点嘛，就是要从技术层面来选择优质个股了，要学会看K线图之类的。"

"黎叔，K线图我知道，不过我听说对新手很不友好，有没有简单一点的方法啊？"

"简单点的？那我给你推荐一套股票投资筛选模型吧，比较适合初学者，容易上手。这套模型只包含了5个简单指标：股价、总市值、市净率、市盈率、换手率。"

"黎叔，快给我仔细讲解一下吧！"黄鑫听到这套模型简单易上手，兴趣更浓了。

"不着急，我一一来给你介绍：首先说股价，它是指股票的交易价格。纵观现在的沪深股市行情，模型中设定股价可以在 10 元以下，因为新手的承受能力有限，前期投入的资金量一般不大，所以选择价格低的个股较佳。第二个指标是总市值，它是指某只股票在某特定时间内总股本数乘以当时股价得出的股票总价值。对新手来说，可以选择总市值为 10～30 亿元之间的股票，这样既为未来市值的增长预留空间，又能够覆盖比较广的选股面。第三个指标是市净率，它是指每股股价与每股净资产的比率，市净率代表的是市值与股东权益的溢价关系，这个指标限定股东权益的溢价程度。选股模型中认定，市净率一般在 1～3 之间比较合适，这样能够保证给出的长期溢价区间在具有长期投资的价值内。第四个指标是市盈率，它代表的是市值与年度净利润的倍数，市盈率是最常用来评估股价水平是否合理的指标之一，是具有很大参考价值的股市指针。在模型中，市净率一般设置在 10 到 30 之间比较合适，这是个较为有效的经验值。最后一个指标是换手率，也称为周转率，指在一定时间内市场中股票转手买卖的频率，是反映股票流通性强弱的指标之一。目前，我们一般选择换手率在 3%～7%之间的股票，这种股票一般进入了相对活跃状态，流通性较好，具有较强的变现能力。"

黎叔顿了顿，喝了口茶，接着讲道："一般来说，只要满足上述 3 个及其以上指标数据的股票，就可以关注并考虑择机买入了。"

"黎叔，您讲了这么多，那这几个指标是怎么算出来的啊？"黄鑫又提出了疑问。

"至于这几个指标的计算呢，比较简单，你先听我讲：总市值=股本数*股价，市净率=总市值/上年度净资产，市盈率=总市值/上年度净利润，换手率=成交量/总股本数。"

"别慌，我会告诉你的。"黎叔看出黄鑫又准备提问，接着说道，"股价、股本数、成交量，你在很多财经网站都可以查到，上年度净资产和净利润你也可以去深交所网站下载年报，年报中会有。其实，这些指标在很多 App 上也有，比如同花顺、大智慧……"

黎叔讲得头头是道，黄鑫听得似懂非懂。

……

最后，黄鑫在黎叔的指导下开了户，并依照股票投资模型选出了一支满意的股票。

谢别黎叔时，黎叔语重心长地拉着黄鑫的手说道："股市有风险，投资须谨慎。你一定要记住，量力而行，切莫贪婪，股市的'坑'太多了。咱们后会有期！"

怀揣着激动的心情，黄鑫晚上回到家又尝试着选了几只股票，花了将近两个小时。说实话，只选一只股票确实不是很复杂，但不停地看不同的股票还是有点无聊。

周末过后，黄鑫又开始了忙碌的工作，基本抽不出时间来关心国家大事、关注行业企业发展变化，就更别说选股了。渐渐地，她就将股票的事情放在了一边。偶尔有点闲暇的时候，想起最近德勤推出了财务机器人，忍不住感叹：宏观政策和产业政策我没有时间关注，但是如果有个股票投资分析机器人就好了，我觉得哪只股票比较"帅"，我就告诉机器人让他帮我分析能不能买入，这样我就省心了，也能够随时随地炒股了。

黄鑫的股票投资分析业务流程如图 13-1 所示。

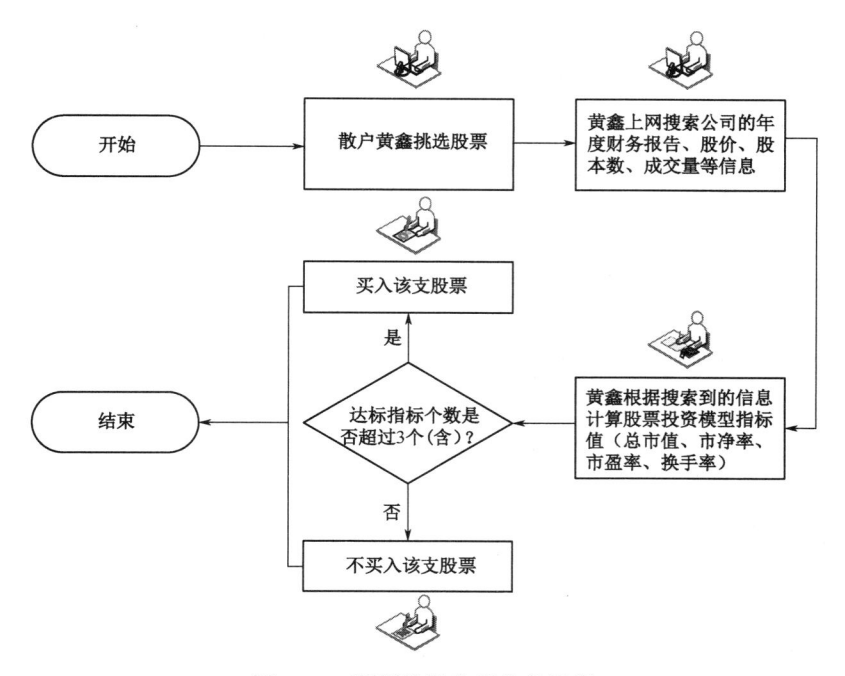

图 13-1 股票投资分析业务流程

13.2 自动化流程设计

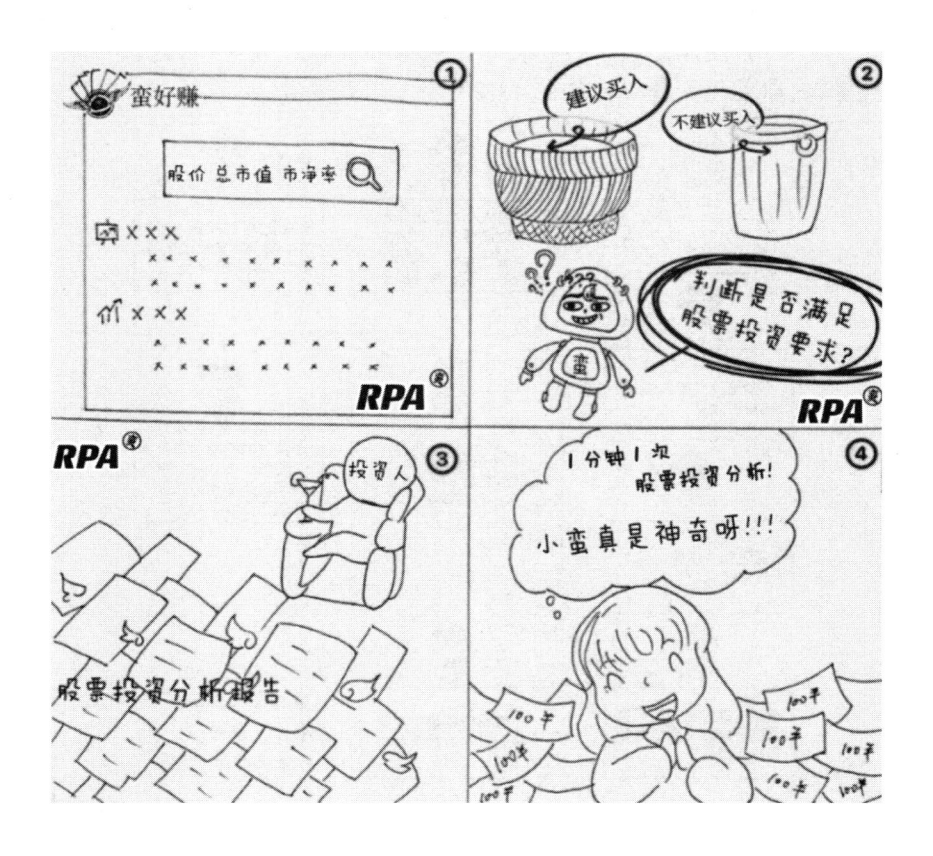

第 13 章 股票投资分析机器人 ➤ 311

这天，黄鑫趁出去拜访客户的间隙，忍不住又跑去南京路的证券营业厅继续取经。刚走进营业大厅，就看见穿着工作服的大堂经理在给一群人讲着什么，走近一听，原来是这个证券公司最近新推出了一款"蛮好赚"产品，主要是通过股票投资机器人小蛮进行股票分析与推荐。黄鑫心想：众里寻他千百度，小蛮却在分理处。这不正合我意吗？赶紧凑上去，竖起耳朵认真听起来。

只听大堂经理继续说道："小蛮主要是为新手散户提供服务，将整个股票投资中的个股选择分析过程自动化。股民朋友们首先在我们这里注册登记，然后只需要将看中的股票代码，以邮件主题的形式发送到我们证券公司股票投资咨询中心的专用邮箱，机器人小蛮会不定期地自动登录该邮箱读取邮件，获取邮件主题、发件人等邮件信息。随后再打开同花顺个股网站搜索股票相关信息，将搜索到的股价、总市值、市净率、市盈率、换手率指标数据值抓取下来。接下来，小蛮会根据预设的股票投资模型自动判断这五个指标值是否达标：若三个及以上的指标同时达标时，小蛮就会给出'建议买入'的投资意见，反之，则会给出'不建议买入'的投资意见，最后小蛮会根据上述信息生成股票投资分析报告，并将该报告通过邮件发送给投资者……"

没等大堂经理讲完，黄鑫就迫不及待地按照旁边易拉宝上的广告说明进行了注册登记，然后发送了一只股票代码到证券公司股票投资咨询中心的专用邮箱，果然，不到一分钟就收到了小蛮反馈的投资意见及股票投资决策报告。黄鑫看着小蛮如此高效率地给出了精准结果，不禁感叹：股民自己像这样选 1 只股票怎么也得用上 20 多分钟吧，有了小蛮，1 分钟就能轻松给出股票投资参考意见，股民可以迅速锁定优质股，节约出来的时间还可以去干其他工作，每个月多赚几千元不在话下。RPA 机器人流程自动化真是神奇啊，只需要动动手指头开发一个小程序，就能满足股票投资需求，投入一点点，收益那么大！

股票投资机器人自动化流程设计如图 13-2 所示。

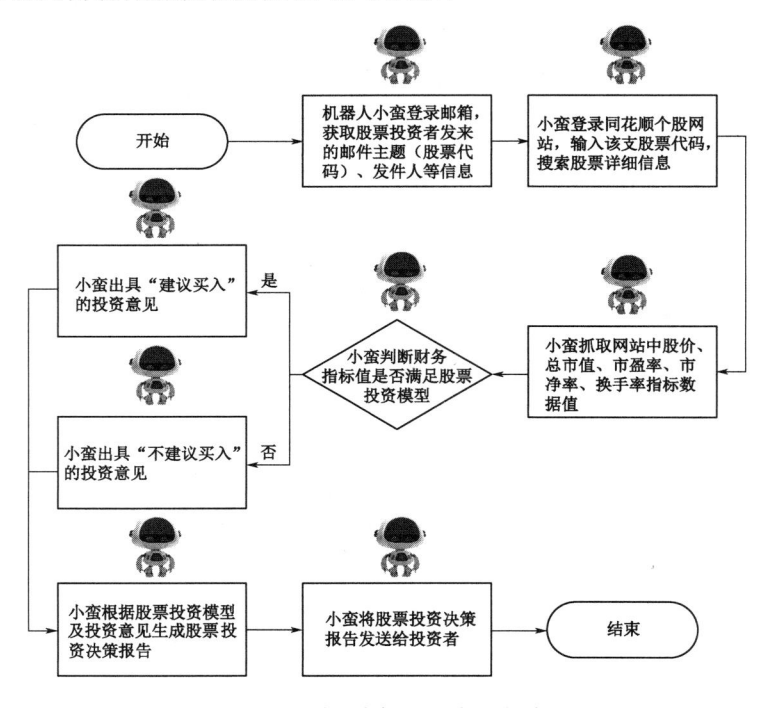

图 13-2 股票投资机器人自动化流程

13.3 机器人开发

13.3.1 技术路线

股票投资机器人基于 UiPath Studio 软件进行开发，其总体技术路线如下：
（1）添加【获取 IMAP 邮件消息】，读取邮件内容。
（2）添加【遍历循环】，循环执行（3）～（9）操作。
（3）添加【分配】，获取股票代码。
（4）添加【录制】，搜索股票信息。
（5）添加【获取文本】，获取指标数值。
（6）添加【读取单元格】，读取指标标准范围。
（7）添加【IF】，判断指标是否达标。
（8）添加【设置书签内容】，生成股票投资决策报告。
（9）添加【发送 SMTP 邮件消息】，发送股票投资决策报告。

13.3.2 开发步骤

1. 获取股票代码

步骤一：打开 UiPath Studio 软件，选择"启动"，单击"流程"选项，如图 13-3 所示。创建流程"股票投资决策"，如图 13-4 所示。

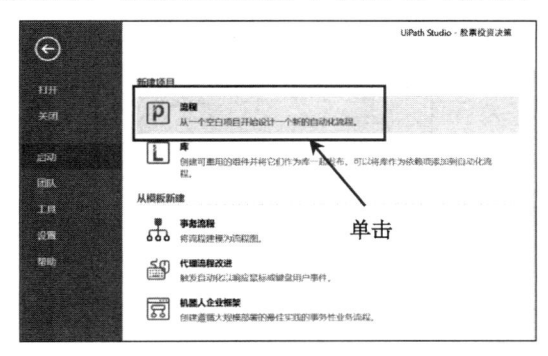

图 13-3 创建【流程】　　　　图 13-4 为新流程命名

步骤二：单击"打开主工作流"，在活动区内，单击"活动"，搜索"流程图"，然后双击，即成功添加【流程图】，如图 13-5 所示。

步骤三：双击打开【流程图】，添加【获取 IMAP 邮件消息】，并为其添加批注（注释）"登录邮箱，获取所有未读邮件信息"，如图 13-6、图 13-7 所示。然后配置其属性，以 QQ 邮箱为例，属性"服务器""端口""电子邮件""密码""顶部"是必填项，并在"消息"内创建变量"mail"，最后勾选"仅未读消息""标记为已读"，如图 13-8 所示。

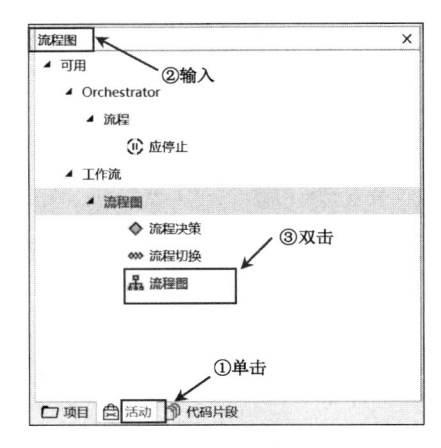

图 13-5 添加【流程图】

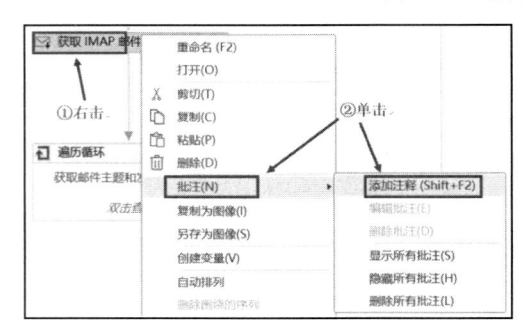

图 13-6 添加注释

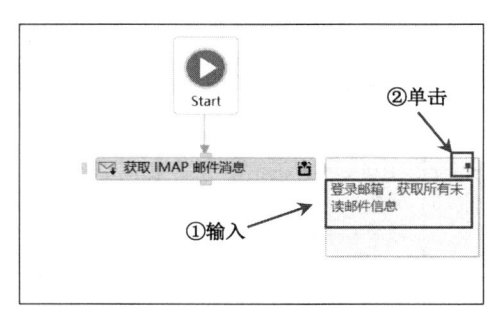

图 13-7 输入批注

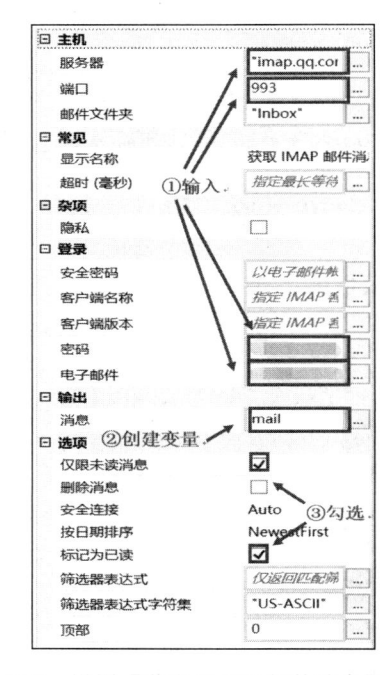

图 13-8 设置【获取 IMAP 邮件消息】属性

步骤四：在【获取 IMAP 邮件消息】后添加【遍历循环】，并为其添加注释"循环生成股票投资决策报告，并发送给投资者"，然后双击打开【遍历循环】，并在其输入框内分别输入"email""mail"，如图 13-9 所示。在属性内将"TypeArgument"的类型修改为"System.Net.Mail.MailMessage"时，首先单击"浏览类型"，如图 13-10 所示，然后进行搜索，如图 13-11 所示。

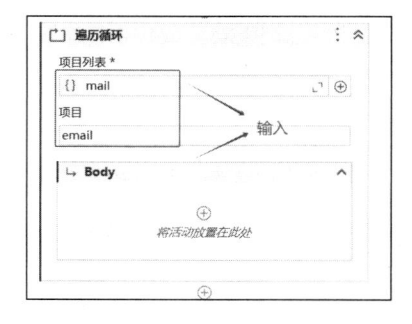

图 13-9 添加【遍历循环】

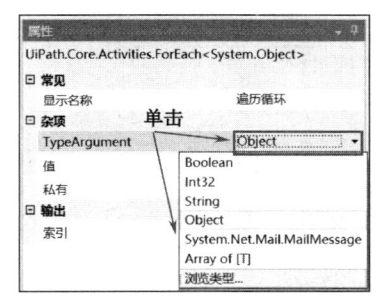

图 13-10　修改【遍历循环】参数类型 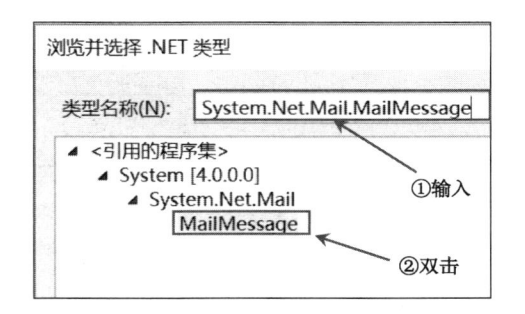　　　图 13-11　选择【遍历循环】参数类型

步骤五：在【遍历循环】的正文里面依次添加两个【分配】，在第一个【分配】的第一个输入框内创建变量"code"，在第二个输入框内输入"email.Subject.ToString"；同理，第二个【分配】的内容为"addresser""email.From.ToString"，如图13-12所示。最后，将变量"code""addresser"的类型改为 String，范围改为"流程图"（本案例中所有变量范围均为"流程图"），如图13-13所示。

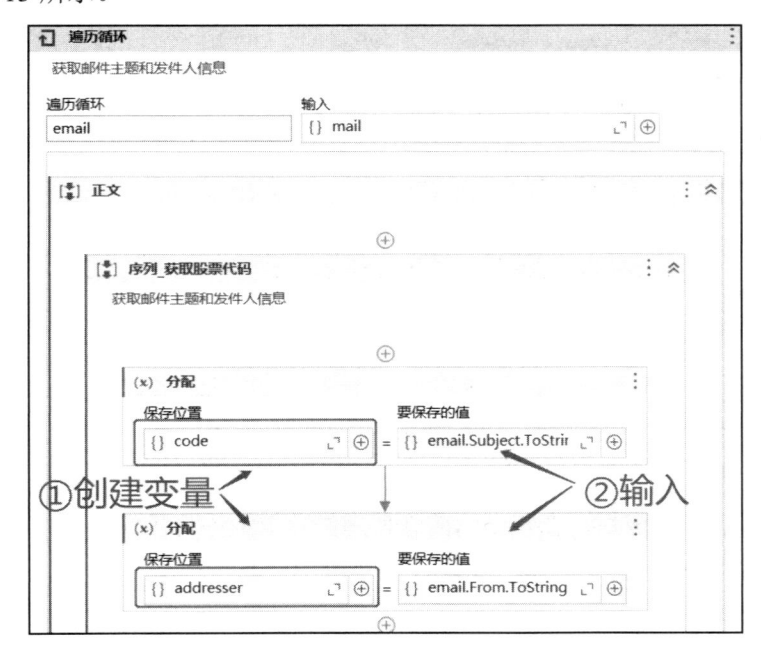

图 13-12　添加【分配】

2. 搜索财务指标

步骤六：在【遍历循环】后添加【序列】，将"序列"重命名为"序列_搜索股票信息"，然后为【序列_搜索股票信息】添加注释"登录同花顺官网，并搜索该只股票信息"。隐藏 UiPath Studio 界面，打开谷歌浏览器，进入同花顺个股平安银行网页（http://stockpage.10jqka.com.cn/000001/），如图13-14所示。在【序列_搜索股票代码】中添加【使用应用程序/浏览器】，单击【指定应用程序进行自动化】，待屏幕变绿后单击网页任意位置，即可获取网址，主要步骤截图如图13-15所示。该步骤完成后如图13-16所示。

第 13 章　股票投资分析机器人

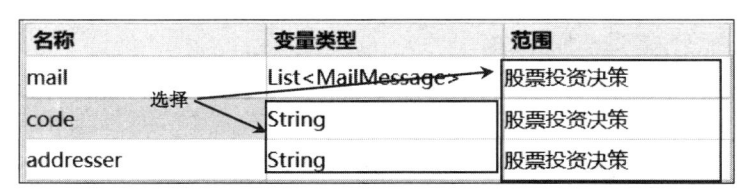

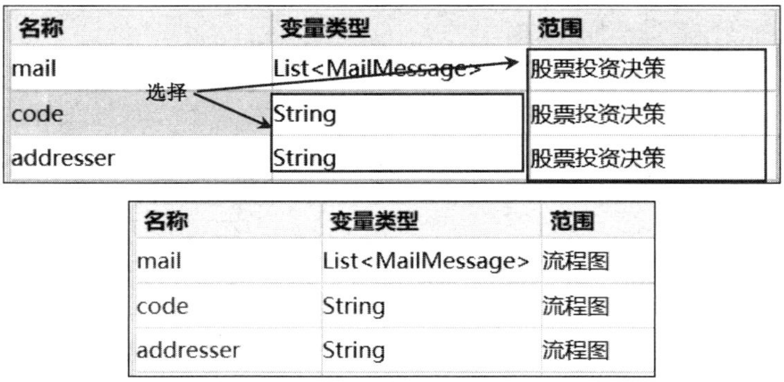

名称	变量类型	范围
mail	List<MailMessage>	股票投资决策
code	String	股票投资决策
addresser	String	股票投资决策

选择 →

名称	变量类型	范围
mail	List<MailMessage>	流程图
code	String	流程图
addresser	String	流程图

图 13-13　修改变量类型及范围

图 13-14　同花顺个股平安银行网页 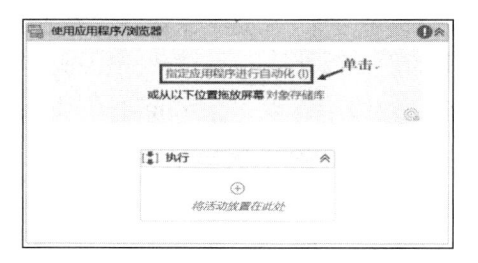　　　图 13-15　使用应用程序/浏览器

图 13-16　自动获取的网址 　　　图 13-17　在网址中添加变量 code

步骤七：网址获取完成后，在步骤六的【使用浏览器】中将【浏览器 URL】中的网址修改为""http://stockpage.10jqka.com.cn/"+code+"/"，如图 13-17 所示。

3. 抓取指标数值

步骤八：将【使用浏览器】中的【执行】，重命名为"执行_抓取指标数值"，并为其添加注释"读取出股价、总市值、市净率、市盈率、换手率等指标数值"，然后在【执行_抓取指标数值】中添加【获取文本】，并为其添加注释"获取股价"，接下来单击"在此应用程序中指定"，如图 13-18 所示。在网页上选中股价元素，如图 13-19 所示。然后，在其属性"输出→文本"内创建变量"price"，如图 13-20 所示。最后，单击"浏览"，选择"编辑目标"，进入"窗口选取器"后单击"在用户界面探测器中打开"按钮，进入"用户界面探测器"页面，将"title"里的"平安银行（000001）"替换成"*"，如图 13-21～图 13-25 所示。

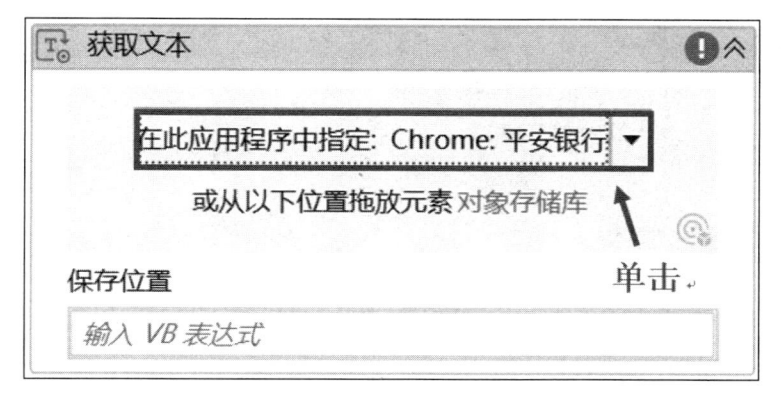

图 13-18 【获取文本】活动

图 13-19 获取股价

图 13-20 创建变量 "price"

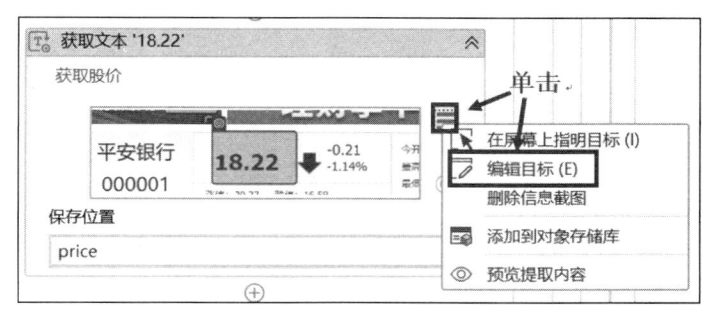

图 13-21 选择 "编辑目标"

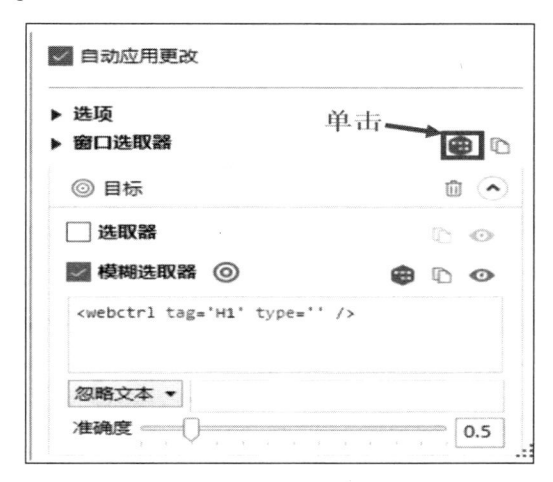

图 13-22 选择 "用户界面探测器"

第 13 章 股票投资分析机器人 ➤ 317

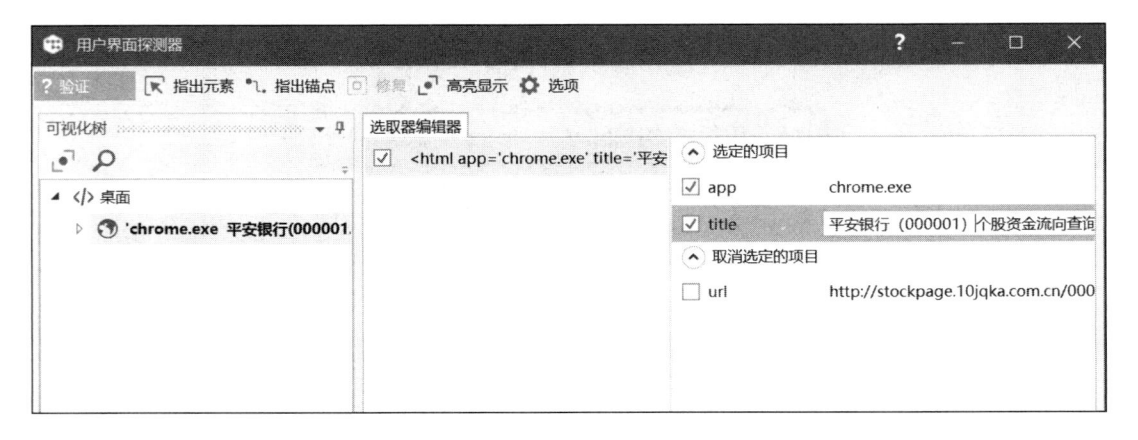

图 13-23 "用户界面探测器"界面

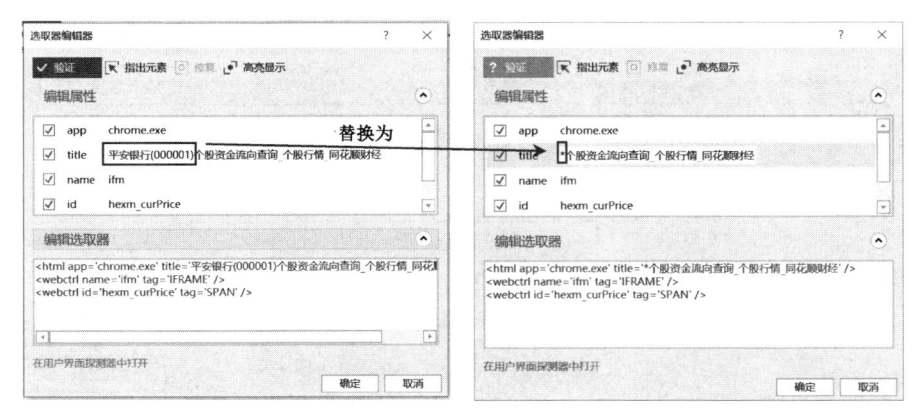

图 13-24 标题替换前

图 13-25 标题替换后

步骤九：在【获取文本】活动下方添加【分配】，创建变量"time"，输入"now().ToString"，取出当前时间，如图 13-26 所示。然后再添加四个【获取文本】活动，依次获取"总市值""市净率""市盈率""换手率"，输出变量分别为"MC""PB""PE""rate"，最后再添加【分配】，分别输入"rate"和"rate.Substring(0,4)"，如图 13-27 所示。

图 13-26 添加【分配】

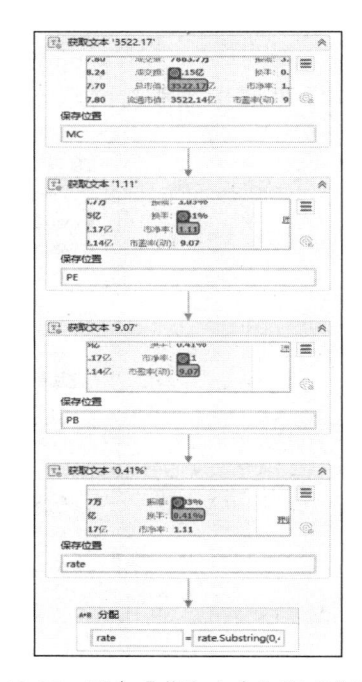

图 13-27 四个【获取文本】和【分配】

318 ◀ RPA 财务机器人开发教程——基于 UiPath（第 2 版）

步骤十：单击【获取文本】"浏览"按钮，选择"编辑目标"，进入"窗口选取器"后单击"在用户界面探测器中打开"按钮，进入"用户界面探测器"页面，将"title"里的"平安银行（000001）"替换成"*"，如图 13-28～图 13-30 所示。最后单击【序列_搜索股票信息】上的"折叠"，完成本序列步骤，如图 13-31 所示。

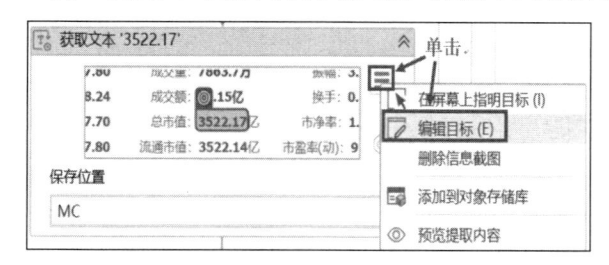

图 13-28　选择"编辑目标"

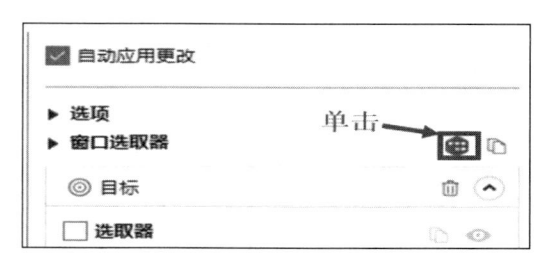

图 13-29　选择"用户界面探测器"

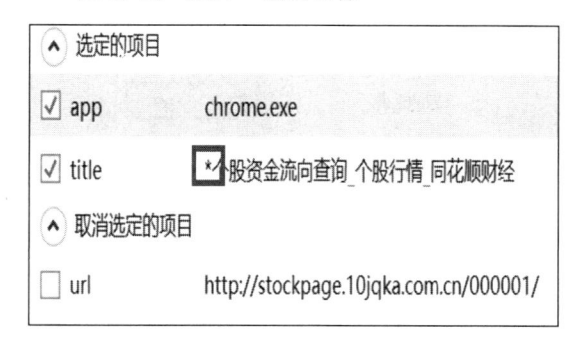

图 13-30　替换标题

图 13-31　折叠序列

4. 给出投资意见

步骤十一：添加【序列】并命名为"序列_给出投资意见"，同时为其添加注释"判断指标值是否满足股票投资模型，并给出投资意见"，打开序列，添加【Excel 流程作用域】，然后在其执行区中添加【使用 Excel 文件】，选择文件路径"股票投资模型.xlsx"，在其执行区添加【读取单元格值】，如图 13-32 所示。然后在【读取单元格值】的"单元格"中单击"添加"-"Excel"-"在 Excel 中指明"，如图 13-33 所示。待文件"股票投资模型.xlsx"弹出后单击 B2 单元格，然后单击"确定"，如图 13-34 所示。在"保存位置"属性中创建变量"price_min"，如图 13-35 所示。Excel 文件"股票投资模型"如图 13-36 所示。

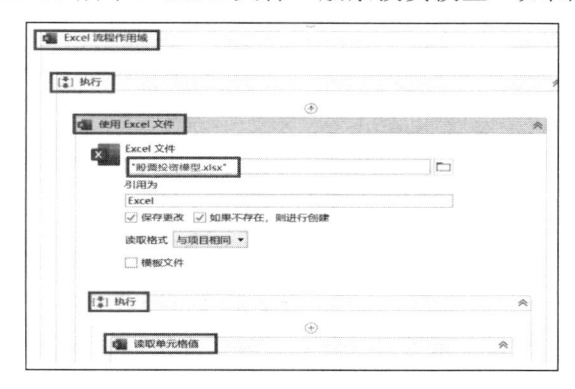

图 13-32　添加【读取单元格值】

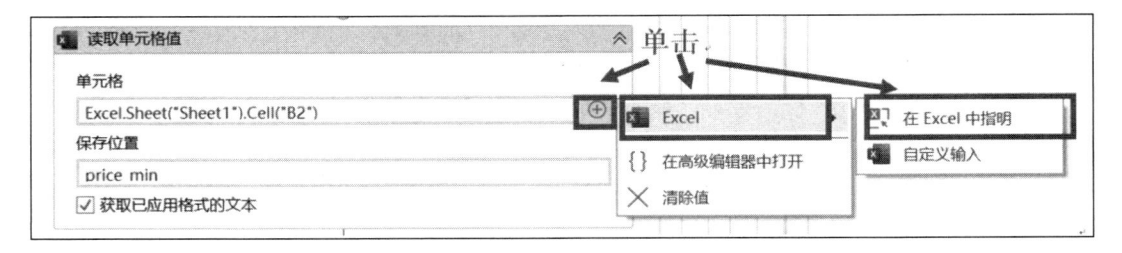

图 13-33 在 Excel 中指明单元格

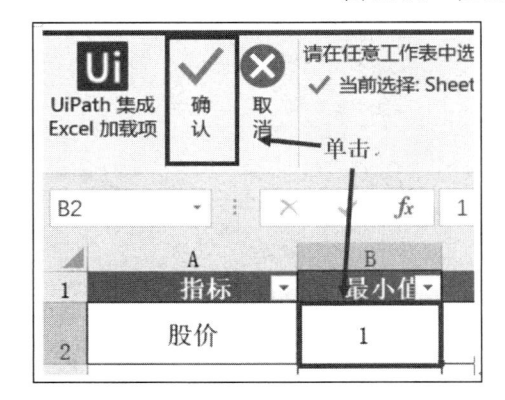

图 13-34 选择单元格

图 13-35 设置【读取单元格值】属性

图 13-36 股票投资模型

步骤十二：在【读取单元格值】下面再添加 14 个【读取单元格值】，分别获取""C2""
""D2"" ""B3"" ""C3"" ""D3"" "等单元格的数值，输出结果变量分别为"price_max"
"Explanation_price""MC_min""MC_max""Explanation_MC"等，如表 13-1 所示。

表 13-1 【读取单元格】数据

序号	输入单元格	输出结果(变量)	变量类型
1	"C2"	price_max	GenericValue
2	"D2"	Explanation_price	GenericValue
3	"B3"	MC_min	GenericValue
4	"C3"	MC_max	GenericValue
5	"D3"	Explanation_MC	GenericValue

续表

序号	输入单元格	输出结果(变量)	变量类型
6	"B4"	PB_min	GenericValue
7	"C4"	PB_max	GenericValue
8	"D4"	Explanation_PB	GenericValue
9	"B5"	PE_min	GenericValue
10	"C5"	PE_max	GenericValue
11	"D5"	Explanation_PE	GenericValue
12	"B6"	rate_min	GenericValue
13	"C6"	rate_max	GenericValue
14	"D6"	Explanation_rate	GenericValue

步骤十三：在【Excel 流程作用域】下面添加【分配】，创建类型为"Int32"的变量"i"，并分配为"0"，如图 13-37 所示。然后在【分配】下面添加【条件】，并为其添加批注"判断总市值是否达标"，并在"condition"处输入"MC>MC_min AND MC<MC_max"的判断条件，然后在"Then"和"Else"下各添加一个【分配】，创建变量"Mark_MC"，分别等于""是""和""否""，然后在"Then"下再添加一个【分配】活动，令 i=i+1，如图 13-38 所示。

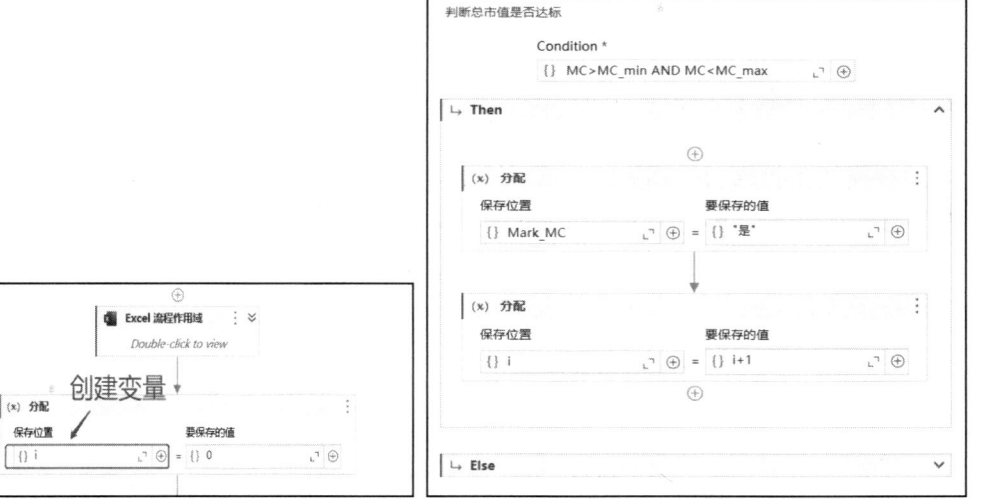

图 13-37　添加【分配】　　　　图 13-38　判断总市值达标与否

步骤十四：类似步骤十三，再添加 4 个【IF】，分别判断市净率、市盈率、股价、换手率是否达标，如表 13-2 所示。

表 13-2　【IF 条件】

序号	批注	Condition	变量	变量类型
1	判断市净率是否达标	PB>PB_min and PB<PB_max	Mark_PB	GenericValue
2	判断市盈率是否达标	PE>PE_min and PE<PE_max	Mark_PE	GenericValue
3	判断股价是否达标	price>price_min and price<price_max	Mark_price	GenericValue
4	判断换手率是否达标	rate>rate_min and rate<rate_max	Mark_rate	GenericValue

步骤十五：再添加一个【IF】，并给出注释"给出投资意见"，在"条件"处输入

"i>=3",然后在"Then"和"Else"下各添加一个【分配】,创建变量"suggest",分别等于""建议买入股票"+code"和""不建议买入股票"+code",如图 13-39 所示。

图 13-39 给出投资意见

5. 生成投资决策报告

步骤十六:在"股票投资决策"文件夹里创建一个 Word 文件——"股票投资决策报告"模板,并在指定位置插入书签,如图 13-40 所示。然后在【序列_生成投资报告】下面添加【序列】,并命名为【序列_生成投资报告】,同时添加注释"生成股票投资决策报告",打开序列,添加【复制文件】。接下来,在【复制文件】的"来源名称→发件人"属性中输入""股票投资决策报告模板.docx"",在"目标名称→收件人"属性中输入""股票投资决策报告.docx"",并勾选"覆盖",如图 13-40 所示。

图 13-40 股票投资决策报告模板

步骤十七:在【复制文件】下面添加【Word 应用程序范围】,输入文件路径""股票投资决策报告.docx"",并在执行区内添加【设置书签内容】活动,然后在"书签名称"中输入""time""(事先在 Word 中插入的书签名称),在"书签文本"中输入"time",如图 13-42 所示。

步骤十八:类似上一步骤,在执行区内再添加 18 个【设置书签内容】,内容如表 13-3 所示。

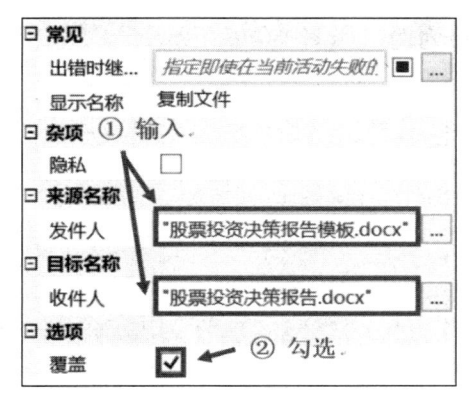

图 13-41　设置【复制文件】属性 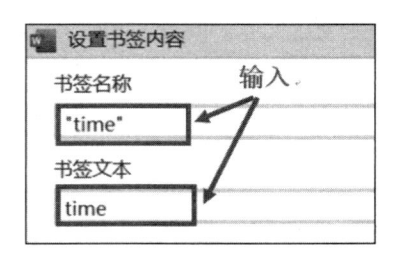　　　图 13-42　添加【设置书签内容】

表 13-3　设置书签内容

序号	书签名称	书签内容
1	"code"	code
2	"suggest"	suggest
3	"name"	"小蛮"
4	"price"	price.ToString
5	"Mark_price"	Mark_price
6	"Explanation_price"	Explanation_price
7	"MC"	MC.ToString
8	"Mark_MC"	Mark_MC
9	"Explanation_MC"	Explanation_MC
10	"PB"	PB.ToString
11	"Mark_PB"	Mark_PB
12	"Explanation_PB"	Explanation_PB
13	"PE"	PE.ToString
14	"Mark_PE"	Mark_PE
15	"Explanation_PE"	Explanation_PE
16	"rate"	rate.ToString
17	"Mark_rate"	Mark_rate
18	"Explanation_rate"	Explanation_rate

步骤十九：在 18 个【设置书签内容】之后，添加【将文档另存为 PDF】，选择文件路径""股票投资决策报告.PDF""，如图 13-43 所示。

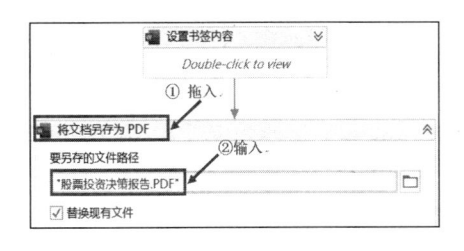

图 13-43　添加【将文档另存为 PDF】

6. 发送投资报告

步骤二十：在【序列_生成投资报告】中添加【发送 SMTP 邮件消息】，为其添加注释"发送股票投资报告给投资者"。双击【发送 SMTP 邮件消息】，在"目标"处输入"addresser"，在"主题"处输入""股票投资意见""，在"正文"处输入"suggest"，如图 13-44 所示。然后添加附件""股票投资决策报告.PDF""，如图 13-45 所示。接下来，在属性内输入"服务器""端口""发件

第 13 章　股票投资分析机器人　　323

人""电子邮件""密码"的内容,以 QQ 邮箱为例,如图 13-46 所示。

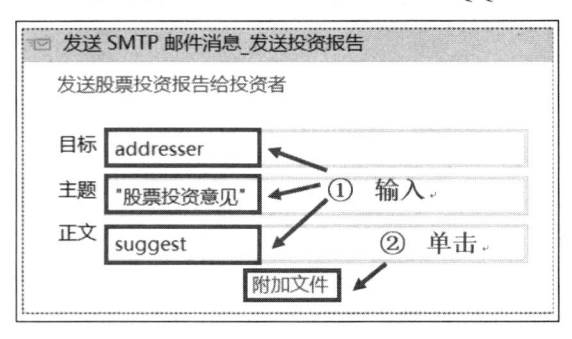

图 13-44 设置【发送 SMTP 邮件消息】参数

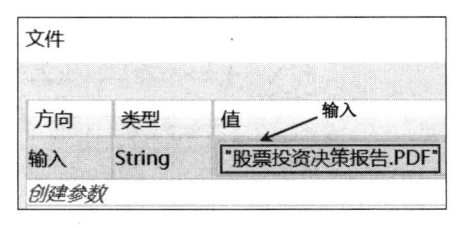

图 13-45 添加附件

7. 运行结果

步骤二十一:股票投资决策流程图如图 13-47 所示。变量详情如图 13-48 所示。然后运行文件(流程运行前,需手动发送以股票代码为主题的邮件至相应邮箱内),投资者将收到反馈邮件,如图 13-49、图 13-50 所示。

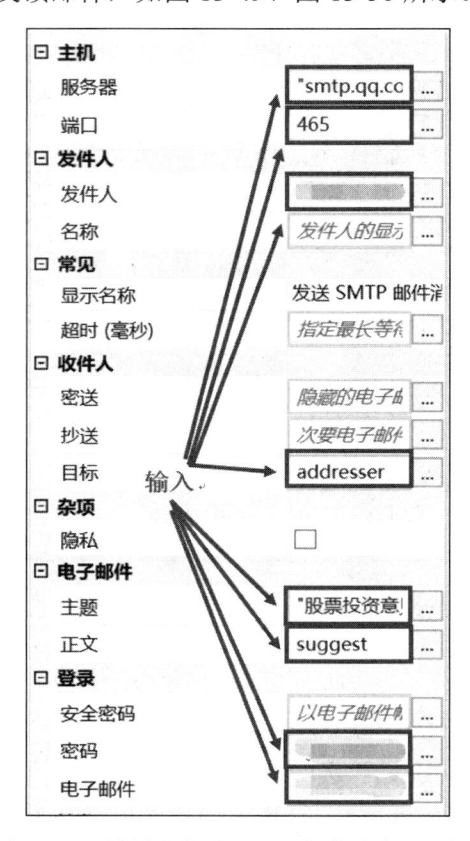

图 13-46 设置【发送 SMTP 邮件消息】属性

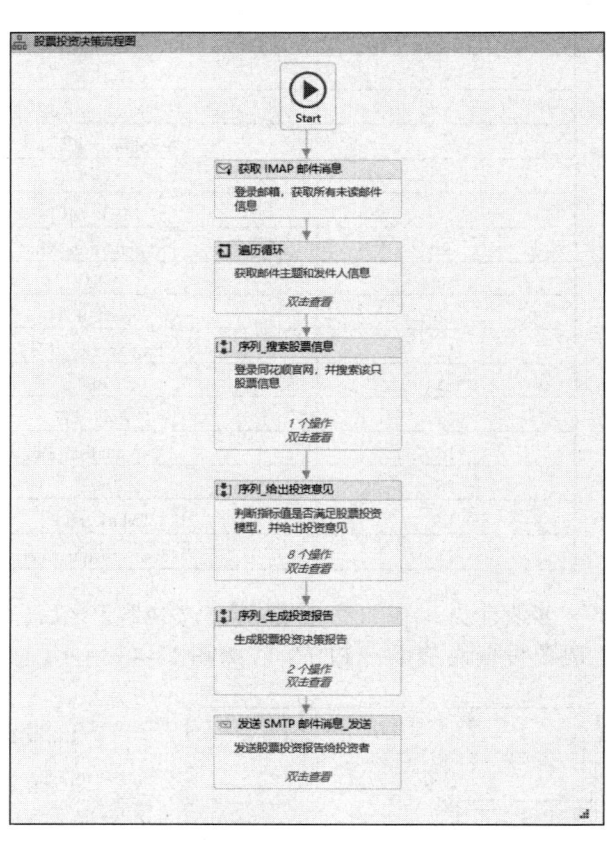

图 13-47 总流程

图 13-48 变量详情

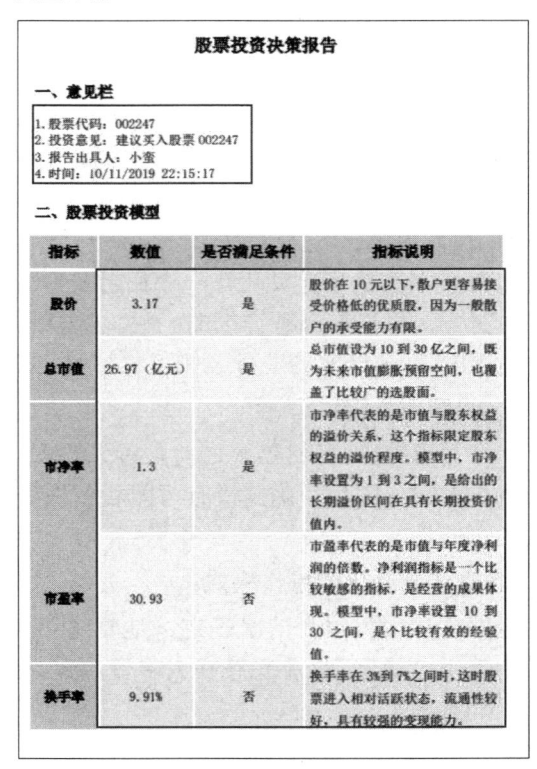

图 13-49 投资者收到的邮件信息

图 13-50 附件内容

【课后思考】

经过本章的学习，是否觉得股票投资模型涉及指标不多，条件太简单，那么请你结合证券投资和财务管理相关专业知识设计一个股票投资模型，并用程序实现。

第 13 章 股票投资分析机器人   325

第四部分 财务机器人的运用

第14章 RPA机器人的部署与运行

14.1 机器人的部署

14.1.1 部署考虑因素

为了高效、成功地部署RPA财务机器人，同时最大限度地发挥其功效，企业在规划RPA财务机器人部署的时候，需要从以下8个方面重点予以考虑。

1. 充分调查

RPA机器人流程自动化是一个相对较新的技术和市场，企业在进行RPA财务机器人部署之前，必须对候选产品有详细的了解。综合考量RPA软件厂商、供应商所提供的技术解决方案，为RPA创建坚实的业务案例，包括制定投资回报（ROI）指标等。

2. 明确部署流程

在部署RPA财务机器人之前，首先要评估企业现有财务流程的整体状况，找出最适合实施自动化的财务流程，确定最有可能看到积极业务影响的流程，以增加成功部署RPA财务机器人的可能性。

3. 确定自动化的操作模式

企业应该根据自身情况确定，是要建立一整套的流程自动化机制，还是只是单纯地想在工作中使用自动化，而不想花费太多资源建立一整套体系。不同的决定会影响自动化操作的模式及采购方案。

4. 员工培训

作为一项颠覆性技术，RPA的实施与应用可能会引起企业部分财务员工的焦虑与疑问。例如，为什么RPA要部署在我们的公司或特定的财务流程？它会影响我的财务工作吗？因此，弄清这项技术对财务人员工作角色的影响非常重要。在开始自动化转型之前，企业必须确保财务相关部门及员工清晰了解RPA的本质、原因和方式。同时，引入RPA财务机器人之后，需要对影响的相关岗位进行调整，更新各岗位的职责和工作内容。

5. 建立RPA卓越中心

在RPA部署的早期阶段，构建一个跨职能的RPA卓越中心（COE）对于支持RPA的实现和企业正在进行的部署极为重要。COE的成员应该由企业中的多个部门成员组成，使用

RPA 工具和技术经验来识别和管理正在进行的 RPA 财务机器人。

6. 数据安全保证

企业可能会因为匆忙地为实现财务流程自动化而投入精力，以至于对财务数据的安全缺乏重视。RPA 财务机器人的实施与运转通常会对企业内部各种信息进行访问，这不可避免地会涉及组织机构内部众多的商业数据与机密信息，因此必须保障数据安全。

7. 定期测试

成功部署 RPA 系统后，想让 RPA 财务机器人更好地运行，企业需要进行定期测试，以便及时发现并解决潜在的问题。

8. 为未来的进步和挑战做好准备

RPA 正在继续发展，跟上变化非常重要。随着 RPA 财务机器人应用的增加及更多人力被数字化为组织资本，未来，RPA 技术将提供更高级的认知能力并与人工智能进一步整合。RPA 不应被认为是一种独立的技术，它只是企业数字化转型路线图中的第一步。它的成功部署与实施将有助于企业在近期或长期内从事更强大的技术更新。

14.1.2 RPA 机会评估

企业如何选择有影响力且易于 RPA 自动化的财务流程呢？通常可从下面 9 个方面来详细考虑流程的筛选，确保在 RPA 自动化过程中产生最大投资回报率。

1. 影响成本和收入的流程

评估现有财务流程的成本，形成一套有关 RPA 应用的成本和收益分析模型，以帮助其在项目实施过程中能清醒地认识最具影响力的流程。例如，如果定价规则不明确，报价到现金的流程成本可能会很高。报价到现金流程的速度和有效性绝对可以成就或破坏销售。如果可以自动化，这些流程是 RPA 的良好候选者。

2. 高频和高量的流程

RPA 的一个主要好处是减少人力，企业应该首先开始自动化最高容量的流程。例如，某公司的应收账款对账的流程，由于收入组需要每天或每两天去核对几百个账户的应收账款情况，并且对账的规则除现金外可以固定，我们认为这样的情况完全满足实施 RPA 的需求。

3. 容易出错的流程

流程中的手动错误越多，企业通过自动化流程获得的好处就越多。手动错误可能导致重大的客户体验或监管问题，尤其是在面向客户的流程中。

4. 需及时响应的流程

任何可以延迟向客户提供服务的流程都是自动化的理想选择，因为自动化可以使流程瞬间完成。例如账户激活、密码重置等，都是比较好的候选流程。

5. 非正规劳动力或可外包的流程

由于低效率的高峰需求，有部分流程可以外包或者找到临时工来处理需求。RPA 机器人可以轻松扩展或缩小，管理高峰需求。

6. 基于规则

理想的流程可以通过特定的规则来描述，需要对 RPA 机器人进行编程，如果无法对流程规则进行编程，那么该流程不是 RPA 的理想选择。

7. 企业定制化

即自动化流程是一个所有企业都能应用的流程，还是某个企业独有的流程？例如，在大多数类似规模的企业中，费用审计以类似的方式进行，构建用于费用审计的 RPA 机器人比仅使用为此过程构建的解决方案更昂贵且效率更低。

8. 成熟、稳定的流程

自动化每天都在变化的流程是在浪费时间，因为开发人员会花费大量时间进行维护，稳定的流程是自动化的理想选择。

9. 不在 IT 系统的路线图上

替换旧系统可以比 RPA 更有效地实现自动化流程，RPA 机器人需要依赖屏幕抓取并可能引入错误。此外，为流程安装两个自动化方法没有意义。

总之，从 RPA 的实施成功率和风险等其他影响因素，组织应优先考虑自动化的流程满足：稳定、高重复性、数据结构化等特点。对于不稳定的流程，如 UI 控件偶尔会发生变化，数据输入是非结构化的，并且依赖企业或者部门政策而变化的流程是不太适合 RPA 自动化的。

此外，必须明白一个道理，业务实现 100% 的自动化是不可能的，因此，选择哪些流程以及不选择哪些流程是 RPA 成功的决定性因素。

最后，即使一个端到端的流程不能全部被自动化，它也可能被分解为自动化的子流程，这些流程在自动化时也能帮助企业提升工作效率。

14.1.3 机器人的部署形式

RPA 机器人的产品大多包括客户端、控制台和设计器。

1. 客户端部署形式

客户端包括无人值守机器人和有人值守机器人，主要负责执行流程。

（1）无人值守机器人。

"无人值守"，即无须人为干预，或者至少在给定场景或背景的情况下尽可能少的人为干预。无人值守型 RPA，由自动化机器人自行触发，并且以批处理模式连续完成相关工作，机器人可以全天候地执行操作。可以通过多个接口或平台远程访问无人值守型 RPA，管理员可在集中式集线器中实时查看、分析和部署调度、报告、审计、监视和修改功能。这意味着员工在自动化平台中具有更强的协作和沟通能力，有助于以跨组织的方式打破功能和沟通孤岛。

无人值守型 RPA 最常用于后台办公场景，包括大量数据被收集、分类、分析，并在组织中的关键参与者之间分配。例如，针对健康保险公司需要应对的大量索赔处理、发票和其他文档等任务，无人值守 RPA 解决方案可以为其提供良好的服务。自动化机器人通过参与到工作流程中的事件和操作，从而使得文档和数据管理流程更为简化。

（2）有人值守机器人。

"有人值守"，即需要人工干预。有人值守的 RPA 机器人通常需要员工或管理员的命令或输入才能执行任务。这类软件机器人通常会在员工的工作站上工作，访问权限仅限于特定部门或工作站的员工。例如可以帮助工作人员完成简单、重复任务的桌面自动化机器人。由于有人值守型 RPA 通常涉及员工在任何给定的交易或环境中在多个界面或屏幕之间移动，因此此种自动化解决方案必须灵活且用户友好，以便员工能够在平台间来回移动切换。

例如，有人值守型 RPA 可以帮助呼叫中心员工提供更高水平的客户服务。在处理客户服务问题时，呼叫中心技术人员通常必须在多个屏幕、界面等接口之间切换。这意味着呼叫中心的人员将给定的时间都耗费在了输入或检索来自不同来源的数据上面，而通过有人值守型 RPA（或桌面自动化），呼叫中心员工可以实时访问数据、文档或账户信息，将更多时间用来关注客户，而不是关注召回或输入数据或信息的过程。

在实际应用中，二者并无谁更高级这一说；在企业具体的部署中，二者也并非是对立的。它们的关系更倾向于互利互用、相辅相成。在一个集成的 RPA 平台上，无人值守和有人值守的 RPA 可以实现协同工作，两套方案的组合部署，一方面可以帮助简化后台流程，另一方面又可优化面向客户的任务，从而提高整套流程的生产率和效率。

2. 控制台部署形式

控制台则是对客户端和设计器进行监控、调度、警告和安全等方面的管理。RPA 控制台的部署形式分为三种：公有云部署、私有云部署、混合云部署。

（1）公有云部署。

公共云部署就是控制台部署在公共服务器上，其成本较低，不需单独部署。

（2）私有云部署。

私有云部署是在企业自身服务器或计算机上部署机器人，其成本较高且部署时间较长。

（3）混合云部署。

混合云部署则是在运用公共云技术的同时，在企业内部环境中单独部署，比私有云简单。

机器人开发完成后，需要部署机器人，这时需要考虑一些关键点，如解决方法是否满足需求、是否可以用 ROI 来评估、确认 RPA 的最佳候选（列出流程优化清单）、是否能保障数据的安全性。还应构建一个跨职能的 RPA 卓越中心，由企业中的多个部门成员组成，管理 RPA 实施，定期测试，不断更新技术，确保相关员工了解 RPA 的运行方式。

14.2 机器人的运行

14.2.1 机器人的运行模式

RPA 的运行模式是建立治理规范的关键所在。RPA 有三种基本运行模式：集中式、分散式和联合式。

1. 集中式模式

通常设有机器人操作中心（或专业技术中心），负责并监督 RPA 管理与基础设施，将所有 RPA 的管理权集中在一起，统一更新、分配和运行。

2. 分散式模式

包括一个主要专注于管理与基础设施的核心团队，同时在各个团队建立 RPA 管理中心，各自负责业务领域的机器人维护和实施。

3. 联合式模式

以中央管理为中心，与各个应用部门协同管理。

三个模式之间的根本区别在于，是否由一个核心团队负责 RPA 管理和实施，或由一个核心枢纽专注管理组织内的不同团队，让它们领导各自业务领域的 RPA 实施，或是由各业务部门或团队内部自行管理和实施 RPA。

14.2.2 机器人的运行维护

RPA 机器人上线后，保证 RPA 系统的运行良好，首先需要编写运维文档，这是运维阶段必须经历的环节。因为在运维阶段会出现各种情况，如业务流程发生了变化，之前的 RPA 流程该怎么修改、RPA 中止如何处理或者是如何继续上次的运行等。

RPA 机器人运行标准操作程序（Standard Operation Procedure，SOP）手册能够对运维阶段业务需求的变化、设计开发和测试部署等工作进行指导和规范。企业需要制订运营管理计划，定时查看 RPA 机器人的运行效率报告，为企业以后提高工作效率提供帮助。同时，在运维过程中需要对接各部门，包括业务部门、开发中心等，因此需要提前确认好各位员工的职责，避免出现问题时无法及时解决，需要制定分工及职责表。

除此之外，企业还需采用运维机制，如标准化桌面、模块化设计和异常报警机制。

1. 标准化桌面

将所有部署 RPA 的 PC 虚拟化，制作标准化的桌面环境和网络环境，即"云桌面"，这样使得各种参数一次配置即可全公司使用，同时也可避免个体差异。

2. 模块化设计

一个大流程可以分解为多个小流程，并且流程可以实现跨文件调用。比如，有多个流程都需要查询同一个网址，然后基于该网址的内容做不同的操作，所以不需要每个流程都查询该网址，只需要单独做一个模块，即可供其他流程调用。

3. 异常报警机制

运维人员还应设立异常报警机制，使业务人员能够在业务中断之前对流程进行修复。

随着 RPA 机器人的上线，机器人将很大程度上消减人工操作失误，但管理者并不能因为机器人的部署而忽视对其行为的监督。程序本身的设计错误、人为恶意操控、各类不可预见因素等均可能导致机器人行为不当。若对机器人所执行事务缺乏监督，将可能给企业运转带来问题。

虽然主流的 RPA 软件提供了自带的日志（Log）功能，以帮助开发者或使用者分析机器人的行为，识别开发或使用过程中的各类异常，但是该类日志多用于对已发现例外的原因分析，而且由于其对使用者专业性的要求及展现形式（如 Json 格式）的限制，管理者难以时时或定期地全面浏览日志，并从中提取有效信息，识别例外及负载情况，以达到对机器人的"持续监督"。

为了实现对机器人自身的例外情况的持续监督，乃至进一步实现对业务的深度分析及洞察，可协助构建适用于企业管理者的机器人管理及行为监控平台，整合日志获取、分析挖掘及展示等功能。

14.3 机器人的管理

14.3.1 实施管理

RPA 机器人的实施需要从框架设计、开发规范、机器人效率、通用代码、质量保障、信息安全等 6 个方面来进行综合管理。

1. 框架设计

整体设计框架需要考虑需求衔接、参数配置、风控与回滚机制、结构化开发、新需求承接、维护和纠错等因素，不仅要考虑业务流程的实现和稳定，还要考虑未来的可延展性和变更。根据流程涉及的系统、流程复杂情况、长度、规则和是否通用等因素将整个流程进行切分，确保不同功能模块的低耦合性、流程稳定性和在关键节点的容错性等。

2. 开发规范

为了确保 RPA 项目的顺利落地和后期运维的便利性，RPA 项目实施需要建立一套开发规范与标准，从注释、日志、版本、命名等多个维度出发，应用到整个项目过程中，同时编写功能模块介绍目录，以提高效率和质量。

3. 机器人效率

机器人原则上是可以 24 小时不停工作的，但就目前来看，几乎没有企业能充分利用自己的 RPA 机器人。从机器人的设计、调度和通用性上，可以考虑跨流程甚至跨部门地去试用机器人，最大化利用 RPA 的能力。例如，结账的大多数流程集中发生在月初的 1~2 周，可以考虑结账后这些机器人是否可以用于其他流程。

4. 通用代码

大多数公司的基本流程（如支付发票）在高层次上都是类似的，因此在类似流程中实施 RPA 可以用预编程流程软件，有助于简化开发并减少定制需求。

我们还可以对流程进行拆分和分类，把业务流程中常见的操作和动作封装成一个个组件，并建立企业的 RPA 代码库进行统一管理，从而允许企业内部团队基于代码库快速完成业务流程的开发，让熟悉业务流程的业务团队自行发挥，打造属于自己的机器人。例如，登录 ERP 系统、访问网站或业务系统、验证码的识别、发送邮件等，其实在很多流程中都会出现相同的步骤和操作。

5. 质量保障

RPA 流程是一个自动化的过程，为了保证其完成的质量，必须设立自我检查的程序。取得的数据是否正确。由于机器人在整个过程中会自动完成流程，如果没有及时发现错误，可能会出现严重问题。

在整个方案设计的过程中，可以通过两种方式来自查：

（1）历史参照。通过对关键节点数据源的纵向分析，得出此数据的可能范围，并设阈值预警。

（2）多数据源对比。通过对比不止一处的信息源，来确定取得的数据是否是正确的。

6. 信息安全

在整个 RPA 机器人的分析、设计和开发环节中，还需要考虑参数配置安全、信息存储安全、信息传输安全、网络端口与访问安全、物理环境安全、日志安全、代码安全、账号密码试用和储存的安全等问题，来保证 RPA 实际运行过程中的安全性。

总之，通过以上六个方面的全面管理，RPA 财务机器人可以减少错误，提供跟踪记录，更好地满足复杂业务的合规控制要求，以提升组织的风险管理能力，同时对机器人的绩效评价和管控将为 RPA 项目的高效运行带来保障。

14.3.2 安全管理

众所周知，财务数据是企业的商业秘密，数据一旦泄露将会被竞争对手利用，轻则丢失客户、丢失市场、影响正常的生产经营、引起股东等相关群体的不信任，重则造成企业利润下降，经营困难，甚至亏损破产。因此，为了提高财务数据的安全性和访问安全性，必须保证 RPA 机器人从内到外的每一个环节都免受威胁确保万无一失。组织在使用 RPA 平台管理财务机器人时，应关注以下 6 个方面的安全管理措施。

1. 保证 RPA 供应商的开发代码安全

目前，主流的 RPA 厂商的开发代码都会做定期的检测，以防止黑客利用代码漏洞来攻击窃取数据。用户也可以通过使用 Style checkers 这样的检测工具来进行定期检查。

2. 定期查看操作日志

RPA 机器人管理平台会提供完整的操作日志，以跟踪、记录机器人和用户在自动化系统中执行的每一步操作。平台可以按照用户的要求生成日、周、月形式的操作日志报告。这些日志除了有助于提高自动化流程效率，还可以帮助用户直观地看到 RPA 有哪些异常操作。

3. 集成数据保护

在金融服务、能源、零售和医疗保健等行业，用于保护数据的技术已被整合到 RPA 技术中。例如，CyberArk 是一个多层安全解决方案，它为管理员账户提供了额外的保护措施，如特权密码管理、会话记录、低权限执行和特殊数据分析。

选择最新标准传输层安全性（TSL）1.2 协议的 RPA 产品也很重要，该协议旨在通过保护 Internet 传输的信息的隐私。将此类技术集成到 RPA 中，可使组织最好地保护自己免受高级内部和外部 IT 威胁的侵害。

4. 基于数据和角色的访问控制

基于角色的访问控制是一个内置的身份验证系统，该系统允许组织将 RPA 机器人访问权限设置为授权用户，并将员工之间与自动化相关的职责分开。

基于这种类型的控制，可以在查看、创建或修改模式下为 RPA 系统的各个员工提供不同级别的访问权限，通常基于员工在组织中的角色、职位和权限而定；基于数据的访问控制，可用于设置对受保护的数据资源访问，并允许对每个资源进行详细的访问控制，如时间段、文件夹等。

5. 配置相应的用户操作权限

不同的部门在使用 RPA 时都应该分配相应的操作权限，例如部署和维护人员可以单独设置权限，实际运营和操作人员设置另外一种权限。这样做的好处是，可以使整个工作流程和团队分配更加明确，同时减少了数据误操作的风险。

6. 数据加密

为了提高数据的安全性，在 RPA 机器人操作数据之前可以对数据加密，目前比较流行的智能加密技术有"同态加密"。

第 15 章　RPA 机器人的价值与风险

15.1　机器人的价值

RPA 机器人的价值可以从效率、效益、质量和 ROI 分析等方面来衡量。在效率上，主要体现为减少数据录入、数据计算和数据分析的时间及加快数据处理速度。在效益上，主要体现为能够节约人工成本，减少不必要的损失，释放更多的人力。在质量上，主要体现为能够降低工作的错误率，提高工作的准确度和满意度。

15.1.1　RPA 机器人的应用价值

毫无疑问，RPA 机器人的实施，能为企业的财务工作节约更多的时间和成本。但伴随 RPA 财务机器人的普及化，机器人取代会计核算工作的恐惧变得越来越真实。主要理由如下：

（1）RPA 无须复杂的编程知识，只要按步骤创建流程图，即使不懂编程的普通员工也能使用 RPA 自动执行业务，大大降低了非技术人员的学习门槛。

（2）RPA 可根据预先设定的程序，由 RPA 财务机器人模拟人与计算机交互的过程，实现发票识别、凭证录入、网银支付、纳税申报等财务工作流程中的自动化，提高业务处理效率，减少人力成本和人为失误。

（3）RPA 有着灵活的扩展性和"无侵入性"，是推动企业数字化转型的中坚力量。企业无须改造现有系统，RPA 便可集成在原先的遗留系统上，跨系统、跨平台地自动处理业务数据，有效避免人为的遗漏和错误。

15.1.2　RPA 机器人的价值分析

RPA 机器人在财务领域的应用能够促进企业的人力资源优化，提供更好的客户服务，开启人机协作共生新时代。

1. 企业人力资源优化

为了实现企业业务运营的高效率，企业需要确保工作效率的同时还要保证工作运行的正确性。然而，随着工作的烦琐程度，其错误率不断上升，因为人们在做重复行为时往往会不经意间犯下严重的错误。

在这些情况下，RPA 机器人可用于替代人类重复性工作，释放工作时间并使人类能够专注于更有意义的工作。另外，RPA 机器人还可以为企业省去大量人力成本。

2. 提供更好的客户服务

优质的客户体验是每个成功企业的核心，因为它可以将满意度高的客户变成品牌的粉丝，以带来更多的购买。未来的客户服务将不由人类完成，支持人工智能的聊天机器人、流程自动化机器人可以大大提高客户对服务的满意度。

经过训练的 RPA 机器人可以改进交付服务，提高过程质量、合规性、安全性和连续性。RPA 机器人可以加速流程，通过尽量减少手动干预、错误和重复工作，同时快速缩短处理时间，提高产能，从而提高服务质量。除了立即响应，RPA 机器人还可以确保全天候不间断服务，大大节约运营费用。

3. RPA 机器人开启人机协作共生新时代

人机协作共生指人与 RPA 机器人的分工协作，共同完成相关工作。既然 RPA 机器人对海量数据的采集、计算、分析的质量高且速度快，那就利用机器人去开展工作中耗时、所需判断性低且具有重复性的工作及以往花费数周才能完成的信息提取和分析工作。而企业员工更多的工作是利用他们的创造力和经验，解释机器人生成的数据，向企业及主要利益相关者提供更深刻的见解，同时将新的见解反馈给机器人，使其分析能力愈发强大。

虽然 RPA 机器人可以实现流程的自动化，但是并非所有工作机器人都能胜任。RPA 机器人的出现，更多是起到工作方式转换器的作用，为的是让人们能够从事更有价值的工作。正如托马斯达文波特所言，不断进步的科技具有正面的潜力，那就是智能增强：人类和计算机结合彼此的优势，就会实现单独任何一方都不可能达到的结果。

放眼未来，人和 RPA 机器人的关系应当是人机协同。RPA 机器人帮助人们提高效率，从而解放人们去做更有意义的事，将效率、潜力最大化。而 RPA 机器人也需要更多相关人才，以确保机器人永远为人类服务。今后，RPA 数字员工与人类员工联手，实现人机协作，将是放大企业潜能的关键。

15.2 机器人的风险

RPA 的运用存在流程风险和使用风险，需要建立系统的风险识别、风险分析和风险应对机制。流程风险存在于部署阶段，开发 RPA 的方法是否合适、是否忽略了 IT 系统设施、是否对机器人的投资回报率期望过高等都是在部署阶段需要考虑的。而使用风险主要是在使用过程中，但不排除部署中也存在此类风险，包括操作风险、财务风险、监管风险、组织风险和技术风险等。

15.2.1 流程风险

流程选择与优化是实施 RPA 机器人实施的关键。企业在组织实施 RPA 机器人时，到底需要注意哪些问题，才能避免流程风险？

1. 是否针对不合适的流程规划 RPA 机器人

针对一个非常复杂的流程做 RPA 机器人规划是常见的失误。因为自动化一个复杂流程，将会产生高额的费用，而这些费用如果用在完成其他多个流程的自动化上会更加合理。复杂程度中低等的流程或子流程是 RPA 项目初期的最佳目标，企业可以在 RPA 成熟之后再着眼于复杂的流程。从价值最高或构架简单的部分开始，逐步增加该流程的自动化程度。

为了对正确的流程进行自动化，组织首先必须确定如何寻找自动化机会。RPA 流程漏斗或待自动化流程列表可以自下而上（从组织中的员工开始）或自上而下（领导层引导）填充，并从流程问题或审计和分析结果中获得启发。

2. 是否针对一个流程过于自动化

看待 RPA 机器人的最佳视角是将其当作辅助工具，用来完成基础流程的操作，使人力有更多时间完成其他工作。RPA 机器人完全学会一个流程可能需要较长时间，项目应尝试通过一系列简易的变革，逐步增加流程自动化的比例。

3. 是否低估流程自动化所带来的影响

在 RPA 项目的启动、定位和交付中会遇到很多问题，其中有一类错误非常常见，就是忽视了如何使自动化流程上线和由谁来操作机器人，这两个问题会延迟 RPA 项目上线与利益实现。一个以业务为导向的 RPA 卓越中心是管理和提升虚拟劳动力的最佳方式。

4. 是否采取传统方法实施 RPA 机器人

通常，企业采取过于工程化的软件实施方法来使用 RPA 机器人，其中包括低价值的文档和阶段性划分，将使通常只需要几周的 RPA 机器人实施延长至几个月。企业应依据自身面临的挑战，简化传统实施方法，通过灵活的手段分阶段实施 RPA 机器人。

5. 是将 RPA 机器人作为业务主导，还是由 IT 作为主导

企业通常在初期认为 RPA 是系统自动化项目，从而忽视了 RPA 机器人最终将会把公司上下的业务交付给虚拟员工来处理。

成功的 RPA 机器人应该是以业务为主导，与 IT、网络、安全、风险、人力资源和其他职能部门有着紧密合作关系的项目。

6. 是否忽略 IT 系统设施

绝大多数的 RPA 机器人工具，最好是在一个虚拟的桌面环境里，通过适当的扩展和业务持续性设置，进行操作工作。RPA 机器人流程可以很快地实施，但是 IT 却不能够在如此短暂的时间搭建完善的生产设施，并因此成为实施 RPA 机器人的主要绊脚石。

7. 是否对 RPA 机器人的投资回报率期望过高

RPA 机器人虽然能够自动化大部分流程，但是并不能自动化所有流程——通常是因为这些流程需要从打电话或纸质记录开始，或需要一定的客户沟通。因此公司经常会自动化了很多子流程，却忽略了刻意通过电子化或者 OCR 技术来增强 RPA 机器人功能以及自动化整体流程。

15.2.2 使用风险

根据 IMA 美国管理会计师协会发布的管理会计公告:《RPA 助力财务职能转型》，实施 RPA 机器人的五大主要风险区域，分别是操作风险、财务风险、监管风险、组织风险和技术风险，如表 15-1 所示。

表 15-1 机器人使用过程中的存在的风险

操作风险	机器人程序资源管理不善，导致工作流中的异常处理不到位或运作效率低下（比如，给单个机器人程序分配过多高时效要求的流程）
财务风险	需求界定不明导致财务错报或付款误差；允许一个员工负责多个机器人程序的指令输入，可能违反职责分离的规定；流程自动化导致公司出现财务损失（负净现值）
监管风险	以欺诈方式引导机器人程序提供政府报告（比如，操控机器人程序执行的流程输入，引导生成欺诈性的输出信息）；有关自动化标准的监管法律尚未成熟
组织风险	变更管理、文档编制或业务连续性计划不完善（因资源被重新配置去完成其他工作）；实施自动化后，团队没有足够的专业人员
技术风险	集成应用程序的不稳定性及其可能对机器人程序性能造成的影响；网络攻击者利用特权访问账户或检索存储在 RPA 项目数据库里的数据；机器人程序开发人员在设计时没有对敏感数据加密

以上所描述的风险在 RPA 机器人的部署运行过程中都可能出现。当然，安永也提出 RPA

机器人实施过程中所存在的网络安全问题，如权限攻击、敏感数据泄露、安全漏洞等隐患。权限攻击主要是黑客入侵运行网络，盗取 RPA 账户，窃取重要的数据如订单、客户信息等，导致敏感数据泄漏。由于传送数据时没有进行加密保护，个别员工还可利用职位便利，设计 RPA 机器人，专门用来窃取用户的敏感信息。

除此之外，众多的 RPA 机器人的自动化任务运行会快速消耗掉系统资源，导致 RPA 机器人意外或中断，从而造成意外的数据丢失。安永为此安全隐患给出相应的建议，如通过日志追踪，确保管理人员监控和追踪 RPA 机器人所有的活动；通过权限划分，使操作人员各司其职，避免跨部门非法人员窃取敏感数据；通过建立完善的维护计划，保护执行任务的安全要求；通过操作链接安全，实施安全控制来保护链接安全，如使用单点登录（SSO）和轻量级目录访问协议（LDAP）支持对 RPA 机器人接口的安全登录；通过数据识别与保护，监测 RPA 机器人在处理敏感数据时是否符合规范。